ADEUS, SENHOR PORTUGAL

RAFAEL CARIELLO E
THALES ZAMBERLAN PEREIRA

Adeus, senhor Portugal

*Crise do absolutismo e
a Independência do Brasil*

Copyright © 2022 by Rafael Cariello e Thales Augusto Zamberlan Pereira

Grafia atualizada segundo o Acordo Ortográfico da Língua Portuguesa de 1990, que entrou em vigor no Brasil em 2009.

Capa e caderno de fotos
Raul Loureiro

Imagem de capa
Partida da rainha para embarcar no navio Real destinado a conduzir sua Corte para Lisboa, de Jean-Baptiste Debret (*c.* 1834-1839). Biblioteca Pública de Nova York

Preparação
Fábio Fujita

Checagem
Érico Melo

Índice remissivo
Luciano Marchiori

Revisão
Valquíria Della Pozza
Carmen T. S. Costa
Clara Diament

Dados Internacionais de Catalogação na Publicação (CIP)
(Câmara Brasileira do Livro, SP, Brasil)

Cariello, Rafael
 Adeus, senhor Portugal : Crise do absolutismo e a Independência do Brasil / Rafael Cariello, Thales Zamberlan Pereira. — 1ª ed. — São Paulo : Companhia das Letras, 2022.

 Bibliografia.
 ISBN 978-65-5921-105-0

 1. Brasil – História – Independência 2. Economia – História – Brasil I. Pereira, Thales Augusto Zamberlan II. Título.

22-115801   CDD-330.981

Índice para catálogo sistemático:
1. Brasil : Economia : História   330.981
Eliete Marques da Silva – Bibliotecária – CRB-8/9380

[2022]
Todos os direitos desta edição reservados à
EDITORA SCHWARCZ S.A.
Rua Bandeira Paulista, 702, cj. 32
04532-002 — São Paulo — SP
Telefone: (11) 3707-3500
www.companhiadasletras.com.br
www.blogdacompanhia.com.br
facebook.com/companhiadasletras
instagram.com/companhiadasletras
twitter.com/cialetras

Para Caio e Lucas,
que já nasceram brasileiros

Quanto aos que dilapidaram o banco [e] àqueles que foram para o Rio de Janeiro pobres e, sem terem tido gênero nenhum de comércio, entraram em administrações públicas e se acham hoje com milhões de seu, comprando casas e fazendas, vivendo em palácios, nadando em luxo, gastando [a] cada ano trinta mil cruzados [...] pregue-se-lhe[s] um sequestro em todos os seus bens, quero dizer, em todos os seus roubos, não se lhes deixando mais que um tênue comer e um simples vestir [...]. E se recalcitrarem, sejam então entregues à severidade das leis que há sobre a concussão e [o] peculato.

Manuel Borges Carneiro, deputado português nas Cortes Gerais e Extraordinárias da Nação Portuguesa, sobre os funcionários públicos fluminenses, em dezembro de 1821

Quando lanço os olhos, senhor presidente, para o estado do reino do Brasil no dia de hoje e observo os voluntários movimentos de todas aquelas províncias, desde o cabo de S. Roque até o rio da Prata, e todo o interior na mais fraternal união, parece-me que também podia dizer agora: "Adeus, senhor Portugal, passe por cá muito bem" [...]. Eis que chega a discórdia e faz renascer a fatal intriga entre brasileiros e portugueses [...]. Tudo se chama [de] rebeldia dos brasileiros, quando são os europeus facciosos que também causam males: tudo se move só a fim de ter pretextos para manter e conservar guarnições de tropas europeias, como guardas pretorianas, que [...] dominem as províncias do reino do Brasil e facilmente possam dispor de seus habitantes.

Cipriano José Barata de Almeida, deputado baiano, em sessão das Cortes de setembro de 1822

Sumário

*Prólogo — Sentimentos de ódio e de cega prevenção
contra o governo de sua majestade* 11

PRIMEIRA PARTE: COMO FOI
1. A crise inaugural 25
2. Intérpretes da Independência 53
3. Dominó fiscal 82
4. As Cortes Constituintes 112

SEGUNDA PARTE: ANTES
5. A fuga 149
6. Os custos do absolutismo na América 181

TERCEIRA PARTE: DEPOIS
7. Alerta! 225
8. Navios-fantasmas 256
9. Ascensão e queda de d. Pedro 286

Epílogo — O que celebrar 325

Agradecimentos 335
Notas 337
Créditos das imagens 369
Referências bibliográficas 371
Índice remissivo 383

Prólogo
Sentimentos de ódio e de cega prevenção contra o governo de sua majestade

O ano de 1820, um dos mais conturbados na história da monarquia portuguesa, já se aproximava do fim. Em novembro, um sigiloso "relatório sobre a situação da opinião pública" no Rio de Janeiro chegou à mesa do intendente-geral de polícia da cidade, Paulo Fernandes Viana. O autor da papelada — em parte espião, em parte analista político — desempenhava naquele momento uma delicada tarefa de vigilância na Corte, a serviço do rei d. João VI. Não é improvável que Fernandes Viana, ao identificar o remetente, tenha interrompido qualquer outra atividade do dia para se dedicar ao exame do relatório. Embora o documento fosse longo, minucioso e, o que é mais interessante, escrito em francês, a síntese do que ia relatado ali não era difícil de ser apreendida, mesmo após uma rápida passada de olhos: a situação da opinião pública na Corte, do ponto de vista do governo, ia de mal a pior.[1]

O que as pessoas andavam escutando e dizendo nas ruas, à porta das igrejas, nos largos e nas praças da Corte era, na verdade, motivo de preocupação constante para Paulo Fernandes Viana. Aos olhos e ouvidos de hoje, o título de intendente-geral de polícia — capaz de soar como uma espécie de supervisor dos delegados da cidade — sugere um papel administrativo menos relevante do que as amplas funções de vigilância e manutenção da ordem associadas ao cargo no início do século XIX. Desde 1808, Fernandes Viana trabalhava todos os dias nisto: a manutenção da ordem. Não só na Corte, mas em toda a América portuguesa; não apenas no que dizia respeito à segurança pública, mas também do ponto de vista político e institucional. Sua atuação era estratégica para a sustentação política do regime e para a segurança do trono. A fim de desempenhar essas tarefas, o intendente-geral trocava informações cotidianas, num ir e vir de papéis, com informantes, ministros e o próprio rei, reunindo-se regularmente com d. João VI.[2]

Na outra ponta da correspondência — ou seja, do documento que acabara de chegar à sede da Intendência-Geral de Polícia da Corte e do Estado do Brasil —, o remetente era um interlocutor frequente de Paulo Fernandes Viana. François-Étienne-Raymond Cailhé de Geine, responsável pelo "relatório sobre a situação da opinião pública" e autor de uma montanha de outros textos, bilhetes e documentos naqueles dias agitados, era um imigrante francês um tanto misterioso, tratado nas cartas oficiais como "tenente-general", de quem na verdade se sabe pouca coisa: por exemplo, que havia adquirido fama de golpista em Paris e que servira no Exército português após a retirada das tropas de Napoleão Bonaparte da Península Ibérica. No Brasil, parecia ter se especializado em repassar ao governo informações políticas, mantendo o dedo no pulso das variações de humor das massas urbanas.[3]

E era exatamente isso que Cailhé de Geine fazia no documento enviado a Fernandes Viana em novembro de 1820. A primeira impressão registrada no relatório é a do próprio informante, uma avaliação de conjuntura que ele parece supor ser evidente e naturalmente compartilhada por seu interlocutor. "Nas difíceis e extraordinárias circunstâncias em que se encontra o rei", observava o autor, era seu dever de súdito identificar e apontar "os perigos que cercam o trono" e os "projetos criminosos de seus inimigos". Desde a notícia da Revolução Liberal na Espanha — ocorrida em janeiro de 1820 — tornara-se notório "que o espírito público se corrompia a cada dia mais no Rio de Janeiro", dizia Cailhé de Geine. Crescia, cotidianamente, a insatisfação popular. A tal ponto que, àquela altura, quase no fim do ano, o "espírito revolucionário" já havia se espalhado por todas as classes da sociedade, penetrado "em quase todas as cabeças" da Corte, "excitando na massa da população desta capital sentimentos de ódio e de cega prevenção contra o governo de sua majestade".[4]

Cailhé de Geine fala em "ódio", em "cega prevenção". De onde poderia vir tamanha insatisfação? Quais seriam as suas causas? Um primeiro impulso é o de responder a isso apontando o absolutismo, o poder exorbitante do monarca, como fonte do desassossego que atravessava a opinião pública fluminense. Não há dúvida de que os poderes discricionários dos ministros e a atuação do governo — inclusive a do próprio Fernandes Viana — vinham gerando queixas crescentes na Corte.[5] Mas o fato é que cinco anos antes, na década anterior ou no meio século prévio, o rei português já dispunha de poderes despóticos sobre o conjunto de seus súditos, sem que se observasse o mesmo estado de efervescência política e social. A insatisfação popular era particularmente notável em 1820. Alguma causa mais imediata, conjuntural, devia ser a chave para explicá-la. Se a origem do mal-estar era o governo — e ainda que a própria natureza do regime fosse a sua causa profunda —, é provável que alguma medida adotada pouco tempo antes ou algum problema associado à atuação das autoridades tivesse ajudado a aguçar o clima de revolta na cidade. Como o próprio Cailhé de Geine fez questão de apontar, a "corrupção" radical do espírito público entre os súditos de d. João VI era fenômeno relativamente recente, que havia crescido ao longo dos meses anteriores ao da escrita de seu relatório.

Os problemas, aliás, pareciam se espalhar por todo o antigo Império português. Do reino europeu não paravam de chegar motivos de preocupação para o governo. Em agosto daquele ano — três meses antes do relatório do informante francês no Rio, portanto —, militares portugueses haviam se insurgido contra o absolutismo na cidade do Porto, com o apoio de magistrados, profissionais liberais, funcionários públicos e comerciantes. Exigiam que o rei d. João VI não só voltasse da América para a Europa, como também — muito mais importante — que ele se submetesse a uma Constituição, a um novo contrato político em que fossem estabelecidos a separação de poderes, a eleição de representantes por meio do voto e o controle parlamentar dos gastos do governo. A notícia do levante, depois de atravessar o oceano a bordo dos navios, certamente contribuía para o clima de insegurança que galvanizava a Corte, deixando sobressaltadas as autoridades locais e a própria Coroa. Mas, sozinha, a Revolução do Porto não teria sido capaz de criar a insatisfação crescente da opinião pública constatada no Rio por Cailhé de Geine, insatisfação que, segundo suas próprias palavras, havia começado a crescer meses antes dos episódios de revolta em Portugal. Ninguém fica indignado com o governo por imitação ou contaminação apenas, na ausência de motivos pessoais de desassossego — dito em bom português, sem que lhe doa o próprio calo. Em particular, ninguém se atreveria a espalhar panfletos críticos ao rei e ao governo, como vinha acontecendo na Corte, correndo o risco de ser objeto de pesadas retaliações dos homens de Paulo Fernandes Viana, só porque falar mal do monarca era o último grito da moda do outro lado do oceano. O ambiente de desafio às autoridades tanto no Brasil quanto em Portugal, onde já vigia a revolta aberta e declarada, revelava uma insatisfação generalizada entre os súditos de d. João VI, unindo as populações das duas partes principais do Reino Unido.

Assim como no Rio de Janeiro, amplas camadas da sociedade portuguesa pareciam alimentar "sentimentos de ódio e de cega prevenção contra o governo de sua majestade". Aliás, em alguma medida, isso acontecia um pouco por toda parte no Reino Unido de Portugal, Brasil e Algarves. À Revolução do Porto se seguiriam múltiplos levantes, espalhados pelas principais capitais do mundo luso-brasileiro, mobilizando setores sociais diversos, dos mais altos funcionários públicos aos mais humildes empregados do comércio, nos dois lados do Atlântico. Revoltas eclodiriam em Lisboa, Belém, Salvador. De todos os lados o monarca recebia relatórios e pareceres em que conselheiros tentavam dar conta do sentimento de desassossego geral. Na passagem de 1820 para 1821, o clima de tensão era tal que o próprio intendente-geral de polícia escreveu a d. João VI, inteirando-o "de rumores sobre motim presumido para o dia de Ano Bom" e avisando que dera instruções para que se redobrasse a vigilância naquela noite. As mais altas autoridades da Corte temiam que a etapa final da revolução — a ser lançada no Rio de Janeiro, alcançando o monarca e obrigando-o a ceder às exigências primeiramente feitas no Porto e em Lisboa — fosse levada a cabo em meio às comemorações de réveillon. Ao fim do informe, Paulo Fernandes Viana confessava que se sentia "transtornado" com a situação política da Corte.[6]

Aquilo que o governo, com toda a razão do mundo, já temia ao final de 1820 não demorou mais do que umas poucas semanas para se tornar realidade. Em fevereiro de 1821, os revoltosos europeus e americanos puderam declarar vitória sobre o despotismo. A revolução afinal havia alcançado o Rio de Janeiro, ou seja, a sede da monarquia e o centro do Império. Na madrugada do dia 26, parte expressiva dos soldados que serviam na Corte amanheceu concentrada no largo do Rocio, atual praça Tiradentes, no centro da cidade, acompanhada de comerciantes, funcionários, súditos de todas as classes.[7] Juntos, tropa e povo exigiam a adesão do rei à Constituição que já vinha sendo preparada em Lisboa, a nomeação de um novo ministério para tocar o governo no Rio e a eleição de deputados fluminenses para participar da elaboração das leis, nas Cortes Constituintes, do outro lado do Atlântico. Pressionado pelo argumento frio e convincente das baionetas, d. João VI se viu obrigado a comparecer perante os revoltosos e a fazer, em praça pública, um juramento solene. Nele o monarca se comprometia com o novo regime representativo, constitucional.

A história da Independência do Brasil, que tem raízes na transferência do rei e da burocracia estatal para o Rio de Janeiro em 1808, geralmente começa a ser contada em detalhes, com lente fechada sobre os acontecimentos, a partir desta quadra: a da instauração das Cortes Constituintes em Portugal, após a Revolução do Porto de 1820, e da submissão do rei ao novo regime, obtida por um levante militar no Rio de Janeiro. Depois disso, as causas da separação política entre o reino europeu e a antiga América portuguesa costumam ser buscadas — e encontradas — nos conflitos que surgiram e se intensificaram aos poucos com a reunião dos deputados brasileiros e portugueses em Lisboa. Muita gente no Brasil passou a identificar nas Cortes ameaças à relativa autonomia alcançada pelas elites locais desde 1808. Ameaças que se expressavam concretamente nas discussões realizadas no novo Parlamento, que também passava a ter poder sobre as diversas províncias da América. Era o caso, por exemplo, do projeto — desastroso para as elites fluminenses — que mandava fazer voltar a Lisboa os numerosos órgãos de governo que mais de uma década antes haviam sido transferidos para o Rio. Assim, o movimento emancipatório liderado por d. Pedro I ganharia impulso como uma reação a decisões consideradas insatisfatórias por diferentes partes do Brasil, decisões recorrentemente apoiadas por uma maioria de deputados portugueses.

Mas, ao darem ênfase às insatisfações brasileiras com as Cortes, as narrativas históricas consagradas sobre o período acabam por operar uma espécie de truque de mágica, de prestidigitação — truque que faz desaparecer algo muito importante com um simples fechar de dedos, enquanto chama a atenção do público para o que se mostra na palma da outra mão. O que some, nessa história, são as insatisfações, o descontentamento geral relatado pelos informantes de Fernandes Viana e por muitos outros conselheiros do rei. Perdem relevância as razões que, ainda antes do surgimento de desavenças entre deputados brasileiros e portugueses, haviam sido capazes de unir amplos grupos liberais — civis e militares — em todo o mundo português contra o governo de d. João VI. O que deixa de ser analisado, assim, são as causas do processo político que viria a dar na Independência do Brasil. Por que, afinal, tudo aquilo começou?

Por omissão, o conjunto de explicações tradicionais para a Independência brasileira acabou transformando essa questão — da insatisfação com o governo absolutista de d. João VI — em um verdadeiro enigma. Em algumas das obras clássicas de interpretação da emancipação política do Brasil, nem sequer se reconhece a existência de desassossego coletivo — ou de conflito mais grave de qualquer espécie. Em seu livro *O movimento da Independência* (*1821-1822*), o historiador e diplomata Manuel de Oliveira Lima defendeu, no início do século XX, a ideia de que boa parte do Sete de Setembro pudesse ser compreendida como uma "transação" negociada entre as elites brasileira e lusitana, lançando assim uma das ideias mais influentes e duradouras sobre o caráter do processo emancipatório. Em última instância, a separação do Brasil teria se dado como um fenômeno espontâneo e inevitável, análogo a processos biológicos e psicológicos de amadurecimento pessoal. "É natural que o filho chegado à maioridade se emancipe, e sucede entre as nações como entre os indivíduos", escreve Oliveira Lima, como se o Brasil fosse um jovem que não coubesse mais nas roupas de adolescente, um rapaz crescido à procura de emprego. Em um processo desse tipo, evolutivo e fatalista, não há lugar para a inquietação vivida pelo intendente-geral de polícia ao final de 1820, ao se dizer "transtornado com a situação" política do Rio de Janeiro. Menos ainda para os "sentimentos de ódio e de cega prevenção contra o governo de sua majestade" identificados por seu informante francês.[8]

Os marxistas, que de meados do século XX em diante substituíram Francisco Adolfo de Varnhagen e Oliveira Lima como referência interpretativa para o período, foram responsáveis por alargar um pouco o círculo dos atores relevantes no processo de independência — que nas versões nacionalistas quase sempre se resumiam a um restrito grupo palaciano.[9] Alargaram, mas não muito. Em vez de empreendimento liderado pelo príncipe e auxiliado por seus conselheiros, a Independência passou a resultar, para essa nova vertente interpretativa, do conflito entre elites econômicas e políticas distintas. Ainda assim, eram as elites que contavam, e não amplos e diferentes grupos sociais unidos por insatisfações comuns. Segundo a versão de Caio Prado Júnior, por exemplo, a emancipação política do país seria consequência do embate entre os interesses irreconciliáveis de grandes proprietários rurais, de um lado, e de grandes comerciantes, de outro. De certa forma, esses dois grupos sociais encarnariam os interesses conflitantes no sistema colonial: de um lado a colônia — os donos de fazenda — e do outro a metrópole — os donos de navio.[10] As razões da Independência podiam passar até mesmo, segundo Fernando Novais, por Manchester e Newcastle — uma vez que o surgimento do modo de produção industrial capitalista tornaria o regime colonial ultrapassado e inadequado para o novo padrão de trocas internacionais —, mas pouco tinham a ver com a Glória ou a Candelária.[11] As insatisfações dos grupos urbanos, muitos relativamente pobres ou remediados, eram no fim das contas periféricas à lógica desses autores. Nela as massas urbanas, o povo, não chegavam a ter papel relevante na formação do Estado-nação brasileiro.

Nos últimos trinta anos, esse cenário mudou — mas, de novo, não o bastante. Boa parte das obras mais recentes a respeito da separação entre Brasil e Portugal se debruça compreensivelmente sobre a "cultura política" da época da Independência.[12] Faz todo o sentido. Afinal, o período que vai de meados do século XVIII até as primeiras décadas do XIX é marcado por mudanças profundas nos valores políticos em diferentes regiões do planeta. Na Europa e na América, os horizontes e as perspectivas coletivas foram ampliados e renovados pelo Iluminismo. Praticamente por toda parte, no mundo atlântico, circulavam ideias de Constituição, igualdade, representação política — e não é difícil, sobretudo por meio de jornais e panfletos, estudar a recepção desses conceitos e o seu impacto no debate público no Brasil. O pequeno lojista, o livreiro e o funcionário público eram consumidores dos periódicos nos quais se discutiam alternativas para o absolutismo — e por isso acabaram sendo afinal incorporados à história do período. Em um dos livros de referência sobre a cultura política à época da Independência, capítulos inteiros são dedicados ao vocabulário que organizava o modo de se relacionar com o poder e com as instituições nas primeiras décadas do século XIX — um a um, termos como "Constituição", "igualdade" ou "liberal" são dissecados e contextualizados.[13]

Mas resta, de toda forma, um problema. A "cultura política" funciona em uma temporalidade que não é conjuntural. Em contrapartida, a opinião pública e os impulsos que muitas vezes levam amplos setores da população a agir politicamente são circunstanciais, volúveis até. As grandes transformações seculares que incutiram a ideia de igualdade e de representação política nos moradores do Rio, do Recife e de Salvador foram condições necessárias para as revoluções liberais no mundo luso-brasileiro e para o processo de independência, não há dúvida. Mas elas não são suficientes para explicar a escalada de insatisfação que varreu Brasil e Portugal entre o final da década de 1810 e o início dos anos 1820. Persiste, mesmo para essa historiografia mais recente, a dificuldade em responder por que o "espírito revolucionário" se espalhou com força, penetrando "em quase todas as cabeças" da Corte, estimulando "sentimentos de ódio e de cega prevenção contra o governo de sua majestade", segundo Cailhé de Geine. E por que isso aconteceu com mais força justamente naquele ano de 1820 — e não antes ou depois.

As razões para esse sentimento generalizado de insatisfação às vésperas das revoluções liberais no mundo luso-brasileiro se revelam com clareza, contudo, quando se puxa o fio certo da meada. Elas se relacionam, de maneira direta ou indireta, a estatísticas que podem ser reconstruídas para o período: os gastos do governo, os déficits crescentes, os empréstimos cada vez maiores feitos pelo erário real ao Banco do Brasil, a emissão descontrolada de papel-moeda, seguida de inflação, o aumento dos preços em particular dos serviços e dos bens produzidos dentro do país — como os aluguéis e os alimentos —, a perda de poder de compra de quase todas as famílias, e também a falta de pagamentos por parte do governo.

A crise era econômica — e se agravava dia após dia em 1820. Era uma crise de um tipo novo no mundo luso-brasileiro, já que o conjunto de instituições e circunstâncias necessárias para que ela ocorresse — incluindo um banco capaz de emitir papel-moeda quase que sob demanda do governo, alimentando a inflação — não existiam antes de 1808. De certa forma, inaugurava-se nessa crise — que unia em uma onda de insatisfação transoceânica grande parte dos brasileiros e dos portugueses no início do século XIX — um tipo de fenômeno político e econômico, de reação popular contra o governo, que se atrelava, mesmo que inconscientemente, a decisões macroeconômicas e seus impactos sobre a população. Revoltas semelhantes já vinham ocorrendo, nas décadas anteriores, em outras partes do mundo atlântico. Mas foi só depois de uma confluência de fatores institucionais, políticos e econômicos próprios ao governo joanino que essa onda liberal pôde, enfim, se projetar simultaneamente sobre o Rio e Lisboa.

Os números são claros ao revelar as dificuldades materiais e econômicas crescentes dos súditos de d. João VI na virada da década de 1810 para os anos 1820. É preciso lembrar, contudo, que os índices de preços e mesmo os déficits do período joanino são estatísticas que precisam ser produzidas, reconstruídas — elas não estavam disponíveis, prontas, nas páginas dos jornais ou mesmo nos documentos oficiais da época. Só assim torna-se compreensível que as razões econômicas para as insatisfações políticas do início do século XIX possam ter escapado tão completamente à maioria dos historiadores da Independência. Boa parte do esforço contido neste livro foi de organizar as séries de dados econômicos capazes de recontar essa história e de esclarecer os sobressaltos políticos de dois séculos atrás.

Mas se de um lado faltavam números, de outro eram frequentes as referências, em documentos oficiais e em cartas trocadas entre as mais altas autoridades, aos problemas enfrentados pelo governo e por toda a sociedade luso-brasileira. Ainda no início do ano de 1820, por exemplo, o desembargador José Albano Fragoso, que mais tarde seria o primeiro presidente do Supremo Tribunal de Justiça brasileiro, expunha com franqueza ao rei d. João VI parte das dificuldades econômicas vividas pelos súditos de além-mar, em Portugal, antes ainda que eclodisse a Revolução do Porto.

Fragoso inicia sua carta da mesma maneira como faria Cailhé de Geine, meses mais tarde: constatando a existência de um "perigo" que naquele momento estremecia "o edifício social da monarquia portuguesa". Esse perigo — a possibilidade de uma revolução, assim como havia acontecido na vizinha Espanha — tinha razões econômicas. O desembargador menciona a "escassez do numerário", o "retarde de pagamentos" às tropas e aos funcionários civis e o déficit do Tesouro. Ou seja, sem dinheiro, o governo deixava de pagar seus servidores — e, o que era mais assustador, deixava de pagar o Exército, responsável em última instância por defender o Estado, a ordem, a monarquia. "Um dos males é o apoucamento das rendas reais" em Portugal, dizia Fragoso, descrevendo em seguida o tamanho da diferença entre receitas — insuficientes — e despesas — impagáveis: "Não basta o escasso recebimento de 18 milhões para satisfazer os pedidos da indispensável despesa de 23 no presente ano".

O pior, continuava o desembargador, é que "o vácuo", ou seja, o déficit, não podia "encher-se com impostos", quer dizer, com aumento da carga tributária e da arrecadação — e isso por razões políticas. "Não é ocasião oportuna", explicava Fragoso ao rei, "com os ânimos inquietos e revoltosos." Vale dizer: se o governo tentasse sanar o déficit buscando aumentar a arrecadação, arriscava precipitar a revolução, que parecia já bater às portas de Portugal. Se, por outro lado, continuassem a faltar recursos para o salário dos soldados, o destino do regime não seria muito melhor. O primeiro passo a ser dado, concluía o alto funcionário real, era fazer os pagamentos atrasados das tropas e dos funcionários públicos da forma como fosse possível, única maneira de atenuar o descontentamento geral no reino europeu. Fragoso sugeria que d. João, na falta de receitas, se desfizesse de joias da Coroa para levantar recursos — e buscasse sanar com esse dinheiro as dívidas inadiáveis com as tropas. O rei devia o quanto antes fazer "a remessa de algum socorro pecuniário para a paga dos atrasados, com especialidade os soldados, até ao fim da futura primavera". Se fizesse isso, concluía Fragoso, mudando de marcha e de tom, "nada há que recear".[14]

O cenário de crise econômica era pelo menos tão grave quanto em Portugal em várias partes do Brasil, àquela altura, e em particular no Rio de Janeiro. Quem o expôs com clareza foi o informante de sempre, François-Raymond Cailhé de Geine. E o fez, aliás, no relatório sobre o estado da opinião pública na Corte. O espião francês descrevia ali, em detalhes, as razões da crescente insatisfação popular na capital. Após generalizar, afirmando que o "espírito revolucionário" havia se espalhado por todas as classes na Corte, Cailhé de Geine se dedicava no texto a cada uma delas, descrevendo as queixas específicas dos grupos sociais relevantes. Os comerciantes, por exemplo, haviam sido persuadidos de que "as dificuldades e a estagnação de seus negócios não tinham outras causas que a falta de luzes e de energia do governo, o qual amarrava e sufocava as operações de comércio" com a cobrança de impostos. O "espírito revolucionário" havia convencido os funcionários públicos, por sua vez, ou pelo menos a significativa parcela deles que sofria com atrasos nos pagamentos, de que as finanças do reino estavam completamente dilapidadas (note-se que o "espírito revolucionário" andava bem informado). Os funcionários sem salário haviam sido convencidos, escrevia Cailhé de Geine, "de que não havia sombra de ordem no Tesouro, de que o roubo era ali cometido com tanta audácia quanto impunidade". Dizia-se ainda, na Corte, que o Banco do Brasil "havia se tornado o patrimônio de uma camarilha que certamente o conduziria muito em breve a uma vergonhosa bancarrota" (agora é o poder premonitório do "espírito revolucionário" que impressiona). Os militares e os magistrados, por sua vez, pareciam persuadidos de que os serviços prestados por eles ao Estado não estavam sendo suficientemente recompensados.[15]

Um dos aspectos que impressionam no relatório de Cailhé de Geine é o modo como ele registra ali, ainda que indiretamente, os principais problemas das finanças públicas no Rio de Janeiro e no Brasil de então, aparentemente tidos como de conhecimento comum por todas as autoridades da Corte: a falta de pagamentos, as dificuldades orçamentárias, a tentativa de contorná--las com aumento de impostos, o uso do Banco do Brasil pelo governo. De resto, ao elencar os problemas econômicos mobilizados pelo "espírito revolu-cionário" para penetrar "em quase todas as cabeças" da Corte, o informante francês estabelecia clara relação entre as crises econômica e política. Há mui-tos documentos e dados sobre o período que tornam inequívoca a crise eco-nômica. De que havia crise política tampouco restam dúvidas, como demons-tra a troca de cartas do informante com o intendente-geral de polícia, e deste com o rei — além, é claro, dos levantes militares, com apoio da população urbana, que se espalharam como rastilho de pólvora a partir do segundo se-mestre de 1820. O maior valor do relatório de Cailhé de Geine está no fato de relacionar explicitamente as duas crises — e de fazê-lo em um documento semioficial, destinado aos olhos do intendente-geral de polícia e, muito pro-vavelmente, aos olhos do próprio monarca.

Na manhã do dia 26 de fevereiro de 1821, quando os soldados tiveram a audácia de desafiar o poder da Coroa, concentrando-se no largo do Rocio, a primeira autoridade do regime em crise a se apresentar diante dos revoltosos foi o príncipe d. Pedro. Ele tentava negociar e obter uma saída honrosa para o pai. Mas as tropas e o povo não se deram por satisfeitos sem a presença do rei. Meses antes, Cailhé de Geine recomendara ao monarca medidas severas para suprimir a sedição, que já era aventada "no salão dourado, na humilde loja e mesmo na praça pública".[16] Quando d. João VI finalmente compareceu à praça, as principais exigências dos liberais já haviam sido aceitas pelo regime. Ao ceder, o monarca conhecia as razões de profunda insatisfação que moviam os seus súditos a desafiá-lo. Os motivos tinham sido descritos em detalhes por seus conselheiros, sem que, no entanto, o rei parecesse lhes dar ouvidos — até ser impelido, pela força das armas, a agir.

A piora na vida da população, impactada pela inflação, pelos impostos crescentes e pela falta de pagamentos, deu o empurrão final para a revolução que pôs fim ao absolutismo no mundo luso-brasileiro. Mas a relação entre economia e política é uma via de mão dupla. A crise orçamentária que estava na raiz dos problemas econômicos conjunturais do final da década de 1810 e dos anos 1820 era por sua vez resultado do esgotamento das instituições do Antigo Regime, que haviam se tornado incapazes — dados os incentivos que ofereciam aos tomadores de decisão — de manter um equilíbrio mínimo entre receitas e despesas. Este livro pretende contar essas duas histórias.

De um lado, queremos mostrar como a conjuntura econômica da década de 1820 teve papel determinante na revolução liberal luso-brasileira e no processo de independência do Brasil. De outro, em uma análise de mais longo prazo, mostrar como essa crise política e econômica final do Antigo Regime era um resultado na verdade pouco surpreendente, dado o arranjo institucional que prevalecia no Brasil e em Portugal. Sem freios e controles aos gastos do monarca, os desequilíbrios orçamentários haviam se tornado frequentes — e crescentes — no início do século XIX, trazendo consigo os males de que se queixava a opinião pública sondada por Cailhé de Geine. Foi só com a mudança desse arranjo, com o reforço de poderes nas mãos do Parlamento — um processo que no Brasil se completaria muito mais tarde, com a abdicação de d. Pedro I, em 1831 —, que as fontes de constante instabilidade econômica e política típicas do absolutismo puderam ser afinal contornadas.

PRIMEIRA PARTE:
COMO FOI

1. A crise inaugural

O Brasil nasceu de uma crise fiscal. Seu pai foi o déficit. Sua mãe, a inflação. Às vésperas da Independência, assim como viria a acontecer tantas outras vezes na história do país, a gestão das contas públicas se revelou decisiva para a sustentação política do governo — e o de d. João VI, depois de ter raspado os cofres, finalmente ruiu.

Brasileiros de quase todas as idades, em qualquer época, são capazes de reconhecer os contornos do problema enfrentado pelo monarca e por seus ministros naquele início do século XIX. Mas foram poucas as crises desse tipo que tiveram implicações políticas tão profundas. O que estava em jogo nas décadas de 1810 e 1820 não era a disputa entre grupos partidários ou ideológicos sobre o cabimento deste ou daquele gasto, ou mesmo um embate circunstancial por maior ou menor equilíbrio orçamentário — disputas que, mais tarde, se tornariam corriqueiras e legítimas. O que estava em jogo, animando as conversas dos grupos maçons, as trocas de ideias nos quartéis e nos seminários, os artigos de jornal e mesmo as manifestações nas sacadas e nas ruas, era a própria definição de quem poderia tomar as decisões sobre o orçamento: se o rei, sozinho e discricionariamente, ou representantes de cidadãos e contribuintes. No fim das contas, as insatisfações e os conflitos provocados pelo descalabro financeiro da Corte joanina trariam como resultado a ruína do absolutismo e a instalação de uma monarquia constitucional na América do Sul.

As receitas e as despesas estatais não explicam tudo, é verdade. Os gastos crescentes da Corte de d. João, ao longo de todo o seu período no poder, estiveram associados à criação e à elevação de tributos — para financiar os dispêndios determinados pelo monarca —, à desvalorização da moeda, ao aumento de preços e, ao fim e ao cabo, à paralisia e à desordem administrativa. Não era pouca coisa. Mesmo assim, a bolsa vazia do erário não foi a única causa dos sobressaltos e dos conflitos que abalaram a monarquia portuguesa dos dois lados do Atlântico. Como toda reviravolta política decisiva e traumática, uma série de modificações de longo prazo — ideológicas, institucionais e materiais —, ligadas a circunstâncias e peripécias particulares, precisou confluir para que as coisas se passassem como hoje contam os livros didáticos. Mas o nexo fiscal, capaz de articular fenômenos políticos e econômicos, organiza a história melhor do que qualquer outro aspecto particular do processo. Sem ele, fica bem mais difícil conferir clareza e inteligibilidade às revoltas e aos embates que levariam à separação política entre portugueses e brasileiros.

Como costuma acontecer nesses casos, o problema orçamentário do Antigo Regime português foi crônico, antes de se precipitar numa crise aguda. Quando afinal d. João VI teve o seu poder contestado por levantes militares com apoio da população urbana em Portugal e no Brasil em 1820 e 1821, as dificuldades para manter as contas no azul já contavam pelo menos duas décadas.[1] Desde o final do século XVIII, e em particular depois do início das Guerras Napoleônicas (1803-15), numa Europa conflagrada, Portugal vinha sendo obrigado a fazer gastos de defesa — com o Exército e a Marinha — incompatíveis com as suas receitas. Embora consumisse durante todo esse período sempre mais de 50% das receitas portuguesas, o dispêndio de defesa não foi suficiente para impedir a invasão francesa, em novembro de 1807.[2] Às pressas, quase à ponta das baionetas dos soldados de Napoleão, a Corte e a família real embarcaram em Lisboa, transferindo todo o governo, por mar, para a América do Sul. Ao se aproximarem da costa, em Salvador ou no Rio, cortesãos e funcionários do Estado português depararam, ainda nos navios, com um cenário que não lhes era de todo desconhecido. Assim como eles, que haviam acabado de cruzar o Atlântico, também "as igrejas, os sobrados, as moradas-inteiras, as meias-moradas e até a porta e as janelas que se apertavam nas ruas estreitas podiam ter sido trazidos inteiros de Lisboa", segundo a descrição do historiador Alberto da Costa e Silva.[3]

Haveria, contudo, profundos contrastes entre o dia a dia no novo continente e a vida a que os recém-chegados estavam acostumados na Europa. Ao desembarcar, a elite administrativa portuguesa pôde enfim conhecer de perto a sociedade escravista que havia ajudado a montar. Uma sociedade em que os escravizados eram não apenas a força de trabalho essencial para quase todas as atividades econômicas, como também bens suntuários que conferiam status a seus donos.

> Os que possuíam muitos cativos faziam questão de, ao ir à missa de domingo, por exemplo, ser acompanhados por alguns deles, as escravas cheias de joias e vestidas de sedas ou algodões finos, com rendas e bordados, e os homens de coletes, camisas com folhos e calças cingidas às pernas. Uns e outros, porém, quase sempre descalços, porque era da condição do escravo andar de pé no chão.[4]

A indignidade da falta de sapatos, constatada por Costa e Silva, era de toda forma o menor dos problemas dos brasileiros e africanos escravizados. Sob as roupas talvez suntuosas daqueles domingos, muitos traziam as marcas dos açoites frequentes. Máscaras de metal acopladas ao rosto também eram usadas nos castigos, e, como lembra Katia Mattoso, "até 1824, as mutilações de escravos desobedientes eram autorizadas e corriqueiras: marcas com ferro em brasa, dedos esmagados, orelhas cortadas, pés em parte amputados".[5]

A montagem da Corte nesse Novo Mundo, com seus gastos palacianos e centenas de funcionários, agravou o problema das contas do governo. Na Europa, os representantes de d. João continuavam a fazer pagamentos a soldados e oficiais, bancando os custos de um Exército liderado pela Inglaterra, empenhado nas repetidas campanhas de expulsão das tropas de Napoleão do território português. Enquanto isso, deste lado do Atlântico, cresciam os desembolsos com inúmeros cortesãos no Rio de Janeiro. Quando a guerra finalmente terminou no continente europeu, em 1815, trazendo promessas de alívio para o Tesouro, d. João decidiu abrir, no que seriam os seus anos derradeiros de reinado em terras fluminenses, uma nova e custosa frente de batalha na América do Sul, dessa vez com o objetivo de conquistar a região cisplatina, atual Uruguai, para a dinastia de Bragança.

A penúria constante do erário, assaltado por todas essas exigências, encontrou solução apenas parcial na elevação de impostos, desde logo gerando insatisfações, em particular nas províncias da região que no século XIX era denominada de Norte — da Bahia para cima —, tributadas pesadamente em suas ricas produções de açúcar, tabaco e algodão.[6] Como nem isso — o aumento de encargos e a criação de novos impostos — foi suficiente para fechar as contas, o governo não demorou a recorrer ao Banco do Brasil, fundado ainda em 1808, tornando-se de longe o seu principal devedor nos anos seguintes.[7] Aos empréstimos forçados no banco público, associaram-se a recunhagem de moedas, com maior valor de face do que a prata que as compunha, e, no final da década de 1810, a emissão descontrolada de papel-moeda, numa tentativa desesperada de cobrir a diferença entre receitas e despesas.[8] O resultado foi a inflação.

Itens essenciais de consumo das massas urbanas e dos escravizados no meio rural, como farinha de mandioca e carne-seca, sofreram aumentos de preços expressivos entre 1815 e 1820 — pelo menos dobrando de valor, no caso da farinha, enquanto a arroba de carne-seca triplicava de preço no mesmo período.[9] Farinha e charque mais caros significavam aumento de custos para os grandes proprietários, que compravam esses produtos a fim de alimentar os seus plantéis de cativos.[10] Significavam também uma elevação repentina do custo de vida para a população das cidades, incluindo aí milhares de soldados e integrantes das milícias, garantidores da ordem e do statu quo, espalhados pelo país. Assim, nos anos derradeiros da década de 1810, a inflação havia se tornado um problema que afetava o conjunto dos súditos americanos de d. João VI, dos cortesãos aos simples professores provincianos.

Em 1819, "por conta da carestia, da inflação sobre os preços dos mantimentos, a população da cidade do Rio de Janeiro viu-se em meio à maior crise de abastecimento de que se podia ter memória e, irada, instou providências rápidas junto ao rei".[11] Naquele mesmo ano, os empregados nas escolas de primeiras letras de Salvador enviaram uma petição ao monarca solicitando aumento de ordenados, por causa da "carestia dos víveres", que se encontravam "em uma grandeza de preço inconjecturável".[12] No documento, os professores primários indicavam que outros funcionários públicos já haviam tido reajuste pela mesma razão, ou seja, para que seus salários não perdessem tanto poder de compra. Ocorre que, àquela altura, às vésperas das revoltas que culminariam na instalação de uma assembleia constituinte em Lisboa, o governo já não conseguia fazer todos os pagamentos em dia — um problema que atingia parte das tropas, além dos oficiais que as comandavam. D. João alcançou, assim, a façanha de unir em Portugal e no Brasil, numa onda crescente de insatisfações, quase todo o espectro social e econômico dos seus súditos.

Logo já se falava em mudança política, no fim do absolutismo — o que não chegava a surpreender, nem era exatamente uma novidade. Ao se verem constrangidos por problemas fiscais e seus efeitos econômicos e sociais, como a falta de pagamentos e a inflação, Portugal e o Brasil na verdade repetiam um roteiro cumprido antes, desde o século XVIII, por vários monarcas, governos e seus súditos, na Europa e na América.[13] De modo geral, foram sobretudo as exigências de crescentes gastos militares que constrangeram as finanças de boa parte dos países europeus e das sociedades do mundo atlântico naquela época — embora os gastos palacianos, para manutenção da Corte e dos cortesãos, tenham contribuído para o problema no caso luso-brasileiro, ao diminuir a margem de manobra dos ministros joaninos. Além de espantosamente frequentes, as guerras haviam se tornado também mais caras, cada vez mais caras, entre meados do século XVII e o início do XIX. Na Inglaterra, por exemplo, os gastos militares mais que dobraram entre 1710 e 1780, crescendo em mais de 30% a fração da renda nacional consumida pelos dispêndios bélicos.[14] Naquelas mesmas décadas, Espanha e França, inimigas tradicionais dos ingleses, não tiveram outra saída senão também aumentar o volume de recursos destinados à Marinha e ao Exército.

Por algum tempo os cofres estatais aguentaram a pressão — até que não puderam mais. Presas a uma espiral de gastos militares que haviam se tornado existenciais — quem não investia em defesa corria o risco de perder territórios e fontes de recursos —, as monarquias da época logo se viram obrigadas a repetir as mesmas fórmulas na tentativa de solucionar seus problemas financeiros: mais tributos, novos empréstimos, em geral seguidos de calotes, suspensões de pagamentos, às vezes inflação. Inevitavelmente, acabaram por gerar insatisfações generalizadas entre seus súditos — e, por fim, as crises políticas e econômicas que, na França, nos Estados Unidos e na América hispânica empurraram governos e antigos arranjos políticos para além da beira do precipício. Seria só por meio de constituições e parlamentos, concedendo uma representação política ampliada aos seus cidadãos e contribuintes, que esses Estados afinal conseguiriam equilibrar as contas. De um lado, limitando gastos. Mas também por poderem ter, finalmente, acesso a volumes maiores de recursos, por poderem cobrar tributos que, embora mais vultosos, detinham legitimidade maior, já que autorizados pelo voto. A era das revoluções foi também, e não à toa, a era das crises fiscais — e Portugal e Brasil não constituíram exceções nessa história.

A primeira cidade a se insurgir com sucesso contra os abusos do governo joanino foi o Porto, no norte de Portugal, no dia 24 de agosto de 1820. O movimento não demorou a encontrar apoio em Lisboa, mas também do outro lado do Atlântico, numa sequência de sublevações militares que contaram com a adesão das populações urbanas: no Pará, na Bahia e logo no Rio de Janeiro, coração do Reino Unido de Portugal, Brasil e Algarves. Todas pediam Constituição, ou seja, limites aos poderes do rei. As Cortes Constituintes, encarregadas de escrever as leis fundamentais da monarquia representativa, foram instauradas no início de 1821, em Lisboa. Contando com representantes brasileiros e portugueses, trataram de extinguir arbitrariedades do Antigo Regime antes mesmo que a nova Carta fosse promulgada.

Entre os direitos logo assegurados pelos deputados estava a liberdade de imprensa. Em julho de 1821, as Cortes aprovaram a legislação que abolia a censura prévia.[15] No Rio de Janeiro, no dia 28 de agosto de 1821, o governo do príncipe regente d. Pedro emitiu ordem semelhante, em conformidade com o que já vinha sendo discutido nas Cortes, acabando com qualquer empecilho à publicação de textos. Apenas onze semanas mais tarde, no dia 10 de novembro, jornais fluminenses traziam o anúncio, pago por um livreiro carioca, da célebre obra de Jean-Jacques Rousseau, *Do contrato social*. O volume, "outrora" proibido, dizia o negociante, podia agora ser encontrado à venda em sua loja, no centro da cidade. A pesquisadora Lúcia Maria Bastos Pereira das Neves, ao relatar a história no livro *Corcundas e constitucionais: A cultura política da Independência (1820-1822)*, chama a atenção para o tempo exíguo que separava as duas datas — a do afrouxamento dos controles sobre as publicações, determinado por d. Pedro, e a do anúncio da obra de Rousseau. Como as viagens entre Lisboa e o Rio duravam, na época, aproximadamente dois meses, às vezes um pouco menos, em apenas onze semanas por certo não transcorrera o prazo das duas pernas de travessia atlântica necessárias para o livreiro fazer o pedido e receber de volta o livro, encomendado na Europa, antes de colocá-lo à venda.[16] Rousseau muito provavelmente já circulava entre os leitores cariocas e era comercializado no centro da cidade, mesmo antes de receber o beneplácito do novo governo constitucional.

A profusão de termos típicos do Iluminismo e do liberalismo nos jornais da época — liberdade, igualdade, razão, Luzes, tirania e despotismo —, assim que se viram livres da censura, e o grande número de publicações avulsas que traziam em seus títulos as palavras "Constituição" ou "Constitucional" — os termos apareciam no cabeçalho de 26 dos cem folhetos editados no Rio de Janeiro em 1821[17] — indicam, de maneira mais ampla, aquilo que o caso específico do *Contrato social* já sugeria: a liberdade de expressão, conquistada com o fim do absolutismo, se pareceu menos com uma lenta e cuidadosa abertura de comportas, permitindo a livre circulação de ideias, do que com o rompimento brusco e explosivo de uma barragem, dando vazão às ideias políticas iluministas que já pressionavam por mudanças na Península Ibérica e na América portuguesa.

Relatos de viajantes e processos judiciais confirmam que, pelo menos desde o final do século XVIII, as ideias liberais — ou seja, as ideias críticas ao absolutismo e defensoras de regimes políticos representativos — já circulavam na colônia. Ganhariam impulso redobrado depois de 1808, com a abertura dos portos. Como se sabe, ao chegar ao Brasil d. João VI pôs fim ao comércio exclusivo da América portuguesa com a metrópole, permitindo, a partir de então, trocas na costa brasileira com negociantes e navios provenientes de todas as "nações amigas". A liberdade comercial contribuiu para a divulgação das ideias políticas iluministas entre os brasileiros, não só por colocar os principais centros urbanos locais em contato mais frequente com a Europa, mas também por elevar a renda dos súditos de d. João VI, ao mesmo tempo que barateava o preço dos livros, antes monopolizados pelos vendedores portugueses. "A maior latitude do comércio produziu também mais ampla notícia do que se passava em outros países; e daí se seguiu muito descontentamento contra o governo", observou o comerciante inglês John Armitage, referindo-se ao período joanino.[18] Louis-François de Tollenare, que morou em Pernambuco na década de

1810, notou que a política europeia era uma verdadeira "mania" entre os frades locais, ansiosos por debater detalhes da Revolução Francesa.[19]

Tudo somado, em 1821 e 1822 assistiu-se no Brasil a um "triunfo do liberalismo", na expressão de Pereira das Neves. De fato, o que se pôs em prática, quando à força das armas se esvaziou o poder de d. João VI, e quando por meio das cédulas de votação se instituiu um poder parlamentar, foram as ideias de John Locke — que sistematizou a possibilidade de resistência legítima a um monarca que abusa de suas prerrogativas — e de Montesquieu — que propugnava a separação entre os poderes como mecanismo capaz de frear o impulso universal, demasiadamente humano, de abuso do poder —, bem como de outros teóricos e filósofos liberais. Sem esses pensadores, dificilmente a mudança política radical que se operou no início da década de 1820 teria sido levada a cabo, porque aos seus defensores faltariam tanto a justificativa política e moral, capaz de congregar e mover uma multidão de indivíduos insatisfeitos, quanto o projeto, ou seja, a noção mais ou menos clara de para onde se desejava ir. Fazia diferença conhecer de antemão as instituições que a multidão rebelada pretendia pôr no lugar do rei despótico: Constituição, separação entre os poderes, garantia das liberdades individuais etc. Aliás, é uma característica específica da mentalidade moderna que as ideias e os projetos de futuro passem a ter maior importância. "Se o futuro da história moderna abre-se para o desconhecido e, ao mesmo tempo, torna-se planejável", escreveu o historiador alemão Reinhart Koselleck, "então ele tem de ser planejado."[20]

As ideias são tão importantes para as revoluções liberais — aliás, para as revoluções em geral — que houve quem lhes atribuísse um papel, se não exclusivo, certamente decisivo no conjunto de mudanças políticas por que passaram os principais países europeus e do mundo atlântico entre o final do século XVIII e meados do XIX. O Iluminismo, escreveu a historiadora Gertrude Himmelfarb,

> transbordou dos filósofos e dos intelectuais para os políticos e os negociantes, penetrando naquilo que os historiadores contemporâneos chamam de *mentalités* dos povos, aquilo a que Alexis de Tocqueville se referia como os *moeurs*: os "hábitos da mente" e os "hábitos do coração" que perfazem "a totalidade moral e intelectual de um povo".[21]

Diante dessa história de inequívoca mudança das mentalidades no período das Luzes — que afinal teria motivado transformações políticas entre os séculos XVIII e XIX —, será mesmo necessário apelar para o bolso, para os efeitos da crise fiscal? As ideias, as mudanças nos modos de entender o que é justo e aceitável, não bastam para explicar a derrubada do absolutismo, inclusive no Brasil? Qual o papel dos interesses particulares, dos prejuízos provocados pela gestão econômica, por exemplo, em um processo que parece impulsionado por ideais de igualdade e liberdade? As experiências históricas de Minas Gerais e Pernambuco, pouco antes da Independência, talvez nos ajudem a responder.

A frustrada revolução que pretendia libertar Minas do poder metropolitano português — a Inconfidência ou Conjuração Mineira — foi sem dúvida inspirada por ideais liberais. Alguns dos homens mais ricos e cultos da capitania produtora de ouro se associaram à conspiração que, no final da década de 1780, pretendia depor o governador local, o visconde de Barbacena. Esses homens não só eram donos de bibliotecas formidáveis — com inúmeras obras do Iluminismo francês, exemplares da *Enciclopédia* de Diderot e D'Alembert, os artigos da Confederação e constituições estaduais norte-americanas —, como mantinham o costume de se encontrar regularmente à mesa do carteado para debater ideias e notícias políticas que chegavam da Europa e dos Estados Unidos.[22] Os princípios liberais também apareciam nos planos que os conspiradores faziam para a nova república sul-americana, depois do sucesso de sua rebelião: cada importante cidade mineira teria o seu pequeno Parlamento, submetido ao Parlamento principal, em São João del-Rei, cidade designada para ser a futura capital; e, para preencher as bancadas dessas assembleias, os cidadãos mineiros seriam chamados regularmente a votar.[23] Embora os ideais representativos tenham ajudado a justificar e a organizar o quase levante, não foram eles, contudo, os responsáveis por unir os magnatas mineiros, nem por impeli-los, com urgência, a agir. A urgência veio do bolso.

Em 1788, chegou a Vila Rica um novo governador com ordens expressas para cobrar antigas dívidas ainda pendentes com o erário régio. Durante algumas boas décadas, a elite local fora capaz de manter relações profícuas, bastante lucrativas, com os representantes da Coroa em Minas — a tal ponto que alguns dos homens mais ricos da região tinham feito fortuna desviando recursos do Estado. Esses magnatas venciam leilões de contratos de impostos, realizados regularmente pelo governo, recebendo o direito de cobrar os tributos dos súditos mineiros. Em contrapartida, deviam adiantar à Coroa uma parte dos valores que só mais tarde iriam recolher. Dispondo de legitimidade e reconhecimento estatal, os contratadores batiam à porta dos moradores, ou interceptavam viagens nas principais estradas da capitania, cobrando e recolhendo montanhas de recursos. Ocorre que o dinheiro prometido à Coroa na hora do leilão demorava a ser entregue aos cofres estatais — em muitos casos, nunca chegava a ser recolhido. Como em meados do século o tempo era de vacas gordas e o principal tributo da capitania, o quinto do ouro, fluía regularmente para Lisboa, o governo metropolitano por muito tempo fechou os olhos para essas dívidas e para os impostos a que elas se relacionavam — geralmente ligados ao comércio local.[24] Agora, com o declínio da produção aurífera, um novo governador era enviado a Minas com ordens para cobrar as dívidas atrasadas, até o último centavo. Não demorou a surgir, em reação, um plano para cortar sua cabeça e declarar a independência local.

Os princípios liberais, os valores iluministas, haviam sido condições necessárias, mas não suficientes, para a tentativa de revolução. As ideias sozinhas, o mundo das mentalidades, nunca conseguiriam responder à pergunta fundamental de qualquer pesquisa histórica: por que naquela data? Afinal, fazia décadas que os magnatas mineiros dispunham das ideias e das condições mentais e materiais para se dissociarem da metrópole. Locke publicou a sua obra de filosofia política ainda no final do século XVII. *O espírito das leis*, de Montesquieu, é de 1748. As ideias não bastaram. Foi preciso que algum outro incentivo deflagrasse a ação. O incentivo estava no fato de que, como mostrou o historiador Kenneth Maxwell, a cobrança efetiva de todo o montante devido por aquela pequena elite mineira aos cofres de Lisboa representaria a sua ruína financeira. Os magnatas acossados pelo novo governador, o visconde de Barbacena, se viram subitamente ameaçados de "perder todo seu patrimônio" e reagiram.[25]

A Revolução Pernambucana de 1817, que a rigor já faz parte das contestações ao governo de d. João VI no Rio de Janeiro — contestações que iriam desaguar na instalação das Cortes Constituintes e na Independência do Brasil —, também tem origens materiais, circunstanciais, associadas à influência dos princípios liberais. Tollenare observou que, naquela segunda década do século XIX, no Recife, depois que a "comunicação com a Europa" se multiplicou, muitos homens abastados trataram de formar ou de renovar suas bibliotecas, com especial apreço pela filosofia francesa do século XVIII. Um dos entusiastas da sublevação contra a Corte fluminense, Antônio Gonçalves da Cruz, o Cruz Cabugá, chegou a ser descrito por um contemporâneo como um "prisioneiro dos franceses revolucionários", um "encantado da liberdade".[26] Mais do que as discussões nos salões e nas bibliotecas, no entanto, foi o aumento repentino do preço dos alimentos que acabou por empurrar parte das tropas e das classes urbanas pobres de Olinda e do Recife para a causa revolucionária da elite pernambucana — uma elite ilustrada que, sozinha, sem soldados, dificilmente teria ido longe.

Há indícios de que, no início de 1817, os preços dos gêneros alimentícios e dos bens de primeira necessidade cresciam velozmente, num surto inflacionário provocado em última instância pelas políticas da Corte. A alta no preço dos alimentos foi constatada pelo cônsul-geral da França no Brasil, Jean-Baptiste Maler, que, em um ofício ao seu governo, apresentou como causas da participação militar na revolta em Pernambuco a inflação e a perda de valor dos pagamentos feitos às tropas. "Há mais de um ano que a guarnição de Pernambuco era mal paga e mal alimentada", escreveu Maler. "A mandioca para a classe indigente vinha de fora [da província] e era comprada por preços muito elevados." Diante dessa situação, propôs-se à tropa o "injusto dislate" de "dar-lhes as rações de pão em espécie", ou seja, em dinheiro, "e de lhes abonar dezesseis soldos por cada saco de mandioca, cujo preço no mercado era de cinquenta soldos".[27] A revolta que começou nos quartéis logo transbordou para as ruas, unindo a população desesperada com a carestia à elite que havia muito estava insatisfeita com a alta carga de impostos recolhidos na província e enviados ao Rio de Janeiro.

É razoável supor, aliás, que uma desvalorização das moedas de cobre em Pernambuco tenha contribuído para a elevação dos preços locais — e, assim, para a insatisfação popular, militar e a revolta contra a Corte fluminense. O comerciante e engenheiro alemão Johann Sturz, que passou uma primeira temporada no Brasil entre 1823 e 1827, registrou em sua obra sobre as finanças e a economia do novo país que, no governo joanino, "a Corte do Rio tinha frequentes e urgentes necessidades de dinheiro", recorrendo por isso aos tesouros das províncias, das quais exigia a transferência de recursos antecipados. Pressionadas, as autoridades pernambucanas teriam tomado em determinado momento, segundo Sturz, a "resolução fatal de recolher todas as moedas de cobre então em circulação na província, com o objetivo de reemiti-las com o dobro do valor de face que antes portavam".[28] Sturz não menciona, em seu texto, quando exatamente essa providência teria sido tomada, indicando apenas que se tratava de um fato anterior a 1822. Há evidências, contudo, de que a recunhagem e seus efeitos inflacionários tenham acontecido antes da Revolução de 1817.

Em sua *História geral do Brasil*, Francisco Adolfo de Varnhagen reproduz a correspondência de um morador de Pernambuco ao jornal *O Portuguez*, editado em Londres. Na carta, publicada no periódico em dezembro de 1816, o missivista brasileiro faz referência aos "danos causados" em Pernambuco "pela impolítica medida da alteração do valor da moeda de cobre".[29] Meses depois, em março de 1817, rebentava a revolta no Recife — acompanhada, como sucederia tantas vezes nas décadas seguintes, dos gritos de "mata marinheiro!", ou seja, de ódio contra os pequenos comerciantes portugueses, os quais muito provavelmente pagavam o pato por um aumento dos preços dos alimentos provocado, em última instância, pelos ministros de d. João.

Ainda que importantes, esses dois exemplos são insuficientes, é claro, para esgotar o debate entre idealismo e materialismo na história. Mas talvez sejam capazes de tornar mais convincente o argumento de que as ideias e as mentalidades, mesmo sendo necessárias para a sustentação dos movimentos políticos, são no fim das contas insuficientes para explicar a deflagração de revoltas — os momentos em que afinal se passa, justamente, das ideias à ação.

Em seu trabalho clássico sobre a "economia moral" das revoltas camponesas do século XVIII na Inglaterra, E. P. Thompson se insurgiu, com razão, contra a outra face dessa moeda: o materialismo vulgar que reduzia as manifestações de gente humilde e pobre da época a "simples respostas a estímulos econômicos", reações "elementares" ou "instintivas" aos anos de safras ruins e de consequente aumento de preços dos alimentos. Na verdade, ele dizia, para entender a ação política dos revoltosos era preciso, em primeiro lugar, conhecer suas estruturas de valores; em seguida, as expectativas de comportamento moral que os camponeses depositavam sobre os agentes de mercado — os atacadistas, os intermediários, os padeiros —, tanto em tempos normais quanto nos de penúria; e, por fim, suas expectativas em relação às autoridades públicas. Tudo isso — essas ideias e valores — condicionava a ação dos revoltosos, para além dos surtos de carestia. A fome, o agravamento circunstancial ou cíclico da pobreza na vida rural da Inglaterra do século XVIII eram apenas deflagradores do processo. "Estando com fome (ou com desejo sexual), o que as pessoas fazem?", questionava Thompson no artigo. "Como o seu comportamento é modificado pelos costumes, pela cultura e pela razão?" Mas — e isto é central — ele nunca descarta que as condições materiais, que as safras ruins, que a súbita elevação dos preços possam ter contribuído para deflagrar as revoltas. Esses episódios da vida econômica eram parte dos motivos que moviam os rebelados. "É por óbvio verdade que as revoltas eram deflagradas pela elevação dos preços, por desvios de comportamento entre os comerciantes, ou pela fome", observa Thompson. Mas as ações dos camponeses só ganhavam contornos precisos quando, a essas condições materiais, se associava o comportamento dos fazendeiros, dos comerciantes e das autoridades — das quais se esperava, por exemplo, a intervenção no mercado, a coação dos produtores a reduzir os estoques e ampliar a oferta de grãos, contendo os preços. Só então os grupos de revoltosos conformariam a sua ação — orientados, tanto na percepção do problema quanto nas manifestações que visavam superá-lo, por valores culturais e expectativas políticas.[30]

Uma lógica do mesmo tipo pode e deve ser aplicada ao período da Independência no Brasil. As expectativas políticas e morais dos integrantes das tropas, dos grupos urbanos, dos proprietários rurais e dos comerciantes, influenciadas pelo Iluminismo, eram responsáveis por orientar a sua ação — por exemplo, no clamor feito até em cartazes de rua por Constituição. Mas a ação que pretendia satisfazer as novas expectativas políticas e morais da época não era deflagrada de maneira caótica, desprovida de ordem, a qualquer momento. É preciso recorrer às flutuações econômicas e às condições materiais do período para conseguir explicá-las até o fim. O próprio Thompson, anos depois de escrever o artigo original, observou que um de seus críticos parecia não ter entendido bem o que ele havia dito. "De alguma forma", dizia o historiador, esse crítico tinha "metido na cabeça que as revoltas deviam *ou* ter a ver com a fome, *ou* ter a ver com 'questões sociais envolvendo costumes locais e direitos tradicionais'". Mas não era nada disso, o tal crítico se equivocara. "É claro que os revoltosos que pediam comida tinham fome — e às vezes se aproximavam de uma condição de inanição", esclarece Thompson. "Mas isso não nos diz nada sobre como o seu comportamento é 'modificado pelos costumes, pela cultura e pela razão.'" Não se trata de uma questão de exclusão, ele insiste, mas de consideração mútua das condições materiais e ideológicas de quem se revolta.[31] "O estudo dos salários e dos preços e o estudo das normas e das expectativas podem ser complementares um ao outro."[32]

Ameaças de prejuízos materiais, mudanças arbitrárias de regras ou costumes, graves ofensas à identidade ou aos valores de determinado grupo: o que impele os sujeitos históricos a agir não precisa necessariamente ser de ordem pecuniária, mas costuma lhes dizer respeito pessoalmente, profundamente — inclusive para suplantar os prováveis custos da derrota, que serão sentidos na carne. No caso da Inconfidência Mineira, os participantes, depois de denunciados e julgados, chegaram a ser condenados à morte, pena que na última hora acabou convertida para o degredo na África — a exceção foi Joaquim José da Silva Xavier, o Tiradentes, que depois de enforcado teve o corpo desmembrado e exposto ao público.[33] Os revolucionários pernambucanos, derrotados pelas tropas do Rio em maio de 1817, poucos meses depois de instaurarem um governo provisório na capitania, tiveram destino semelhante. Após retomarem o controle de Pernambuco, os enviados do rei d. João VI fizeram os revoltosos locais conhecerem castigos exemplarmente cruéis. Muitos foram executados durante cerimônias em praça pública. Depois de mortos, tinham as mãos cortadas e as cabeças decepadas, partes do corpo que passavam então a ser exibidas nas ruas, enquanto se decompunham. Os troncos, ou o que restava dos cadáveres, eram arrastados pelo chão amarrados aos cavalos. Os que escapavam da morte exemplar recebiam chibatadas ou eram enviados aos cárceres na Bahia.[34]

Os integrantes das tropas e da população urbana — funcionários públicos, profissionais liberais, comerciantes, mas também seus empregados — que poucos anos mais tarde, em 1821, se levantaram em Salvador e no Rio para tentar depor os ministros do rei e impor ao monarca a submissão a uma Constituição estavam cientes do risco de serem acusados, caso não fossem bem-sucedidos, do crime de lesa-majestade — e de então sofrerem as sevícias aplicadas aos que haviam tentado expediente semelhante em um passado recente. Mesmo assim, muita gente se arriscou. Tamanha determinação nos dá uma ideia dos altos custos impingidos a portugueses e brasileiros pelo absolutismo.

* * *

Embora em 1820 todos pudessem sentir, no Brasil e em Portugal, os efeitos do desequilíbrio fiscal promovido pela Corte joanina, poucos conheciam em detalhes, naquele momento, as contas da Fazenda Real. Ou seja, pouco se sabia de quanto dinheiro havia nos cofres, se é que ainda havia algum. Até a Revolução Liberal, as receitas e as despesas da monarquia portuguesa eram um dos segredos mais bem guardados pela burocracia régia, fosse em Lisboa, fosse no Rio. Assim, logo que o absolutismo caiu, uma das primeiras providências tomadas pelos novos governantes foi a de começar a fazer contas, de um lado e de outro do Atlântico.

Em Portugal, coube a um dos líderes da revolução, o magistrado Manuel Fernandes Tomás, preparar um relatório sobre a situação do Estado português herdada pelos revoltosos. No documento, datado de fevereiro de 1821 e destinado à apreciação das Cortes Constituintes, o magistrado registra com clareza o tamanho do problema fiscal com que seus colegas deputados teriam de se haver. Diz Fernandes Tomás que, "ao acabar do último governo", ou seja, o de d. João com poderes fiscais irrestritos, os cofres do Tesouro Público tinham menos dinheiro do que o caixa de "um negociante de medíocre fortuna". E continua o magistrado, referindo-se agora à Junta Provisória que assumiu após a vitória da Revolução Liberal em Lisboa, da qual ele fazia parte:

> O governo encontrou logo, como era de esperar, todos os embaraços para fazer face às despesas da nação, e chegou a conceber, e até a propor a alguns dos mais acreditados comerciantes desta praça, o projeto de um empréstimo de 4 milhões de cruzados; porque a necessidade de pagar os soldos atrasados do Exército, a quem se deviam mais de oito meses, parecia justificar semelhante medida, indicando-a ao mesmo tempo como aquela que só era capaz de acudir à pressa em que nos víamos.[35]

O Exército foi pago, registra com algum alívio o magistrado, mas logo os novos administradores se viram obrigados a criar uma comissão específica para cuidar da momentosa dívida pública, que persistia. Segundo Fernandes Tomás, o "primeiro cuidado" do governo foi o de que "o Tesouro adquirisse crédito, e com crédito a confiança da nação".[36]

Pouco adiante, na mesma mensagem aos colegas deputados, o líder da Revolução do Porto tenta descrever as razões da penúria dos cofres públicos.

Senhores! A Fazenda precisa das mais prontas e mais ativas providências. Os desperdícios excedem muito qualquer ideia que se possa fazer, por mais exagerada que se considere. [...] Recebia-se pouco, e esse pouco caía em mãos desmazeladas ou muito infiéis. O Tesouro está exausto, e, crescendo com a nova ordem de coisas a necessidade de fazer novas e muito maiores despesas, nem por isso têm crescido por ora os meios de remediar nem as antigas, nem estas.

Em seguida deixa claro que o problema do atraso de pagamentos não se restringia aos militares. "A folha civil acha-se atrasadíssima. Não se pagam depósitos feitos no Tesouro, e de que ele se aproveitou. [...] Muitos credores já perderam a paciência, e com ela a esperança de serem pagos."[37]

A origem dos males financeiros estava em parte no Brasil, nos abusos do governo joanino, ele observa. A Corte gastava e distribuía privilégios como se não houvesse restrições ao erário. "Nenhum navio chegava do Rio de Janeiro sem trazer decretos, avisos ou provisões de tenças", ou seja, rendas, benesses bancadas pelo Estado, "ajudas de custo, aumentos de ordenado e outras graças", enumera Fernandes Tomás.

No princípio o governo foi cumprindo tudo e mandando dar a tudo execução; mas depois deixou de o fazer, convencendo-se de que não era possível, que el-rei fosse informado da verdade, quando tais despachos eram expedidos; porque ele bem sabia que o Tesouro, ainda em épocas mais venturosas, não poderia com tais encargos.[38]

Isso foi em fevereiro de 1821. Poucos meses mais tarde, em abril, d. João VI voltaria a Portugal, como exigido pelas Cortes Constituintes. O príncipe d. Pedro, deixado pelo monarca para governar o Brasil — ainda que várias províncias naquele momento não reconhecessem a sua autoridade —, fazia um balanço não muito diferente do estado do Tesouro deste lado do oceano, sob sua responsabilidade. Numa carta ao pai, em julho, o príncipe contava do aperto financeiro em que se encontrava, adiantando já ter tomado providências para economizar nos gastos de administração da Casa Real: entre outras medidas, havia diminuído a própria mesada, a que ele e a princesa Leopoldina tinham direito, vendera os cavalos — reduzidos de cerca de 1,3 mil para não mais do que 156 animais — e agora mandava lavar a própria roupa em casa, pelas escravizadas que o serviam. Sabe-se lá de que serviço de lavanderia se valia d. Pedro antes de se ver em apuros, o que infelizmente não é explicado na carta. Deixa claro, contudo, que os gastos no fim do Antigo Regime eram exorbitantes. "Eu não faço de despesa quase nada em proporção do que dantes era, mas se ainda puder economizar mais, o hei de fazer a bem da nação." E não havia dúvidas de que outras economias logo seriam necessárias, pois em seguida d. Pedro expõe o balanço dos encargos sob sua responsabilidade. "As dívidas do erário andam: ao banco, por 12 milhões, pouco mais ou menos, porque o dito não pôde acabar de dar as suas contas." O valor do montante tomado emprestado do Banco do Brasil, mencionado pelo príncipe, estava expresso em cruzados, o equivalente a 4,8 mil contos de réis, não muito abaixo do total de receitas do governo joanino no ano de 1820, que somaram cerca de 6 mil contos (um conto equivalia a mil mil-réis). Outros "2 mil e tantos contos de réis" eram devidos à firma inglesa Young & Fannie; mais mil contos ao visconde do Rio Seco, nobre e alto funcionário fluminense, tesoureiro da Casa Real; mil contos ao "Arsenal do Exército" e outros 1,1 mil à Marinha.[39] A penúria era tal que faltaram recursos até para providenciar a viagem de d. João VI de volta a Lisboa em abril de 1821, exigida pelas Cortes, ou seja, pelos revolucionários liberais. A "indispensável despesa foi suprida pelo visconde do Rio Seco, que se ofereceu a pôr pronta a esquadra", segundo registrou na época o funcionário régio José da Silva Areias. "O visconde do Rio Seco é quem se obrigou a aprontar o que fosse necessário porque o erário não tem vintém", explicou.[40]

Como em Portugal, a Corte fluminense atrasava pagamentos a parte importante da tropa. "Aos voluntários reais de el-rei devem-se 26 meses de seu soldo", comunica d. Pedro ao pai, em referência aos militares empenhados na conquista da região cisplatina para o monarca português.[41] Ou seja: pouco mais de dois anos de atraso nos pagamentos de salários. Embora o príncipe reclamasse da interrupção no envio de impostos recolhidos em outras províncias, como Pernambuco e Bahia, para os cofres do Rio de Janeiro depois da Revolução Liberal, fica claro, pelo tamanho das dívidas, pelos relatos da época e pela duração do atraso nos soldos, que o problema fiscal precedia em muito a perda de poder do Rio em favor de Lisboa.

Em vez de consequência, a crise financeira havia sido, na verdade, uma das causas da revolta generalizada contra a sede da monarquia. Os problemas, de toda forma, não haviam cessado com a instalação das Cortes Constituintes em Lisboa e o retorno de d. João à Europa. Na mesma carta, d. Pedro dá notícia ao pai de uma nova revolta militar, dessa vez em São Paulo, pouco tempo antes. "Em Santos a tropa levantou-se e quis que se lhe pagasse o que se lhe devia, e, como não havia com quê, foi [*a tropa*] à casa de um rico e pagou-se por suas mãos."[42] Crise fiscal, paralisia, desordem social e administrativa.

As sublevações liberais dos dois lados do Atlântico português, o estabelecimento de um Parlamento em Lisboa encarregado de redigir uma Constituição, e a transformação do monarca em representante simbólico do Estado, com poderes muito limitados — ou seja, o fim do absolutismo —, foram condições necessárias para a separação política entre brasileiros e portugueses. Uma vez neutralizada a principal figura de poder e garantidora da ordem do Antigo Regime, tudo estava em jogo: incluindo o contrato, agora em discussão, que poderia ou não manter unidos os súditos europeus e americanos de d. João VI. O fim do absolutismo e a consequente disputa por poder entre as diversas partes do Reino Unido de Portugal, Brasil e Algarves — dois processos influenciados pela crise fiscal — criaram as condições para a Independência do Brasil em 1822. É verdade que o desenlace desse processo, com as províncias da antiga América portuguesa unidas em torno do Rio de Janeiro e separadas politicamente de Lisboa, não era inevitável — embora, mais uma vez, disputas políticas e fiscais, num contexto de crise das contas públicas, tenham exercido influência decisiva para a forma específica de emancipação do Brasil.

A princípio, a Corte fluminense se viu isolada. Em 1820 e 1821, tanto para os súditos americanos quanto para os súditos europeus de d. João, os gastos sem freio, a cobrança de impostos, o aumento nos preços dos alimentos e a falta de pagamentos às tropas e aos funcionários civis tinham responsáveis claros — os ministros do rei — e endereço — o Rio de Janeiro. À medida que as elites das províncias brasileiras se insurgiam contra o absolutismo, formando juntas de governo locais, cortavam de imediato relações com a Corte fluminense. O rompimento significava, em primeiro lugar, deixar de enviar para o Rio impostos recolhidos em suas alfândegas — no Recife, em Salvador e em

São Luís, por exemplo. Uma vez instaladas as Cortes Constituintes em Lisboa, e com elas um novo governo para o conjunto dos súditos portugueses, as elites locais da América não cederam em seus pleitos de autonomia, insistindo na concentração de poderes nas províncias, bem como na administração local, tanto quanto fosse possível, dos recursos amealhados em seus portos — e os tributos das alfândegas eram então, de longe, a principal fonte de receita.[43]

Todos os representantes nas Cortes em Lisboa concordavam em limitar os poderes do monarca — entre eles, o poder de criar impostos, de aumentar seus encargos e de fazer gastos sem os freios de um Parlamento. Mas os deputados divergiam sobre como repartir esses poderes, recém-tomados do absolutismo, entre as diferentes regiões do Reino Unido de onde provinham. Dessa forma, os conflitos que marcaram a redação de uma Constituição comum para portugueses na Europa e na América envolveram, a princípio, três grandes polos: Lisboa, onde se reuniam os parlamentares; o Rio, com numerosa burocracia, ciosa da manutenção de seus empregos; mas também as províncias, em particular duas das mais ricas e mais bem representadas na nova assembleia, Pernambuco e Bahia.

Não é fácil separar o que houve de especificamente político — disputas por divisão ou concentração de poderes administrativos, de órgãos dirigentes, de comando militar — do que se dava por interesses fiscais e econômicos, nesses embates. E isso pela simples razão de que as duas questões, de concentração de poderes e de competência fiscal, estão sempre, em toda parte, intimamente ligadas. O que caberia a cada província e de que recursos poderia se valer? O que caberia, se é que caberia, ao Reino do Brasil? E ao governo central, em Lisboa? Ao debaterem a partilha do poder, os representantes nas Cortes tinham, de toda forma, consciência dos limites orçamentários herdados de d. João VI. Assim, por exemplo, quando uma maioria de deputados portugueses, apoiados por representantes baianos e pernambucanos, propôs que fossem extintos os tribunais criados no Rio de Janeiro desde 1808 — órgãos que, apesar do nome, tinham funções administrativas, semelhantes aos ministérios atuais e que empregavam centenas de pessoas —, um dos motivos apresentados foi o das contas públicas. O deputado português Manuel Borges Carneiro defendeu a medida, argumentando que a província do Rio de Janeiro se encontrava à beira da bancarrota e não tinha como manter os tribunais — nem era admissível a Borges Carneiro que Lisboa, ou seja, o novo governo central, se desse ao luxo de continuar a bancar aqueles empregos, agora desnecessários, na antiga sede da monarquia. Citou, a esse respeito, as cartas de d. Pedro a seu pai, em que o príncipe reclamava da falta de dinheiro, comentando que, de resto, na Corte do Rio, "os empregados públicos [são] sem-número".[44]

A indignação com a gestão dos recursos estatais sob d. João, que promovera o inchaço da Corte, aparecia com frequência nos discursos de Borges Carneiro. Nesse dia, em particular, o magistrado chegou a ponto de defender o sequestro dos bens dos integrantes da burocracia que

> foram para o Rio de Janeiro pobres e, sem terem tido gênero nenhum de comércio, entraram em administrações públicas e se acham hoje com milhões de seu, comprando casas e fazendas, vivendo em palácios, nadando em luxo, gastando cada ano 30 mil cruzados.

Era o caso de se arrancar dessas pessoas "todos os seus roubos, não se lhes deixando mais que um tênue comer e um simples vestir", defendia.[45]

As propostas da maioria lusa, nas Cortes, para as relações comerciais entre a América e Portugal também traziam embutidas consequências fiscais. Até 1808, a condição colonial do Brasil obrigava grande parte dos navios saídos de seus portos a passar por Lisboa ou pelo Porto, onde encargos eram recolhidos. De lá, as mercadorias eram reexportadas para outros países europeus. Produtos europeus importados pelos brasileiros tinham igualmente de provir de Portugal, o que tornava a metrópole um entreposto comercial para os tecidos ingleses ou os bens de luxo franceses, por exemplo. Depois da transferência da Corte para o Rio e da abertura dos portos brasileiros para o comércio direto com todo o mundo, Portugal perdeu essa função de entreposto comercial de sua maior colônia — e, com a perda da função, foram-se embora também os momentosos tributos recolhidos em suas alfândegas. Não espanta, portanto, que o principal projeto econômico em discussão nas Cortes Constitucionais em 1822 buscasse, grosso modo, restabelecer Lisboa e o Porto como etapas obrigatórias da maior parte das cargas destinadas aos portos brasileiros, ou deles oriundas. O projeto fazia isso por meio de incentivos fiscais, cobrando menos de quem pagasse as tarifas aduaneiras em Portugal, ao mesmo tempo que impunha alíquotas proibitivas a quem se dispusesse a levar sua carga aos portos brasileiros ou a buscar açúcar e algodão diretamente na América.[46]

Parecia inevitável, caso a proposta fosse implementada, que os comerciantes dos demais países europeus deixassem de cruzar o Atlântico para ir fazer negócio em Salvador, no Recife ou no Rio, parando antes em Lisboa e no Porto — onde teriam condições privilegiadas de tributação, além de um custo de viagem menor. Como consequência lógica do projeto, previa-se o incremento de impostos recolhidos em Portugal, tendo como contrapartida a diminuição expressiva do montante de negócios nos portos sul-americanos e, portanto, de tributos à disposição dos administradores locais, fosse no Recife, no Rio ou em Salvador.[47] Se implementado tal como propunham os deputados portugueses, o novo arranjo comercial significaria um duro golpe às aspirações de autonomia provincial de baianos e pernambucanos — já que suas administrações locais ficariam praticamente desprovidas de recursos e decerto mais dependentes, do ponto de vista financeiro, de Lisboa. Quanto ao Rio de Janeiro, de que adiantaria ver inscrito na nova Carta o pleito de ser reconhecido como centro executivo de todo o Reino do Brasil se no fim das contas tanto o porto fluminense quanto as demais alfândegas, que a antiga Corte pretendia controlar, acabariam esvaziados e empobrecidos? A cada discussão de reordenamento administrativo ou comercial correspondia, como se vê, uma consequência fiscal, com impacto para a repartição de poderes entre as diferentes partes do Reino Unido, e ninguém na assembleia ignorava esse fato.

As sessões das Cortes Constituintes atravessaram os anos de 1821 e 1822. O que se operou nesse período foi um movimento de gradativo e crescente afastamento político das províncias da América portuguesa em relação a Lisboa. A princípio, os focos de conflito entre os dois lados do Atlântico opunham os deputados portugueses, com apoio de baianos e pernambucanos, ao Rio de Janeiro — onde ainda residia, segundo os revolucionários de além-mar, a principal ameaça absolutista ao seu projeto, d. Pedro. Os interesses do príncipe, insultado e ameaçado pelas Cortes, logo se associariam aos da enorme burocracia fluminense, que se rebelava contra o esvaziamento de seu poder e sobretudo contra a possibilidade de ver extintos os seus empregos. Mas, ao longo do ano de 1822, também entre os representantes de Pernambuco e da Bahia nas Cortes, como reação à resistência lusa aos seus projetos de maior autonomia administrativa, crescia a insatisfação com os rumos da futura Carta. O afastamento de pernambucanos e baianos em relação à maioria de representantes europeus não significou, contudo, apoio automático das províncias do Norte ao Rio de Janeiro — de cujo jugo despótico elas buscavam se livrar. Foi só quando d. Pedro e as elites do Centro-Sul acenaram com a redação de uma Constituição específica para o Brasil que a balança política começou a pender em favor do Rio e da separação política conjunta da América em relação a Portugal.

A promessa de uma Constituição brasileira, feita pelo príncipe regente já em meados de 1822, trouxe consigo a perspectiva de que as elites americanas, de norte a sul do Brasil, pudessem se fazer representar no Parlamento que iria votar orçamentos anuais e autorizar — ou barrar — os impostos que seriam recolhidos em suas províncias. Fariam isso com mais voz e poder, ao que tudo indicava, do que aquele de que agora dispunham na preparação da Carta luso-brasileira em Lisboa, onde os representantes portugueses, com cerca de cem cadeiras, exerciam um acachapante poder majoritário sobre os menos de cinquenta representantes da América.[48]

Em setembro de 1822, os mais importantes deputados de Pernambuco, Bahia, Rio e São Paulo, agora unidos nas Cortes, expressaram sua insatisfação com o trabalho constituinte em Lisboa, muitos pedindo para que fosse adiado o juramento da Constituição, ou solicitando licenças para se ausentar sem votar o texto já quase pronto — pedido e licença que foram recusados pela maioria lusa. Quase simultaneamente — e agindo também em reação às decisões das Cortes, que não reconheciam legitimidade ou poder em sua "regência" brasileira —, d. Pedro realizava uma série de movimentos na América — entre eles, o grito do Ipiranga e sua aclamação como imperador, semanas mais tarde — que anunciavam a emancipação política do Brasil em relação a Portugal.[49]

Haveria ainda avanços e recuos, do lado de cá do Atlântico — incluindo o fechamento da Constituinte local, em 1823, e a imposição por d. Pedro de uma Carta de gabinete ao país, redigida sob sua encomenda. Mas, afinal, as elites regionais se fariam representar no Parlamento de 1826 em diante, tornando-se responsáveis por definir os orçamentos do Império. O que logo provocou conflitos com o imperador.

D. Pedro fazia, na segunda metade dos anos 1820, dispêndios crescentes no front de batalhas, na guerra contra as Províncias Unidas do Reino da Prata, depois Argentina, pelo controle da região que viria a ser o Uruguai. Sem dispor de recursos suficientes para manter o esforço militar, seu governo emitia em excesso moedas de cobre e recorria ao Banco do Brasil e à emissão de notas, exatamente como fizera d. João VI, agravando assim a situação financeira herdada do pai. Ao final da década, a história parecia se repetir, com aumento alarmante do nível de preços.[50] A Assembleia Geral, ciosa em manter o equilíbrio de poder com o monarca, resistia a votar aumentos de receita. A crise política — que era também econômica e tinha raízes fiscais — acabaria por ser solucionada com a abdicação do monarca, em 1831.

Com o controle das contas públicas agora exclusivamente nas mãos da Assembleia, o país conseguiu equilibrar minimamente receitas e despesas, tornando os seus déficits financiáveis, ainda que frequentes. As dívidas com credores nacionais e internacionais passaram a ser honradas regularmente, a ponto de o Brasil se transformar em um dos melhores pagadores entre as nações da época, digno de constante crédito na praça londrina. Em consequência disso, os juros cobrados dentro e fora do país para financiar o governo tenderam a cair a partir da década de 1830.

A melhor síntese desse processo foi feita pelo historiador norte-americano William Summerhill. "Dado que a Coroa portuguesa tinha se valido de uma autoridade discricionária, sob o absolutismo", ou seja, no governo de d. João, "para deixar de pagar suas dívidas e obter empréstimos forçados de seus súditos, a solução encontrada no Brasil foi a de um arranjo institucional que limitava a possibilidade da Coroa de conduzir unilateralmente a sua política fiscal", escreveu Summerhill no livro *Inglorious Revolution* [Revolução Inglória].

> Uma vez que a câmara baixa do Parlamento era eleita, ela tornava-se sensível aos interesses da elite com direito a voto. [...] Essas instituições políticas formais constrangeram, e em última instância eliminaram, a habilidade do monarca de decidir unilateralmente sobre a cobrança de impostos, os gastos e a desvalorização da moeda.[51]

As instituições descritas pelo historiador norte-americano realizaram assim, quase uma década depois do Sete de Setembro, um dos objetivos do processo de independência, que, no Brasil, se confundiu com o fim do absolutismo.

Apesar do nome singelo, quase humilde, a Real Capela realizava suas celebrações em uma igreja suntuosa, ricamente decorada, vizinha ao Paço Real, nos arredores do que hoje é a praça Quinze no centro do Rio de Janeiro. A instituição fazia parte do aparato palaciano, sendo responsável pelos serviços religiosos destinados à família real, e desempenhava papel-chave nos rituais de poder do governo joanino. Nela d. João vi se sagrou rei de Portugal, Brasil e Algarves, depois da morte de sua mãe, d. Maria i. Poucos anos mais tarde, o mundo político virou de cabeça para baixo. E então, na mesma igreja, em cerimônia oficialmente conduzida pelo cônego magistral da Real Capela, foi celebrado o gesto de certa forma inverso ao da sagração: o afastamento de d. João do centro do poder.

Em agosto de 1821, uma "oração de Ação de Graças" foi realizada na Real Capela do Rio de Janeiro por ordem de d. Pedro, em comemoração ao aniversário de um ano da Revolução do Porto. No discurso que proferiu na ocasião, o cônego Francisco da Mãe dos Homens Carvalho não poupou de críticas o regime despótico ao qual ele próprio havia servido, não muito tempo antes. Como se fosse um filósofo iluminista, o religioso atacou a tirania, o capricho e o arbítrio dos poderosos. Exaltou os "heróis de 24 de agosto", que proclamaram "liberdade e Cortes, segundo as ideias do século". Embora tomando o cuidado de poupar d. João vi de qualquer responsabilidade, fez notar que os males do Antigo Regime resultavam da falta de separação entre os poderes, permitindo aos cortesãos, ao ministério e à magistratura enganar o povo — e até mesmo o rei. Surgem então, no discurso de Carvalho, os efeitos materiais do despotismo — em particular a crise fiscal, a falta de recursos, os atrasos nos pagamentos.

"Nome augusto, nome sagrado do sr. d. João vi! Ah! A quantos roubos, injustiças, concussões e peculatos não serviste de capa inocente?", indaga. As vítimas desse regime, continua o religioso, ainda podiam ser vistas pelas ruas da cidade. "Olhai; ali jaz um, que ainda não pôde cicatrizar os males que as preterições lhe causaram; acolá aparece outro carregado das dívidas e vexames a que o reduziram *tantos soldos demorados ou rebatidos*."[52] É possível figurá-lo apontando o dedo, de maneira teatral, enquanto enumera as vítimas imaginárias do absolutismo e da crise fiscal. Para outro funcionário, "a falta de prêmios ou dos ordenados" prejudicou "a educação dos seus filhos". O cônego chama então a atenção do príncipe d. Pedro, presente à cerimônia, para "uma desgraçada viúva, a quem os serviços de seu esposo mal recompensados", ou seja, mal pagos, "reduziram à miséria, e a miséria à prostituição". Carvalho reconhece que d. Pedro vinha se esforçando, naquele ano de 1821, para pôr as contas e os pagamentos em dia, mas não deixa de adverti-lo:

> Toda a vossa atividade, toda a vossa economia, todos os vossos desvelos assíduos e incansáveis ainda não poderão remediar esse horroroso déficit, que embaraça a nação, por ter o elemento que o deveria encher declinado o caminho para engrossar os cofres desses pérfidos, que se riam à custa das lágrimas públicas.[53]

Até nas igrejas se falava em déficit, como se vê, à época da crise que abalou o Antigo Regime. Nas ruas também, e já fazia algum tempo. Durante o auge da crise do governo joanino, a situação das finanças do Estado aparecia nos panfletos que pediam mudanças, reformas, Constituição. Não aparecia do modo como um economista ou um historiador se referiria hoje ao problema, claro, mas filtrada pela percepção popular de que os males econômicos da época — carestia, falta de pagamentos — se deviam à incúria, quando não à desonestidade, dos administradores públicos.

Um dos principais alvos do ressentimento popular naquele momento era Francisco Bento Maria Targini, o visconde de São Lourenço, tesoureiro do Erário Real. Em 1821, um panfleto ganhou as ruas contendo os seguintes versos: "Excelso rei,/ Se queres viver em paz/ Enforca Targini/ E degrada Tomás". A segunda autoridade aí vilipendiada era o principal ministro do monarca, Tomás António de Vilanova Portugal, identificado com o despotismo. Dois anos antes, em 1819, Targini havia sido elevado à condição de visconde (ele que já era barão desde 1811), o que provavelmente motivou outra quadrinha, popular naqueles anos: "Quem furta pouco é ladrão,/ Quem furta muito é barão,/ Quem mais furta e esconde,/ Passa de barão a visconde". Outro folheto criticava a "corja de ladrões, que estão roubando os tesouros do rei", clamando que assumissem autoridades capazes de "pagar bem as nossas tropas finalmente", antes de concluir com ênfase: "Morra tudo quanto é ladrão".[54] Atento ao ódio popular a Targini, "culpado pela voz pública de malversações", um dos principais intérpretes da Independência, Manuel de Oliveira Lima, observou que o tesoureiro era acusado de "fazer descontos em pagamentos, mesmo de honorários e pensões", em benefício próprio, "aproveitando-se desses abatimentos". Mas o historiador pernambucano não deixa de notar logo em seguida que o próprio Targini, para justificar os atrasos e os calotes, "alegava falta de dinheiro no erário".[55]

A crise das contas públicas passou também a ser discutida nos jornais, depois que as revoluções liberais de 1820 e 1821 acabaram com a censura à imprensa. No *Reverbero Constitucional Fluminense*, principal órgão de divulgação das ideias dos liberais do Rio, reivindicava-se o pagamento dos soldos, pensões, ordenados e da dívida interna do governo; denunciavam-se "irregularidades" na administração dos recursos do erário; e sugeria-se a redução do número de funcionários públicos.[56] O que se ouvia nas ruas, nas igrejas, e se lia nos jornais seria também tema de preocupação constante para os novos representantes políticos do país, depois de declarada a Independência — e uma quase obsessão de seu novo monarca, d. Pedro i.

No discurso que proferiu na abertura dos trabalhos da Constituinte, em maio de 1823, o imperador fez uma espécie de resumo da história política recente da América portuguesa, até a emancipação do Brasil. Nessa história pessoal da Independência, contada pelo próprio monarca, as finanças públicas aparecem com enorme destaque. D. Pedro menciona as dificuldades para pagar credores e funcionários públicos no ano de 1822; reclama da falta de remessas das províncias; e entra em detalhes sobre o corte que teria realizado nos gastos palacianos, já aludido por ele na carta a d. João de meados de 1821: segundo disse aos deputados, seu pai despendia 4 milhões de cruzados por ano com a Casa Real, ou seja, com o palácio — o equivalente a 1,6 mil contos de réis, quase 30% das despesas em 1820 —, enquanto ele reduzira o montante para não mais do que 1 milhão de cruzados, ou quatrocentos contos de réis (as contas de 1820, relativas a d. João vi, indicam um gasto com a Casa Real, na verdade, ainda superior aos 1,6 mil contos reconhecidos por d. Pedro, embora de valor próximo, da ordem de 1,7 mil contos). "Eu não estava contente, quando do via que a despesa que fazia era mui desproporcionada à receita a que o Tesouro estava reduzido, por isso me limitei a viver como um simples particular", afirma o imperador, com exagero, no discurso. Também se refere ao estado calamitoso do Banco do Brasil, principal fonte de recursos para o Estado nos anos finais da crise, na segunda metade da década de 1810. O banco, reconhece d. Pedro aos deputados constituintes, havia chegado à situação de "ter quase perdido a fé pública, e estar por momentos a fazer bancarrota".[57]

O tema das contas públicas também ocupará o centro das atenções do imperador nos anos seguintes, em seus discursos à Assembleia Geral, nas falas do trono que marcavam o início dos trabalhos legislativos, de 1826 até 1830, antes de abdicar da Coroa. Em 1827, d. Pedro dirá aos deputados e senadores que "um sistema de finanças bem organizado deverá ser o vosso particular cuidado nesta sessão, pois o atual (como vereis do relatório do ministro da Fazenda) não só é mau, mas é péssimo, e dá lugar a toda qualidade de dilapidações".[58] No ano seguinte, volta a alertar para o tema dos "negócios da Fazenda" na abertura dos trabalhos legislativos. Meses mais tarde, na declaração de encerramento da sessão, lamenta que, ao longo do ano, os problemas das contas públicas não tivessem sido "tomados na devida consideração" pelos legisladores — a rigor, tratava-se já da disputa entre a Assembleia e o monarca, na qual os deputados resistiam a conceder a d. Pedro os recursos por ele desejados.[59] Em 1829, o imperador convoca uma sessão extraordinária, antes da abertura oficial dos trabalhos, para tratar dos negócios da Fazenda e do Banco do Brasil, reclamando do "estado miserável a que se acha reduzido o Tesouro Público".[60] Novamente, em 1830, reclama da falta de atenção dos deputados ao orçamento — ou seja, de sua resistência a elevar receitas e despesas.

É razoável concluir que todas essas intervenções, entre 1826 e 1830, tenham se dado em função das circunstâncias, de efetivas dificuldades nas contas públicas, que constrangiam o monarca. O imperador falava das finanças do Estado, do banco, da emissão de moeda porque, a rigor, precisava de recursos — e o dinheiro dos impostos tinha de ser aprovado pelos deputados. Em 1823, contudo, ao discursar na abertura da Constituinte, d. Pedro não precisava pedir nada. Seus gastos futuros imediatos, embora bastante limitados pelas dificuldades arrecadatórias de um Estado recém-independente, ainda não estavam sujeitos às decisões da Assembleia. Mesmo assim, na história que decidiu contar, o imperador conferiu centralidade às finanças públicas. Parecia-lhe importante o tema, além de evidentemente ter ficado impressionado com o aperto em que se viu metido, depois do retorno do pai a Portugal. Seja como for, tanto por necessidade quanto por liberalidade, d. Pedro era um monarca de uma nota só, ou quase isso, em suas manifestações à Assembleia.

E, no entanto, o problema parece sumir dos relatos sobre essa mesma época, escritos algumas décadas mais tarde. "Os negócios de Fazenda não foram tomados na devida consideração", reclamou o imperador ao discursar aos deputados, em 1828, quando poderia muito bem estar se dirigindo aos autores das principais obras sobre a Independência, nos dois séculos seguintes. Em contraste com a quase obsessão de d. Pedro, do cônego da Real Capela e dos autores de panfletos políticos, as contas públicas não cumprem papel central nas principais explicações do processo de separação política entre Brasil e Portugal. Trata-se de uma ausência notável, de um silêncio enigmático — como se fôssemos uma nação metafísica, na qual o Estado não se constrange com a escassez de recursos, nem os atores políticos se mobilizam para disputá-los. É preciso tentar entender os motivos dessa lacuna nas interpretações da Independência do Brasil, antes de tentar preenchê-la.

2. Intérpretes da Independência

Francisco Adolfo de Varnhagen (1816-78), um dos fundadores do ofício de historiador no país, não tinha nenhum apreço pelos povos indígenas. Filho de um engenheiro alemão que viera trabalhar na fábrica de ferro de São João de Ipanema, no interior de São Paulo — daí o sobrenome incomum para um integrante da elite brasileira de meados do século xix —, mais tarde um protegido de d. Pedro ii, o autor da *História geral do Brasil* contava que seu "horror pela selvageria" — ou seja, pelos indígenas — havia nascido de uma experiência desagradável vivida por ele durante uma visita a sua província natal, em 1840.

Embrenhado no sertão paulista, próximo de onde atualmente é a fronteira com o Paraná, Varnhagen começou a ouvir relatos "de cruéis assaltos e invasões de índios" na região. Havia um trecho perigoso, perto da mata, no qual ele e seus companheiros de jornada poderiam ser atacados se continuassem a viagem por ali, alertaram os moradores locais. Os visitantes vindos da cidade, o historiador entre eles, acautelaram-se, associando-se a um grupo de tropeiros, "já mais habituados a semelhantes cenas", que seguiam por aquela rota. Mesmo assim, Varnhagen teve medo. "Ao chegarmos à beira do mato vi que todos os meus companheiros e seus camaradas e vaqueanos, sem dizer palavra, tiravam as espingardas dos arções e as pistolas dos coldres." Será que tinham ouvido algo? Seria sinal de ataque iminente dos indígenas? Com as armas "engatilhadas, e como prestes a dispararem", os tropeiros "me disseram de fazer outro tanto com as minhas duas pistolas".[1] Varnhagen, acostumado às guerras apenas como relatos escritos, na poeira dos arquivos, também ia ter de abrir fogo. Mas o alarme era falso — ou talvez, como narra o historiador, os indígenas que os estariam tocaiando tivessem preferido não enfrentar um grupo de homens brancos tão precavidos. O quase confronto, fruto, em grande medida, da imaginação de Varnhagen e das histórias assustadoras que ouvira, teria sido decisivo para sua convicção de que era necessário sujeitar os "selvagens" e educá-los à força, transformando-os em bons cristãos.

Varnhagen tampouco gostava de pernambucanos — ou melhor, dos pernambucanos que, em 1817, haviam se rebelado contra d. João VI. No capítulo que dedica ao episódio em sua *História geral do Brasil*, cuja primeira edição foi publicada na década de 1850, chega a dizer que preferiria nem falar do assunto.

> Eis que uma revolução, proclamando um governo absolutamente independente da sujeição à corte do Rio de Janeiro, rebentou em Pernambuco em março de 1817. É um assunto para o nosso ânimo tão pouco simpático que, se nos fora permitido passar sobre ele um véu, o deixaríamos fora do quadro que nos propusemos traçar.[2]

O mal-estar de Varnhagen com a diversidade (os indígenas) e a divergência (os pernambucanos) se casa bem com a história nacional contada por ele, que fazia o elogio da monarquia e da unidade política da antiga América portuguesa. O historiador, ao final da vida agraciado pelo imperador com o título de visconde de Porto Seguro, tratava o Brasil como uma nação que, embora tivesse se beneficiado da liderança dos Bragança, era também uma "realidade prefigurada"[3] desde o período colonial: seu recorte geográfico já estaria de certa forma dado, ao qual se sobrepunham povos indígenas que teriam, segundo supunha erroneamente, culturas e línguas em tudo semelhantes — circunstância determinante para a unidade futura do país, ao facilitar o avanço dos colonos sobre sociedades originárias que não representavam empecilho maior à conquista, por não serem de todo desconhecidas, a cada novo contato com grupos isolados do interior.[4] A perspectiva assumida por Varnhagen, de resto típica do século XIX, foi descrita pelo próprio autor ao explicitar suas escolhas à Sociedade de Geografia de Paris, em 1858:

E é verdade ainda que, brasileiro, escrevendo uma história da civilização do Brasil pelos portugueses, quer dizer, pelos ancestrais da maior parte dos cidadãos brasileiros atuais, eu não poderia jamais me colocar sob o ponto de vista francês, nem holandês, nem inglês, nem espanhol. Pela mesma razão, eu não poderia tampouco colocar-me sob o ponto de vista negro ou indígena.[5]

É a partir desse mesmo ponto de vista, exposto sem subterfúgios, que Varnhagen vai escrever também a sua *História da Independência do Brasil*.[6]

Há, correndo o risco de simplificar um bocado, três grandes grupos de explicações para o processo de separação política entre Brasil e Portugal: uma vertente que poderíamos chamar de nacionalista; outra, marxista; e, mais recentemente, textos cuja ênfase recai sobre a esfera propriamente política da Independência — atentos ao caráter incerto e contingente de cada etapa do processo, de um lado, e às ideias e valores dos atores em disputa, à "cultura política" do período, de outro.

A primeira dessas correntes, ou seja, a mais tradicional e longeva delas, na qual tem destaque o livro de Varnhagen (escrito na década de 1870, mas só publicado postumamente em 1916), marcaria a compreensão mais comum da Independência pela maior parte do século xx. Sua característica definidora é uma ideia que, de tão forte e bem-sucedida, de tão influente, chega a parecer óbvia: os brasileiros, ameaçados em seus interesses comuns pelas Cortes Constituintes em Lisboa, se rebelaram e, representados por d. Pedro, proclamaram a Independência — aliás, sem muito conflito. Simples assim. E o que se há de dizer? Ao que tudo indica, havia brasileiros, havia portugueses, eles se desentenderam sobre o que fazer numa assembleia encarregada de escrever uma Constituição — ou, nas versões mais simples, essa assembleia quase que representava apenas interesses portugueses, enquanto a ação dos brasileiros, reativa, se concentrava sobretudo do lado de cá do oceano — e houve o desquite, tão pacífico quanto são possíveis as separações.

Há pelo menos dois grandes problemas com essa explicação, que a princípio parece simples a ponto de não merecer nem ser discutida. O primeiro é que as Cortes Constituintes, grosso modo identificadas com o lado português do conflito, surgem um pouco como deus ex machina na narrativa. Ignoram-se desse modo não só as suas causas como o fato, crucial, de terem recebido apoio de norte a sul no Brasil — considerações que, se fossem feitas mais explicitamente, tenderiam a matizar a oposição entre brasileiros e portugueses, central para a explicação. O segundo problema é que, a rigor, não havia propriamente "brasileiros", mesmo numa data já avançada do processo como 1822, que se sentissem unidos para combater e se emancipar desse inimigo comum, os portugueses europeus.[7] Dito de outra forma: não havia um conjunto de brasileiros que se vissem como tal, do Oiapoque ao Chuí, com um sentimento nacional compartilhado, menos ainda com claros interesses comuns. Havia tantas coisas que separavam pernambucanos de fluminenses em 1817, por exemplo, quando a antiga capitania nordestina se rebelou contra d. João, quanto outras que, por acaso, os uniam. Já é possível falar, é verdade, em nacionalismo em Portugal nos anos finais do Antigo Regime — ainda que produzido, em boa medida, como uma reação à transferência da Corte para o Rio de Janeiro e à perda de importância política e comercial do antigo reino europeu. Mas certamente não havia, nessa mesma época, nacionalismo na América portuguesa. A principal identidade política dos brasileiros — a de súditos de d. João — na verdade os unia aos portugueses da Europa e às Cortes Constituintes, e os sentimentos de pertencimento geográfico se expressavam muito mais em termos de "pátrias" locais — as capitanias, depois províncias — do que em relação a todo o Reino do Brasil, fundado pelo monarca português em 1815. A premissa da explicação, portanto, não se sustenta. Não havia duas identidades nacionais, a de brasileiros e a de portugueses, já constituídas, capazes de organizar e de conduzir os enfrentamentos entre os diferentes súditos de d. João VI que levariam à Independência.

A ênfase na continuidade e a ideia de uma nação prefigurada em seu passado, de toda forma, não eram marcas apenas de Varnhagen, a desorientar sua compreensão do processo de separação política entre Brasil e Portugal. Esse mesmo leitmotiv aparecia em outras histórias nacionais, contadas por autores contemporâneos do visconde de Porto Seguro. A chamada historiografia whig, produzida na Inglaterra e influente um pouco por toda parte na segunda metade do século XIX, tinha nessas características seus traços distintivos. O nome — whig — fazia referência à corrente partidária liberal que havia ajudado a fazer a Revolução de 1688, e serviria como alcunha para a historiografia que via na monarquia parlamentar britânica (ou seja, na vitória institucional do Parlamento sobre os pendores absolutistas de reis do passado) uma espécie de ápice evolutivo, a culminação natural do desenvolvimento histórico do país. "Os whigs acreditavam numa continuidade de instituições e práticas desde os tempos dos anglo-saxões que emprestavam à história inglesa um pedigree especial", afirma o historiador Michael Bentley.[8] Um dos autores mais conhecidos dessa tradição, William Stubbs, professor de história moderna em Oxford entre as décadas de 1860 e 1880, escreveria numa de suas obras que "a continuidade da vida e a continuidade do sentido da nação [*national purpose*] nunca falham".[9]

Com o pernambucano Manuel de Oliveira Lima (1867-1928) — um diplomata com acesso a arquivos europeus, a exemplo de Varnhagen —, a interpretação nacionalista para o processo de independência do Brasil encontraria a sua expressão mais sofisticada. O contexto em que produziu a sua obra *O movimento da Independência*,[10] contudo, é radicalmente distinto daquele que marcou a escrita do livro do visconde de Porto Seguro. Assim como Varnhagen, Oliveira Lima também enfatizava a continuidade entre a colônia e o Império, e concedia papéis centrais a d. João VI e a d. Pedro no processo emancipatório. De resto, via com bons olhos as tradições ibéricas em que se forjou o Brasil. Mas, no início do século XX, com a República instaurada e movendo-se num ambiente intelectual que, além de crítico à monarquia, valorizava as rupturas e os recomeços, as escolhas do historiador pernambucano eram, se não radicalmente originais, sem dúvida mais ousadas. "Somava-se ao desprezo pelo período imperial uma crescente rejeição às raízes ibéricas do país", afirma o historiador Júlio César de Oliveira Vellozo, ao descrever o período em que Oliveira Lima produziu suas principais obras sobre o século XIX brasileiro. "Autores dos mais diversos se sucediam nas caracterizações de que a colonização portuguesa havia legado ao Brasil mais defeitos do que qualidades."[11] Em contrapartida, para o autor do *Movimento da Independência*, o passado — não só o período colonial, mas a monarquia, o Brasil que surgiu do reinado de d. João VI e de seus herdeiros — "não era obstáculo, mas um trunfo para a construção do futuro".[12]

À visão positiva da colonização portuguesa, Oliveira Lima associava uma "defesa incondicional da unidade do território brasileiro contra todo tipo de reivindicação regional que cheirasse a separatismo". Em seu livro *Dom João VI no Brasil*,[13] o pernambucano atribui à herança colonial e, depois, ao monarca que se transferiu para o Rio de Janeiro o trabalho da construção da unidade nacional e mesmo de um sentimento de unidade, que se refletiria no processo de emancipação política, mais tarde.

> No capítulo "O que era o resto do Brasil", Oliveira Lima descreve as especificidades das regiões do território antes da chegada da corte. Esta narrativa da diversidade, entretanto, é apresentada como uma afirmação da identidade cultural que, malgrado as diferenças, já se fazia sentir em todo o território. A tarefa da uniformização cultural, tão importante para [a] constituição da nacionalidade, segundo a visão dos contemporâneos, já estava em franco curso quando da chegada da corte.[14]

Devemos sobretudo a Oliveira Lima a visão de que a separação política entre Brasil e Portugal se deu de forma pacífica, "sem propriamente violência", como um "desquite" que, embora não perfeitamente amigável, não chegou a ser conturbado ou traumático.[15] A pesquisa posterior deixou claro que tal descrição é falsa: houve guerra e não poucas mortes no processo de independência.[16] Mas a síntese, feita no primeiro parágrafo de seu livro sobre a Independência, condizia, de toda forma, com a ênfase dada por Oliveira Lima à continuidade entre o Império e a colônia, na qual já se prefigurava um Brasil integrado e liderado pela Corte fluminense, que a emancipação só veio confirmar. Dissidente e minoritária, em seu tempo, a interpretação de Oliveira Lima seria mais tarde adotada como uma espécie de história oficial do país, tida como avessa a rupturas, em que as transições são não apenas pacíficas, mas negociadas, feitas "por cima".

Em contraste com essa caracterização distensionada, digamos, da história brasileira, há uma tensão importante, entre ideias opostas — uma tensão que nunca é explicitada —, tanto nos textos de Oliveira Lima quanto nos de Varnhagen sobre a Independência. De um lado, ambos os autores privilegiam as ações políticas em suas narrativas da história nacional, seguindo nisso o exemplo dos grandes historiadores do século xix. É uma história de acontecimentos, de conflitos, às vezes de intrigas, e de avaliações morais. Não surpreende, assim, que um leitor atento do historiador pernambucano cuide de ressaltar que Oliveira Lima se mostrava "aberto para as contingências da história",[17] "cheia de opções e de alternativas".[18] De certa forma, tudo poderia acontecer: o

Brasil poderia ter se tornado independente ou não, ter se mantido unido ou não. Mas, por outro lado, há a força da continuidade, realçada também por Varnhagen. O Brasil do século XIX já estava de certa forma prefigurado no Reino Unido governado por d. João VI, e este nos três séculos anteriores de colônia. Há a política, fluida e imprevisível, de um lado, e uma espécie de fatalismo cultural e geográfico, de destino a ser cumprido, de outro.

Essa ambiguidade, esse choque de ideias opostas, aparece num parágrafo já famoso de Varnhagen, próximo do fim de seu livro. "Recapitulando", ele diz,

> cumpre-nos concluir, dizendo que, se bem que, segundo a ordem natural dos acontecimentos, ao Brasil devia, como a quase todas as colônias, chegar o dia da sua emancipação da metrópole, apressaram muito a vinda a ele da família real; e, depois da retirada de el-rei d. João VI, contribuíram a facilitá-la a promulgação das instituições constitucionais e os arbítrios injustos e despóticos, em meio destas, resolvidos pelas Cortes de Lisboa, e não menos o apoio generoso e franco, que veio a dar-lhe o próprio herdeiro da Coroa, levado, providencialmente, de concessão em concessão, na certeza de que com isso contribuía a evitar maiores males.[19]

O que fica dessa prosa truncada é a ideia de que o Brasil já estava predestinado à Independência, e os atores políticos — sobretudo a família real, d. João e d. Pedro — contribuíram para "apressar" e "facilitar" o processo. Naquilo que importava, portanto, apesar de toda consideração às circunstâncias políticas, o destino já estava traçado.

O mesmo tipo de aparente ambiguidade surge em outro trecho famoso, dessa vez de Oliveira Lima. "É natural que o filho chegado à maioridade se emancipe, e sucede entre as nações como entre os indivíduos", escreve o diplomata pernambucano. "A fase de subordinação cessara pela força das circunstâncias; a de igualdade", o Reino Unido de Portugal, Brasil e Algarves, criado por d. João em 1815,

> poderia ter-se prolongado um pouco mais, mas também tinha forçosamente de acabar embora houvesse sido sincera a intenção e inteligente o plano do monarca e dos seus conselheiros do momento. A igualdade feria porém o sentimento geral do reino que por três séculos representara o papel de metrópole, com tudo quan-

to na concepção daqueles tempos encerrava a expressão em matéria de autoridade e de exclusivismo. Havia de por isso chegar, como chegou, o dia em que a mesma igualdade seria iludida no espírito e desvirtuada na prática.[20]

De novo, o Brasil, tomado em sua integridade territorial contemporânea, fatalmente tinha de ser, era "natural" como um desenvolvimento biológico — contribuindo a política sobretudo para apressar ou atrasar o processo. Também nesse caso, a aparente tensão entre destino e imprevisibilidade termina por se resolver — e se resolve a favor do fatalismo, que prevalece naquilo que mais importa.

É verdade que, em seu livro sobre o processo de emancipação política do Brasil, Varnhagen reconhece, já no prefácio, que, "na época da Independência, a unidade não existia: Bahia e Pernambuco algum tempo marcharam sobre si, e o Maranhão e o Pará obedeciam a Portugal, e a própria província de Minas chegou a estar por meses emancipada". Mas a desunião circunstancial era um desvio, e a "pátria", o país continental, nunca deixa de ser tomada como um dado e um ponto de partida em sua obra. Assim, a fração dos deputados brasileiros nas Cortes de Lisboa que ele qualifica como "liberais exaltados" fornecia, durante os trabalhos constituintes, "armas contra a pátria"[21] aos portugueses. As decisões das Cortes são tratadas dentro dessa mesma lógica pelo visconde de Porto Seguro: como atos "contra o Brasil", para "recolonizar o Brasil".[22] A história que ele conta é centrada sobretudo na Corte fluminense e nos gestos de d. Pedro. As demais regiões são apêndices; os demais atores, coadjuvantes. Daí por que Evaldo Cabral de Mello possa ter escrito, em 2004, que "a fundação do Império é ainda hoje uma história contada exclusivamente do ponto de vista do Rio de Janeiro [...] visando à maior glória ou da monarquia ou da unidade nacional".[23] Não à toa, no livro de Varnhagen há dez capítulos dedicados ao processo sob esse ponto de vista, da Corte fluminense, aos quais se segue, a título de apêndice, uma apreciação dos eventos da Independência nas províncias. Não seria razoável exigir que se aumentasse, à força e por bom-mocismo, a importância de áreas efetivamente menos relevantes para o processo, como Sergipe ou Alagoas. Mas incluir Bahia e Pernambuco nesse lote final, secundário, só faz sentido desde um ponto de vista "riocêntrico", nos termos de Cabral de Mello.

Os problemas financeiros enfrentados por d. João e por d. Pedro são tratados pelo visconde de Porto Seguro de maneira semelhante à atenção que ele dedica às províncias: não são ignorados, mas tampouco são centrais para sua interpretação. Varnhagen comenta as agruras das contas públicas sob a regência de d. Pedro, incluindo a falta de recursos para suprir as despesas da Corte.[24] Oliveira Lima também não ignora as mazelas fiscais do Antigo Regime. Ao contrário, chega a ponto de mencionar, numa breve análise das causas da Revolução do Porto, a "miséria financeira" do governo, "com atraso do pagamento de ordenados e soldos".[25] Mas o tema é sempre marginal nesses dois autores. Talvez pelo risco de trazer embutida uma crítica à atuação da família real, responsável até a década de 1820 pelos gastos desmesurados da Corte. Talvez por unir Brasil e Portugal numa mesma penúria, em vez de separá-los — servindo pouco, assim, para a lógica nacionalista da interpretação dos eventos políticos.

Um segundo grupo de interpretações sobre a Independência é inaugurado por Caio Prado Júnior (1907-90) — um dos três grandes intérpretes modernos do Brasil, ao lado de Gilberto Freyre e de Sérgio Buarque de Holanda — na década de 1930. Na corrente fundada pelo intelectual paulista, as relações econômicas ganham proeminência na explicação do processo de separação política. Os autores dessa corrente não se ocupam das contas públicas, contudo. O cerne de seu argumento consiste em associar a oposição de interesses entre a colônia e a metrópole, entre Brasil e Portugal, aos interesses conflitantes de dois grupos sociais e econômicos distintos: os latifundiários da América lusa, de um lado, e os grandes comerciantes ligados à metrópole, de outro. A linha geral é de clara inspiração marxista: à semelhança de um determinado modo de produção, cujas contradições internas se revelam e se agravam com o seu próprio desenvolvimento, até se tornarem insustentáveis, também na colônia o germe da superação de sua condição politicamente subalterna reside nas próprias contradições internas ao sistema colonial.

Em seu livro *Evolução política do Brasil*, Caio Prado Júnior expõe o problema como uma contradição, um descompasso, entre o desenvolvimento econômico da América portuguesa e a evolução concomitante das relações políticas, tanto dentro da colônia quanto em relação à metrópole. A princípio, ele diz, o sistema era harmônico. A atividade de ocupação do território e de início da montagem da economia colonial, no primeiro século e meio de existência da América portuguesa, nos garante o autor, "coubera perfeitamente dentro do quadro da nossa condição de colônia".[26] No Brasil, nesse período, a autoridade da Coroa pouco se fazia notar. E a preponderância tanto política quanto econômica cabia aos produtores rurais, donos das grandes fazendas, senhores também do poder político local, ao se verem representados nas administrações municipais.

> Em cada região, é a câmara respectiva que exerce o poder. Formam-se assim sistemas praticamente soberanos, regidos cada qual por uma organização política autônoma. O Brasil colonial forma uma unidade política somente no nome. Na realidade é um aglomerado de órgãos independentes, ligados entre si apenas pelo domínio comum, porém muito mais teórico que real, da mesma metrópole.[27]

Segundo a explicação de Prado Júnior, não havia nesse período contradição entre o poder econômico e o poder político, ambos reunidos nas mãos dos plantadores de cana e fabricantes de açúcar.

De meados do século XVII em diante, a situação muda de figura. Por um lado, a economia se desenvolve e se torna mais complexa. "Tais circunstâncias fazem crescer desmesuradamente o relevo da colônia americana na economia da metrópole."[28] Surge também, nesse período, uma "rica burguesia de negociantes", composta quase que integralmente por "naturais do reino", ou seja, portugueses da Europa, mesmo quando residentes nas principais cidades da costa brasileira. Começam a se desenhar as oposições de interesses que desaguariam na separação política, segundo Caio Prado Júnior. "Até a Independência, e ainda em pleno Império [...], o comércio brasileiro é exclusivamente estrangeiro."[29] Ao mesmo tempo que cresce o poder econômico dos comerciantes, ele diz, também o poder político vai mudando de mãos. No início, essa "burguesia comercial" cada vez mais poderosa economicamente busca disputar os cargos da administração municipal com os proprietários rurais, tentando amealhar também poder político local. Mas logo as próprias câmaras perdem poder. Por fim, "é a autoridade política da metrópole", representada no Brasil pelos governadores das capitanias, "sobre sua colônia que se afirma".[30] Às vésperas da Independência, "rompera-se o equilíbrio político do regime colonial", escreve o autor paulista.

> Minando-lhe surdamente a base, e manifestando-se por vezes na superfície em atritos e choques violentos, trabalhavam forças contrárias, que dia a dia mais lhe comprometiam a estabilidade. O choque destas forças, interesses nacionais e lu-

sitanos, no terreno econômico; autonomia local, representada pela autoadministração dos colonos, e sujeição administrativa, representada pelo poder soberano da Coroa portuguesa, no terreno político; o choque destas forças contrárias assinala a contradição fundamental entre o desenvolvimento do país e o acanhado quadro do regime de colônia. Dele vai resultar a nossa emancipação.[31]

A análise de inspiração marxista de Caio Prado Júnior serve, segundo a observação de uma de suas seguidoras mais sofisticadas, Emília Viotti da Costa, para superar os excessos de história política cometidos, segundo ela, pela primeira geração de intérpretes da Independência — autores que dariam peso demasiado às escolhas e ações individuais, aos conflitos circunstanciais, às intrigas de bastidor e aos debates parlamentares. "Os indivíduos, os fatos episódicos, as circunstâncias, as opiniões dos contemporâneos devem ser vistos a partir das determinações gerais que lhes conferem significado",[32] defende a autora. E, de fato, o esquema de Prado Júnior é bem achado e bem montado. Suas "determinações gerais" parecem capazes de conferir simplicidade e inteligibilidade a um processo econômico e político complexo. A tal ponto, e com tal exagero, que o próprio funcionamento das Cortes Constituintes em Lisboa, bem como seus debates, perde importância, passa a um segundo plano, nas formulações dessa corrente interpretativa.

Mas a explicação de Prado Júnior padece de outras dificuldades importantes. A principal delas diz respeito ao cerne do seu argumento, à oposição entre latifundiários brasileiros e comerciantes lusitanos. Em um parágrafo de síntese, o historiador paulista escreve:

> Alinham-se assim, frente a frente, diferenciados pela evolução econômica e social da colônia, interesses opostos: de um lado os dos brasileiros, especialmente dos proprietários rurais, a aristocracia fundiária nacional, que mais diretamente sofria o ônus da opressão colonial; doutro, os da metrópole, e a eles ligados os dos mercadores portugueses, a burguesia comercial.[33]

É verdade que houve oposição de interesses e conflitos abertos entre a "aristocracia fundiária nacional", os grandes fazendeiros, e grupos de comerciantes que atuavam nas principais cidades brasileiras ao longo do período colonial — conflitos que, às vezes, se convertiam em disputa violenta por posições de poder. Mas a contraposição entre esses dois grupos, salientada por Prado Júnior, na verdade perdeu força ao longo do século xvɪɪɪ. Às vésperas da Independência, grandes comerciantes residentes no Rio, na Bahia e em São Paulo, por exemplo, passaram a se integrar cada vez mais à sociedade local, confundindo-se em grande medida com a chamada "nobreza da terra". Conquistaram títulos nobiliárquicos, casaram-se com a antiga elite proprietária, passaram cada vez mais a ocupar cargos de poder locais e, por fim, tornaram-se eles próprios também plantadores e fazendeiros.[34] Os comerciantes que residiam na colônia e aqui faziam fortuna, por exemplo com o tráfico de escravos, frequentemente reinvestiam os recursos acumulados no comércio em grandes propriedades voltadas à produção de bens primários e à sua exportação.[35] Ou seja, ainda que as relações comerciais com Portugal — e de lá com o restante da Europa — continuassem a ser as mais relevantes para os produtores brasileiros, a clara oposição entre interesses comerciais lusos, de um lado, e proprietários fluminenses, baianos ou pernambucanos, de outro, deve ser pelo menos matizada. Por fim, uma das possíveis fontes de conflito entre latifundiários e comerciantes, o crédito — o empréstimo de recursos para a manutenção e a ampliação dos negócios dos fazendeiros —, tinha origem muitas vezes local, no início do século xɪx. Traficantes de escravos, residentes nos principais portos da América portuguesa e que não raro eram proprietários de terras, participavam ativamente do financiamento das atividades econômicas na colônia, e em muitas regiões eram os principais financiadores da produção agrícola.[36] Tudo somado, o esquema interpretativo de Caio Prado Júnior, montado sobre oposições mais simples do que a realidade social e econômica da época, se enfraquece.

Talvez essas ressalvas já bastassem para seguir em frente, em busca de outras interpretações, mas há uma questão derradeira que vale mencionar — uma questão que, embora central para o processo histórico brasileiro, se revela difícil para os modelos explicativos de tipo marxista. Trata-se da mudança da família real e do Estado português para o Rio de Janeiro em 1808, bem como de sua consequência imediata de maior relevo econômico, a abertura dos portos do país a todas as nações amigas. Como encaixar um evento circunstancial, que não deriva das oposições estruturais montadas por Caio Prado Júnior, mas do contexto político e militar europeu da época — da invasão das tropas francesas —, nessa lógica de oposições entre interesses de grupos econômicos da colônia e da metrópole? Como é que o acaso entra na dialética?

Emília Viotti da Costa tem consciência da dificuldade e tenta resolvê-la procurando remover os efeitos do acaso, da irrupção aparentemente desorganizadora de Napoleão Bonaparte na história, reafirmando a dialética entre portugueses e brasileiros, entre a metrópole original e a antiga colônia de três séculos — mesmo depois da transferência da família real. Segundo a autora de "Introdução ao estudo da emancipação política do Brasil", mesmo depois de 1808, já no Rio, a Coroa continuou a defender interesses comerciais portugueses. "A despeito das medidas liberais", ela escreve, em referência à abertura dos portos, "serão mantidos numerosos privilégios e restrições", alguns dos quais só seriam eliminados "depois da Independência".[37] Cita diversos alvarás e leis que tinham "o visível objetivo de proteger os interesses dos produtores e comerciantes portugueses".[38] Como havia outras medidas que de fato liberalizavam o comércio, prejudicando Portugal, a autora conclui que d. João termina por "descontentar a todos", em seu esforço para "conciliar interesses tão contraditórios quanto os dos comerciantes e produtores estrangeiros, comerciantes e produtores portugueses e brasileiros, [e as] necessidades da Coroa".[39]

É ainda sob a lógica da oposição entre metrópole e colônia, supondo uma espécie de luta de classes nacionalista, que Viotti da Costa tenta dar conta dos conflitos e contradições do governo joanino no Brasil, que são inegáveis. A natureza dessas contradições passa a ser mais clara, porém, se, em vez de olharmos para os interesses dos comerciantes e dos produtores rurais, atentarmos para o problema das contas públicas. São elas, as contas públicas, que ajudam a explicar a abertura dos portos ordenada por d. João, por exemplo. A medida decerto atendia a interesses ingleses. Ao garantir militarmente a transferência da Corte ao Brasil, escoltando a família real, o governo de sua majestade britânica havia negociado a possibilidade de acesso comercial direto à América portuguesa. Além disso, Portugal se encontrava ocupado por tropas francesas, o que na prática cortava as relações entre a metrópole e a colônia. Mas essas duas condições não explicam, sozinhas, a amplitude do gesto do monarca, que franqueou todos os portos do país ao livre-comércio.

> A decisão do príncipe regente foi sem dúvida condicionada pelas circunstâncias de isolamento em que se encontrava o Brasil e pela consideração dos interesses da Grã-Bretanha, mas foi muito além do que seria necessário naquele momento para responder estritamente à situação,

afirmam Jorge Pedreira e Fernando Dores Costa, lembrando que a Inglaterra pleiteava um único porto livre para seus navios na América.[40]

Ocorre que na verdade a abertura dos portos atendia também a uma necessidade premente do Estado português, recém-transplantado para o Brasil: arrecadar impostos, cuja maior fração, na época, se concentrava nas alfândegas. Instalada a Corte no Rio de Janeiro, era preciso ter recursos para mantê-la. E no início do século xix os recursos vinham sobretudo dos impostos cobrados sobre as importações — daí a necessidade de haver comércio, tanto quanto fosse possível.[41] A decisão de abertura dos portos, necessária para a manutenção da Corte, traria como contrapartida, de toda forma, prejuízos para os súditos na Europa. Na tentativa de mitigá-los, d. João buscou, depois que os invasores franceses foram expulsos, encontrar paliativos para o descontentamento e os problemas econômicos crescentes no reino europeu. Daí a aparente contradição entre interesses brasileiros e portugueses, que a rigor não eram a principal preocupação do monarca. A contradição deixa de ser relevante se notarmos que, para d. João, importavam sobretudo os interesses da Coroa. O monarca queria cobrar impostos e sobreviver politicamente, e se ocupava disso já com muita dificuldade, enquanto 1820 se aproximava.

Logo após Emília Viotti da Costa publicar o seu texto de análise da emancipação política, no final dos anos 1960, um pesquisador ou leitor interessado no tema talvez chegasse à conclusão de que as possibilidades de contribuição da teoria marxista para a compreensão da Independência haviam sido plenamente exploradas. Certo ou errado, o artigo de Viotti da Costa parecia capaz de amarrar as pontas que Caio Prado Júnior havia deixado soltas e, assim, arrematar o tipo de perspectiva aberto pelo historiador mais de trinta anos antes.

Seria um engano — compreensível, mas um engano. Justo naquele momento, o marxismo ganhava impulso intelectual renovado em toda a América Latina, com a ascensão das "teorias da dependência", que logo dariam frutos também no campo historiográfico. Os principais autores dessa corrente identificavam nas relações econômicas entre os países — em particular, as relações comerciais — o mecanismo que constantemente reforçava e agravava a desigualdade entre eles, transformando-os em análogos planetários de capitalistas e proletários. No fim das contas, os teóricos da dependência recorriam, para a compreensão da fortuna das nações, a uma lógica análoga àquela utilizada pelos marxistas, muito tempo antes, para o entendimento das rendas dos donos de fábrica e dos salários dos trabalhadores: em vez de a riqueza e a pobreza de uns e outros serem explicadas por características intrínsecas aos indivíduos (ou países), elas derivariam da relação (de produção ou de comércio) entre eles, entre ricos e pobres, tomados agora como partes de um sistema.

No início dos anos 1970, imerso nesse ambiente intelectual, o historiador Fernando Novais defendeu na Universidade de São Paulo sua tese de doutorado. A obra, que se valeu da ideia de "sistema" para tentar explicar a própria razão de ser da colônia portuguesa na América, seria mais tarde publicada em livro sob o título *Portugal e Brasil na crise do antigo sistema colonial*. Talvez seja o texto que tenha deixado marca maior, o que exerceu maior influência na compreensão recente do processo de independência do Brasil. Embora seguisse a senda marxista aberta por Caio Prado Júnior nos anos 1930, o esquema explicativo montado por Novais guardava diferenças importantes em relação às ideias do autor de *Evolução política do Brasil*.

Assim como Caio Prado Júnior, Novais procurou derivar a mudança histórica que desaguaria na Independência das contradições internas do "sistema colonial", contradições que se aguçariam com o tempo, até se tornar insustentáveis. A diferença fundamental em relação a Prado Júnior nessa nova explicação está na escolha dos elementos que, seguindo a lógica marxista, deveriam se relacionar e se articular até trazer à tona suas contradições, o conflito aberto e, afinal, a sua superação histórica. Enquanto, no esquema original, Prado Júnior chamava a atenção para as contradições próprias à relação Brasil-Portugal, Fernando Novais localiza o problema já fora do Império português, incorporando relações econômicas internacionais mais amplas. Não será mais a incompatibilidade entre a complexidade econômica da colônia e sua limitada autonomia política que impulsionará a debacle da relação metrópole-colônia. O impulso para o seu fim, segundo Novais, virá de fora, do "centro do sistema", da própria Inglaterra.

A base do mecanismo do antigo sistema colonial, segundo Novais, está em primeiro lugar na produção baseada na escravidão, na colônia. Essa primeira relação, entre proprietários e cativos, permite a acumulação de recursos nas mãos dos grandes fazendeiros locais, pela exploração dos escravizados.[42] Mas os recursos não ficam parados aí, sendo transferidos em grande parte para a metrópole, para Portugal, por meio das relações comerciais impostas aos latifundiários brasileiros, que só podem vender os seus produtos para grandes comerciantes portugueses. Há um passo seguinte, todavia, nessa cadeia de transferências de "excedentes": as relações comerciais desiguais estabelecidas entre Portugal e Inglaterra, resultado de uma espécie de "colonialismo informal", que permitiriam o acúmulo de recursos nas mãos dos ingleses, em detrimento dos portugueses.[43] Esses recursos teriam sido essenciais para o acúmulo de capital que desaguaria na Revolução Industrial, no fim do século XVIII. "Nesse contexto, a colonização vai assumindo sua forma mercantilista, isto é, vai se constituindo em uma das ferramentas para acelerar a acumulação primitiva (isto é, acumulação prévia necessária à formação do capitalismo) de capital comercial nas áreas centrais do sistema", escrevem Fernando Novais e Carlos Guilherme Mota.[44]

Mas no momento em que afinal surge o "capitalismo" — a produção fabril em larga escala — o sistema entra em crise. A existência das colônias passa a trazer mais custos do que benefícios. Uma vez deflagrado o processo de produção em massa de bens de consumo, a Inglaterra necessitaria, segundo a lógica de Novais, de mercados consumidores globais para dar vazão à sua produção crescente. O exclusivo colonial, de peça-chave na mecânica de acumulação de capitais, se torna um entrave, um estorvo, para o novo tipo de desenvolvimento. Passava a ser preciso, então, quebrar os laços econômicos e políticos específicos que as metrópoles ibéricas ainda mantinham com suas colônias. Mas também dentro das colônias havia entraves para o avanço da produção industrial no centro. As relações de trabalho estabelecidas pela escravidão dificultavam a formação de um amplo mercado consumidor, limitando os ganhos potenciais dos capitalistas ingleses. Segundo Novais e Mota,

> o sistema de exploração colonial engendrava a sua própria crise, pois o desenvolvimento do industrialismo torna-se pouco a pouco incompatível com o comércio exclusivo, com a escravidão e com a dominação política, enfim com o antigo sistema colonial.[45]

O esquema, sedutor, é contudo obviamente teleológico — ou seja, transforma um resultado histórico posterior, a industrialização, em fator organizador de toda a marcha histórica anterior a ele. Toma um efeito — por mais importante que seja — como causa, como motor que tudo organiza. Mas, mesmo para aquilo que foi de fato contemporâneo da Revolução Industrial, a Independência brasileira, a explicação é insatisfatória. "A crise do antigo sistema colonial", escrevem Novais e Mota, "parece, portanto, ser o mecanismo de base que lastreia o fenômeno da separação das colônias. É dela que se deve partir, se se quer compreender a independência do Brasil de forma a ultrapassar uma visão superficial dos eventos."[46] Quais são os problemas aí? Em primeiro lugar, a própria ideia de crise. Onde ela se localiza? A crise do "sistema" parece ser uma conclusão lógica do esquema desenhado por Novais: se ocorre a Revolução Industrial, seguindo toda a cadeia de relações descrita por ele, devemos logicamente ter crise na periferia. Mas é difícil encontrar sinais empíricos, vestígios econômicos dessa crise. Ela certamente não aparecia nas relações comerciais entre Brasil e Portugal, que, na transição do século XVIII para o XIX, iam de vento em popa. "Até as invasões francesas", que desorganizam o comércio no reino europeu, escreveu o historiador português Jorge Miguel Pedreira, "o sistema funcionou sem problemas maiores e manteve impressionante crescimento comercial".[47]

Novais e seus seguidores procuraram apontar, como um dos sinais de crise do sistema colonial, um suposto aumento nas práticas de contrabando na costa brasileira, nesse período derradeiro da condição colonial, algo que já demonstraria os limites do exclusivo comercial imposto pela metrópole. Segundo essa lógica, o avanço do capitalismo industrial, com maior produção de bens, estimularia os comerciantes ingleses a tentar "praticar mais intensamente o comércio clandestino".[48] É Jorge Pedreira outra vez quem oferece a melhor crítica a essa hipótese, argumentando que as importações legais no Brasil "provenientes da Grã-Bretanha e de Portugal no período posterior a 1808 eram pouco superiores às que chegavam da metrópole antes dessa data".[49] Ora, se o contrabando, por definição não registrado oficialmente, fosse de fato importante antes de 1808, seria de esperar um salto, uma mudança brusca, nas importações brasileiras diretamente da Inglaterra em relação à quantidade de produtos ingleses que eram reexportados de Lisboa e do Porto para a colônia americana logo antes da abertura dos portos — o que não aconteceu. Sendo assim, diz Pedreira, "não parece que o contrabando possa ter sido muito significativo relativamente às transações lícitas" no período pré-1808.

Havia, de toda forma, já a partir do final do século XVIII, uma preocupação aparentemente crescente da metrópole em relação ao comércio ilícito.

Como explicá-la? Segundo o pesquisador Jeremy Adelman, a *atenção* dada pelo governo português ao contrabando na costa brasileira seria sintoma de uma outra crise — não a do "antigo sistema colonial", tal como queria Novais, com ênfase em seus aspectos mercantis, mas, sim, das contas públicas —, a crise financeira em que o Estado ibérico se viu metido a partir do final do século XVIII. "De fato, o desespero para combater o contrabando era impulsionado sobretudo pelo temor de que ele faria sangrar as receitas do reino. O contrabando era tão antigo quanto as próprias colônias, mas na década de 1790 ele se tornou fonte de uma histeria estatal."[50] Jorge Pedreira argumenta, por fim, que "nem no domínio econômico (mercantil), nem no domínio político-ideológico" se encontravam, no caso do Império português, "manifestações dessa crise" a que se refere Fernando Novais. "Se há sinais de crise, reduzem-se à esfera das finanças do Estado, mas têm mais a ver com a pressão sobre a despesa do que com problemas na captação das receitas."[51]

Resta, por fim, para os teóricos do "antigo sistema colonial", o problema do período joanino. Se havia crise do sistema antes de 1808 — e parece difícil dizer que havia, em termos políticos ou comerciais —, ela teria de toda forma deixado de existir depois da transferência da família real para o Rio de Janeiro. Vale dizer: a crise teria deixado de existir porque o próprio "sistema" teria chegado ao fim com a abertura dos portos — afinal, o exclusivo comercial é um dos pilares do sistema colonial. E o sistema colonial teria chegado ao fim não por causa de suas contradições internas, mas por interferência de um evento circunstancial, próprio do contexto político e militar europeu: a invasão francesa. A partir de então, com a Corte no Brasil e a liberdade de comércio, o "centro" do sistema, a Inglaterra, não precisaria mais contrabandear seus produtos para dentro da antiga colônia portuguesa porque a rigor não havia mais colônia, e os produtos ingleses podiam ser desembarcados legalmente em qualquer porto brasileiro — pagando taxas baixas para a época. Fica difícil, assim, mantendo-se apenas dentro da lógica estrutural de Novais, dar conta de uma pergunta tão básica quanto aquela relativa à data da Independência. Por que em 1822? "À luz desse esquema é impossível compreender por que a extinção do sistema colonial e a Independência do Brasil ocorreram no momento e nas circunstâncias em que ocorreram", observou Pedreira.[52] Críticas parecidas foram feitas também pelo historiador brasileiro Jurandir Malerba. "É um equívoco teórico procurar explicar um fenômeno eminentemente político com explicações macroestruturais de longa duração", ele argumenta. "É usar a ferramenta errada, como atirar um míssil para derrubar uma ave."[53]

Embora distintas em quase tudo, as interpretações de tipo nacionalista e de feitio marxista possuem pelo menos uma característica importante em comum: ambas supõem uma boa dose de determinismo no processo histórico. Tanto para Varnhagen quanto para Fernando Novais, ainda que por razões diferentes, o Brasil tinha de se tornar, mais cedo ou mais tarde, um país autônomo — para os dois autores, a emancipação política brasileira era no fim das contas inevitável. Do ponto de vista do visconde de Porto Seguro, o país era uma realidade geográfica, política e cultural prefigurada, que havia "naturalmente" de se emancipar um dia. Para Novais, o caminho era um pouco mais tortuoso, embora também inexorável. Se o "sentido da colonização" era contribuir para a acumulação primitiva de capital — e se, depois que a Inglaterra acumulou capital e montou o sistema fabril, o exclusivo colonial passou a ser um estorvo para os seus industriais e grandes comerciantes —, então o sentido da colonização — sua finalidade e destino — era fazer com que a colônia superasse a sua própria condição colonial. A evolução histórica do antigo sistema colonial traria embutida em si a necessidade de que as nações periféricas deixassem de ser colônias para se integrar à nova ordem capitalista global — de maneira subalterna, naturalmente.

Aos poucos, da década de 1970 em diante, começaram a surgir, aqui e ali, trabalhos que abandonavam esse caráter mais ou menos mecânico, determinista, das explicações até então predominantes para a Independência do Brasil. Em uma espécie de reação interpretativa — típica, aliás, da historiografia um pouco por toda parte, nas últimas décadas —, passou-se a dar atenção, com frequência cada vez maior, ao plano propriamente político do processo de emancipação — com ênfase no caráter contingente da política, em seus desfechos e desenlaces abertos, sempre em disputa. "A tarefa do historiador é a de tentar restituir ao passado sua dimensão de presente, isto é, de indeterminação", definiu Christian Lynch, ao comentar a obra de um dos autores que se tornaram referência para a história política mais recente.[54] Movido — às vezes mais, às vezes menos — por esse tipo de intuição, o conjunto de pesquisas e textos desse terceiro grupo de interpretações seria responsável por colocar em xeque os principais pressupostos das interpretações nacionalista e marxista da história brasileira.

Em contraposição ao próprio fundamento da tradição nacionalista, por exemplo, levantou-se a objeção de que não havia "brasileiros" nem sentimento nacionalista na América portuguesa antes da Independência — essa, portanto, não poderia ser a sua causa (o determinismo nacionalista confundia um resultado posterior à emancipação, a formação do Estado-nação brasileiro e o sentimento de pertencimento associado a ele, com a própria motivação do processo). Em contraposição à tradição marxista, esse grupo mais recente de intérpretes mostrou que a emancipação do Brasil tampouco se explicava como resultado lógico das contradições inerentes ao sistema colonial, já que na verdade era difícil comprovar a própria continuidade desse sistema até as vésperas da Independência, ou seja, era difícil manter e reafirmar uma clara oposição entre metrópole e colônia depois da transferência da família real para o Rio de Janeiro. Com uma única viagem transatlântica, d. João VI havia embaralhado de vez as cartas do que era centro e do que era periferia no "antigo sistema colonial".

É verdade que no artigo que de certa forma fundou essa corrente crítica, publicado no início dos anos 1970, a historiadora Maria Odila Leite da Silva Dias ainda utiliza o termo "metrópole" — o curto ensaio é intitulado "A interiorização da metrópole"[55] —, mas a palavra aparece aí propositalmente deslocada, além de se referir a um deslocamento literal: a transferência da Corte de Lisboa para o Rio. Por isso "metrópole", no texto de Silva Dias, acaba tendo um sentido diferente do que possuía no esquema de inspiração marxista — bem mais próximo, embora ela não o diga, ao de absolutismo, já que o problema passa a ser menos geográfico do que político. Ao lado de Sérgio Buarque de Holanda,[56] a historiadora foi uma das primeiras a chamar a atenção para o fato de o processo de independência "não ter coincidido com o da consolidação da unidade nacional [brasileira], nem ter sido marcado por um movimento propriamente nacionalista" na América portuguesa. De forma que seria conveniente, ela diz, "desvincular o estudo do processo de formação da nacionalidade brasileira no correr das primeiras décadas do século XIX da imagem tradicional da colônia em luta com a metrópole".[57] Não havia propriamente nação brasileira em 1822, e sua construção ainda demandaria algumas décadas a partir da formação do Estado independente em torno de d. Pedro I. Tampouco fazia sentido, para a historiadora, aproximar o processo de independência "da imagem de Rousseau do colono quebrando os grilhões do jugo da metrópole".[58] Até porque essa "metrópole", a rigor, já se encontrava bem estabelecida entre nós, no Rio de Janeiro.

O que aconteceu depois da chegada da família real e dos cortesãos portugueses em 1808, segundo Silva Dias, foi o "enraizamento de interesses portugueses" no Centro-Sul do Brasil, transformando a Corte fluminense em "metrópole interiorizada".[59] Alguns dos homens mais ricos da administração portuguesa passaram a investir na compra de terras não só no Rio, como também em províncias próximas, a estabelecer firmas de negócios próprias, a construir palacetes na nova capital e a estreitar seus laços, inclusive por meio do matrimônio, com a elite local. A separação clara entre interesses comerciais e interesses fundiários, que organiza a interpretação de inspiração marxista para a Independência, se é que em algum momento chegou a fazer sentido, já não valia mais, resultando desse processo de interiorização da metrópole "íntimas interdependências entre interesses rurais, comerciais e administrativos".[60] Enquanto se consolidava, por meio da transferência da administração do Estado, o enraizamento de interesses da elite do império no Centro-Sul do Brasil, os conflitos com as províncias do Norte se agravavam. "Como metrópole interiorizada, a corte do Rio lançou os fundamentos do novo Império português chamando a si o controle e a exploração das outras 'colônias' do continente, como a Bahia e o Nordeste."[61] Embora se concentre na dinâmica econômica e social do Centro-Sul da América portuguesa, o artigo de Silva Dias abriu caminho para que a multiplicidade de interesses provinciais durante o processo de independência, em oposição ao Rio, à metrópole interiorizada, passasse a receber crescente atenção dos pesquisadores.

Foi o que fez Roderick Barman em seu livro de 1988, *Brazil: The Forging of a Nation, 1798-1852*.[62] Nele o processo não apenas de Independência, mas de formação do Estado brasileiro nas décadas seguintes, é contado a partir das negociações e conflitos entre as elites das diversas províncias — as "pátrias" locais, como ele as denomina — e a Corte fluminense. Uma década mais tarde, a historiadora Márcia Regina Berbel publicaria *A nação como artefato*,[63] obra pioneira ao analisar os projetos específicos dos representantes de diversas províncias do Brasil nas Cortes Constituintes em Lisboa, e igualmente crítica à ideia de um "nacionalismo" que unificasse de antemão os interesses brasileiros. Em 2004, Evaldo Cabral de Mello lançou *A outra Independência*,[64] sobre os projetos políticos e as sublevações dos pernambucanos, em luta pela garantia de poderes locais para a província, durante o período de crise do absolutismo de d. João VI e de construção do Estado centralizado no Rio de Janeiro. Escreve Evaldo Cabral de Mello:

> À chegada dos Bragança [em 1808], a província tinha abundância de ouro e prata decorrente de vultosos saldos comerciais, mas em 1821, quando da partida da família real, a circulação só constava de papel-moeda e de moeda de cobre, pois, "sem meios, com um séquito numeroso da nobreza e do clero destituídos de rendimentos, todos tendo seus protegidos e todos determinados a viver às custas da antiga colônia", a Corte recorrera, primeiro, à depreciação da moeda de prata, e posteriormente à emissão das notas do Banco do Brasil e de moedas de cobre, que prejudicaram Pernambuco sensivelmente.

Isso tudo, claro, além dos impostos que sobrecarregavam os súditos do Norte. "O ressentimento com a voracidade fiscal do Rio se exprimirá principalmente nas reivindicações federalistas [em Pernambuco] do período 1817--1824", [65] afirma Cabral de Mello, na obra de 2004. No ano seguinte, trabalhos de diversos autores, que vinham sendo desenvolvidos já havia algum tempo, foram reunidos em *Independência: História e historiografia*,[66] organizado pelo professor da USP István Jancsó. Nesse volume de referência, a história da separação política é contada em grande medida a partir das experiências particulares de cada província. O artigo referente ao Rio de Janeiro, por exemplo, aparece sem destaque em meio aos demais, espremido entre as análises da separação política na Bahia e em Minas. O contraste com a organização da obra de Varnhagen, com seu apêndice dedicado às províncias, não poderia ser maior.

Em um segundo grande volume organizado por Jancsó, *Brasil: Formação do Estado e da nação*, nota-se com mais clareza uma outra influência decisiva para um conjunto de pesquisas recentes sobre a emancipação política do Brasil: a importância concedida à cultura política da época, informada pelo Iluminismo e flagrada nas ideias e nos conceitos que eram usados cotidianamente por súditos e, depois, cidadãos — não apenas em obras eruditas e em tratados filosóficos, mas nos rastros impressos da burocracia, nos jornais, em panfletos e debates públicos. Logo no primeiro capítulo, François Xavier Guerra se ocupa da "novidade da linguagem política" surgida no século XVIII. Uma linguagem nova que não se constituiu sem efeitos, ajudando a organizar o que se demandava do rei — e o que se planejava para a nação.[67] Os valores políticos e os conceitos forjados pelo Iluminismo ocupam papel central também na análise de Lúcia Bastos Pereira das Neves sobre a Independência brasileira. Em particular, o papel desempenhado nesse processo pelas "Luzes portuguesas" — luzes difusas, segundo a autora —, ou seja, por um contexto intelectual em que "a secularização e o pragmatismo mesclavam-se ainda a um ambiente fortemente religioso". Foi nesse meio, nesse tipo de mentalidade, "que se formaram e se iniciaram na vida pública as elites política e intelectual luso-brasileiras, responsáveis pelos acontecimentos do período de 1820 e 1823".[68] Herdeira do "Iluminismo envergonhado" luso-brasileiro, na fórmula de Evaldo Cabral de Mello, a elite conservadora que fundou o país teria, por isso, optado por soluções tímidas do ponto de vista liberal — como a concentração de poderes no Rio de Janeiro, para prejuízo das províncias, ou a atribuição de amplas competências para o imperador, em detrimento da Assembleia.[69]

No fim das contas, esse terceiro e derradeiro grupo de interpretações para a Independência, em vez de simplificar, como os dois primeiros, complica as coisas — o que é bom. São trabalhos que forçaram os estudiosos do assunto a abandonar boa parte dos pressupostos das interpretações anteriores. Mas não se sai da leitura desse enorme grupo de pesquisadores, unificados talvez pela atenção concedida à esfera contingente e relativamente autônoma da política, com uma explicação alternativa satisfatória para a Independência. Cada etapa do processo — as Cortes em Lisboa, as disputas no Rio de Janeiro, os projetos das províncias do Norte — é analisada, os conflitos específicos a cada uma delas são esmiuçados, mas o conjunto, do início ao fim, ainda parece carecer de alguma lógica que o unifique, conduzindo o processo todo de uma ponta à outra. É razoável supor que essa lógica existe e precisa ser desvendada, uma vez que a Independência do Brasil não aconteceu arbitrariamente no início do século XIX, mas, sim, e não por acaso, simultaneamente às emancipações das colônias hispânicas nas Américas e poucas décadas depois dos processos revolucionários liberais nos Estados Unidos e na França. Parece haver método nessa loucura. Algo deve ser capaz de conferir coerência à multiplicidade de levantes. Ainda que reafirme contingências e particularidades, a história não pode abdicar de encontrar um sentido comum para o conjunto de acontecimentos no mundo luso-brasileiro no início do século XIX — ligados, ao que tudo indica, a processos comuns do mundo atlântico iniciados ainda no século XVIII. Na literatura mais recente sobre a Independência, o único candidato que se apresenta para unificar o movimento emancipatório é a cultura política da época. Mas a novidade dos valores políticos liberais acaba funcionando como um "míssil" nesse caso, exatamente como na metáfora de Jurandir Malerba — inútil, ao fim e ao cabo, para matar as aves que nos interessam, ou seja, incapaz de fazer a conexão entre a macroestrutura de longa duração das mentalidades, de um lado, e o frenesi dos golpes e contragolpes do período, de outro.

Talvez seja possível dizer que se passou com o tema da Independência do Brasil, nas últimas décadas, algo semelhante ao fenômeno constatado por Lawrence Stone, em meados do século XX, para as explicações sobre a Revolução Inglesa e a Revolução Francesa. "No caso das duas revoluções", escreveu Stone, "depois que os historiadores se deram conta de que a interpretação marxista não funcionava muito melhor do que a *whig*", a explicação nacionalista e conservadora tradicional, "seguiu-se um período em que não havia nada de muito seguro para substituí-las."[70]

A ênfase mais ou menos recente na divergência — seja na reação das províncias ao absolutismo, ao Rio de Janeiro, seja na cultura política liberal antiabsolutista — se fez acompanhar de uma atenção também maior à diversidade: aos estratos médios urbanos, leitores de jornais e panfletos em que se manifestava a cultura política da época, mas também aos grupos subalternos, aos pretos e pardos, antes tidos como pouco relevantes para o processo de independência. O fato de a emancipação do Brasil ter envolvido grupos sociais tão diversos é, de resto, um problema a mais para as explicações tradicionais — sejam elas nacionalistas ou marxistas — e o seu pendor para tratar da separação de Portugal como uma transação entre elites. As pesquisas recentes têm indicado, na verdade, a existência de uma insatisfação socialmente ampla, dispersa por todo o mundo luso-brasileiro, nas primeiras décadas do século XIX — e chamado a atenção para a participação dessas massas insatisfeitas em etapas decisivas do processo emancipatório.

Vale notar também que a atenção que os historiadores passaram a dedicar à participação de pretos e pardos na Independência não deve ser tomada como um capricho benevolente. O olhar para os grupos subalternos não resultou de uma imposição anacrônica de valores do século XXI sobre a realidade do Brasil no século XIX. Há razões institucionais, específicas da época, para esses atores políticos serem considerados. Entre elas, por exemplo, a organização, desde os tempos coloniais, de milícias segregadas pela cor da pele, compostas especificamente por brancos, pretos e pardos, das quais participavam todos os cidadãos livres com idade entre dezoito e quarenta anos que não serviam ao Exército. A função das milícias, que normalmente não recebiam por seus serviços, era ajudar a manter a ordem pública e apoiar as tropas pagas do Exército — este, sim, exclusivamente branco, ou que pelo menos aspirava a ser branco, no período colonial —, em caso de necessidade. Tratava-se, portanto, de uma sociedade altamente militarizada — e institucionalmente racializada, mesmo entre as pessoas livres.

Não à toa, a cor da pele dos brasileiros foi um tema mobilizado nos conflitos com os portugueses, à época da Independência. Após a tentativa de revolução em Pernambuco, em 1817, novas tropas foram chamadas diretamente de Portugal para reforçar o policiamento interno, em um regime já em crise. Os conflitos que surgiram entre os soldados recém-chegados da Europa e os militares e milicianos locais tiveram, muitas vezes, motivações racistas, em particular em Pernambuco e na Bahia.[71] Ofensas relativas à cor da pele eram frequentes, de parte a parte. No caso baiano, à medida que se acirravam os embates entre defensores de relativa autonomia provincial, de um lado, e partidários de submissão às decisões intervencionistas das Cortes, de outro, houve portugueses que passaram a se referir à elite soteropolitana, que se pretendia branca, como "cabras", o que, no vocabulário racial da época, significava "alguém de pele mais escura que um mulato e mais clara que um negro".[72] Em 1821, em Pernambuco — no auge do processo emancipatório —, o batalhão do Algarve, português, entrou em conflito com os Henriques, nome dado às milícias negras. Houve brigas, que resultaram em mortes e ferimentos de parte a parte.[73] Por sua vez, a população urbana, os militares de baixa patente e os integrantes das milícias associavam os aumentos de preço dos produtos alimentícios — para os quais contribuíam as políticas fiscal e monetária da Corte fluminense — à atuação dos comerciantes portugueses, que, em Salvador e no Recife, controlavam o comércio de retalho. Chamados de "caiados" — ou seja, brancos, mas também os que se pretendiam brancos — ou de "marinheiros", esses pequenos comerciantes foram objeto de ódio popular recorrente na primeira metade do século XIX em todo o país. É de Celso Furtado a sugestão de que as revoltas xenofóbicas antilusitanas da época talvez se atrelassem também a razões econômicas. A inflação, segundo ele, ajudaria a explicar "o acirramento do ódio contra os portugueses, os quais, sendo comerciantes, eram responsabilizados pelos males que acabrunhavam o povo".[74]

Quando o conflito aberto estourou entre soldados baianos e portugueses, em 1822, as tropas pagas da província receberam o apoio dos milicianos negros. Antes disso, na Revolução de 1817 em Pernambuco, já havia ocorrido que "parte considerável dos revolucionários e militantes" proviesse "dos terços de 'pardos' e 'pretos' da capitania",[75] num momento em que a inflação de alimentos também se fazia sentir no Recife. Um dos principais líderes militares do levante antiabsolutista pernambucano, Pedro da Silva Pedroso, foi, já à época, classificado como "pardo", e sua ligação com os grupos populares da província, negros, escandalizaria e geraria preocupações entre seus aliados circunstanciais na elite local. A guerra aberta em 1822 e 1823 na Bahia acabou por transformar o próprio Exército, antes cioso de sua branquitude, numa corporação com forte presença de pardos e pretos, segundo Hendrik Kraay. "O recrutamento durante a guerra alterou significativamente a composição social e racial das fileiras, pois levou contingentes importantes de pretos e escravos" para as tropas pagas.[76] No fim das contas, um exame mais atento dos levantes liberais de 1821 na América portuguesa e, pouco mais tarde, da guerra de Independência — levantes e guerra feitos com participação decisiva de brasileiros negros — põe em xeque as interpretações tanto de Varnhagen quanto de Oliveira Lima. O processo de emancipação do Brasil, como vemos, não podia nem de longe ser caracterizado como um "desquite" — a não ser que se trate de uma separação das mais tumultuadas, em que os cônjuges gritam ofensas racistas um contra o outro e depois tentam se matar.

Mas e as províncias? Por que foram elas, ao lado da burocracia no Rio de Janeiro, protagonistas dos embates políticos que levaram à Independência — e não as cidades, com suas câmaras municipais, ou o conjunto do Reino do Brasil? A melhor explicação é também institucional — ou seja, diz respeito às regras e normas que organizavam o comportamento dos atores políticos — como no caso das milícias.

A historiadora Wilma Peres Costa lembra que, no século XVIII, com o enfraquecimento do poder municipal — nisso Caio Prado Júnior tinha razão

— e as reformas pombalinas de administração da América portuguesa, as capitanias, depois províncias, passaram a concentrar responsabilidades administrativas e fiscais. Ou seja, eram as Juntas da Real Fazenda, localizadas em cada uma das capitanias, que deveriam se encarregar de recolher impostos — ou de leiloar a sua arrecadação a agentes privados, recebendo de forma adiantada parte do valor a ser tributado. Ficavam responsáveis também por pagar os funcionários locais — civis, militares e eclesiásticos. Concentravam, assim, tarefas e funções que antes das reformas, ocorridas em meados do século XVIII, se distribuíam tanto pelas cidades e suas câmaras quanto por órgãos de governo na administração central, em Lisboa. "Tais reformas consagravam a capitania como uma jurisdição fiscal dotada de autonomia em relação a outras esferas da administração colonial e fora dela", escreve Costa.[77] Uma autonomia relativa, vale esclarecer, que era sobretudo administrativa. As Juntas da Fazenda, onde se concentrava esse poder, não tinham liberdade para criar ou revogar impostos, por exemplo. Mas se encarregavam, com larga margem de manobra, de fazer valer as regras que recebiam de Portugal. Segundo esse arranjo, cada capitania deveria ser, administrativa e financeiramente, autossuficiente, sem gerar despesas para a metrópole. Uma vez pagos os funcionários locais, as "sobras" deviam ser remetidas ao erário régio. As juntas eram portanto, do ponto de vista político, ambivalentes: ao mesmo tempo que garantiam a remessa de recursos a Lisboa — e, mais tarde, ao Rio —, abriam espaço no aparelho burocrático para as elites locais. Foram essas características institucionais, ligadas à administração fiscal, que fizeram das províncias unidades aglutinadoras de interesses das elites locais, ainda no século XVIII — e, pouco depois, atores importantes no processo político do século XIX.

Com a chegada da família real ao Rio de Janeiro, os órgãos fiscais provinciais, em que as elites locais se viam representadas, passaram a sentir com mais força o "furor tributário" da Corte fluminense, promotora de uma miríade de novos impostos.[78] O pronto apoio de várias regiões do Brasil às Cortes Constituintes em Lisboa pode assim ser compreendido, segundo a autora, levando-se "em conta a autonomia de que já gozavam as capitanias/ províncias como unidades fiscais e as possibilidades, acenadas pelas Cortes, de que pudessem reter suas rendas e uma parcela considerável de autogoverno".[79] As razões fiscais também ajudam a entender "o precoce compromisso da capitania de São Paulo e das capitanias do Sul com a retenção do centro político no Brasil", argumenta Costa.

Como uma "economia de passagem", a economia paulista e seu fisco ganham expressão ampliada com presença da Corte e proximidade do centro político, encontrando nos impostos sobre o trânsito e na política de ampliar a participação das elites locais todo um campo de oportunidades para a ampliação de seus negócios. Daí provinha a força centrípeta que fazia pender para o lado do príncipe d. Pedro as províncias do Sudeste e do Sul.[80]

Coerente com o restante de sua análise, Wilma Peres Costa vê na origem da Revolução do Porto uma crise fiscal, mas concentra sua análise nos problemas financeiros enfrentados pelo Tesouro português — sem explorar a penúria dos cofres públicos no Rio de Janeiro nos anos finais do Antigo Regime. "*Na metrópole*, a monarquia constitucional", estabelecida depois da revolução de 1820, "implicava o estabelecimento do controle do Parlamento sobre a fiscalidade, vale dizer, no fim dos mecanismos que permitiam a autonomia fiscal da Coroa".[81] Ora, a monarquia constitucional representaria a mesma mudança institucional também para o conjunto das províncias brasileiras, já que, embora mantivessem Tesouros separados — mas comunicáveis, com transferências constantes de um a outro —, Brasil e Portugal estavam unidos do ponto de vista fiscal até o início da década de 1820. Na verdade, o que une Brasil e Portugal, juntas locais e Cortes Constitucionais, elites e populações urbanas, brancos e pretos, marinheiros e cabras, pernambucanos e fluminenses entre 1820 e 1823 — a única coisa que une todos esses atores — é a crise das finanças públicas, herdada do governo de d. João VI, e seus efeitos sobre os preços e os salários.

A crise das finanças públicas permite ainda fazer a reunião de outros elementos, a princípio distintos e dificilmente conciliáveis — uma fragmentação temporal, nesse caso, em vez de social, administrativa ou política. Até aqui nos perguntávamos, implicitamente, como seria possível conciliar os movimentos de longa duração — as macroestruturas históricas — com a volubilidade da política, sem a qual não são compreendidas nem as revoluções nem as negociações parlamentares. A Independência do Brasil — a exemplo da Revolução Francesa ou da Revolução Americana — se deu na interseção dessas duas temporalidades. O que une a longa duração do desgaste do Antigo Regime — com instituições que promoveram um lento e inexorável crescimento do desequilíbrio orçamentário — à curta duração da crise política das décadas de 1810 e 1820 no Reino Unido de Portugal, Brasil e Algarves é a economia. A crise financeira sob d. João podia ser constatada nas contas do reino europeu, como observa Peres Costa, mas também nas contas do Rio de Janeiro entre 1808 e 1820, como veremos adiante, em outro capítulo. É ela, a crise financeira, que permite unir em uma única história a longa duração das mentalidades e da crise do absolutismo, de um lado, e a curta duração da política, dos levantes armados e das revoltas urbanas, de outro. Justamente porque suas consequências eram graves, vitais, para os diversos grupos sociais e atores institucionais envolvidos no processo emancipatório.

Nos anos de aguda crise financeira, quando os efeitos das emissões de moeda já se faziam sentir no Brasil, e a penúria do erário em Portugal deixava até oficiais das tropas sem pagamento, os problemas gerados pela quase bancarrota alcançaram a maior parte dos grupos sociais na América e na Europa — dos latifundiários, que viam encarecer os alimentos de que precisavam para alimentar os seus escravizados, aos integrantes das milícias ou do Exército, brancos, pretos e pardos, que quando tinham a sorte de receber os soldos notavam que o seu valor se reduzia mês a mês, por causa da inflação. São esses laços, capazes de juntar as pontas dos orçamentos e dos súditos de uma margem e de outra do oceano, e assim estabelecer ligações com a crise política da monarquia, que resta descrever.

3. Dominó fiscal

Dissemos que a crise política final do Antigo Regime português, que viria a dar na Independência do Brasil, resultou de um problema nas contas públicas. Diante do que se passava em quase todo o mundo atlântico nas décadas que precederam o movimento luso-brasileiro, não há grande novidade na afirmação. Essa foi, de forma geral, a lógica das crises políticas vividas pelos principais Estados europeus e nações do mundo atlântico ao longo da Idade Moderna — da Revolução Gloriosa, na Inglaterra, no final do século XVII, à Revolução Francesa, no final do XVIII, passando pela Independência dos Estados Unidos. Todas estiveram, em maior ou menor grau, relacionadas a problemas e impasses fiscais. O caso luso-brasileiro pode ser visto, assim, como um episódio relativamente tardio, embora característico, desse tipo de processo. Às vezes a falta de originalidade é profícua. Como bem observou Evaldo Cabral de Mello, a tendência a procurar na história brasileira traços de originalidade radical criou uma tradição ensaística que "rende hoje retornos intelectuais alarmantemente decrescentes, ou dito à boa maneira da terra, é bananeira que já deu cacho".[1]

De maneira recorrente, os principais Estados europeus, entre o fim da Idade Média e o início do século XIX, enfrentaram problemas fiscais ligados à guerra. Não à toa, já que manter marinhas e exércitos e combater outros Estados nacionais representava quase sempre o principal dispêndio dos governos na época. Muito antes da ascensão do Estado de bem-estar social, a segurança era o principal bem público provido pelos monarcas do Velho Continente a seus súditos.[2] Só isso já tornava os gastos com forças de segurança relevantes. Ocorre que a capacidade de cobrar impostos em troca da proteção da vida e de alguma garantia da propriedade privada criava incentivos perversos para os reis europeus, tornando os conflitos bélicos, no fim das contas, bem mais frequentes do que apenas a lógica de defesa e a garantia da segurança interna fariam prever. Monarcas europeus eram, via de regra, agressores, e iniciavam conflitos — mesmo sem terem sido provocados — em quantidade igual ou maior à daqueles de que se viam obrigados a participar para defender seus reinos. Os incentivos não são difíceis de compreender. Fazer a guerra era pessoalmente pouco custoso para quem sentava no trono. Na frente de batalha, arriscando a vida, estavam os exércitos, enquanto os reis com frequência seguiam com sua confortável vida palaciana. Mais importante ainda é o fato de que não havia, de forma geral, um alto preço político a ser pago pelos monarcas em caso de derrota — nenhum deles foi deposto como consequência direta de ter perdido qualquer batalha, entre os anos de 1500 e 1790.[3] Se os custos políticos diretos eram baixos, os benefícios eram imensos. Em particular, em glória e prestígio: enquanto as perdas no front recaíam obviamente sobre os soldados e seus comandantes imediatos, os louros da vitória eram sobretudo dos chefes de Estado. Se todos esses incentivos não bastassem, havia outro fator estrutural capaz de promover a guerra: a Europa era politicamente fragmentada, com Estados de tamanho e capacidade bélica bastante semelhantes, o que por três séculos impediu o surgimento de uma força hegemônica que dissuadisse as demais de se arriscar nos campos de batalha.[4] Tudo somado, a guerra era a condição normal de vida para os Estados europeus nesse período.

Segundo o historiador Philip Hoffman, entre 1550 e 1700 as principais potências europeias passaram mais da metade do tempo em guerra. Havia, comumente, mais guerra do que paz. O que muda, às vésperas da era das revoluções, são os custos dessas batalhas, que se tornaram cada vez mais expressivos. Houve queda, é verdade, na porcentagem de tempo despendido em combate no século XVIII — 43% de todo o período entre 1700 e 1750, e 29% nos cinquenta anos seguintes —, mas não o suficiente para compensar a escalada de custos militares.[5] Nessa mesma época, o teatro de guerra para as potências europeias se ampliou, ganhando escala planetária, da Ásia à América. "Aquilo que se convencionou chamar de 'guerras guarda-chuva' se tornou mais frequente", observou a historiadora Linda Colley. Esses novos conflitos "não eram apenas enormemente custosos, em termos de vidas e de dinheiro, mas também se projetaram por mar e terra para diferentes regiões do mundo".[6]

A conflagração constante provocou, assim, uma "espiral armamentista",[7] com gastos crescentes. A era que vai de meados do século XVII ao início do XIX — grosso modo, entre a ascensão de Luís XIV ao trono francês, em 1643, e a derrota final dos exércitos de Napoleão Bonaparte, em 1815 — conheceu uma escalada global dos gastos militares. "O custo de uma guerra no século XVI podia ser medido em milhões de libras", e "ao final do século XVII, esse valor havia subido para *dezenas* de milhões de libras", escreveu o historiador Paul Kennedy. "Ao término das Guerras Napoleônicas, os dispêndios dos principais países combatentes alcançavam, por vezes, a cifra de uma centena de milhões de libras *por ano*."[8] Além da amplitude planetária dos conflitos, uma série de mudanças tecnológicas e sobretudo organizacionais contribuiu para a escalada de custos. Desde o século XVII, as monarquias europeias passaram a ter de manter tropas profissionais permanentemente treinadas e mobilizadas, num continente continuamente conflagrado. Também o número de soldados envolvidos em cada conflito foi multiplicado — os exércitos em campanha, no fim do século XVIII, eram quatro vezes maiores do que haviam sido 150 anos antes.[9] Por fim, as guerras em que esses países se envolviam eram cada vez mais duradouras, tornando-se verdadeiras disputas de resistência.[10] A capacidade de mobilizar recursos com rapidez, de sustentar gastos por anos a fio e de empregar esses recursos em suas tropas passou a ser uma condição existencial para os Estados europeus. Quanto mais um gastava, mais seus vizinhos se viam obrigados a fazer o mesmo.

> Entre as principais potências, entre 40% e 80% dos gastos orçamentários iam diretamente para os militares, a fim de custear os exércitos e as marinhas que lutavam quase ininterruptamente. A fração das despesas totais devotadas à guerra sobe ainda mais — para cerca de 95% na França durante a Guerra dos Trinta Anos — se somarmos os gastos com subsídios para aliados ou o pagamento por dívidas de guerras passadas.[11]

As dívidas não só eram importantes como crescentes. Tradicionalmente, recorria-se à renda dos próprios bens das Coroas — terras, sobretudo —, à venda de cargos e a tributos extraordinários para custear os conflitos. Como seria de esperar, uma vez criados, muitos desses impostos continuavam a vigorar em tempos de paz, tornando-se permanentes. Quando um novo conflito eclodia, novos encargos surgiam. A *décima*, um precursor do imposto de renda, foi criada dessa forma em Portugal, no século XVII, para custear a guerra de independência contra a Espanha.[12] Mais tarde, o comércio ultramarino, provendo impostos recolhidos nas alfândegas das principais potências, veio a contribuir para os gastos crescentes nos campos de batalha. "O comércio é a fonte das finanças, e as finanças são o nervo vital da guerra", sintetizou Jean-Baptiste Colbert, o todo-poderoso ministro de Luís XIV.[13] Ainda assim, quando um novo conflito eclodia e os soberanos precisavam mobilizar tropas rapidamente, as rendas e os tributos tradicionais se mostravam insuficientes, de forma que era necessário recorrer a empréstimos, à emissão de dívida. "É inútil tentar encontrar um país que não tenha hipotecado o seu futuro para pagar por suas apostas militares", escreveram Philip Hoffman e Kathryn Norberg, sobre a associação entre finanças e gastos militares, no século XVIII.

> Os impostos, no fim das contas, nunca eram suficientes para a guerra. Por maiores que fossem, não se mostravam capazes de se manter a par com as enormes somas necessárias quando as tropas eram subitamente mobilizadas e as campanhas lançadas. Os Estados tinham que tomar emprestado para pagar os custos da guerra: só então esses dispêndios podiam ser parcelados no futuro e pagos com impostos.[14]

De acordo com os historiadores François Velde e David Weir, "os gastos militares e o serviço da dívida feita para custos militares no passado representavam, de longe, a maior fatia dos gastos e os seus mais importantes desestabilizadores".[15] Eles se referiam especificamente à França do século XVIII, mas a conclusão pode ser tomada como verdadeira para o conjunto das potências europeias na mesma época. Como as dívidas precisavam ser pagas, os conflitos políticos, mesmo que adiados, eram inevitáveis — e surgiam com toda força no momento em que os reis recorriam aos seus súditos para apresentar as contas das batalhas, a serem cobertas com novos encargos. Outra saída era dar calote, ainda que parcial, nas dívidas. Mas também esses ajustes forçados geravam conflitos políticos, uma vez que muitos dos credores, detentores de toda espécie de título público, eram também súditos do rei — quase sempre a elite econômica desses países.[16]

A história do século das revoluções na Inglaterra, o século XVII, é a história dos conflitos entre os sucessivos monarcas, empenhados em ampliar suas receitas — com frequência a fim de custear guerras contra as potências europeias adversárias, no continente —, e o Parlamento, que detinha, desde a Idade Média, a prerrogativa de autorizar (ou de recusar) impostos, ou seja, de controlar a receita ordinária do reino[17] — mas não o poder, pelo menos até 1688, de controlar os empréstimos feitos pelo rei, sua receita extraordinária, ou os gastos do monarca.[18] Via de regra, os ocupantes do trono procuraram contornar a necessidade de recorrer ao Parlamento lançando mão de recursos próprios ou de impostos extraordinários, de legalidade incerta, já que não aprovados por representantes eleitos. A principal fonte desses recursos extraordinários, a princípio, foi a venda de propriedades da Coroa. Elizabeth I custeou boa parte da guerra contra a Espanha (1585-1604) dessa maneira. Seus sucessores, Jaime I e Carlos I, também consumiram parte do patrimônio do reino. As vendas constantes de terras da Coroa, a fim de contornar negociações custosas com o Parlamento, fizeram com que essa fonte de recursos — equivalente a 40% do total das receitas no início do reinado de Elizabeth — praticamente se esgotasse, passando a representar apenas 14% das receitas, na década de 1630.[19] Carlos I lançou mão então de um novo expediente. Um imposto extraordinário em tempos de guerra, conhecido como Ship Money, era tradicionalmente cobrado das cidades costeiras para financiar a Marinha, sem a necessidade de consulta ao Parlamento. O rei fez amplo uso dessa fonte de receita, mesmo em tempos de paz, estendendo-a de resto para todo o país, incluindo regiões no interior, distantes do mar, gerando ampla revolta e repetidos protestos, inclusive judiciais.[20] A partir de então, os conflitos com o Parlamento se intensificaram. "Caso a Coroa tivesse sido capaz de deter essas propriedades", vendidas entre o fim do século XVI e o início do XVII, "restam poucas dúvidas de que a história política e constitucional subsequente da Inglaterra teria sido bem diferente daquilo que se tornou, já que o papel do Parlamento como um órgão de concessão de impostos quase certamente teria se atrofiado".[21]

Os conflitos por poder e recursos entre os reis e o Legislativo inglês, que incluíram o enfrentamento armado entre os exércitos da Coroa e do Parlamento em meados do século — e a decapitação de Carlos I —, perduraram até a década de 1680. A desconfiança de que os monarcas tentavam enfraquecer o poder dos parlamentares agravava os conflitos, uma vez que, para assegurar que não deixariam de ser reconvocados pelo rei, os representantes eleitos tendiam a votar orçamentos limitados, muitas vezes insuficientes para cobrir todas as despesas militares. Não queriam permitir que os reis se tornassem autossuficientes, com recursos folgados.[22] Por sua vez, os monarcas lançavam mão de empréstimos forçados, vendas de monopólios e suspensão de pagamentos de dívidas para garantir recursos extraordinários.

Contra esse pano de fundo fiscal, os conflitos entre monarcas e parlamentares envolviam também questões religiosas. Os reis da dinastia de Stuart, que sucederam os Tudor depois que Elizabeth morreu sem deixar herdeiros, tinham origens escocesas e, bem mais grave, católicas. Os dois temas — o fiscal e o religioso — estavam de toda forma relacionados, já que os representantes legislativos ingleses associavam o catolicismo ao absolutismo praticado no continente pelos reis espanhóis e franceses, responsáveis por enfraquecer e esvaziar os órgãos consultivos e as instâncias de veto análogas ao Parlamento inglês em seus países.[23] De resto, um rei inglês católico poderia eventualmente receber apoio dos monarcas "papistas" do continente para obter recursos e suprimir o poder Legislativo. Jaime II, que governou entre 1685 e 1688, era abertamente católico. Seu regime "não era meramente" católico, de acordo com o historiador Steve Pincus, mas procurava também seguir o modelo concentrador de poder, absolutista, das potências católicas do continente — e era contra essa concentração de poder, mais do que contra a religião do rei, que se insurgiam os seus adversários. "A monarquia católica modernizante de Jaime", ou seja, uma monarquia que seguia as tendências do continente de reforma política, concentrando poderes nas mãos dos reis, "conjugava noções de soberania absoluta com uma campanha para recatolicizar a Inglaterra. O Estado burocrático de Jaime, construído sobre o modelo francês, enfurecia os católicos ingleses tanto quanto os protestantes ingleses".[24] Quando ficou claro que Jaime II não só deixaria um herdeiro para lhe suceder no trono como agia para interferir nas eleições e formar um Parlamento dócil aos seus desejos,[25] súditos ingleses, com o apoio dos seus representantes políticos, organizaram um golpe de Estado, convidando o líder holandês Guilherme de Orange a atravessar o canal da Mancha, derrubar Jaime e assumir a Coroa da Inglaterra. O episódio, que em grande medida fundou a história moderna do país, ganhou para a posteridade o título de Revolução Gloriosa.

Daí em diante, o relacionamento entre monarcas e o Parlamento inglês ganharia novos contornos. Além da antiga prerrogativa de aprovar impostos — e de ter poder de veto sobre as receitas do reino —, os parlamentares também passaram a ter poder de decisão sobre os gastos e os empréstimos feitos pelo Estado.[26] Com poderes redobrados sobre o conjunto do orçamento, e garantindo a representação direta ou indireta dos detentores de títulos públicos no Parlamento, o governo inglês passou a contar com maior confiança ao emitir papéis de dívida e contrair empréstimos. Antes, quando os credores estavam sujeitos aos caprichos do rei, o risco de calote era maior — e quem adiantava dinheiro à Coroa procurava assegurar o retorno mais rápido possível do montante emprestado, cobrando juros mais altos pelo dinheiro. O fato de as novas atribuições do Parlamento terem limitado o poder discricionário do rei para fazer e pagar empréstimos, condição política que passou a ser levada em conta pelos credores, fez aumentar a confiança geral de que as dívidas autorizadas pelo Parlamento seriam honradas. Afinal, era do interesse de quem se via ali representado que isso acontecesse. O decorrente aumento de confiança dos credores permitiu que os juros exigidos para se adiantar recursos ao Estado caíssem. A revolução, que tinha tido como um de seus impulsos o desejo de impor limites à sanha fiscal do rei, teve como efeito — em tese contraditório — justamente a ampliação da capacidade estatal de recolher impostos e de fazer empréstimos, em maior quantidade e a um custo mais baixo do que o praticado antes de 1688.[27] Em maior quantidade e a um custo mais baixo também em relação ao que parecia viável para os monarcas absolutistas do continente, que continuavam a ser vistos com desconfiança pelos credores. No século seguinte, quando Inglaterra e França iriam se enfrentar em guerras recorrentes, essa ampliada capacidade fiscal e financeira dos ingleses faria muita diferença.

Os conflitos armados que opuseram a França à Inglaterra entre 1689, ou seja, logo em seguida à Revolução Gloriosa, e 1815, quando Napoleão Bonaparte foi finalmente derrotado, foram tão frequentes que há quem se refira ao conjunto de oito longos enfrentamentos, compreendendo um total de 56 anos de batalhas, como a segunda Guerra dos Cem Anos (a primeira, para a qual o nome é consagrado, mobilizou os dois países entre 1337 e 1453).[28]

Uma dessas disputas, a Guerra dos Sete Anos, travada entre 1756 e 1763, teve como palco de combates, além da Europa e da Ásia, também a América do Norte, onde as duas potências europeias possuíam colônias. A vitória inglesa, obtida com o apoio de parte das populações indígenas do continente, significou a conquista de um amplo território das mãos dos franceses e dos espanhóis, unindo o atual Canadá, no norte, ao golfo do México, no sul, espaço que era limitado a leste pelas antigas possessões com portos atlânticos, e a oeste pelo rio Mississippi. Dois problemas se apresentaram então à Coroa britânica. Em primeiro lugar, era preciso garantir o controle efetivo sobre as novas áreas, ainda sob a ameaça de colonos franceses e do ataque de povos indígenas, bem como lidar com as pressões de povoamento de seus próprios colonos naquela direção — regulando a ocupação de terras por parte dos habitantes das antigas colônias inglesas da costa leste.[29] Tudo isso demandaria uma quantidade enorme de soldados — o comandante inglês na América do Norte estimava a necessidade de cerca de 10 mil novos homens — e, mais importante, de recursos.[30] É aí que entra o segundo e principal problema: terminada a guerra, as dívidas assumidas pelo Parlamento inglês alcançavam a impressionante soma de 137 milhões de libras, cujo serviço de juros exigia o dispêndio anual de 5 milhões de libras — contra um orçamento, em tempos de paz, de cerca de 8 milhões de libras.[31] Embora na Inglaterra se recorresse regularmente ao aumento de impostos após o término de conflitos bélicos dispendiosos, isso não se fazia, obviamente, sem custos políticos. Ocorreu então aos representantes no Parlamento que, dessa vez, os ricos colonos da América do Norte, tradicionalmente menos tributados pela Coroa do que os súditos ingleses, poderiam também dar a sua contribuição. Não parecia uma decisão difícil, afinal, empurrar a fatura das novas tropas na América para os próprios habitantes das Treze Colônias.[32]

A simples ameaça de criação de novos impostos, contudo, provocou reações indignadas na América inglesa. As colônias contavam, havia muito tempo, com suas próprias instituições de representação — "treze pequenos parlamentos, como as assembleias gostavam de se definir".[33] Em reação aos projetos e decisões de Londres, representantes locais de oito colônias fizeram petições ao Parlamento inglês contra as novas imposições e encargos. Uma das mais relevantes, o Stamp Act, recairia sobre a emissão de documentos legais e a publicação de jornais e revistas, alcançando "praticamente toda forma de papel usado nas colônias".[34] As representações dos colonos foram ignoradas, e o Stamp Act entrou em vigor em 1765. Surgiu então, por meio de uma série de resoluções debatidas na assembleia da Virgínia, a reivindicação de que os súditos norte-americanos só poderiam ser tributados pelos próprios representantes locais — e não pela Câmara dos Comuns, em Londres.[35] A máxima de "nenhuma tributação sem representação" ganhava vida. Pressionado, o Parlamento inglês revogou o Stamp Act já no ano seguinte, mas o recuo foi acompanhado de uma declaração de princípios, reivindicando a si o direito de legislar "sobre todo e qualquer assunto" referente às colônias.[36] O governo britânico achou por bem reafirmar a sua autoridade e não ficou só no discurso. As tropas que deveriam fazer a segurança das novas possessões no oeste acabaram sendo realocadas para as principais cidades da costa leste, e os governadores de cada colônia — representantes do rei — foram instruídos a aumentar o controle sobre as assembleias locais.[37] Por fim, novos tributos alfandegários acabaram sendo criados com o objetivo de custear a reformulação do governo das Treze Colônias, cujos administradores leais ao rei passariam a ser pagos com recursos recolhidos localmente.

O conflito tomou proporções ampliadas em 1768, depois que a assembleia de Massachusetts enviou uma representação às demais legislaturas da América do Norte denunciando como ilegítimos os tributos destinados a pagar os representantes metropolitanos. O governador local, sob ordens da metrópole, dissolveu então a assembleia de Massachusetts, desencadeando uma onda de protestos violentos por parte da população.[38] Novas tropas foram enviadas à colônia na tentativa de conter os revoltosos. Em resposta à presença cada vez mais ostensiva de militares britânicos, colonos começaram a se armar.[39]

Em dezembro de 1774, o Parlamento enviou 4 mil soldados para ocupar Boston (cuja população era de apenas 15 mil pessoas). Com seus governos regulares suspensos, os colonos de Massachusetts organizaram instituições políticas informais e deram início à preparação de milícias.[40]

Depois dos primeiros enfrentamentos próximos a Boston, as Treze Colônias, articuladas, decidiram criar um Exército nacional, sob ordens de George

Washington, um oficial da Virgínia. Começava a Guerra de Independência, que teria consequências decisivas não só para os súditos ingleses. Também a França, ao decidir se envolver no conflito — buscando revanche e vantagens econômicas —, conheceria um agravamento de sua crônica crise fiscal e política.

Segundo o macroeconomista Thomas Sargent e o historiador econômico François Velde, "a causa imediata da Revolução Francesa foi a crise fiscal de 1788". Como costuma acontecer nesses casos, a crise que afinal decidiu o destino do absolutismo francês foi crônica, antes de se tornar aguda e incontornável. "Por setenta anos, a França havia se confrontado com uma sequência de crises similares, e todas tiveram como origem seus esforços insuficientes para adotar políticas fiscais como as que a Grã-Bretanha vinha usando desde 1688."[41] Ou seja, enquanto ao longo do século XVIII os ingleses, por meio do Parlamento e da representação política dos credores, encontraram uma fórmula capaz de angariar quantidades crescentes de recursos para travar suas guerras — uma carga tributária cada vez maior, associada a empréstimos relativamente baratos de longo prazo —, a França, obrigada a fazer gastos semelhantes, já que era justamente contra os vizinhos do outro lado do canal da Mancha que ela se media nos campos de batalha, enfrentava resistências internas para levantar recursos. Para piorar, as somas necessárias para manter as tropas francesas estavam longe de ser desprezíveis. Entre 1726 e 1789, os orçamentos da Marinha e do Exército do país praticamente triplicaram,[42] consumindo parcelas cada vez maiores da receita do reino.

A principal fonte de resistência à criação de novos impostos pelos reis da França eram os *parlements*, espécies de tribunais regionais, com funções tanto judiciais quanto administrativas, cada um deles correspondendo a espaços distintos do território francês. Neles se fazia representar a nobreza local — ou a alta nobreza do país, no principal *parlement*, o de Paris. Tradicionalmente, qualquer lei advinda da Corte — ou seja, de Versalhes — tinha de ser confirmada pelos *parlements* antes de ganhar validade. O rei detinha a última palavra, é verdade, se houvesse desacordo e resistência dos tribunais locais às suas intenções. Mas, para fazê-lo, para impor a sua vontade a essas altas cortes caso elas resistissem a anuir aos seus desejos, os monarcas precisavam convocar e comparecer a uma cerimônia especificamente destinada à afirmação de sua vontade contra os tribunais, precedida em geral por debates públicos. Todo o processo acabava se tornando altamente custoso do ponto de vista do prestígio da monarquia.[43] Durante um confronto particularmente grave entre o rei e os *parlements* na década de 1770, o filósofo Denis Diderot escreveu: "Estamos à beira de uma crise, que vai terminar em servidão ou em liberdade". Se os *parlements* fossem dissolvidos, advertiu Diderot, a França poderia dar adeus a quaisquer "princípios corretivos que impeçam o monarca de degenerar para o despotismo".[44] Apoiados numa visão tradicional do funcionamento político do país, os *parlements*, mesmo sem serem capazes de vetar as resoluções do rei, podiam, em caso de enfrentamento, dificultar e até paralisar temporariamente o governo. Na segunda metade do século XVIII, eles foram decisivos para interpor obstáculos legais e limitar a capacidade arrecadatória da Coroa.

A evolução dos montantes de dívida pública da França e da Inglaterra ao longo do século XVIII reflete, em boa medida, as distintas dinâmicas políticas e institucionais de cada um dos dois países. Sob certos aspectos, tudo era muito parecido. A proporção de dívida acumulada em relação ao total de receitas anuais apresenta, entre 1688 e 1788, um comportamento impressionantemente similar. Quando a fração da dívida em relação às receitas sobe num dos lados do canal da Mancha, também se eleva no outro. O mesmo acontece nos momentos de tentativa de ajuste das contas e aparente controle financeiro nos dois países. O que não chega a surpreender, já que era a guerra a origem das variações nas despesas, e ambos os países passaram o século tendo um ao outro como adversários principais. Durante os ciclos de batalhas travados entre as duas nações, as despesas urgentes e o recurso a novos empréstimos faziam com que a dívida subisse de maneira impressionante a cada novo conflito — para voltar a cair nos anos subsequentes. É que, nos momentos de paz, ingleses e franceses tentavam pelo menos manter, e se possível reduzir, a proporção de dívida acumulada em relação à receita. No entanto, as soluções escolhidas — a rigor, as saídas possíveis — para pôr isso em prática, para equilibrar minimamente suas contas públicas nos intervalos de paz, é que eram bem diferentes: enquanto a Grã-Bretanha atacava o problema do lado do denominador (ou seja, das receitas, aumentando impostos ao final de cada guerra, para assim poder pagar as dívidas assumidas durante o conflito), a França, paralisada politicamente, sem conseguir aprovar novos impostos e aumentar suas receitas, mexia no numerador (ou seja, no montante da dívida e dos seus serviços), dando calotes recorrentes ao longo do século xviii.[45]

Foi esse comportamento-padrão que se viu repetido depois da Guerra dos Sete Anos, um conflito particularmente caro encerrado em 1763. Dado que então apenas o serviço da dívida consumia aproximadamente 60% das receitas do reino,[46] o governo francês optou mais uma vez por desfalcar seus credores, alguns em até 50% dos juros prometidos pelos empréstimos.[47] Mas o preço político desse tipo de providência recorrente começava a se mostrar excessivamente custoso — algo que ficou claro na ascensão ao trono de Luís xvi. Ao assumir o poder, em 1774, pouco tempo depois de mais um calote e de um grave enfrentamento de seu avô e antecessor, Luís xv, com os *parlements*, o novo rei prometeu que o Estado francês jamais falharia, dali em diante, com seus compromissos financeiros.[48] Surpreendentemente, durante todo o seu reinado, o jovem monarca cumpriu a palavra, recusando-se até o fim a deixar de reconhecer o valor total de suas dívidas — ao custo de perder, afinal, não só o cetro e a coroa, como também a própria cabeça.

A debacle final veio depois da Guerra de Independência dos Estados Unidos. Ao apoiarem as Treze Colônias em sua luta contra a Grã-Bretanha, os franceses buscavam revanche, o enfraquecimento militar de seu principal adversário e maior acesso comercial à rica América do Norte. A vitória norte-americana, para a qual contribuíram decisivamente os oficiais e a Marinha francesa, permitiu a Luís xvi alcançar boa parte desses objetivos — salvo, o que não era pouco, um amplo acesso comercial ao novo país, que, uma vez terminado o conflito, restabeleceu antigos laços mercantis com os ingleses. A fatura, contudo, sairia cara. "Quando [a guerra] acabou, o Império britânico parecia de fato ter se partido, a França estava vingada, e o seu prestígio internacional fora gloriosamente restaurado. Mas o esforço tinha levado o Estado à beira da exaustão financeira."[49]

A história da França nos anos finais do Antigo Regime, entre 1783, quando a Guerra de Independência dos Estados Unidos terminou, e 1789, quando a monarquia absolutista chegou ao fim, foi, em boa medida, a história de sucessivos ministros das Finanças tentando fechar as contas e manter em dia os pagamentos de títulos que venciam.[50] Às vésperas da revolução, os gastos com o serviço da dívida se aproximavam da metade das receitas anuais do reino. Era um pouco menos do que havia sido comprometido ao término da Guerra dos Sete Anos, é verdade, mas a solução encontrada quase duas décadas antes, o calote parcial, parecia agora politicamente insustentável.[51] Ficava cada vez mais claro, inclusive para os ministros do rei, que a França, se quisesse não só manter um governo funcional, mas ser capaz de continuar a se medir com a Grã-Bretanha, precisaria realizar uma ampla reforma fiscal e convencer os seus credores de que ela também era uma boa pagadora. Qualquer espécie de default, àquela altura dos acontecimentos, inviabilizaria esse plano. Assim, tornaram-se cada vez mais comuns as manifestações, que haviam ressurgido desde os anos 1770, favoráveis à convocação do secular corpo representativo da nação, os Estados Gerais, tradicionalmente encarregados de autorizar novos impostos.[52] Um grupo crescente de pessoas, dentro e fora da administração, sinalizava que apenas essa instituição, reunida pela última vez em 1614, teria legitimidade para reorganizar o sistema tributário e aumentar a arrecadação de impostos, contornando os impasses entre a Coroa e os *parlements*.

Enquanto isso, a situação das finanças se deteriorava, ao mesmo tempo que as repetidas reformas dos sucessivos ministros — cada uma delas buscando cortar gastos e incrementar a arrecadação — mais rapidamente desagradavam nobreza e clero, chamados a contribuir com pequenos sacrifícios, do que traziam desafogo para os cofres públicos. Parte dos militares, afetada pelo ajuste fiscal, também se mostrava hostil ao governo. O ministro das Finanças, sem recursos, vinha se valendo de "antecipações" de impostos — procedimento pelo qual os encargos, adiantados por investidores, eram pagos mais tarde com juros, quando os impostos fossem efetivamente recolhidos aos cofres públicos. Coube ao acaso, então, ajudar a derrubar o regime periclitante. Em meados de 1788, uma violenta chuva de granizo destruiu boa parte da colheita na região de Paris. Episódios de mau tempo também afetaram a produção em outras áreas da França.[53] Tudo somado, ficava claro que os camponeses e os produtores rurais iriam contribuir com um montante de impostos bem menor em 1789. Quem se arriscasse a bancar os gastos estatais corria um risco ainda maior de não ser pago no ano seguinte. As antecipações de encargos, a que o governo vinha recorrendo, "se tornaram então pouco atrativas, mesmo para os financistas que normalmente as cobriam".[54] O golpe definitivo "veio no início de agosto, quando Brienne", o ministro das Finanças, "recebeu a notícia de que o Tesouro estava vazio e ninguém mais aceitava fazer novas antecipações".[55]

Sem saída, mas disposto a reanimar os mercados com seu gesto, o ministro anunciou, finalmente, uma data para a reunião dos Estados Gerais: o dia 1º de maio de 1789. A solução política desesperada, que buscava dar fôlego financeiro para a França, representaria, no fim das contas, o golpe decisivo no absolutismo. O alívio esperado, que supostamente adviria de uma maior confiança para a concessão de empréstimos, não ocorreu. Os mercados permaneceram impassíveis. No dia 16 de agosto de 1788, sem recursos, o Tesouro suspendeu os pagamentos.[56] Era, na prática, o calote, embora, até o fim, os direitos dos portadores de títulos não tivessem sido questionados.

A raiz da crise era institucional, de toda forma. Os déficits persistentes que afinal levaram à revolução "não foram resultado de mau planejamento, de extravagâncias da Corte, de fraqueza econômica ou mesmo de uma administração coalhada de burocratas corruptos", afirmam, em sua síntese dos problemas financeiros franceses, os historiadores François Velde e David Weir.

> Administradores mais hábeis ou mais honestos não poderiam ter eliminado os déficits. Eles eram o resultado de um sistema político que separava completamente o privilégio de gastar da obrigação de pagar impostos, e que ao mesmo tempo concedia, ao público, força política suficiente para resistir à taxação.[57]

Ou seja, a França sucumbiu, segundo esses e muitos outros autores, porque não foi capaz de organizar suas instituições políticas e fiscais à semelhança do que haviam feito os ingleses um século antes.

Diferentemente da Revolução Gloriosa inglesa, porém, quando o regime despótico enfim ruiu na França, o movimento político que o destronou não conseguiu solucionar, pelo menos não imediatamente, os problemas financeiros do país. Ao contrário, o que se viu até a ascensão de Napoleão Bonaparte ao poder, em 1799, foi um aprofundamento da crise. Uma das primeiras medidas dos Estados Gerais foi suspender impostos do Antigo Regime, implodindo a própria base fiscal. Sem recursos, os revolucionários emitiram papel-moeda sem lastro, provocando uma hiperinflação que demoraria a ser controlada. Ainda assim, fizeram esforços para honrar os empréstimos feitos pelo rei, mesmo anos depois de ele ter sido deposto. O calote oficial, inevitável, veio afinal na segunda metade da década de 1790, após diversas tentativas fracassadas de gestão das dívidas.[58] Também do ponto de vista político, os Estados Gerais, depois transformados em Assembleia Constituinte, acabaram por agravar a polarização ideológica do país. A fuga de dissidentes para os territórios germânicos vizinhos e o medo de que de lá organizassem a retomada do poder pelo absolutismo transformaram as disputas internas francesas em conflitos internacionais. As suspeitas de que o rei se associava a esses interesses agora tidos como "estrangeiros" levaram à sua decapitação, bem como às investidas das tropas francesas para além de suas fronteiras.[59]

A crise radical vivida pela França, a princípio observada com bons olhos pelos seus tradicionais adversários europeus, terminou sendo exportada — e a morte de Luís XVI na guilhotina precipitou a reação da Grã-Bretanha e de seus aliados no continente. Após uma década de crises econômicas e políticas internas, Napoleão assumiu o poder e liderou uma guerra expansionista que traria consequências fiscais para toda a Europa — mesmo para algumas regiões bastante periféricas que, até então excluídas dos principais confrontos europeus, vinham conseguindo manter suas contas relativamente equilibradas. Era o caso de Portugal.

Na segunda metade do século XVIII, o cenário das contas públicas no pequenino reino ibérico era radicalmente distinto daquele com que a Coroa francesa, por exemplo, tinha de lidar. Portugal mantinha então frequentes superávits fiscais, contando para isso com a ajuda de produtos coloniais (ouro, monopólios de tabaco e de pau-brasil, além de recursos das alfândegas), que, ao serem tributados, contribuíam com cerca de 60% das receitas do Estado português.[60] Na virada para o século XIX, contudo, o equilíbrio orçamentário chegou ao fim.[61] Não por redução das receitas ou mesmo da participação brasileira nelas: a queda de arrecadação com a produção aurífera, que declinara, havia sido mais do que compensada pela expansão da produção e das exportações agrícolas vindas da América, um crescimento impressionante impulsionado sobretudo pelo aumento da demanda europeia por produtos como o açúcar e o algodão.[62] A causa do desequilíbrio financeiro que atingiu Portugal era conhecida já havia muito tempo por seus vizinhos mais poderosos: um aumento das despesas militares, num reino que se encontrava, desde a década de 1790, sob permanente ameaça de ataque pelas tropas francesas ou mesmo pela Espanha, desde que esta se aliara à França. "O Estado português se viu obrigado a despender enormes somas para manter um exército de prontidão", observaram Leonor Freire Costa, Pedro Lains e Susana Münch Miranda.[63]

Entre 1802 e 1812, as despesas militares portuguesas passaram do já elevado patamar de 60% do total de gastos do governo para o nível astronômico de 78% do total.[64] Nesse meio-tempo, o país foi efetivamente invadido, primeiro pela Espanha, por um breve momento em 1801, com perda de território, e depois, entre 1807 e 1811, por três vezes pela França, que acabaria rechaçada com a ajuda das tropas inglesas. O Exército que as receitas portuguesas sustentaram a partir de 1808 era, em boa medida, inglês, comandado por William Carr Beresford, que de resto governava militarmente o país desde a partida da família real para o Rio de Janeiro. Os déficits recorrentes nesse período, que o governo tentava contornar emitindo papel-moeda que logo se desvalorizava, associados ao encarecimento de produtos alimentícios em toda a Europa por causa da guerra, provocaram uma escalada do nível de preços, com queda da renda de todos os grupos sociais — mas atingindo pesadamente os mais pobres. Estima-se que, entre 1797 e 1810, a inflação tenha sido responsável pela redução de 66% da renda dos trabalhadores não qualificados e de 50% daqueles que tinham algum tipo de qualificação. Entre os nobres, a renda derivada de suas propriedades diminuiu entre 21% e 35% no período. Mesmo depois de os franceses serem expulsos em definitivo, em 1811, a situação não melhorou muito.[65]

"Os gastos militares, em proporção da despesa total, mantiveram-se acima dos 68% a partir de 1812", escrevem Rui Ramos, Bernardo Vasconcelos e Sousa e Nuno Gonçalo Monteiro, referindo-se ao orçamento correspondente apenas à parte europeia do Império, depois Reino Unido de Portugal, Brasil e Algarves. Embora não houvesse mais batalhas em território português, boa parte das tropas inglesas que ocupavam o país não foi desmobilizada, e o orçamento tinha de cobrir não apenas os salários dos soldados, como também os altos emolumentos dos oficiais que governavam Portugal.

> Para fazer face à despesa, o governo recorreu a tudo: a novos impostos, como as décimas, das quais desde 1796 ninguém estava isento e que foram agravadas em 1809; à dívida, quer através de empréstimos, quer sob a forma de papel-moeda (logo desde 1796); e ao atraso nos pagamentos, uma forma discreta de bancarrota [...]. Os militares e funcionários eram pagos com meses de atraso. [...] Como

a regência de Lisboa explicou ao rei, em junho de 1820, o Estado estava à beira de uma "suspensão de pagamentos".[66]

Num trabalho pioneiro sobre a "crise financeira que se faz sentir nos finais do Antigo Regime",[67] o historiador Luís Espinha da Silveira analisou os balanços — ou seja, as receitas e as despesas efetivamente realizadas — da monarquia portuguesa em alguns anos específicos das primeiras décadas do século XIX (1800, 1801, 1802, 1812, 1817, 1821, 1827). Durante a maior parte desse período, os impostos advindos da alfândega — ou seja, do comércio exterior — contribuíam com montantes entre 40% e 50% do total da receita do reino.[68] A crise do comércio com o Brasil depois da abertura dos portos em 1808, quando Portugal perdeu a condição de entreposto de importações e exportações da colônia, certamente prejudicou o equilíbrio das contas públicas, mas não explica tudo. Entre 1802 e 1812, o total de despesas do Estado caiu (-20,4%, de 10082 contos de réis para 8018 contos), constrangido pelas receitas, que também apresentaram queda (-14,6%, de 9511 contos para 8121 contos de réis). Mas voltaram a crescer, tanto as receitas quanto as despesas, entre 1812 e 1817, período em que a família real ainda estava no Brasil, e o comércio da antiga colônia permaneceu aberto ao mundo inteiro (nesse período de cinco anos, as receitas do reino europeu subiram 28,5%, para 10436 contos, e as despesas saltaram 43,8%, para 11533 contos de réis; ambas, receitas e despesas, em patamares superiores nominalmente, em 1817, ao montante de 1802). Com o comércio ainda prejudicado nesses anos da década de 1810, foi sobretudo por meio do aumento de impostos internos que Portugal conseguiu elevar suas receitas — sem, contudo, proporcionar algum respiro às contas públicas, já que os gastos militares subiram mais do que proporcionalmente.

Para entender a crise financeira portuguesa, é preciso, portanto, olhar também para o lado das despesas, realizadas sobretudo com o Exército e a Marinha. Mesmo entre 1802 e 1812, quando as despesas totais caíram, limitadas pela queda na receita, o montante de gastos com os militares aumentou de maneira absoluta e, portanto, também relativamente ao total (passando de 59,7% de todas as despesas feitas em Portugal para 77,8% do total, em 1812). Ao final desse período, a situação era tão desesperadora no reino europeu que, no Rio, d. João decidiu tomar uma medida drástica, ordenando a venda de todos os bens da Coroa em Portugal. No alvará de dezembro de 1812, em que renovava uma decisão inicialmente tomada em 1809, o monarca escrevia aos governadores do reino, seus representantes na Europa:

> Sendo evidente pelos orçamentos, e mais contas da receita e despesa atual do reino, que com os vossos ofícios tendes feito subir à minha Real Presença a necessidade urgentíssima de prover a novos e prontos meios que, aumentando as rendas do Estado, possam fazer face às extraordinárias despesas da guerra, [...] sou servido [...] determinar-vos que desde logo procedais a fazer pôr em venda [...] todos os bens da Coroa, tais como terras, casas e outras semelhantes propriedades patrimoniais [...].[69]

Como faltavam recursos em Portugal, o interesse pelas terras e palácios, bem como o seu preço, foram baixos, insuficientes para proporcionar um respiro maior nas contas públicas. Entre 1810 e 1820, escreveu o historiador José Tengarrinha, a venda dos bens da Coroa levantou apenas 439 contos, "quantia insignificante em face da dívida do erário, que no final de 1819 ultrapassava os 17 mil contos".[70]

Mesmo sem poder contar com novos recursos para custeá-las, as despesas militares voltaram a subir, em termos absolutos, entre 1812 e 1817 — já depois da expulsão dos franceses de Portugal, portanto. E se mantiveram praticamente estáveis, do ponto de vista relativo, durante todo o período (os gastos militares representaram 77,1% do total de despesas do reino, em 1817). Esse altíssimo patamar de gastos era resultado direto de uma decisão do comandante militar inglês, depois de terminada a guerra. Mesmo após a derrota definitiva de Napoleão, Beresford continuou a gastar não só com a tropa de linha, para a qual previa ampliação em relação a 1814, mas também, algo de que se queixavam observadores da época, "com os imensos oficiais-generais, estados-maiores, gratificações, com os hospitais, comissariado, auditorias e nas despesas que o próprio Beresford fazia".[71]

O resultado, do ponto de vista do conjunto das contas portuguesas, foi um constante déficit no período analisado por Espinha da Silveira. "O único ano em que se verifica um superávit é o de 1812", escreve ele.[72] Crescia constantemente, assim, a dívida do Estado, que acumulava débitos com os militares e com as frações mais abastadas da sociedade — nobres e ricos comerciantes recebiam com atraso o pagamento de suas pensões e dos juros da dívida que haviam ajudado a financiar. Daí a especular sobre as razões da revolução de 1820 em Portugal é um passo pequeno. "Se, como creio, as tenças e juros eram possuídos pelas ordens privilegiadas, não ajudará a situação descrita a compreender a atitude inicial de benevolência daqueles grupos em relação à revolução?", indaga o historiador.[73] Ou seja, Espinha da Silveira sugere uma relação entre a crise fiscal portuguesa, as insatisfações políticas e a Revolução Liberal de 1820. Quanto aos militares, com soldos atrasados, o comentário do historiador já não vem em forma interrogativa. Ao comentar a falta de pagamento aos militares em 1817, que teria contribuído para uma conspiração que visava derrubar o governo — suprimida pelos administradores do reino —, Espinha da Silveira afirma: "De então até 1820, a situação não melhorou e é conhecida a importância deste fato para explicar a participação dos militares na revolução".[74] Tudo somado — aumento de impostos, mesmo assim déficits frequentes, dívida que sobe, insatisfação das frações dominantes da sociedade —, chegou-se, afinal, segundo o historiador, "ao descrédito do Estado e à revolução".[75]

A evidência de que o problema das finanças públicas — e as insatisfações que ele gerava — estava ligado ao funcionamento do Antigo Regime, e não apenas aos efeitos circunstanciais da transferência da Corte para o Rio, é que um cenário não muito diferente daquele da parte europeia do Reino Unido também se desenhava do outro lado do Atlântico. Apesar das circunstâncias econômicas opostas vividas pelas duas partes principais da monarquia — que no caso brasileiro era de abertura e ampliação das trocas comerciais —, o problema das contas públicas, ao final da década de 1810, seria em tudo semelhante, lá e cá.

Ao chegar ao Brasil, d. João criou de pronto uma miríade de novos impostos, em geral justificados pela necessidade de "ajudar no estabelecimento da Corte" no país. Entre outros tributos, passaram a ser cobradas taxas sobre o valor dos prédios urbanos, um imposto de transmissão de propriedade (de 10% sobre o valor da transação), um imposto sobre compra e venda de escravos (de 5%), impostos sobre herança (entre 10% e 20%), um "imposto do banco", para financiar a instalação do primeiro Banco do Brasil, além de diversas taxas sobre a atividade de lojas, comércio e artesanato. "O furor tributário caracterizou de tal forma a estada da família real na América, que não escaparam nem os pecados dos fiéis, já que se taxavam até mesmo os bilhetes de confissão."[76]

Mais graves e importantes que todos esses tributos foram as novas arrecadações impostas à exportação dos dois principais produtos do país, o algodão e o açúcar, que pesaram em particular sobre as províncias do Norte (Bahia, Pernambuco e Maranhão, sobretudo).[77] No caso do algodão, commodity que teve multiplicado o seu valor e as quantidades produzidas desde o final do século XVIII, a Corte joanina impôs um novo tributo de seiscentos réis por arroba, que devia ser recolhido aos cofres do Rio de Janeiro impreterivelmente a cada fim de semestre com o objetivo de manter "a integridade e a dignidade da Coroa".[78] Somando-se o novo imposto à taxa que já era cobrada por cada saca embarcada nos navios que partiam para a Europa, a carga tributária específica sobre o algodão representava cerca de 20% do seu preço de mercado. Como era de esperar, os novos impostos provocavam descontentamento generalizado.

Não obstante todos os novos e pesados encargos, a situação das contas públicas no Rio também era periclitante. Vale notar que enquanto a família real permaneceu no Brasil, entre 1808 e 1821, a monarquia portuguesa manteve o registro de receitas e despesas em dois erários principais distintos, um na Corte fluminense, outro em Lisboa. Como o rei, de toda forma, era o mesmo, havia transferências entre os dois fundos — em geral em benefício dos cofres sul-americanos. O que não impediu o acúmulo de déficits também do lado de cá do oceano (no capítulo 6, faremos a análise detalhada das contas do governo no Rio de Janeiro entre 1808 e 1820). Já em 1811, pouco antes de morrer, o todo-poderoso conde de Linhares, Rodrigo de Sousa Coutinho, então o principal ministro de d. João, avisou ao monarca que "todo o edifício fiscal do regime estava em risco".[79]

Como os gastos eram superiores à receita, para fechar as contas o governo de d. João VI, em seus últimos anos, passou a se valer de empréstimos e da impressão de papel-moeda cuja circulação era forçada, mas que perdia valor pelo excesso de oferta. No ano de 1820, para o qual temos dados mais detalhados, quase 20% das receitas do Estado provieram de "receitas extraordinárias" obtidas com o Banco do Brasil (nominalmente, 1155 contos de réis).[80] A situação das contas públicas já era precária bem antes de 1820, de toda forma, como indica não só o relatório do conde de Linhares ao rei, já mencionado, mas também os dados disponíveis do erário. Embora vultoso, e indicativo de uma crise financeira do Estado luso-brasileiro que se agravava, o empréstimo de 1155 contos feito em 1820 não passava de uma parte da dívida total do governo com o banco, que, segundo o balanço publicado em março de 1821, alcançava a soma de 4800 contos (o mesmo montante que seria relatado por d. Pedro em carta a seu pai, em meados de 1821). Há duas maneiras de olhar para esses números, ambas reveladoras da história financeira da Corte de d. João: em primeiro lugar, eles mostram que o recurso ao banco não era um fato extraordinário, uma vez que cerca de 75% dessa dívida fora contraída antes de 1820; os mesmos números indicam, no entanto, que a voracidade com que se recorria ao papel-moeda nos meses derradeiros do Antigo Regime havia aumentado significativamente, dado que a dívida total, acumulada desde 1808, cresceria em cerca de um terço em um único ano.

E de fato, entre 1815 e 1820, o montante de papel-moeda à disposição do público passou de 1199 para 8566 contos de réis, um aumento acumulado de 614% em cinco anos.[81] Há indícios de que a cunhagem de moedas de cobre — que também funcionava como moeda fiduciária, já que o seu valor intrínseco era muito menor do que o valor de face — também tenha sido intensificada pela Casa da Moeda nesse período, com aumento da circulação em várias províncias.[82] A inflação de itens básicos da cesta de consumo de toda a população fez explodir os descontentamentos. A alta do preço da farinha de mandioca, como vimos, aparece entre as razões para a eclosão, em 1817, da revolução pernambucana. No Rio e em Salvador, nos anos seguintes, a população reclamaria diretamente com o monarca dos efeitos da carestia.

A crise financeira do governo foi constatada também pelo mesmo Jean-Baptiste Maler, cônsul-geral da França no Brasil, que em 1817 havia observado a relação entre o aumento no preço da farinha de mandioca e a insatisfação das tropas no Recife. Em outro ofício enviado a Paris, este de julho de 1818, o diplomata destacava a "penúria" dos cofres públicos sob d. João, cujos rendimentos iam parar nos bolsos de uma nobreza que "vive do Tesouro" e nos gastos da Casa Real. "Neste instante os fundos se acham por tal forma hauridos que o Tesouro não oferece em pagamento mais do que letras sobre a alfândega, a seis meses de prazo."[83] O cônsul francês observava ainda que, no tempo de permanência da Corte no Brasil, "nenhuma grande obra pública" havia sido empreendida. Mas houve, sim, acrescentava, gastos militares. "Uma única empresa dispendiosa conheço que é a invasão de Montevidéu",[84] escreveu, referindo-se à guerra para a tomada da região cisplatina. Os recursos que essa empreitada militar consumia geravam reclamações e descontentamento também em

Portugal, obrigado a enviar ao Brasil o equivalente a 10% de suas receitas anuais para ajudar a financiá-la[85] — além de tropas, num total de quase 5 mil soldados embarcados para a América do Sul.[86] A nos fiarmos no relato feito por d. Pedro a seu pai, em meados de 1821, de que a Corte fluminense devia mais de dois anos de soldos àquelas tropas, então é possível concluir que, pelo menos desde 1819, os cerca de seiscentos contos de réis enviados a cada ano de Lisboa paravam, na verdade, no Rio de Janeiro, em vez de serem remetidos aos soldados no Sul. "Quando a guerra eclodiu ao Norte e ao Sul do Brasil em 1816-17", ou seja, em Pernambuco e na região cisplatina, "o esquema precário de financiamento público começou a colapsar", escreveu o historiador Jeremy Adelman. "Por fim, a inflação galopante, especialmente depois de 1814, cobrou o seu preço da legitimidade geral do regime."[87]

O cenário econômico em Portugal e no Brasil, às vésperas das revoluções constitucionais de 1820 e 1821, poderia, assim, servir de exemplo num manual de crise fiscal do Antigo Regime. Como escrevem Hoffman e Norberg em seu livro *Fiscal Crises, Liberty, and Representative Government, 1450-1789*, uma crise fiscal surge em decorrência de "um salto nos gastos superior tanto às receitas quanto à capacidade de tomar emprestado". Se um monarca gasta mais do que arrecada, mas ainda assim é capaz de financiar o seu déficit buscando dinheiro a juro na praça, não há crise. Mas se não consegue mais tomar emprestado para pagar a diferença, ou se é forçado a deixar de pagar dívidas antigas por falta de recursos, então há crise fiscal. "O mesmo é verdade se ele tem de lançar mão de medidas desesperadas, como o confisco de propriedade dos seus súditos ou o atraso de pagamento das suas tropas."[88] Era nessa situação que se via o governo de d. João VI, pouco antes de ser apeado do poder.

A Espanha foi a peça de dominó que, ao tombar em 1820, deu início à etapa final da reação em cadeia que instauraria um regime constitucional no Reino Unido de Portugal, Brasil e Algarves.

Também ali, no vizinho ibérico, a ação das tropas de Napoleão Bonaparte havia sido decisiva para o curso dos acontecimentos. Em 1808, depois de ter usado o país como corredor para invadir Portugal, Napoleão retirou do poder pai e filho, Carlos IV e Fernando VII, que disputavam o trono. Em seguida, coroou o seu irmão, José Bonaparte, como novo rei da Espanha. Quase imediatamente os espanhóis mergulharam numa guerra de resistência às forças francesas que ocupavam o país. Líderes políticos contrários a Napoleão se reuniram no sul do país, em Cádiz, e organizaram uma assembleia constituinte.[89] Em 1812, era publicada a Constituição liberal, criando uma monarquia representativa que concedia poderes bastante limitados ao rei, abolia instituições do Antigo Regime e impunha a votação de um orçamento anual pelo Parlamento. Também na Espanha, os crescentes gastos militares desde a década de 1790, associados à diminuição das remessas americanas de metais preciosos e de matérias-primas após 1808, haviam provocado uma crise financeira. O que ajuda a explicar por que os liberais em Cádiz, embora reformistas em todos os demais aspectos, insistissem em manter o monopólio de comércio da Espanha com os portos do Novo Mundo.

Dado o vácuo de poder, sem rei legítimo para unificar o Império, as colônias espanholas na América passaram a ser governadas pelos órgãos de poder local e pelas forças militares sob o comando de oficiais latino-americanos, que travaram batalhas contra as tropas ainda leais à metrópole. Em 1814, com Napoleão derrotado e retirado pela primeira vez do poder, Fernando VII reassumiu o trono espanhol, abolindo as regras constitucionais votadas na sua ausência. Logo recomeçariam, mesmo sem recursos, as tentativas de reaver o controle sobre as colônias americanas. A reedição de um governo despótico durou pouco, contudo. Em janeiro de 1820, tropas reunidas em Cádiz, que seriam despachadas para as batalhas na América, se rebelaram, recusando-se a embarcar.[90] A revolta geral que em seguida irrompeu no país — em frangalhos financeiros — obrigou o rei a restabelecer a Constituição de 1812.

Um relatório preparado pelo novo ministro da Guerra espanhol, depois da vitória da Revolução Liberal de 1820, ajuda a entender o levante das tropas que deflagrou a reviravolta política. O documento detalhava a situação lamentável em que o novo governo havia encontrado o Exército, especificando o cenário de "falta de dinheiro, e distribuição parcial do soldo", com oficiais reduzidos "à maior penúria", já que "a maior parte deles havia estado por anos a meio soldo, ainda que em serviço ativo". Em suma, dizia o relatório, o Exército se encontrava, às vésperas da Revolução Liberal, "em estado de vergonhosa nudez".[91] Com a Espanha agora controlada por um Parlamento e, mais importante, por um Exército liberal, o pânico, para alguns, e a esperança, para outros, tomaram conta de Portugal.

Algo desse clima de expectativa e apreensão aparece com clareza, ao longo de 1820, nas páginas do *Correio Braziliense*, jornal em língua portuguesa que era impresso em Londres. Em abril, o *Correio* reproduzia uma carta enviada ao *Times* londrino em que "um brasiliano" criticava a publicação de artigos na Inglaterra e na França nos quais se insinuava haver entre os súditos de d. João "um fermento de inquietação". Se havia algum descontentamento, argumentava o missivista, era o mesmo que existia também alhures, um pouco em toda parte. "Qual é o país presentemente isento de embaraços comerciais e financiais?", questionava o defensor do monarca.[92] Também em abril, outro leitor, agora escrevendo diretamente ao *Correio Braziliense*, constatava: "Tem-se falado, e fala-se muito sobre as mudanças no governo da Espanha, das suas causas, e das consequências que terá para as outras potências, principalmente sobre Portugal". Pelo texto, é possível perceber que então já se cogitava chamar as Cortes, tradicional órgão representativo da sociedade portuguesa no Antigo Regime, para discutir mudanças no governo. O autor da carta, que assina "um português", critica os que temem a convocação das Cortes, revelando-se partidário dessa providência.[93] Em maio, outro missivista propunha que se mantivesse a Casa de Bragança reinando sobre os portugueses, mas que mudasse a "forma de governo" para um de base constitucional.[94] Já em junho registravam-se "rumores de revolução em Portugal".[95]

Os administradores do reino não tardaram a tomar providências. Ainda em abril de 1820, o comandante do Exército, William Beresford, embarcou para o Brasil. "Preocupado de que o exemplo da conspiração militar na Espanha pudesse inspirar os oficiais do seu lado da fronteira", Beresford assumiu o risco de deixar o Exército português temporariamente acéfalo.[96] Na ordem do dia que anunciava a sua partida, ou seja, no documento direcionado a todos os oficiais e soldados portugueses por determinação do comandante que embarcava para o Rio de Janeiro, é nítida a preocupação com possíveis atos de insubordinação durante a sua ausência:

> Sua excelência, separando-se por pouco tempo do Exército, não duvida de o achar na sua volta, como já experimentou mais de uma vez, na mesma disciplina, subordinação, e com os mesmos sentimentos que até agora tem adquirido à tropa portuguesa tanta honra e tanta reputação na Europa.

A razão da viagem, revelada de maneira explícita logo no início do documento, é justamente a de conseguir os meios para manter a tropa disciplinada: obter recursos diretamente com d. João para pagar salários atrasados.

> Sua excelência, contudo separando-se temporariamente do Exército, tem a consolação de lhe poder segurar que os excelentíssimos senhores governadores do Reino fazem todos os esforços possíveis para melhorar o estado dos pagamentos dos soldos [...], que circunstâncias infelizes têm feito tanto retardar, e pelo qual retardamento sua excelência sabe, e tanto tem sentido, as privações que vários excelentes e beneméritos oficiais têm sofrido; e sobre este ponto não se pode duvidar que Sua Majestade, com o seu costumado favor para com o seu Exército, dará decisivas providências.[97]

Em junho, os governadores do reino — as máximas autoridades civis na parte europeia da monarquia — enviaram um ofício ao Rio de Janeiro que pode ser qualificado, sem exagero, de desesperado. Não era a primeira vez que recorriam ao rei para tratar dos "dois assuntos que mais particularmente os afligiam", segundo o historiador Simão José da Luz Soriano — autor, ainda no século XIX, de uma *História da guerra civil e do estabelecimento do governo parlamentar em Portugal*. Os tais dois assuntos recorrentes na correspondência oficial entre os governadores e o rei, de acordo com Luz Soriano, eram "o miserável estado da fazenda pública em Portugal" e a grande aversão dos governadores "às inovações políticas, de que se viam ameaçados".[98] O dinheiro estava acabando, e os gestores europeus do cofre já consideravam, com medo, a possibilidade de revolução — como, de resto, boa parte de seus conterrâneos. A carta de junho de 1820, uma das últimas a serem trocadas por essas autoridades com o Rio, começa falando de números, antes de ligá-los à política. A situação das receitas e despesas do reino em 1818 e 1819 era exposta, bem como o acúmulo da dívida pública. Em seguida, os representantes do rei pediam licença para expor ao monarca, "com o maior respeito, mas com toda a franqueza, a nossa situação". Que era a seguinte: as despesas anuais excediam as receitas em mais de 5 milhões de cruzados (2 mil contos de réis, em um orçamento de cerca de 8 mil contos do lado das despesas); o déficit provavelmente iria aumentar, já que as receitas públicas vinham diminuindo; assim, alertavam, "o desgraçado termo da continuação desse sistema há de ser forçosamente uma bancarrota declarada".[99]

Os governadores deixavam claro que tamanha calamidade pública poderia ter consequências políticas graves, "refletindo que a nação portuguesa, posto que seja a mais leal de todo o mundo, está contudo por extremo descontente com a ausência prolongada do seu amado soberano".[100] A mudança da família real para o Brasil, a perda dos privilégios metropolitanos no comércio com a América e a demora de d. João a voltar agravavam o problema, sem dúvida. Mas o que chama atenção no trecho é sobretudo o alerta dado pelos governadores de que a nação portuguesa, segundo eles famosa por sua lealdade, estava em vias de romper com o soberano. A raiz desse risco, que pesava em particular sobre os autores da carta, eram as contas públicas, tema de que se ocupam obsessivamente do início ao fim do documento. Logo na frase seguinte, depois da menção à transferência da sede da monarquia para o Brasil, os governadores insistiam no tema do atraso nos soldos dos militares, dizendo que "o resultado de uma suspensão de pagamento seria ainda mais terrível a respeito de alguma classe de dívidas, e principalmente quanto ao pré e soldos da tropa". Era ali que se concentravam os riscos. A insolvência das contas públicas agravaria uma situação que, de toda forma, o reino já vivenciava: "A grande falta de meios que experimentamos tem feito que estes artigos", os salários dos soldados, "se achem já em considerável atraso, o que justamente nos dá o maior cuidado, temendo os efeitos do descontentamento de um Exército que já nos murmura e reclama para si a despesa que o erário faz com o corpo que milita na América".[101] Ou seja, não só os militares reclamavam da falta de pagamentos, a ponto de alarmar os governadores do reino, como pediam que, em vez de enviarem os seiscentos contos anuais para as tropas que ocupavam Montevidéu em nome do rei — dinheiro que, já vimos, parava na verdade no Rio —, usassem esses recursos para pagar em dia os militares do reino.

"Estes fatos", diziam os governadores, em síntese,

> que não são ocultos à alta compreensão de vossa majestade, e outros que se poderia produzir, se necessário fosse, demonstram evidentemente que Portugal tem chegado a uma crise em que ou há de sofrer a revolução das fortunas, a desordem, a anarquia e outros males que traz consigo a aniquilação do crédito público, ou se há de, sem a menor perda de tempo, cuidar em aumentar a receita *sem novos impostos*, que as presentes circunstâncias não admitem, e em diminuir a despesa, cortando não só a supérflua, mas ainda mesmo a necessária.[102]

Seguia-se um novo alerta, caso essas medidas não fossem tomadas: "Do desgosto da tropa, dos descontentamentos do povo, pelas lamentáveis causas que expusemos, e do terrível exemplo dos castelhanos", ou seja, da recente revolução liberal no país vizinho, "se aproveitam os revolucionários para seduzirem os povos, a fim de destruírem as admiráveis bases da monarquia, e o suave e paternal governo de vossa majestade, introduzindo a anarquia".[103]

Fazendo grandes mesuras, e como se pisassem um terreno minado, os governadores do reino passam então a sugerir ao rei onde cortar e o que mudar no orçamento, a fim de salvar o regime. Em primeiro lugar, era necessário deixar de enviar os seiscentos contos anuais para a guerra no Sul do Brasil.

> Aos soberanos deve dizer-se a verdade sem lisonja, nem dissimulação [...]. A saída da dita soma, augusto senhor, que é toda em metal, não só excede as forças do erário, como se vê da presente demonstração, mas concorre para desacreditar o papel-moeda, destruindo o equilíbrio entre essa espécie e a moeda metálica, e fazendo crescer todos os dias o desconto dos bilhetes, que já tem chegado a 25%.[104]

A seguir, cumpria diminuir a despesa do Exército, que consumia a maior parte do orçamento e com o qual, em apenas dois anos, já se acumulavam 1875 contos de dívida. Também era possível cortar, continuavam os governadores, nas repartições civis, "demasiadamente carregadas de empregados, o que faz que os pagamentos dos seus ordenados andem atrasados, e eles descontentes".[105] Nota-se que o relato dos representantes de d. João é em tudo coincidente com aquele que será feito, alguns meses depois, pelo líder da Revolução do Porto, Fernandes Tomás, depois de derrubá-los.

A sugestão seguinte feita pelos administradores do reino é tão delicada, tão imprópria de ser dirigida a um rei, no Antigo Regime, que acaba revelando, explicitamente, o desespero dos governadores. Depois de bordejar o assunto rapidamente, ao final de um parágrafo — era preciso cuidar para não aumentar as despesas "com graças pecuniárias" —, eles recuam, antes de avançar lentamente pelo terreno minado.

> Vossa majestade é senhor, e o governo nunca teria a sacrílega temeridade de pretender coarctar a real munificência do seu soberano; mas permita vossa majestade que com o mais rendido acatamento levemos ao conhecimento de vossa ma-

jestade alguns fatos, que talvez os requerentes, de que o trono sempre está cercado, tenham procurado encobrir.[106]

Os governadores quase tropeçam nas próprias desculpas, mesuras e sala-maleques. Entre os atributos do monarca, sinal de sua grandeza e superiorida-de, estava a liberalidade de conceder benesses e privilégios aos seus súditos, que implicavam algum saque contra os cofres do Estado, feito regularmente pelo agraciado: além das honrarias, lhes cabia "moradia, comedorias, condu-ção e serviçais para os mais graduados".[107] Ser fidalgo permitia ter acesso a es-ses benefícios, inclusive a pagamentos regulares em moeda, tenças e pensões, por decisão arbitrária do rei. Os governadores, sem recursos, sem ter como honrar as mercês distribuídas pelo monarca — problema de que se ocupará também Fernandes Tomás —, pedem, em meados de 1820, que ele simples-mente pare de concedê-las.

Os almoxarifados, cujo produto era destinado para despesas públicas, estão por tal modo sobrecarregados de tensas e pensões, que pouco ou nada sobeja para pagamento das ditas despesas. O cofre das comendas vagas [...] podia auxiliar muito o erário, se vossa majestade houvesse por bem suspender por algum tempo o provimento de algumas comendas [...]. As folhas das secretarias de Estado têm crescido notavelmente com o aumento do número dos oficiais, e com o assenta-mento de muitas pensões e tenças com que se acham carregadas.[108]

Tudo somado, os governadores, cautelosos, pedem que o rei faça "ao seu real coração a violência de suspender a concessão de mercês pecuniárias, que excederem as faculdades do erário".[109] A carta se encerra com o pedido encareci-do de providências que impeçam "a próxima ruína que ameaça não só a prospe-ridade, mas até mesmo a existência dos Estados de vossa majestade na Europa".[110]

Os governadores tinham razão, e logo viria a tão temida ruína. No dia 15 de agosto, Beresford embarcava no Rio para a viagem de volta a Lisboa. Com algum esforço, conseguira convencer o rei da situação militar periclitante do reino europeu e trazia consigo os tão desejados recursos para pagar os oficiais e a tropa portuguesa.[111] Mas já era tarde. Beresford ainda estava em alto-mar, cruzando o Atlântico, no momento em que a Revolução do Porto estourou, em 24 de agosto. Cinco dias depois, quando a decisão já era ociosa, um governo do reino contestado por tropas no norte do país anunciava que, enfim, havia conseguido convencer d. João a suspender os envios anuais de seiscentos contos de réis do erário português para os soldados estacionados em Montevidéu.[112] Duas semanas mais tarde, o levante do Porto encontrava apoio das tropas e da população urbana em Lisboa. Em seguida viriam as revoltas nas principais cidades da costa brasileira.

Como geralmente são desconsideradas as questões financeiras que geravam problemas de caixa e descontentamentos sociais dos dois lados do Atlântico, as revoltas constitucionais do início de 1821 no Brasil são, muitas vezes, apresentadas como meros reflexos dos levantes portugueses. Ora, havia motivos de sobra, como já vimos, para insatisfações também deste lado do oceano — e é difícil crer que as autoridades locais, os oficiais, as tropas e as massas que se sublevavam tivessem decidido arriscar o pescoço, a cabeça e o desmembramento do corpo, a que estariam sujeitos pelo crime de lesa-majestade, apenas para seguir a moda europeia, o último grito de Paris ou de Lisboa. Arriscavam-se, na verdade, porque a carestia, a falta de pão, o aumento dos custos, que se agravava, bem como a falta de pagamentos, os impeliam a agir.

No que diz respeito a Pernambuco, já vimos, as condições estavam claras e dadas já em 1817. Também na Bahia, a insatisfação e a fermentação social foram simultâneas aos levantes europeus. No final de 1820, ocasião em que d. João vi decide substituir o governador da capitania, o cenário já parecia evidente para as autoridades no Rio. "No próprio mês de novembro", pouco depois de os brasileiros tomarem conhecimento da revolução no Porto, "receberam-se também notícias da Bahia, que faziam recear alguma manifestação de parte da tropa dessa capital", escreve Varnhagen.[113] O conde de Vila-Flor, general António José de Sousa Manuel de Meneses, um "militar de prestígio e de confiança da tropa", segundo o visconde de Porto Seguro, havia sido escolhido para substituir o conde de Palma no comando da rica capitania. O principal ministro de d. João na ocasião, Tomás António de Vilanova Portugal, alertou o monarca de que, se a substituição não fosse efetivada o mais rápido possível, arriscavam-se a "perder a Bahia, e principiar a revolução no Brasil". O mesmo Vilanova Portugal orientou o conde de Vila-Flor, antes que o novo governador embarcasse para Salvador, quanto às providências a tomar caso a tropa se levantasse, devendo ficar atento também a movimentações nas "províncias vizinhas". Vila-Flor, de sua parte, procurou se inteirar quanto ao que fazer "no caso de haver já a Bahia, à sua chegada, proclamado a Constituição".[114] Pedia que o rei lhe desse instruções "relativamente à tropa, para serem pontualmente pagos dos seus soldos e mais vencimentos".

Antes mesmo que o conde de Vila-Flor embarcasse para Salvador, contudo, explodia a revolta na cidade, depondo o conde de Palma, que ainda governava a Bahia. Ato contínuo, os revolucionários cortaram relações com o Rio de Janeiro. Um panfleto que então circulava entre os baianos já havia alertado o rei para a possibilidade de sublevação. O texto registra que a "capitania tem estado a ponto de fazer uma revolução" e deixa claro qual era a causa do profundo descontentamento social na província: "Fala-se por toda parte em revolução como em uma coisa necessária para fazer cessar a fome e a falta dos pagamentos",[115] escreve o autor anônimo, ao advertir o rei dos perigos que corre sua majestade.

4. As Cortes Constituintes

O acúmulo, desde o século xix, de narrativas históricas, referências culturais e lições escolares tornou quase automática, para a maioria dos brasileiros, a associação entre a palavra "independência" e o episódio protagonizado por d. Pedro às margens do riacho Ipiranga, em 1822. Tão ubíqua e corriqueira é a cena — em desenhos, trechos de livros, filmes, anúncios comerciais e histórias em quadrinhos — que as ambiguidades de sua mais famosa representação, o quadro pintado por Pedro Américo na década de 1880, costumam passar despercebidas. A agitação dos cavalos, os uniformes da guarda, as espadas desembainhadas dão à composição um óbvio aspecto militar, em tudo semelhante à tela que lhe teria servido de inspiração, pintada pelo francês Ernest Meissonier alguns anos antes.[1] Na obra de Meissonier, quem aparece em destaque é Napoleão Bonaparte, também cercado por soldados: o imperador francês acabara de vencer a Batalha de Friedland, travada em 1807 contra o Exército russo. Já o comandante retratado por Pedro Américo nos arrabaldes de São Paulo não vem de combate recente, nem irá marchar contra tropas inimigas.

Dois séculos depois do brado retumbante, a justaposição mental dessas representações — de um lado, o conquistador da Europa, no auge de seu poder, do outro, o futuro imperador brasileiro — tem o efeito imprevisto, contrário à intenção do pintor, de enfraquecer o gesto de d. Pedro, a ponto de fazer dele um herói quase farsesco, alguém que afeta coragem, um desses líderes fanfarrões que a política brasileira voltaria a produzir. Mas, se não há tropas inimigas, então o caráter militar e a composição da pintura parecem servir a um outro fim: o de criar hierarquia. Surge aí o aspecto mais incômodo da obra de Pedro Américo. Celebra-se a conquista da autonomia política de um país, a sua liberdade, identificando o povo com a tropa — ou, o que dá quase no mesmo, com um espectador ignorante e alheio ao momento histórico de que é testemunha, também representado no quadro.[2] Tudo se passa como se recebêssemos, subordinados ou alienados, a ordem de sermos livres.

Ainda que o significado do Sete de Setembro tenha sido disputado por liberais e conservadores na primeira metade do século xix, o tipo de ideário que, mais tarde, se associou à data passou a servir sobretudo aos anseios por ordem — por imobilismo social, na verdade — característicos de setores retrógrados da sociedade brasileira. A cena, ao dar centralidade ao príncipe regente — apresentado como uma espécie de pai da nação, alguém capaz de fazer escolhas de maneira mais ou menos desimpedida em nome de todos os brasileiros —, contribuía para conferir unidade e hierarquia ao país, numa visão muito pouco liberal ou esclarecida do processo político, mesmo para os padrões oligárquicos da época.[3] Tudo somado, a atenção que a cultura brasileira concedeu ao grito do Ipiranga se torna compreensível. Mas o quase monopólio dessa imagem como síntese da Independência não se justifica. Sobretudo quando se sabe que o brado de d. Pedro não foi a única manifestação de rompimento político entre Brasil e Portugal. Nem chegou a ser considerada a mais importante, no calor dos acontecimentos.[4]

O conturbado processo que levaria à separação entre a antiga colônia na América e a nação europeia começara pelo menos dois anos antes do gesto improvisado na estrada de Santos a São Paulo. Seu desenlace vinha sendo disputado sob forma parlamentar nas Cortes Constituintes de Lisboa, que reuniam representantes dos dois lados do Atlântico; e sob forma militar, com tropas medindo forças ou efetivamente se enfrentando em diversas partes da América portuguesa, incluindo o Rio, Recife e Salvador. Foi em meio a todos esses choques de interesses que d. Pedro se manifestou em setembro de 1822, ao receber, na estrada que ligava Santos a São Paulo, notícias que lhe desagradavam, vindas das Cortes de Lisboa. Os breves discursos que então decidiu proferir em terras paulistas, na tarde daquele dia 7, tiveram, sem dúvida, relevância e consequências. Mas o significado histórico da opção política feita por d. Pedro escapa tanto ao idealismo grandiloquente da obra de Pedro Américo quanto ao seu efeito inverso, imprevisto, derrisório. "Nada mais quero do governo português e proclamo o Brasil, para sempre, separado de Portugal",[5] teria dito o jovem regente, segundo uma das testemunhas. Com tais palavras e a intenção de vê-las divulgadas para além da pequena comitiva que o acompanhava, o príncipe dava mais um passo para impossibilitar qualquer negociação com os constituintes portugueses. Mas o gesto, embora relevante, era pouco temerário, não trazia riscos, quando considerado nas suas circunstâncias locais e imediatas. Se de fato o futuro imperador desembainhou a espada, ninguém em volta — um padre, assessores, criados e a guarda pessoal do regente — possuía motivos para se sentir ameaçado. Nem d. Pedro tinha do que se defender. As últimas tropas portuguesas que podiam se contrapor a ele mais proximamente, no Rio de Janeiro, haviam sido despachadas de volta para a Europa, pelo próprio príncipe, meses antes. Seus adversários imediatos, contra os quais vociferava — os deputados reunidos em Lisboa para redigir a Constituição —, se encontravam a quase 8 mil quilômetros de distância, do outro lado do Atlântico.

Dois meses depois de os governadores de Portugal enviarem uma carta desesperada ao rei d. João vi, pedindo que o monarca moderasse sua liberalidade na concessão de mercês e benesses aos súditos, alertando para a bancarrota iminente do Estado e constatando que tropas e funcionários civis já não vinham sendo pagos em dia, a cidade do Porto conheceu um levante militar. Tropa, comerciantes, magistrados e outros setores da população urbana exigiam Constituição e, por meio dela, a instituição de uma monarquia representativa, parlamentar.

A revolução aconteceu no dia 24 de agosto de 1820. Em 17 de outubro, a Corte no Rio recebia a notícia de que "o povo e as tropas" haviam se rebelado no norte de Portugal — a travessia entre a Península Ibérica e o Brasil demorava cerca de dois meses, às vezes um pouco mais, nos navios a vela da época. Em novembro, chegou a notícia da revolução em Lisboa, que havia sido deflagrada em setembro. Com o controle da parte europeia do Reino Unido, os líderes constitucionais exigiram a volta de d. João a Portugal. Ao reclamarem a presença do rei e anunciarem que não pretendiam depô-lo — embora não hesitassem em limitar os seus poderes —, os revolucionários portugueses aderiam àquilo que o historiador português Valentim Alexandre descreveu como um "tradicionalismo tático": buscavam neutralizar as oposições de uma Europa conservadora — em que a Revolução Francesa havia sido vencida, e as legitimidades monárquicas, restabelecidas — e até mesmo de setores absolutistas dentro de Portugal.[6] De resto, o poder simbólico dos Bragança não havia se esgotado — o que fazia com que mesmo os críticos mais ferozes do governo, na América e na Europa, centrassem os seus ataques nos ministros de d. João, poupando retoricamente o ocupante do trono.

Seja como for, no Rio, d. João hesitava em obedecer à ordem dos revolucionários e em embarcar de volta para Lisboa — o que era compreensível. O rei português ganharia a fama, na posteridade, de um monarca indeciso. Mas, nas duas ocasiões em que mais celebremente demorou a optar por uma de duas alternativas, a escolha parecia de fato impossível. Em 1807, ele se vira ameaçado pelas duas potências em disputa na Europa, Inglaterra e França, que o instavam a abandonar sua proveitosa neutralidade e a escolher um lado na guerra. Ocorre que tomar partido, qualquer que fosse, trazia naquele momento um custo exorbitante, existencial, para Portugal e os Bragança. Enquanto os britânicos ameaçavam Lisboa com uma esquadra estacionada na saída do Tejo, pronta para disparar os canhões, tropas francesas se preparavam para fazer a invasão por terra, vindas da Espanha. A transferência da Corte para o Brasil, aventada como uma possibilidade desde o final do século XVI e considerada seriamente com o início das ameaças napoleônicas, acabou sendo decidida depois de alguns meses de aparente hesitação.[7] Para as testemunhas da época, foi uma espécie de truque de mágico que escapa da camisa de força diante dos olhos da plateia. Agora, na virada de 1820 para 1821, a escolha imposta ao rei não era menos grave: se retornasse a Lisboa, d. João arriscava perder as províncias do Brasil, onde já reinavam a insatisfação e a rebeldia — talvez até mesmo o Rio de Janeiro, e com ele todo o Centro-Sul do reino americano. Se não voltasse, perderia as últimas esperanças de ainda tentar negociar, com a força simbólica que lhe restava, a preservação de parte de seus poderes e privilégios. Mais uma vez, a decisão teria de esperar por um empurrão decisivo.

O empurrão veio com a revolução na Bahia, no dia 10 de fevereiro de 1821. O médico José Lino Coutinho, formado na Europa, participou do levante de funcionários públicos, profissionais liberais, proprietários, comerciantes e militares que, nas ruas de Salvador, de armas na mão, declarou a Bahia dissociada das autoridades do Rio de Janeiro. Lino Coutinho tinha então 36 anos[8] — era um homem maduro para a época. Filho de portugueses que se radicaram em Salvador, com cabelos pretos volumosos, o médico fazia lembrar d. Pedro, fisicamente. Seu rosto, porém, tinha traços mais arredondados, quando comparados aos do jovem príncipe de 22 anos. Tempos depois, Robert Dundas, um irlandês que praticou a medicina na Bahia, descreveria o colega de profissão de maneira elogiosa: "Na religião, um deísta, nos princípios, um republicano, ele era eloquente, fértil em recursos, e nunca deprimia com a adversidade, nem exaltava-se com o sucesso".[9] Os registros de sua participação parlamentar, tanto em Portugal quanto, mais tarde, no Brasil, onde também seria deputado, confirmam pelo menos a eloquência de Lino Coutinho.

A exemplo do que havia sucedido no Porto e em Lisboa no ano anterior, as tropas e o povo baianos se rebelaram contra o absolutismo, depondo e prendendo representantes do monarca. O padre José Inácio de Macedo, num sermão proferido semanas depois da bem-sucedida sublevação, sintetizou as insatisfações da província fazendo notar que a Corte fluminense só "cuidava em aumentar impostos, e em multiplicar empregados, para redobrar os vexames".[10] Uma junta de representantes locais foi formada, para tocar os negócios da Bahia — inclusive os negócios fiscais, com a decisão de reter em Salvador, e não mais enviar aos cofres da Corte, os tributos amealhados na alfândega. Mais tarde, representantes seriam eleitos para viajar a Lisboa e ajudar a redigir a Constituição que transformaria todo o Reino de Portugal, Brasil e Algarves em uma monarquia representativa. Lino Coutinho estava entre eles. O médico foi a Portugal, onde se reuniria com deputados de outras partes da América, além dos constituintes europeus, com o objetivo de defender um programa político claro, mais ou menos consensual em meio à elite baiana de então. Um programa que tendia para o autogoverno da província tanto quanto fosse possível. Advogava-se uma espécie de federalismo, contrário à intervenção nos assuntos locais tanto do Rio de Janeiro, identificado com o despotismo de um monarca sem freios, quanto de Lisboa, onde agora se organizava um novo polo de poder com ambições centralizadoras.

Exatamente uma semana depois da sublevação baiana — o tempo da viagem de Salvador à Corte — chegava ao Rio a notícia dos episódios militares em uma das mais ricas e importantes províncias da América portuguesa. Pedro de

Sousa Holstein, o conde de Palmela, ministro dos Negócios Estrangeiros, comunicou ao rei, no dia 17, "com dor de coração e lágrimas de raiva", a adesão da Bahia às Cortes, já reunidas em Lisboa para a redação da Constituição.[11] Entre as providências que Palmela logo recomendaria ao monarca, sem sucesso, estava a demissão de "alguns empregados públicos", os quais, "com razão ou sem ela, atraíram sobre si a geral animadversão". Também insistia para que se pagasse o que era devido às tropas do rio da Prata.[12] No dia seguinte, d. João afinal rascunhou providências que tinham como objetivos simultâncos aplacar os ânimos no Brasil e enfraquecer a posição dos revoltosos portugueses: no projeto de decreto, seria anunciado que não retornaria o monarca a Lisboa, mas seu filho, d. Pedro, que em Portugal procuraria "restabelecer a tranquilidade geral daquele reino"; aceitava-se a redação de uma Constituição, cujo conteúdo, no entanto, seria transmitido pelo príncipe ao rei, para aprovação final. Ao mesmo tempo, d. João convocava representantes das Câmaras das cidades e principais vilas do Brasil para se reunirem no Rio, onde se encarregariam de dupla tarefa: deveriam apresentar propostas de reformas e melhoramentos do reino, mas também teriam de ser consultados sobre a adaptação de decisões das Cortes de Lisboa para a realidade brasileira.[13]

Não escapou a ninguém que, com tais medidas, o rei procurava reforçar a sua posição, impondo o Rio como polo de poder alternativo a Lisboa. O projeto de decreto foi mal recebido, para dizer o mínimo. O próprio d. João reconheceu o fracasso de sua tentativa, em carta a um de seus ministros: "Já se fala descaradamente que o que querem é a Constituição de Portugal"[14] tal como votada nas Cortes, sem os entraves, as novas assembleias e as anuências régias que o monarca pretendia lhe interpor. O apoio à revolução liberal e a resistência às artimanhas do rei provinham de diferentes grupos sociais no Rio de Janeiro. Desde logo, das tropas portuguesas estacionadas na cidade. Alguns anos antes, logo após a Revolução de 1817 em Pernambuco, d. João havia mandado vir amplos contingentes de soldados da Europa para tentar reassegurar o seu poder — parte dos militares ficou no Recife, outros tantos foram reforçar a segurança em Salvador, e um último destacamento se viu destinado à Corte. Nos anos seguintes, essa presença de militares europeus geraria conflitos e insatisfação nas tropas locais, muitas vezes preteridas em cargos e promoções. De maneira mais imediata, eram esses soldados portugueses que agora, em fevereiro de 1821, se voltavam contra o seu mais alto comandante. Com interesses próximos aos dos colegas que haviam feito a revolução no Porto e em Lisboa, ansiosos para retornarem à pátria e ambicionando promoções e postos que vagavam com a saída de militares ingleses de Portugal, os soldados lusitanos viam quase só vantagens na submissão de d. João ao projeto constitucionalista.

Mas também a perspectiva da aplicação no Brasil de uma versão atenuada da Constituição a ser votada em Lisboa desagradava aos fluminenses, inclusive àqueles que serviam no Exército e nas milícias. Boa parte da população urbana havia se entusiasmado com as notícias de revolução e via na Constituição a promessa de melhoria em suas condições materiais de vida — uma vez que era generalizada a convicção de que os problemas econômicos e os atrasos nos pagamentos se deviam à corrupção e ao despotismo das altas autoridades locais.[15] Tudo somado, mal o decreto foi publicado, no dia 23, veio a reação do povo, quer dizer, de grupos urbanos fluminenses — "nos cafés e botequins se esbravejava sem sombra de comedimento"[16] —, e das tropas. No dia 26, afinal, parte da tropa do Rio de Janeiro se "reuniu no Rocio, exigindo o reconhecimento da Constituição que as Cortes viessem a votar e a demissão de todos os membros do governo de d. João VI".[17]

É nesse dia que d. Pedro entra em cena pela primeira vez, politicamente. Nos meses e anos seguintes, o príncipe, depois imperador, se comportaria de maneira muitas vezes ambígua e aparentemente volúvel: um defensor de modernas ideias "liberais" (vale dizer, representativas, constitucionais), mas invariavelmente buscando ampliar o seu poder e limitar os freios e contrapesos à afirmação das suas vontades. Num momento, prometia Constituição, em outro dissolvia a Constituinte. Com uma mão outorgava uma Carta que concedia poder às elites regionais brasileiras, com a outra ameaçava bombardear os portos de quem se atrevesse a desafiá-lo. Parece contraditório — e é. Seus gestos e opções se mostram um pouco menos confusos quando se constata que o herdeiro da Coroa agia quase sempre com realismo e impressionante sensibilidade para as circunstâncias do poder: se a aliança com as elites regionais brasileiras era necessária para enfraquecer um inimigo mais ameaçador — as Cortes —, ele cedia aos produtores e comerciantes locais; quando se sentia fortalecido, política e militarmente, tentava controlá-los ou suprimir a sua capacidade de ação. Sua relação com as elites brasileiras foi, desde o início, instrumental, de parte a parte — até chegar ao fim, com a vitória das oligarquias locais, em 1831.

Na manhã do dia 26 de fevereiro de 1821, as tropas e os representantes de grupos locais, reunidos onde hoje é o centro da capital fluminense, exigiram a capitulação política de d. João VI. Mas foi d. Pedro quem primeiro se apresentou aos revoltosos. Ouviu as exigências dos militares e dos líderes civis do movimento, levou-as até seu pai, para depois retornar à praça e ler os decretos em que, na prática, a Coroa se sujeitava à nova ordem política — mas que eram apresentados "como se expressassem uma vontade do rei anterior às exigências dos constitucionais e das tropas".[18] Concluída a leitura dos decretos, o príncipe subiu à varanda do Teatro São João, onde se encontrava reunida a Câmara do Rio, aliada dos revoltosos, e dali foi saudado pela multidão. Chamado em seguida, d. João confirmou as concessões, nomeou um novo governo, substituindo os ministros odiados pelo povo, e jurou obediência à Constituição que viesse a ser votada em Portugal. Os revolucionários exigiram ainda que se executassem prisões, entre elas a do antigo tesoureiro-mor do erário, Francisco Bento Maria Targini, "culpado pela voz pública de malversações", "incriminado de alcance na sua gestão dos dinheiros públicos".[19] A historiadora Andréa Slemian observa que "a situação só se acalmou verdadeiramente após a promessa de aumento dos soldos feita pelo príncipe" naquele mesmo dia — promessa de aumento que se dirigia às tropas brasileiras, até então com vencimentos inferiores aos de seus colegas lusos —, e que seria confirmada por um decreto real pouco tempo depois.[20]

O golpe que trouxera a revolução ao coração do Império português foi celebrado na cidade. Até uma vaquinha se organizou para pagar os soldados, segundo Manuel Emílio Gomes de Carvalho:

> Uma subscrição corrida no teatro a favor das tropas alcançou o algarismo fantástico de trinta contos. A certeza de que o sossego e a liberdade dos cidadãos não estariam mais na dependência do arbítrio das autoridades e de que o fruto do trabalho não sofreria mais ataques provindos de empréstimos forçados e da repartição caprichosa dos impostos explica cabalmente que jamais se reproduzissem no Rio transportes de entusiasmo tão vivos nem tão persistentes.[21]

Duas semanas depois, ficaria decidido que o próprio rei voltaria a Lisboa, tal como exigido pelas Cortes, mas que seu filho d. Pedro permaneceria no Rio "encarregado do governo provisório" do Brasil enquanto não fossem concluídos os trabalhos constitucionais. A família se dividia para tentar manter algum controle sobre os territórios em que reinava. Não deixava de ser uma pequena vitória contrarrevolucionária.

Logo os barcos que zarpavam do porto carioca levaram a notícia a Pernambuco, governado desde 1817 pelo líder da repressão à revolta daquele ano, o general Luís do Rego Barreto. Já no fim de 1820, com a chegada das informações dos levantes em Portugal, começara a se articular na província um movimento semelhante. Em março de 1821, ainda antes da chegada da corveta com os despachos da Corte, e premido pela "torrente imperiosa da opinião", Barreto havia convocado um "Grande Conselho", instituição que, em Pernambuco, reunia integrantes das câmaras de Olinda e do Recife, autoridades civis, militares e eclesiásticas, além de notáveis locais. Fez passar uma resolução cautelosa, complementada por uma representação ao monarca, em que, simultaneamente, reconhecia a necessidade de "instituições fundadas sobre princípios liberais", mas também dizia aguardar novas instruções do rei.[22] O decreto régio arrancado pelo levante do povo e da tropa no Rio, reconhecendo as Cortes e a Constituição que se preparava em Lisboa, chegou ainda em março ao Recife e foi lido na Câmara da cidade pelo governador. Ao aderir às Cortes, Luís do Rego Barreto conseguia prorrogar sua permanência no cargo. Os movimentos de Barreto e de d. Pedro tinham objetivos semelhantes, que foram alcançados ao menos provisoriamente: manter o poder em Pernambuco e no Rio, cobiçado pelos constitucionais, nas mãos de representantes do Antigo Regime, sem permitir a formação de uma junta com integrantes das elites locais, a exemplo do que havia ocorrido no Pará e na Bahia. No caso de Pernambuco, porém, logo se formou um governo provisório alternativo, que tinha como objetivo depor Luís do Rego Barreto. O controle pelos dois governos de frações distintas do território da província, ainda em 1821, sem que nenhum dos lados se mostrasse capaz de subjugar o adversário, levaria a um impasse militar[23] — que perduraria até que as Cortes, pressionadas pelos deputados pernambucanos, depusessem Barreto, no fim do ano, permitindo a formação de um governo constitucional.

No Rio, d. João tentava ganhar tempo, demorando a embarcar de volta à Europa, como prometera no final de fevereiro. Pressionado pelos constitucionais fluminenses, que exigiam a formação de uma junta para comandar a província, seu governo tentou desfazer parte das tensões. Em um sinal de que reconhecia a vontade popular e das Cortes, deu ordens para que se reunissem na cidade os representantes das paróquias da província, encarregados de escolher os representantes das comarcas, os quais, por sua vez, definiriam os deputados fluminenses para as Cortes — seguindo as instruções de Lisboa, que organizavam o processo eleitoral de forma complexa, duplamente indireta.[24] Esses representantes do povo se congregaram na praça do Comércio, no Rio de Janeiro, no dia 21 de abril. A reunião, que o governo desejava formal e fechada, "transformou-se de imediato numa assembleia popular, com intervenção do público em geral, que tomou lugar entre os eleitores", segundo Valentim Alexandre.[25] Logo começou a ser discutida a formação do governo do futuro regente — ou seja, uma espécie de junta, que, na prática, mandaria na província, ou pelo menos dividiria o poder com o príncipe. Em determinado momento, a assembleia, exaltada, também passou a exigir que d. João jurasse desde logo a Constituição de Cádiz, votada pelos liberais espanhóis em 1812, que deveria valer no Brasil enquanto os trabalhos constituintes em Lisboa não fossem concluídos. Depois de atravessar a noite reunida, a assembleia, que ganhava ares radicais, foi desfeita de maneira sangrenta no início da manhã do dia 22. Tropas sob o comando da Coroa — ao que tudo indica, seguindo ordens de d. Pedro[26] — dispararam contra a multidão e invadiram o edifício distribuindo golpes de baioneta. Houve mortos e feridos, em número incerto.[27] Quatro dias depois, d. João se despedia do Brasil, deixando como regente o filho, com plenos poderes. A investida contra a assembleia de eleitores mostrava não só que d. Pedro não iria se deixar conduzir sem resistência pelos constitucionais, como também que ele era capaz de influenciar e de manter sob o seu comando pelo menos parte das tropas mobilizadas no Rio.

No ir e vir dos barcos, as notícias do que havia ocorrido na praça do Comércio chegaram a Lisboa junto com o rei, no final de junho. Em solo português, d. João foi completamente controlado pelas Cortes, não apenas imbuídas do poder Legislativo da nação, mas se transformando também em seu centro de poder Executivo. "Na prática, o regime aproximava-se do parlamentarismo puro", escreveu Valentim Alexandre.[28] Para vencer definitivamente o absolutismo, contudo, ainda precisavam submeter o herdeiro da Coroa. O príncipe regente era afinal um "corpo estranho" dentro do sistema constitucional:[29] um poder fora de lugar. Dali em diante, d. Pedro se tornaria uma obsessão dos deputados portugueses — que configuravam a maioria de representantes na Constituinte, uma centena deles, enquanto todos os brasileiros, mais tarde reunidos, somariam menos de cinquenta assentos. Assim, em meados de julho de 1821, as Cortes determinaram pela primeira vez o envio de tropas à Bahia, sem que o assunto tivesse sido debatido no plenário. Mais tarde, argumentariam que atendiam a um pedido da junta provincial, já que agora tanto portugueses quanto baianos temiam que uma expedição militar oriunda do Rio pudesse tentar derrubar o poder local baiano e trazer a província, à força, de volta à esfera de influência fluminense. No final de agosto, ainda que bastante divididos sobre a questão, os deputados portugueses decidiram também enviar novos soldados ao Rio de Janeiro, mas sob um pretexto pacífico: iriam substituir o destacamento lusitano que, desde 1817, se encontrava na cidade.[30]

A delegação de Pernambuco, a primeira entre as representações provinciais brasileiras a tomar assento nas Cortes, chegou a Lisboa nesse exato momento. Os deputados que a compunham — sete, ao todo — se manifestaram pela primeira vez nos debates do dia 30 de agosto. Logo entrou em pauta a situação da província. Os pernambucanos não tiveram dificuldades para obter o apoio dos deputados portugueses à destituição de Luís do Rego Barreto. O general português deveria deixar o governo da província, onde se realizariam eleições para a formação de uma junta local. As competências específicas desses representantes, bem como seu grau de autonomia em relação ao governo central, seriam definidas em outro projeto, mais amplo, que reorganizava, política e administrativamente, todas as províncias do Brasil, a ser discutido em seguida. A proposta apresentada ao plenário definia que as províncias brasileiras seriam governadas por juntas eleitas localmente. Mas o poder desse órgão seria limitado: tanto o comando militar quanto as Juntas da Fazenda — que se encarregavam do recolhimento de impostos e do pagamento de funcionários — deveriam responder diretamente às Cortes em Lisboa. Comenta Valentim Alexandre:

> A regulamentação assim proposta correspondia a um compromisso entre o desejo dos liberais portugueses de afirmarem o seu controle político e administrativo sobre o território brasileiro e as instituições nascidas dos movimentos locais: daí que se reconheçam as juntas, mas dando-lhes como contrapoderes os governos militares, através dos quais a metrópole poderia tentar impor a sua vontade.

Ou, como resumirá o deputado português José António Guerreiro: "Era necessário dar ao governo alguma influência sobre a administração das províncias. As Cortes imaginaram que não havia outro meio se não o de conservar a administração da fazenda e os negócios militares na mão do governo".[31]

Esse esvaziamento do poder das juntas — e, em particular, a manutenção do comando militar sob rédea curta de Portugal —, que mais tarde provocaria acalorados debates, passou naquele momento sem maiores resistências das duas delegações brasileiras que já se encontravam em Lisboa, a de Pernambuco e a do Rio — os representantes fluminenses haviam acabado de tomar assento nas Cortes. Em geral se afirma que, no caso particular dos pernambucanos, seus representantes se viram satisfeitos com a deposição de Rego Barreto. Tomaram essa decisão como uma sinalização de que as Cortes apoiariam o poder local, derrubando os representantes remanescentes do Antigo Regime, e por isso não viram problema maior em aceitar, naquele momento, a centralização militar em Lisboa.[32] "Neste momento, a luta contra as autoridades absolutistas — de que Rego Barreto era uma sobrevivência — constituía o denominador comum e o traço de união entre os deputados portugueses e os pernambucanos."[33]

Mas o projeto relativo ao Brasil não se restringia à configuração geral da administração das províncias, dando também providências específicas sobre a regência de d. Pedro e o aparato estatal ainda presente no Rio de Janeiro. Dizia a proposta que o príncipe deveria voltar imediatamente a Portugal — uma vez que, regulamentados os governos provinciais, sua presença no Brasil passava a ser desnecessária. Aprovado e transformado em decreto, no dia 29 de setembro, o texto da lei se tornou ainda mais preciso, determinando que o jovem d. Pedro, ao voltar, fizesse uma espécie de tour educacional pela Europa, viajando "às Cortes e reinos de Espanha, França e Inglaterra, acompanhado por pessoas dotadas de luzes, virtudes e adesão ao sistema constitucional". Além de inútil, do ponto de vista prático, o filho de d. João era tratado como alguém pouco esclarecido. Juntavam, assim, o insulto à punição política.[34]

Outra medida prevista no decreto, que também buscava enfraquecer d. Pedro, além de economizar recursos do falido erário luso-brasileiro, era a extinção dos órgãos de governo no Rio, pondo fim aos "tribunais e juízos aí criados depois da chegada do rei". A medida atingia toda a elite do Centro-Sul da América portuguesa. De imediato, provocaria o desemprego de muitas das pessoas mais poderosas do Reino do Brasil, além de dificultar a vida de quem precisava dessas instâncias oficiais para resolver pendências judiciais e problemas práticos, como comerciantes e proprietários envolvidos em litígios que diziam respeito aos seus negócios. Para se ter apenas uma ideia do que estava em jogo, vale lembrar que a economia brasileira ainda se organizava, em boa medida, por meio de cadeias de dívidas (em que os grandes comerciantes eram os principais emprestadores). A Real Junta do Comércio, um dos órgãos ameaçados de extinção, havia se tornado responsável por julgar processos de falência e de administração de bens de falecidos, nos quais, com frequência, eram decididos casos com montantes astronômicos para a época, saldando dívidas e definindo quem tinha direito a quê.[35] Sem esse mecanismo de resolução de conflitos à mão, o crédito, os investimentos e a própria pujança da economia da América portuguesa ficariam ameaçados. Nos debates, o deputado fluminense Martins Basto chamou a atenção para os empecilhos assim impostos aos brasileiros, que, sem tribunal superior decisório na América, ficariam agora obrigados a fazer custosas viagens a Lisboa com o objetivo de cuidar de seus problemas materiais.[36] Foi a única parte do projeto a não ser aprovada de imediato, prevendo-se que a discussão seria retomada em momento futuro.

Foi durante um novo debate sobre a extinção dos tribunais, em dezembro de 1821, que o deputado português Manuel Borges Carneiro defendeu a medida, argumentando que a província do Rio de Janeiro se encontrava à beira da bancarrota e não tinha como manter os órgãos de governo — defendendo ainda o sequestro de bens dos integrantes de uma burocracia que enriquecia na América do Sul às custas do erário.[37] O médico Lino Coutinho, que pouco antes chegara a Lisboa na companhia dos demais deputados baianos, apoiou, com ênfase e discursos eloquentes, a extinção dos tribunais. Seus argumentos deixavam claro o quanto a oposição ao Rio, sede do absolutismo, era ainda mais importante para as províncias do Norte, em fins de 1821, do que qualquer antagonismo com a antiga metrópole europeia. "Eu assento que nada haverá de mais justo do que pôr em vigor o projeto que se acha em discussão, e nivelar a antiga Corte do Rio de Janeiro com todas as mais províncias do Brasil", disse o representante da Bahia. "Desça do alto grau de corte para o de província."[38] Com o voto favorável de portugueses e de boa parte dos brasileiros que já haviam chegado ao Congresso, o projeto acabou sendo aprovado.[39]

Apesar de apoios como esse, recebidos das delegações brasileiras na maior parte dos assuntos em 1821, os deputados portugueses seguiam temendo manifestações do "partido da Independência" no Brasil. Em outubro, cogitaram mandar tropas também a Pernambuco — além das que já haviam partido, segundo determinações do Congresso, para a Bahia, e outras que em breve zarpariam rumo ao Rio. Mesmo tendo concordado em deporem o governador Rego Barreto e em convocarem eleições para a escolha do novo órgão dirigente pernambucano, os representantes portugueses recebiam agora a notícia de que, antes ainda que as Cortes tivessem tomado qualquer providência, uma junta alternativa havia sido formada na província, com apoio armado e alheia ao seu controle. Tal situação de enfrentamento "levara a burguesia mercantil lisboeta", com interesses na região, "a exercer pressão aberta sobre o Congresso a fim de que uma força militar seguisse para o Nordeste brasileiro", segundo Valentim Alexandre.[40] Acabaram decidindo pelo envio de tropas: uma parte dos soldados que já vinham sendo recrutados para mandar ao Rio de Janeiro desceria no porto do Recife, acompanhada do novo "governador de Armas", o comandante militar designado por Lisboa, independente da junta. Por fim, para fechar o mês de dezembro, foram nomeados todos os governadores de armas das diversas províncias brasileiras. O jornal *Astro da Lusitania*, inclinado a posições moderadas em relação ao Brasil, criticou a escolha dos generais: "Consultando a extensa lista [...] não encontramos nela um único oficial brasileiro", escrevia o seu redator. "E é isto obrar com justiça e franqueza?", indagava.[41]

O "processo se acelerava", concluiu Valentim Alexandre, ao se referir às últimas semanas de 1821, "transitando rapidamente de uma fase onde tudo girava ainda em volta da luta contra as autoridades do Antigo Regime para uma outra em que o conflito entre brasileiros e europeus tomava o lugar central".[42]

No dia 9 de dezembro de 1821, o brigue de guerra *Infante D. Sebastião* singrou as águas da baía da Guanabara, trazendo documentos que deixariam a cidade do Rio de Janeiro em estado de "ebulição", segundo um representante diplomático francês:[43] tratava-se do decreto, aprovado pela Constituinte no final de setembro, que ordenava a volta de d. Pedro à Europa, e do projeto, então pendente, de extinção dos "tribunais" no Rio.

Numa única penada, caso a ameaça se cumprisse, cerca de oitocentas famílias seriam "lançadas na pobreza e no desespero", estimava o barão de Mareschal, agente diplomático da Áustria no Rio.[44] Esse era só o efeito mais imediato da medida que a Constituinte, em Portugal, iria aprovar ainda antes da virada do ano. Suas repercussões institucionais e econômicas, muito mais amplas, não se restringiriam à cidade ou mesmo à província fluminense, alcançando todo o Centro-Sul do país. Daí a razão de representantes tanto de São Paulo quanto de Minas Gerais, províncias economicamente integradas ao Rio, terem imediatamente se mobilizado para tentar manter ao seu lado, no Brasil, a figura em torno da qual todas aquelas repartições gravitavam: o herdeiro da Coroa. Numa representação a d. Pedro, o vice-presidente da junta paulista, José Bonifácio de Andrada e Silva, explicitava o efeito desorganizador do possível ato das Cortes:

> Como querem despojar o Brasil do Desembargo do Paço e Mesa da Consciência e Ordens, Conselho da Fazenda, Junta do Comércio, Casa da Suplicação, e de tantos outros estabelecimentos novos, que já prometiam futuras prosperidades? Para onde recorrerão os povos desgraçados a bem de seus interesses econômicos e judiciais?[45]

Os apelos das províncias próximas foram acompanhados pela Câmara do Rio, que, às pressas, levantou um documento com mais de mil assinaturas pedindo a permanência do regente. Segundo o inglês John Armitage, um dos primeiros cronistas da separação política entre Brasil e Portugal, "todos os indivíduos espoliados de seus empregos pela extinção dos tribunais converteram-se em patriotas exaltados" da noite para o dia. "Como se tivessem sido transformados por um agente sobrenatural, aqueles mesmos que haviam, durante a maior parte da sua vida, serpejado entre os mais baixos escravos do poder erguerem-se", depois da chegada das notícias das Cortes, "como ativos e estrênuos defensores da independência".[46]

As pressões da elite local, associadas ao modo como o próprio príncipe havia sido tratado pelas Cortes — algo que José Bonifácio fez questão de ressaltar em carta ao regente —, fizeram o herdeiro da Coroa a princípio hesitar, e depois se deixar convencer a ficar. Aos políticos e burocratas do Centro-Sul parecia impossível resistir ao rebaixamento político e econômico de sua região sem o apoio e a presença do futuro monarca. A d. Pedro agora se afigurava mais promissor liderar a causa de parte da elite brasileira — o que incluía tentar unir toda a América portuguesa sob o seu comando — do que se submeter aos constitucionais portugueses. Assim, no dia 9 de janeiro, exatamente um mês depois da chegada dos documentos de Lisboa, foi anunciado que d. Pedro, "para o bem de todos e felicidade geral da nação", permaneceria no país, data que passou para a história como o "dia do fico".

A reação das tropas portuguesas leais ao processo revolucionário foi imediata. O general Jorge de Avilez, governador de Armas no Rio, avisou aos seus batalhões que iria se demitir — ou seja, romperia com o príncipe —, recebendo em resposta de seus comandados vivas ao "general constitucional".[47] A inglesa Maria Graham, que se encontrava no Brasil, registrou que as tropas portuguesas insultavam os brasileiros e anunciavam que pretendiam levar d. Pedro à força para Lisboa.[48] Na noite do dia 11 de janeiro, integrantes da Divisão Auxiliadora saíram pelas ruas quebrando vidraças e apagando as luminárias que, nas janelas, celebravam a permanência do regente no país. Mobilizados, os batalhões portugueses se reuniram em ponto estratégico, no morro do Castelo, "a partir do qual [se] poderia controlar toda a cidade".[49] Simultaneamente, tropas locais e uma multidão de civis, temerosos do ataque dos soldados lusitanos, mas dispostos a desafiá-los, se aglomeraram no Campo de Santana. Estavam todos prontos para o enfrentamento. "O povo já não tem medo dos Caçadores", escreveria Bonifácio mais tarde, ao relatar os acontecimentos daquele dia, em referência ao nome das tropas de infantaria portuguesas.[50] Os números de combatentes de um lado e de outro variam bastante, dependendo do relato — oscilando de 4 mil a 10 mil, para os partidários do príncipe, aí contabilizados militares e civis; e de quatrocentos a 2 mil, do lado português.[51] À improvisada superioridade numérica brasileira se contrapunha, contudo, o profissionalismo dos comandados de Avilez, soldados treinados nas batalhas das Guerras Napoleônicas na Europa. O general, de toda forma, preferiu não enfrentar a força mobilizada por d. Pedro, negociando a retirada de seus homens para a Praia Grande, hoje Niterói, do outro lado da baía, sob a condição de manterem suas armas. O príncipe aceitou, mas exigiu que eles deixassem o país — o que viriam a fazer semanas depois, em 15 de fevereiro.

Já no dia seguinte à partida dos militares sob o comando de Avilez, 16 de fevereiro, d. Pedro criou e mandou convocar um Conselho de Procuradores, que deveria reunir na Corte fluminense representantes de todas as províncias do Brasil. Com a iniciativa, o Rio se apresentava explicitamente como polo alternativo de poder às Cortes, tentando atrair o apoio do Norte — sem sucesso, no primeiro semestre de 1822 —, embora ainda não se falasse em independência. A elite do Centro-Sul também buscava, com o aceno ainda canhestro às demais regiões do país, resolver problemas práticos, financeiros. Desde a eclosão dos movimentos constitucionais, a Corte fluminense não via a cor do dinheiro arrecadado nas demais alfândegas da América portuguesa.[52] Diferentemente da Bahia ou de Pernambuco, que pleiteavam autonomia local, o Rio de Janeiro dependia de um projeto unificado de poder para conseguir sobreviver financeiramente, como observou Evaldo Cabral de Mello.

> A burocracia régia estava plenamente consciente dos imperativos fiscais do aparato estatal legado por d. João VI, e de que sua sorte dependia da manutenção de um sistema centralizado à escala da América portuguesa. Numa época em que a principal rubrica orçamentária consistia nos impostos sobre o comércio exterior, era imprescindível restaurar o controle da Corte sobre as grandes províncias do Norte (Bahia, Pernambuco e Maranhão), geradora das divisas estrangeiras e dos excedentes da receita, de vez que os rendimentos da alfândega fluminense não bastavam para cobrir as despesas da Corte.[53]

Enquanto isso, em Pernambuco, que resistiria até o fim de 1822 a se aliar ao Rio de Janeiro, também ocorriam enfrentamentos com tropas enviadas de Portugal. Com a deposição, pelas Cortes, do general Luís do Rego Barreto, uma junta local, liderada pelo comerciante Gervásio Pires Ferreira, foi eleita para governar a província em outubro de 1821. Uma das primeiras providências dos novos mandatários foi expulsar o batalhão do Algarve, composto por soldados portugueses chamados por d. João VI para reprimir a Revolução de 1817 — e, portanto, compreensivelmente odiados em Pernambuco.[54] À opressão recente se juntavam disputas prosaicas, mas não menos importantes, por oportunidades de emprego e ascensão social. Evaldo Cabral observa que a rivalidade entre locais e lusitanos, já antiga, decorria da percepção dos nascidos na província de serem frequentemente preteridos nos cargos públicos e na carreira militar. Assim, quando em dezembro de 1821 chegou à costa do Nordeste um novo destacamento enviado pelas Cortes, ele passou longe de ser bem recebido — e pouco importava que seus homens se apresentassem agora como "tropas constitucionais", em vez de representantes do poder absolutista do rei. Sem terem conhecimento da decisão de Gervásio de expulsar o batalhão do Algarve, os deputados reunidos em Lisboa haviam enviado o destacamento à província para substituir os soldados desembarcados em 1817. O general que comandava as tropas, José Maria de Moura, desceu da embarcação, mas não seus subordinados. "O grosso da tropa ficou retido nos navios-transporte ao largo da costa paraibana, impedido de desembarcar pelas manifestações populares, que se tornaram incontroláveis quando Moura substituiu por oficial lusitano o comandante brasileiro da fortaleza que controlava o acesso ao porto", escreveu Evaldo Cabral de Mello.[55] A tropa acabaria regressando a Portugal. Em março, surgiram mais navios carregados de tropas — o grosso do destacamento seguiria para o Rio, mas as Cortes, em outubro, pressionadas pelo comércio lisboeta, tinham mandado descer no Recife uma parte dos militares. Nem esses poucos soldados lusos receberiam autorização para pisar o solo de Pernambuco.

Um enfrentamento mais grave — e decisivo para a história da Independência — se daria em Salvador, também no início de 1822. No dia 15 de fevereiro, chegou à cidade a carta régia que nomeava o novo comandante de Armas da Bahia. Como todos os demais designados para as diversas províncias brasileiras, tratava-se de um português — o general Inácio Luís Madeira de Melo, comandante local das tropas lusas, concentradas em Salvador. Cerca de quatrocentos soldados europeus haviam sido destacados para garantir a autoridade de d. João na província em 1817, depois da revolução em Pernambuco. Nova leva de militares portugueses, aproximadamente 1200 homens, desembarcou em agosto de 1821, enviada pelas Cortes após pedido da junta local, que temiam, como vimos, por possíveis agressões de d. Pedro.[56] Ocorre que também na Bahia havia rivalidade entre soldados dos dois lados do Atlântico. Desde a revolução de fevereiro de 1821, os soldados baianos, "a maior parte composta de mulatos e pardos", se ressentiam do fato de os seus pares europeus obterem as melhores promoções na província.[57] Acresce que, em fevereiro de 1822, no momento em que se acirravam os embates entre americanos e europeus, os soldos de uma parte da tropa — brasileira — encontravam-se atrasados desde o final do ano anterior.[58]

Quando chegou a ordem da promoção de Madeira de Melo, que lhe atribuía poderes capazes de rivalizar com os da junta, quem comandava o conjunto das tropas na Bahia era um oficial brasileiro, Manuel Pedro de Freitas Guimarães, um dos líderes da revolução constitucional local. Como se não bastasse a substituição de um comandante baiano por um português, pesava o fato de Madeira de Melo, em fevereiro de 1821, ter estado do outro lado das barricadas, ao tentar impedir o avanço dos revolucionários locais, defendendo o governo absolutista de d. João VI. Tudo somado, tropas e oficiais da província procuraram resistir à nomeação do novo governador de Armas europeu, valendo-se, a princípio, de uma minúcia burocrática: a carta régia que nomeava Madeira de Melo não teria recebido todos os carimbos devidos antes de ser despachada de Lisboa.[59] A ideia era pelo menos ganhar tempo. Seria preciso, de acordo com os que resistiam à substituição do comando militar, esperar pelos papéis corretamente timbrados antes de proceder à transferência de poder. Com o impasse, tropas de um lado e de outro começaram a se aglutinar em posições defensivas em diferentes pontos de Salvador. Civis e militares baianos circulavam pelas ruas colhendo assinaturas contra o reconhecimento da carta régia que nomeara Madeira de Melo.[60] Segundo o historiador José Honório Rodrigues, as tropas portuguesas tinham, naquele momento, notícias do que se passara em Pernambuco e no Rio, entre dezembro e janeiro, com a expulsão dos batalhões de Avilez e do Algarve.[61] Temiam sofrer o mesmo destino — e se prepararam para resistir.

As autoridades civis baianas, reunidas no palácio do governo no dia 18 de fevereiro, ainda tentaram encontrar uma solução de compromisso para debelar a crise e evitar o enfrentamento. Propuseram a criação de uma junta militar, com sete membros, incluindo Madeira, que a presidiria — mas da qual também faria parte o general brasileiro Freitas Guimarães. A ideia, que a rigor não resolvia nada, já vinha tarde. Horas depois de, no palácio, terem estabelecido esse arranjo precário, começaram os ataques mútuos nas ruas de Salvador. Muitas famílias abandonaram a cidade às pressas, enquanto civis e militares baianos se refugiavam após os choques iniciais, com avanço das tropas de Madeira de Melo, no forte de São Pedro. Na manhã do dia 19, a fortaleza estava cercada pelos portugueses. Grande parte das forças locais conseguiu fugir, pulando a muralha. No dia 21, houve a rendição dos que restavam, incluindo Freitas Guimarães, que seria preso e enviado a Portugal.[62] Madeira de Melo assegurou o controle militar de Salvador, enquanto as forças locais que se opunham a ele tiveram que se refugiar em cidades do Recôncavo. De lá, meses mais tarde, já com o apoio de d. Pedro, viria o contra-ataque.

* * *

No início de 1822, o Brasil pegava fogo por disputas que envolviam poder, status, empregos e recursos. Distanciadas por meses de travessia náutica, as Cortes, contudo, sem terem conhecimento do que se passava do outro lado do Atlântico, viviam então um período de relativa calmaria.

Dois novos e grandes projetos para a união entre Brasil e Portugal foram apresentados aos deputados no primeiro trimestre. Um deles partiu da delegação de São Paulo, logo após tomar assento nas Cortes, no início de fevereiro. Era o programa redigido ainda em meados de 1821 pela junta paulista — ao que tudo indica, por José Bonifácio. O documento expressava de maneira clara as prioridades da elite do Centro-Sul do Brasil. Em oposição às ambições unitárias dos portugueses, de um lado, e ao federalismo com ênfase no poder local de baianos e pernambucanos, de outro, o texto propunha que o Império lusitano se organizasse a partir de dois reinos — Portugal e Brasil —, na prática equipotentes, que se alternariam como sede da monarquia e teriam orçamentos separados — embora a proposta também previsse a criação de um terceiro "Tesouro-geral da União". O Brasil contaria com poder Executivo próprio, "a cujo governo central [estariam] sujeitos os governos provinciais", e em sua capital haveria tribunais superiores.[63] Ou seja, o projeto que unira José Bonifácio e d. Pedro no Rio era agora formalmente apresentado às Cortes.

Do lado português também houve novidades. Durante todo o ano de 1821, predominara entre seus constituintes a ideia de uma monarquia representativa com poderes centralizados em Lisboa, contrapondo-se tanto ao status alcançado pelo Rio de Janeiro entre 1808 e 1820 — formalizado com a elevação do Brasil a Reino Unido em 1815 — quanto às ambições descentralizadoras das províncias do Norte. Tal projeto era liderado pelo magistrado, agora constituinte, Manuel Fernandes Tomás, figura central na Revolução do Porto de 1820. No início de 1822, surgiram nas Cortes propostas alternativas ao seu centralismo exacerbado, lideradas por Manuel Borges Carneiro, que, como Fernandes Tomás, também havia sido desembargador no Porto. Já em janeiro, Borges Carneiro anunciou a inflexão que gostaria de impor ao projeto de união entre Brasil e Portugal, defendendo uma "grande liberdade" política para o ultramar. O deputado português chamava a atenção de seus colegas para o fato de que, se alguém quisesse restringir essa liberdade pleiteada pelos brasileiros, "cuidando que aperta os laços da união, os relaxa a meu ver, e acelera a desunião". Mais proveitoso, dizia ele, seria estabelecer "boas relações comerciais" reciprocamente úteis para todo o Reino Unido.[64]

Essas ambições apenas anunciadas em janeiro se exprimiriam de forma concreta em dois projetos. Um, apresentado em fevereiro, dava conta das relações comerciais entre Brasil e Portugal.[65] Por meio de uma série de mecanismos alfandegários — taxas distintas para navios estrangeiros no Brasil e em Portugal —, a proposta buscava restabelecer Lisboa e o Porto como os principais entrepostos das importações de produtos europeus pelos portos brasileiros e destino preferencial das exportações brasileiras para a Europa. Pela proposta, entre uma e outra parte do reino, os navios portugueses e suas cargas se moveriam praticamente isentos de tributos. Ao chegarem ao Recife, a Salvador ou ao Rio, no entanto, as embarcações estrangeiras pagariam direitos de entrada da ordem de 24% a 30%, enquanto os mesmos comerciantes, nos portos portugueses, teriam os seus produtos taxados entre 17% e 21%.[66] Assim, quem quisesse ser competitivo na América portuguesa faria melhor negócio se desembarcasse suas mercadorias no Porto ou em Lisboa, pagando impostos mais baixos, em vez de cruzar o oceano. O comércio direto do Brasil com outras nações europeias continuaria permitido, vale frisar, mas passaria a fazer mais sentido econômico, para um comerciante francês, por exemplo, vender um produto para Portugal (que de lá seria reexportado para o Brasil) do que atravessar o Atlântico para pagar taxas alfandegárias mais altas nos portos da América do Sul. Ao tornar pouco atraente para comerciantes de outras nações fazerem a viagem até o Brasil para vender seus bens, a medida terminaria ainda por estrangular a possibilidade de exportação direta de bens do Brasil para a Europa por outros navios que não fossem os de mercadores portugueses. Não era exatamente a volta do pacto colonial, mas, do ponto de vista prático, era quase isso. Como bem observou Antonio Penalves Rocha,

> uma vez que essa preferência, fixada no artigo 17º, tornava Portugal um entreposto de produtos brasileiros destinados à reexportação para o estrangeiro e de produtos estrangeiros destinados à reexportação para o Brasil, os navios europeus nada teriam a fazer nos portos brasileiros.[67]

Em contrapartida, aos brasileiros eram oferecidas condições melhores no contrato político com a antiga metrópole. O projeto apresentado ao plenário no mês seguinte, em março, era capaz de agradar a gregos e troianos, vale dizer, a representantes do Centro-Sul e do Norte do Brasil. Para benefício destes últimos, previa que tanto as Juntas da Fazenda provinciais quanto os comandantes das Forças Armadas ficariam agora subordinados às juntas locais. Em atenção aos pleitos dos que no Rio e em São Paulo se organizavam em torno do príncipe, o projeto revogava a exigência de que d. Pedro retornasse à Europa, podendo permanecer no Rio enquanto não se operasse "a organização geral do governo do Brasil".[68] Por fim, admitia conceder ao reino americano

> um ou dois centros de delegação do poder Executivo, que previnam os inconvenientes da grande distância daquele reino a este, ficando imediatamente subordinadas ao poder Executivo aquelas províncias que assim o requererem por convir à sua posição, e interesses.

Não era pouca coisa. "Há indícios claros de que pelo menos alguns dos congressistas com posições mais conciliadoras na questão brasileira confiavam em chegar a uma solução favorável neste campo", a do rearranjo das relações comerciais, "em troca da flexibilidade que preconizavam no domínio das relações políticas", avaliou Valentim Alexandre.[69]

O problema é que as concessões no arranjo administrativo não se mostravam tão vantajosas assim quando se analisavam as consequências tributárias da legislação comercial. Como já foi dito, os impostos amealhados na exportação e importação de bens representavam a mais importante fonte de receita para os governos da época. Assim, ao concentrarem o comércio que vinha do Brasil ou que saía para a América nos portos portugueses, as Cortes logravam acumular recursos tributários em Portugal. Somados os dois projetos, o efeito prático era o de que os deputados constituintes admitiam reforçar as prerrogativas formais das juntas e do novo poder central no Brasil com uma das mãos, mas, com a outra, lhes retiravam impostos, dinheiro, ou seja, quase todos os recursos de que necessitariam para ter poder efetivo. "Quanto às províncias, o projeto, sem sombra de dúvida, traria graves prejuízos por causa da queda da receita que derivaria da baixa geral dos tributos de importação e exportação", observou Penalves Rocha.[70] De toda forma, não era absurdo que os deputados portugueses esperassem conseguir algum acordo em torno dos dois projetos — o político e o comercial —, dadas as opções ao alcance das províncias do

Norte do Brasil naquele momento, no início de 1822. Enquanto ainda pairassem sobre d. Pedro suspeitas de absolutismo — ou seja, até que prometesse às províncias do Norte uma Constituição, o que só aconteceria em junho —, a adesão de Pernambuco e da Bahia ao Rio, esperada pelas elites do Centro-Sul, não viria. "Em 1822, as Cortes e d. Pedro encarnavam opções excludentes", observou Evaldo Cabral de Mello.[71]

> Enquanto a fórmula fluminense consolidaria a Independência e preservaria a liberdade de comércio mas apresentando a fatura de um regime autoritário e centralista baseado no Sul, o Soberano Congresso oferecia uma monarquia constitucional, com o atrativo de conceder grau razoável de autogoverno provincial, na medida em que liquidaria o centro de poder criado no Rio, embora cobrando o preço, não da restauração do monopólio comercial, impossível de ressuscitar, mas de um sistema preferencial para o comércio e a navegação do Reino.

A rigor, o problema das Cortes, em março de 1822, ainda era o mesmo de quando haviam se iniciado os seus trabalhos, sem que se conseguissem grandes avanços. Depois de derrubarem o absolutismo, os constitucionais se dividiam sobre como resolver o mesmo problema fiscal que havia levado à queda de d. João VI. Baianos e pernambucanos almejavam concentrar receitas em seus portos, a elite do Centro-Sul pretendia reunir todos os tributos brasileiros em seus caixas, e a deputação portuguesa queria ver o dinheiro nos cofres de Lisboa. Nenhum acordo parecia fácil de ser alcançado.

Ainda antes que os projetos entrassem em votação, contudo, novas notícias da América chegaram às Cortes, adiando qualquer outro debate. Em março, soube-se da representação da junta de São Paulo que, em reação à possível extinção dos tribunais e à ordem para a partida do príncipe, se expressara em termos duros contra o "Soberano Congresso", como as Cortes Constituintes também eram chamadas. Aos portugueses, parecia particularmente escandaloso o pedido explícito de desobediência às Cortes que José Bonifácio e seus pares faziam ao príncipe, exortando-o a ficar no Brasil, apesar do que tinha sido determinado no decreto de 29 de setembro. Um grupo de deputados exigiu, em reação ao ato de rebeldia, que os integrantes da junta paulista fossem julgados, e "que àqueles doze facciosos e anarquistas se lhes forme culpa".[72] Num discurso exaltado, Fernandes Tomás se mostrou disposto até mesmo a sacrificar a união com o Brasil caso não fosse possível impor às províncias do Centro-Sul a vontade dos constituintes. "É necessário e importante que se tome uma medida sobre esta representação" dos paulistas, disse ele. "Ouvi neste Congresso dizer o que nunca esperava, que aqueles treze homens têm força para sustentar a sua representação; pois se a têm [o] que estamos nós fazendo? Separem-se: acabemos com isto!" Nesse momento, recebe gritos de "apoiado, apoiado" de vários de seus colegas. "De duas uma, ou eles são súditos da mesma monarquia, e reconhecem a mesma soberania, ou não; se são, é necessário que obedeçam, e que observem as leis que nós fazemos, pois nós não fazemos leis injustas".[73]

São razoáveis, os argumentos. Ainda assim, analisando em retrospecto, é às vezes difícil entender a posição de parte dos representantes portugueses, inflexíveis a respeito da autoridade das Cortes, num momento em que ainda parecia viável negociar algum tipo de união com a antiga colônia — e também quando essa mesma inflexibilidade arriscava jogar todo o trabalho fora. Quando se consideram, contudo, as motivações do grupo de Fernandes Tomás, seu comportamento se torna mais compreensível. Uma revolta contra o Congresso Constituinte com o apoio do herdeiro da Coroa era uma ameaça gravíssima contra a própria viabilidade do empreendimento constitucional. Enquanto para muitos brasileiros ainda era possível negociar com o príncipe — é o que farão as elites do Norte dali em diante —, para a maior parte dos portugueses ceder significava transigir com o absolutismo, o que poderia botar tudo a perder. É assim que Valentim Alexandre explica, em parte, a reação acalorada ao "fico" e às manifestações da junta paulista. A inflexibilidade portuguesa obedeceria "a um objetivo político preciso: o de conservar incólume o poder soberano do Congresso, como forma de preservar o regime constitucional, por um lado, e de garantir a hegemonia portuguesa no sistema luso-brasileiro, por outro".[74]

Apesar de tudo, a discussão sobre a "união comercial" continuou nas semanas seguintes, e o debate sobre uma possível punição à junta paulista acabou sendo adiado. Mas o clima se deteriorou ainda mais em meados de abril, quando os deputados souberam que o general Avilez havia sido expulso do Rio e aguardava ainda o que fazer, com suas tropas, numa praia em Niterói, no momento em que enviava sua correspondência às Cortes. Borges Carneiro, que liderava a tentativa de oferecer maior poder político para as províncias brasileiras em troca da restauração de Lisboa e do Porto como entrepostos comerciais do Brasil, reagiu violentamente à derrota imposta às tropas lusitanas na antiga Corte. Criticou mais uma vez o seu inimigo preferido, os cortesãos e o funcionalismo fluminenses, que constituiriam um "partido de homens depravados, e ladrões, que roubaram sempre a nação".[75] Em resposta, Antônio Carlos de Andrada e Silva, representante de São Paulo, além de irmão de José Bonifácio — agora ministro de d. Pedro —, defendeu em plenário a burocracia fluminense, composta por "homens de toda a probidade, e tão honrados como os membros deste Congresso". Seguiu-se daí um tumulto generalizado, que tomou conta da assembleia.[76] Das galerias, onde se apinhava o povo lisboeta para assistir aos debates, como Antônio Carlos descreveria mais tarde, "vomitaram contra mim insultos e ameaças, atacando-se a dignidade da minha pessoa e da minha província". Dias depois, o representante fluminense Vilela Barbosa reclamaria das pressões sofridas nas ruas pelos deputados brasileiros.[77]

À medida que avançava o ano de 1822, cresciam as animosidades entre representantes de diversas províncias americanas e muitos dos deputados europeus. Interesses irreconciliáveis tornavam o ambiente no Soberano Congresso a cada dia menos amistoso — e o projeto de união dos territórios de um lado e de outro do Atlântico, sob uma única bandeira, cada vez menos viável. As trocas de farpas e as discussões acaloradas entre os membros da elite do Reino Unido, que bem ou mal possuíam formação e prestígio social semelhantes — como muitos de seus pares, Lino Coutinho, por exemplo, havia estudado em Coimbra —, se transformavam em franca hostilidade quando os debates mais tensos subiam às galerias, provocando manifestações populares. Além de antiabsolutista, a revolução de 1820 em Portugal tinha sido nacionalista.[78] A transferência da Corte para o Rio, a ausência da família real por mais de uma década, o fim da exclusividade de comércio com o Brasil — com os prejuízos econômicos daí advindos —, bem como o envio constante de recursos e de tropas para a América, haviam transformado o seu país, acreditavam muitos portugueses, na "colônia de uma colônia",[79] segundo uma fórmula que se tornou corriqueira naqueles anos. O Brasil e os brasileiros acabavam sendo identificados com todas as mazelas sofridas por Portugal desde a invasão de seu pequenino território pelas tropas napoleônicas, em 1807. Em contraposição às antigas possessões ultramarinas, deputados, militares e povo português se constituíam e se identificavam como uma única nação — e a atividade parlamentar, em Lisboa, dava endereço e materialidade para o objeto desse sentimento. O mesmo não se verificava, como já dissemos, entre os representantes das diversas províncias brasileiras — pelo menos até o segundo trimestre de 1822, quando tudo começou a mudar.

A princípio de maneira cautelosa, em reação ao centralismo de boa parte dos representantes portugueses, a ideia de um Estado capitaneado pelo Rio de Janeiro começou a ganhar força entre os representantes das diversas regiões da América portuguesa. Para o povo que comparecia às galerias, contudo, os brasileiros desde cedo haviam se tornado uma coisa só: uns mal-agradecidos que interpunham obstáculos à realização dos seus anseios. "Tinha razão Hipólito da Costa", escreveu Valentim Alexandre, referindo-se ao redator do *Correio Braziliense*, "quando, já em outubro [de 1820], se queixava de que em Portugal se continuavam a imputar ao Brasil os males portugueses, não distinguindo entre o sistema de governo e os membros que o compunham (todos de origem portuguesa, como fazia notar) e o próprio povo brasileiro".[80] Além de responderem aos temores de uma reação absolutista por parte de d. Pedro, portanto, os deputados portugueses se viam influenciados pelo nacionalismo português e pela fúria das galerias.

Ainda em abril chegaram, por fim, notícias do conflito na Bahia, em carta escrita pelo general Madeira de Melo, após garantir o controle militar de Salvador. No documento, o comandante militar relatava ter sido atacado por "uma grande porção de tropa de linha, milicianos dos regimentos dos pardos e pretos, e até paisanos". E solicitava mais tropas ao rei, "se vossa majestade quer conservar esta parte da monarquia".[81] O envio dessas tropas — mais tropas para a Bahia, que ia se tornando o centro do conflito militar no Brasil — seria organizado sem consulta ao plenário das Cortes e só foi descoberto pelos parlamentares brasileiros quando se publicou um edital para fretar os navios que transportariam soldados à América. Na noite de 20 de maio, depois de encerrada a sessão durante a qual deputados da Bahia apresentaram uma indicação contra o envio dessas tropas à sua província, diversos representantes brasileiros se reuniram na casa de Lino Coutinho para "concertarem a sua ação no debate".[82] Antônio Carlos apareceu entre os que, no dia seguinte, discursaram contra o empreendimento militar. Logo em seguida falou o pernambucano Francisco Muniz Tavares, ameaçando com a independência, prevenindo os seus colegas lusitanos de que, a persistirem naquela medida "intempestiva, impolítica e tirânica", a "separação" logo se daria.[83] A população de Lisboa celebrava a expedição, pressionando os seus representantes. Diante da proposta dos deputados baianos de suspender a operação militar, apenas um legislador português ousou apoiar os colegas de além-mar. "Tudo indica que esta quase total unanimidade respondia a uma forte pressão da opinião pública lisboeta", observou Valentim Alexandre. "Mais ou menos favoráveis à expedição, mais ou menos céticos sobre a sua eficácia, os deputados das diversas correntes viam-se em todo o caso obrigados a adaptar a sua linha política ao dado inelutável que era esta pressão de base."[84] De nada valeram, portanto, os protestos unificados de brasileiros, do sul ao norte: as Cortes recusaram a indicação baiana, e novas tropas seguiram para Salvador. Chegariam à província já com a guerra deflagrada.

Ainda em maio, com a cidade de Salvador ocupada pelas tropas de Madeira de Melo, chegou à Bahia uma consulta de seus representantes nas Cortes. Queriam saber das Câmaras das principais vilas e cidades locais se o Brasil deveria ter uma ou duas "delegações do poder Executivo", ou se o poder necessário para a "pronta execução das leis" caberia melhor a cada província, em separado.[85] No mês subsequente, junho de 1822, d. Pedro afinal convocaria uma Assembleia Constituinte para o Brasil, a se reunir no ano seguinte. Foi essa a promessa que acabou por quebrar as resistências de parte das elites do Norte. Ansiosas por ajuda militar, as elites baianas que se refugiavam no Recôncavo aderiram ao projeto do Rio. Responder, naquele momento, à consulta dos deputados baianos — sobre a necessidade de poder Executivo na América do Sul — passava a ser o mesmo "que responder à adesão ou não ao governo de d. Pedro", como observou o historiador baiano Luís Henrique Dias Tavares.[86] De fato, no dia 14 de junho, a Câmara de Santo Amaro reunida se manifestou por um único centro de poder Executivo no Brasil, acrescentando que tal poder deveria ser exercido "por sua alteza real o príncipe real, segundo as regras prescritas em uma liberal Constituição".[87] Logo a representação de Santo Amaro seria seguida por outras Câmaras baianas. Os representantes das vilas baianas também propunham a criação de Tesouros separados para Portugal e Brasil, de cuja gestão as elites locais esperavam poder participar — os detalhes dessa divisão de poder seriam definidos agora apenas deste lado do Atlântico, na Constituição brasileira a ser discutida em 1823. Ainda não se falava em independência — o que se propunha era uma quase irrestrita autonomia administrativa e financeira para a América portuguesa, em linhas bastante semelhantes às da proposta da junta paulista, preservando a união de Brasil e Portugal sob uma única monarquia.

Também em junho, foi a plenário em Lisboa o parecer que propunha o julgamento dos integrantes da junta de São Paulo, aprovado nas semanas seguintes. Concedeu-se, contudo, o direito a d. Pedro de permanecer no Rio até que fossem publicados os artigos específicos da Constituição relativos ao Brasil. A notícia de que estava sendo processado, ao chegar ao Brasil em setembro, fez José Bonifácio exortar o príncipe a declarar de uma vez por todas a separação política — numa carta que alcançará o regente na subida de Santos para São Paulo, às margens do riacho Ipiranga.[88]

À aproximação, no Brasil, das elites baianas e do Centro-Sul — os pernambucanos só embarcarão no projeto constitucional de d. Pedro no final do ano — correspondeu uma concertação cada vez maior das principais bancadas brasileiras — paulista, baiana e pernambucana — nas Cortes. Indícios claros das ideias e interesses que se aproximavam aparecem nos discursos de Lino Coutinho. Ainda nos primeiros meses de 1822, o médico baiano defendia que "as províncias do Brasil são outros tantos reinos, que não têm ligação uns com os outros, não conhecem necessidades gerais, cada um governa-se por leis particulares".[89] Seu colega de bancada Borges de Barros ia na mesma linha federalista, em março de 1822: "O Brasil não se deve olhar como um só país, são tantos países diferentes quantas as províncias do Brasil". Poucos meses depois, porém, tudo muda. O trabalho de articulação dos paulistas e sobretudo os embates militares na Bahia parecem ter sido decisivos para que os deputados baianos, já no meio do ano, passassem não só a defender um projeto unitário para a América portuguesa, como também a aceitarem d. Pedro i como polo integrador das diversas regiões do país. É o que se depreende de um discurso feito por Lino Coutinho no dia 1º de julho, durante os debates sobre a necessidade ou não de as Cortes julgarem — e, eventualmente, punirem — os membros da junta paulista por terem exortado o príncipe a permanecer no Brasil. O representante baiano se opôs à imposição pela força das vontades do Soberano Congresso, afirmando:

> Debalde se diz que são unicamente duas províncias as que obedecem ao príncipe, e debalde se nos quer disto persuadir [...]. Tudo naquele vasto continente, ou obedece ao príncipe, como São Paulo, Rio e Minas, ou tem vivos desejos de

lhe obedecer, reunindo-se ao centro da unidade brasiliense: desde o Amazonas até ao Prata, tudo tende ao mesmo fim; e por isso a resistência também será uniforme e geral.[90]

Poucos dias depois, ainda na primeira semana de julho, as Cortes analisaram e votaram um novo projeto de união entre Brasil e Portugal, dessa vez redigido exclusivamente por representantes da América. Não surpreende que as propostas tenham sido recebidas pela maioria dos deputados portugueses como uma espécie de provocação: os redatores da matéria — entre eles Antônio Carlos, Lino Coutinho e Vilela Barbosa, ou seja, representantes das diversas províncias brasileiras, agora unidos em seu projeto unificado — defendiam dois reinos em tudo paritários, cada um deles com seu Congresso próprio, embora concebendo ainda "Cortes Gerais de toda a nação", compostas por cinquenta deputados brasileiros e outros cinquenta oriundos de Portugal. O programa dos brasileiros concedia ainda às possessões da Ásia e da África portuguesas a faculdade de escolherem se preferiram se ver representadas legislativamente no reino americano ou no reino europeu — deixando claro, assim, que não cabia mais a Portugal a pretensão de centro natural do Império criado por seus fidalgos e mercadores.[91] Como seria de esperar, os primeiros onze artigos do projeto não foram sequer admitidos para votação. Nos poucos que restavam, os brasileiros também saíram derrotados. Mesmo deputados lusos que havia pouco se mostravam desejosos de ceder e negociar com os representantes brasileiros cerraram fileiras com o grupo de Fernandes Tomás. "Manifestamente, as teses integracionistas ganhavam terreno, em contraposição ao nacionalismo cada vez mais claro e mais afirmado das propostas e dos discursos de parte dos representantes brasileiros", observou Valentim Alexandre.[92]

Em agosto, as Cortes fariam concessões ao Brasil, autorizando a formação de uma delegação do poder Executivo na América — mas era pouco e já era tarde. No fim daquele mês, chegaria a Portugal a notícia de que d. Pedro convocara "uma assembleia constituinte e legislativa" no Reino do Brasil. "Para o Congresso e para a imprensa portugueses, que haviam rejeitado liminarmente a reunião das Cortes em território americano", escreve Valentim Alexandre, "estas notícias apunham o selo final no processo de secessão — antes ainda do famoso 'grito do Ipiranga.'"[93] Para os baianos — mas também, àquela altura, para o conjunto dos representantes brasileiros —, o "selo final" viria poucas semanas depois, numa cena protagonizada por Lino Coutinho nas Cortes — uma cena que se daria quase simultaneamente à do brado de d. Pedro, embora separadas por um oceano de distância.

Eis então como se chegou a esse episódio crucial do processo de emancipação política do Brasil. O estopim, mais uma vez, veio da Bahia. Em meados do ano, em reação aos conflitos com as tropas portuguesas na província, mais de 1400 cidadãos fizeram um abaixo-assinado, depois enviado aos seus representantes em Portugal, exigindo medidas duras, radicais: o desligamento dos deputados da província das Cortes — responsabilizadas pelas hostilidades militares e pelo esvaziamento da autoridade da junta que as elites baianas haviam constituído — e o retorno de todos eles ao Brasil.[94]

No dia 9 de setembro, pouco depois de receber o documento que demorara dois meses para atravessar o Atlântico, Lino Coutinho tentou apresentá-lo aos colegas do Soberano Congresso. Pediu a palavra, anunciando ter papéis relativos ao Brasil, "uma representação da minha província", informou ele, assinada por "1411 cidadãos, todos proprietários, empregados públicos, militares, clérigos, mestres de ofícios".[95] Pretendia que ela fosse lida durante a sessão. Recebeu de imediato o apoio de alguns deputados, não identificados na transcrição dos trabalhos das Cortes, mas certamente brasileiros, que fizeram coro: "Leia-se! Leia-se!".

Um constituinte português imediatamente se opôs. Não queria nem mesmo permitir que o documento fosse lido. "Essas representações de uma coleção de indivíduos não são mais que manobras de uns poucos, de intrigantes", disse ele, "e de forma nenhuma podem ser consideradas como expressões da vontade geral do povo." Outro deputado atalhou que não se opunha à leitura, mas que ela deveria obedecer às regras procedimentais das Cortes: cumpria antes enviar o requerimento à Comissão de Petições. "O Congresso tem um regulamento", completou o presidente da sessão. Um após outro, os portugueses se aferravam ao problema processual, a fim de barrar a leitura da manifestação baiana. Interveio Francisco Vilela Barbosa, representante do Rio de Janeiro: "Senhor presidente, esta representação não é negócio de um particular, ou de muitos particulares, para que se não leia aqui", disse ele. "É negócio muito interessante, e de uma província representada por um grande número de cidadãos das classes mais distintas. Portanto peço que se leia." Houve novos protestos portugueses. Lino Coutinho tentou falar, mas foi impedido, novamente por razões procedimentais. Antônio Carlos de Andrada e Silva, deputado por São Paulo, insistiu: "É uma província que fala". Finalmente, o presidente da sessão abriu votação para decidir se o documento deveria ou não ser lido. A maioria decidiu que não — era o caso de enviá-lo antes à Comissão de Petições.[96] Concluída a votação, Lino Coutinho pediu novamente a palavra. Queria a licença da direção dos trabalhos constituintes para "ler uma indicação". Seguiu-se então um debate ríspido, registrado nas atas das Cortes.

O sr. presidente: "É também contra a ordem, porque não é esta a hora das indicações".
O sr. Lino Coutinho: "Mas se a indicação que desejo ler é relativa ao mesmo objeto?".
O sr. presidente: "Não importa, não é agora hora de indicações, e é por esse motivo que não deve ler-se".
O sr. Lino Coutinho: "Querem-se-me coarctar todos os meios de defender a minha província: paciência! A justiça se acha do meu lado".
O sr. presidente: "O sr. deputado não tem direito de falar desse modo. Não se trata de coarctar meios: outra ocasião terá em que os possa fazer valer, mas é contra o regulamento, como já tenho dito, lerem-se agora indicações".[97]

A direção dos trabalhos constituintes imediatamente passou a outra questão, relativa à construção de navios para "animar a Marinha, e vivificar o comércio". A representação baiana só voltaria a ser tema do plenário duas sessões mais tarde. No dia 11 de setembro, contudo, a tática dos representantes portugueses pareceu mudar. Em vez de protestos e impedimentos, receberam a fala de Lino Coutinho com silêncio e aparente frieza. As atas das Cortes registram que o deputado baiano apresentou a indicação de que, de posse da expressão da vontade da província da Bahia de se achar dissidente, os deputados baianos se consideravam "no estreito dever de fazerem a este augusto Congresso e ao mundo inteiro a declaração seguinte":

1º. Que não podem continuar a ser representados daquela província, por contravir a vontade geral dos seus constituintes;

2º. Que no caso de não ser aceita a sobredita proposição eles se não julgam autorizados para espontaneamente assinar e jurar a Constituição ora finalizada.

Seguiam-se as assinaturas de sete dos oito representantes baianos. Após ler o texto em que anunciava o rompimento com as Cortes e a intenção de não jurar a Constituição, Lino Coutinho continuou a falar, justificando a decisão:

A Bahia está com as armas nas mãos: dois partidos estão em campo, um do país, e brasileiro, outro porém europeu; e como em tal conjuntura nós poderemos assinar animosamente a Constituição sem vermos a decisão de semelhante luta? Tais são, senhor presidente, os motivos que nos obrigam a pôr na presença do Soberano Congresso semelhante indicação, que além dos princípios do direito público e das boas razões que a escudam tem de mais e mais a seu favor o escrúpulo da nossa consciência.[98]

Não ouviu resposta do plenário. A indicação foi enviada à Comissão de Constituição, com urgência, para que o órgão se manifestasse sobre o pedido. Os debates seguiram então a ordem de assuntos do dia, passando as Cortes a discutirem detalhes do ensino de direito na Universidade de Coimbra. Em ambiente parlamentar, diante dos representantes portugueses, uma parte do Brasil — naquele momento com o apoio da maioria dos demais deputados da América — anunciava que pretendia se retirar do contrato político com a antiga metrópole. Eis uma cena que mereceria destaque pelo menos equivalente à do grito do Ipiranga na memória do processo de independência: é possível imaginar as galerias agitadas, Lino Coutinho de pé entre os deputados, erguendo não uma espada, mas os papéis com o abaixo-assinado que recebera dos eleitores baianos. Tratava-se também de uma reviravolta que, meses antes, no final de 1821, ninguém poderia antecipar — quando baianos e pernambucanos ainda se aliavam aos representantes europeus em oposição ao despotismo identificado com os ministros de d. João, com d. Pedro e o Rio de Janeiro.

Naquele mesmo mês de setembro, diversos deputados brasileiros pediram dispensa das Cortes — o que lhes foi negado. Sem a autorização do Congresso e sem os documentos necessários, ficavam impedidos de sair legalmente do país. A representação apresentada no início do mês por Lino Coutinho indicando que os deputados baianos não poderiam subscrever a Constituição também foi rejeitada, sob o argumento de que a autenticidade do abaixo-assinado não podia ser comprovada, faltando o reconhecimento das assinaturas dos cidadãos baianos por um tabelião — pelo menos nisso, no amor aos cartórios, Brasil e Portugal continuavam unidos. No dia 21 de setembro, todo o Congresso discutiu uma outra indicação, de "vários deputados do Brasil", para que se adiasse a assinatura da Constituição até que tivessem "ulteriores notícias daquele reino". Derrotados também nesse pedido, muitos brasileiros se viram, no entanto, na obrigação de assinar a Carta, mesmo que discordando da organização política da monarquia nela inscrita. Em seus discursos, representantes de várias províncias explicitaram a situação "muito melindrosa e triste" em que se achavam os deputados do Brasil "para não falhar ao seu dever, e à honra", como sintetizou Domingos Borges de Barros, da Bahia, que viria a subscrever a Constituição.[99] Luís Martins Basto, representante do Rio de Janeiro, ao anunciar que também se via obrigado a assiná-la, observou que no texto constitucional "vão artigos vencidos contra a minha opinião, e dos ilustres deputados do Brasil". Em seguida, deu um exemplo:

> Propôs-se [...] um corpo legislativo para o Brasil com o fim tão somente de preparar as leis privativas àquele reino, sujeitando-as à discussão e sanção das Cortes Gerais de toda a Nação; nunca me pareceu que tal proposta ofendesse as bases [da Constituição]; todavia assim se decidiu; não estou convencido, mas estou vencido pela maioria, à qual devo sujeitar-me.[100]

Um deputado pelo Ceará, José Martiniano de Alencar (pai do autor homônimo de *Senhora* e *Iracema*), dizia temer a "indignação do povo de Lisboa" caso decidisse não assinar a Constituição, prestes a ser completada, àquela altura irreparavelmente insatisfatória para a maioria dos brasileiros. Entre a pressão popular portuguesa e os deveres diante de seus constituintes, Alencar afirmava que mesmo um espírito forte "estremece, recua, e vacila".[101]

No fim das contas, apenas seis deputados brasileiros (os quatro de São Paulo, além de Agostinho Gomes e Cipriano Barata, da Bahia) se recusaram tanto a assinar quanto a jurar a Constituição aprovada no fim de setembro pelas Cortes.[102] Lino Coutinho e Muniz Tavares, de Pernambuco, primeiro assinaram, mas depois evitaram jurar o texto. No início de outubro, sem terem sido liberados pelo Congresso, os quatro representantes de São Paulo, na companhia dos baianos Cipriano Barata e Lino Coutinho, fugiram de Portugal escondidos num paquete britânico, com destino ao porto de Falmouth, na Inglaterra. De lá fariam a viagem de volta ao Brasil.

A crise fiscal que pôs fim ao Antigo Regime português, ao levar as elites luso-brasileiras a confrontar o despotismo, criou instabilidades de alto a baixo na hierarquia de poder do antigo Império. De repente tudo estava em jogo: não só a repartição de rendas e competências administrativas entre as províncias, ou entre os reinos americano e europeu, mas também quem mandaria em cada repartição e em cada tropa, quem teria emprego e quem perderia salários e privilégios, quem seria promovido e quem acabaria preterido. Foi nesse ambiente de grande insegurança e disputas generalizadas que a primeira tentativa de contrato político e social, promovida pelas Cortes, fracassou — enquanto simultaneamente surgiam conflitos armados em várias partes da América portuguesa.

Evidente que essa instabilidade não se resolveu, do lado brasileiro, tão logo os deputados do país voltaram das Cortes e d. Pedro I foi aclamado imperador. É razoável dizer que o processo iniciado com a crise do Antigo Regime português só se completou, no Brasil — dando contornos políticos e geográficos mais precisos ao novo Estado autônomo na América do Sul, definindo, inclusive, quais províncias participariam dele e sob quais condições —, quando afinal se conseguiu superar, na América, a instabilidade criada pelo governo de d. João VI. Em particular, quando se conseguiu equacionar a crise fiscal — ou seja, quando as elites brasileiras alcançaram um acordo mínimo sobre a repartição de poder e de recursos no novo país. Isso demandou tempo, recheado de conflitos e negociações. As disputas em torno do orçamento só seriam minimamente pacificadas na década de 1830, como veremos na parte final deste livro.

O modelo de Estado resultante desses conflitos e negociações pode ser descrito como uma monarquia constitucional oligárquica. Apenas uma pequena fração da sociedade brasileira estava representada no Parlamento. Ainda no início desse processo, o pernambucano frei Caneca, num momento de aproximação com d. Pedro I, definiria bem as vantagens, para as elites brasileiras, desse arranjo. "Império constitucional? Colocado entre a monarquia e o governo democrático, reúne em si as vantagens de uma e de outra forma, e repulsa para longe os males de ambas. Agrilhoa o despotismo, e estanca os furores do povo indiscreto e volúvel."[103] Podendo ser descrita como um processo que se espraia de 1808, com a chegada da família real, até 1831, ano da abdicação de d. Pedro I, a emancipação do Brasil também pode ser definida como um movimento revolucionário do ponto de vista político — uma vez que substituiu o absolutismo por uma monarquia representativa constitucional — e do ponto de vista econômico — dado que assegurou a liberdade de comércio, em oposição ao exclusivo colonial e ao regime de relações mercantis entre a América lusa e Portugal proposto pelas Cortes. Mas foi também um movimento claramente conservador, do ponto de vista social. Ao fim e ao cabo, ela garantiu a continuidade de uma sociedade altamente desigual, escravocrata — mantendo no poder elites às quais interessava a perpetuação desse arranjo. Vale observar, como indício disso, que ao morrer, em 1836, José Lino Coutinho legaria para a família um engenho de açúcar, na vila de Santo Amaro da Purificação. Tratava-se, afinal, de um homem rico, de um grande proprietário. Deixaria também, como herança, 113 pessoas escravizadas, mulheres e homens negros, que constavam entre os seus bens.[104]

SEGUNDA PARTE:
ANTES

5. A fuga

No dia 16 de novembro de 1807, uma esquadra de navios de guerra ingleses, transportando 7 mil homens, surgiu com suas velas e canhões na foz do Tejo.[1] Embora a Inglaterra tivesse sido, por um século e meio, a principal aliada de Portugal no xadrez militar europeu, aquela não era nem de longe uma visão tranquilizadora para os moradores de Lisboa. Afinal, não se tratava necessariamente de uma visita amigável. Os militares de sua majestade britânica, em guerra com Napoleão, vinham preparados para a eventualidade de ter de escoltar a família real até o Brasil, numa inédita travessia atlântica de todo o aparato de Estado português. Mas também tinham ordens, caso d. João resistisse a tomar essa providência, para se apoderar dos navios que conseguissem capturar, inutilizar os demais e, no limite, bombardear a capital. O que os ingleses não podiam aceitar era que os franceses, no caso de invasão a Portugal — o que parecia iminente —, reforçassem o seu poderio marítimo com embarcações lusas.[2]

A Corte e boa parte da população lisboeta sabiam da ameaça que aqueles navios armados até os dentes representavam. Poucos meses antes, os ingleses haviam feito movimento semelhante na costa de Copenhague.[3] Assim como Portugal, a Dinamarca vinha buscando se manter neutra em relação aos conflitos entre franceses e ingleses nas Guerras Napoleônicas. Nem portugueses nem dinamarqueses tinham condições de fazer frente militar às principais potências europeias e dependiam, em grande medida, de seu comércio marítimo com a Inglaterra. Restava-lhes a saída de tentar, por vias diplomáticas, apaziguar Napoleão, enquanto torciam para que austríacos, quem sabe os russos, lhe impusessem derrotas. Aconteceu o contrário: o imperador dos franceses venceu uma batalha seguida da outra, e, em meados de 1807, detinha um inquestionável controle militar sobre a quase totalidade do continente europeu, do Báltico aos Pirineus — nos mares, contudo, a Inglaterra ainda era a força hegemônica.[4] Disposto a enfraquecer economicamente o último adversário capaz de ameaçá-lo, Bonaparte decretou o bloqueio continental, determinando que as nações europeias fechassem seus portos aos ingleses. Dinamarqueses e portugueses hesitaram, tentando mais uma vez ganhar tempo, mas já era tarde demais.

O Exército francês se ocupou primeiro da nação escandinava. Estacionou tropas na fronteira e exigiu da Dinamarca que se juntasse a Napoleão ou lhe entregasse a frota. Navios ingleses partiram imediatamente para Copenhague, prometendo proteção aos seus antigos parceiros comerciais — em troca, assim como a França, exigiam a transferência imediata de todas as embarcações ancoradas no porto. Sem saída, o príncipe regente da Dinamarca fez a opção: desafiaria os ingleses. A resposta britânica foi brutal. Por cinco dias, Copenhague foi bombardeada, com o uso de um novo tipo de artefato de guerra, precursor rústico dos mísseis e foguetes, lançado da esquadra inglesa. A cidade, com inúmeras construções em madeira, ardeu, e centenas de civis morreram queimados. Os ingleses ainda não tinham condições de enfrentar Napoleão em terra, mas podiam ao menos minimizar o butim conquistado pelo imperador francês: uma parte dos navios dinamarqueses foi confiscada, enquanto as cinzas e os escombros dos demais, queimados, foram abandonados no porto.[5]

Napoleão voltou então suas atenções a Portugal. O país vinha sendo governado oficialmente pelo príncipe regente d. João desde 1799, em substituição à mãe, d. Maria — ainda viva, mas já havia muito tempo apresentando "sinais de loucura".[6] Como se isso não bastasse, desde a década de 1790 Portugal vinha tendo que se equilibrar, tanto quanto possível, entre as duas potências em conflito na Europa. Romper com sua antiga aliada diplomática, a Inglaterra, em última instância a garantidora da própria existência do reino, historicamente ameaçado de incorporação pela Espanha, era impensável. De resto, também o controle sobre o Brasil dependia dessa aliança tradicional, dissuasória de possíveis pretensões francesas ou espanholas sobre a rica colônia. Mas não havia tampouco qualquer possibilidade de enfrentar a mais poderosa máquina de guerra jamais vista, as tropas napoleônicas. Enquanto as atenções de Napoleão estiveram voltadas para a Europa Central e do Leste a Corte de d. João ainda pôde respirar. Em meados de 1807, no entanto, não havia muita coisa no continente europeu a ser conquistado pelos franceses — salvo a Península Ibérica.[7]

Após uma série de ultimatos, a Corte portuguesa se viu obrigada a ceder à política de bloqueio continental. No dia 20 de outubro — quase um mês antes da chegada da esquadra inglesa, portanto — , d. João aquiesceu oficialmente às exigências de Napoleão, mandando fechar os portos para toda e qualquer embarcação britânica.[8] A medida tardia não foi suficiente para deter as tropas francesas, que, àquela altura, já se encontravam em marcha através da Espanha. No dia 19 de novembro, apenas 72 horas depois da chegada da frota inglesa à costa lusitana, o exército de Napoleão cruzava a fronteira do país, comandado pelo general Jean-Andoche Junot, de codinome A Tempestade. Também nesse caso, d. João sabia o tamanho da encrenca em que se via metido. Em suas campanhas pela Europa, Napoleão redefinira fronteiras e depusera monarcas, substituindo-os por aliados, quando não por familiares seus. Luís Bonaparte, um de seus irmãos, havia se tornado rei da Holanda; José, outro irmão, de Nápoles. Jerônimo Bonaparte — a família era grande — ocupou o trono da Vestfália. Se a história recente do continente não bastasse como alerta, Junot tratou de deixar tudo razoavelmente esclarecido em seu primeiro comunicado aos portugueses. Ainda próximo à fronteira com a Espanha, o general justificou a ocupação dizendo que vinha auxiliar d. João, já que o rei, na prática, havia declarado guerra à Inglaterra ao lhe fechar os portos.[9] Embora afirmasse ainda que os súditos da Coroa de Bragança nada tinham a temer, caso fossem dóceis, explicava em detalhes o que aconteceria com quem resistisse: "A cidade ou vila que disparar um tiro de espingarda contra a tropa francesa será queimada", garantiu. Cercado do lado do mar pelos canhões ingleses e em suas fronteiras terrestres pelas baionetas francesas, Portugal fazia agora "o papel do marisco na luta entre o rochedo e o mar", na feliz imagem — infeliz para os portugueses da época — de Tobias Monteiro.[10]

Restava a fuga para o Brasil. De maneira pragmática, a transferência do Estado português para a sua mais importante colônia vinha sendo cogitada desde 1803, quando um dos principais ministros de d. João VI, Rodrigo de Sousa Coutinho, explicitou o plano de abandonar o reino europeu, que já não era "a melhor e mais essencial parte da monarquia", em caso de conflito aberto com os franceses.[11] Em 1806, também a Inglaterra propusera plano semelhante à Coroa portuguesa, oferecendo a escolta necessária para a travessia.[12] Em meados do ano seguinte, quando vieram os ultimatos de Napoleão, os navios começaram a ser preparados — sem que houvesse ainda certeza da necessidade daquela medida extrema, diante da qual d. João teria hesitado até o último momento. Valentim Alexandre afirma que, até a chegada da notícia de que as tropas de Junot se encontravam em território português, a Corte ainda duvidava da invasão francesa — acreditando que o fato de terem cumprido a exigência de fechar os portos aos ingleses seria suficiente para evitá-la. Daí a razão de todos os esforços de defesa, em novembro, terem se concentrado no litoral, prevendo-se um ataque britânico ao país, enquanto, ao mesmo tempo, a retaguarda terrestre ficava desguarnecida. A demora na decisão de embarcar para o Brasil, mesmo meses depois de Portugal se ver na ingrata posição de centro dos embates entre Inglaterra e França, se devia à convicção de que a invasão francesa não ocorreria.[13] Foi só diante da constatação de que a "hipótese mais lógica"[14] — a contenção das tropas de Junot depois da adesão ao bloqueio continental — não se verificava, com o exército tricolor já em seu território, que d. João deu ordens para apressarem a partida. As providências finais, incluindo o embarque da Corte e dos apetrechos estatais, teriam de ser tomadas enquanto os franceses marchavam em direção a Lisboa, ou seja, no prazo de poucos dias. A partida para a América do Sul logrou, assim, o feito paradoxal de ser, ao mesmo tempo, longamente preparada e improvisada, realizada às pressas.

No dia 24 de novembro de 1807, d. João convocou seu Conselho de Estado. As tropas francesas já estavam, então, em Abrantes, no meio do caminho entre a fronteira com a Espanha e a capital. Tudo indicava que poderiam alcançar Lisboa dali a três ou quatro dias.[15] O monarca mandou avisar à Corte — e aos ingleses, que o acompanhariam na travessia — a decisão de partir. Na madrugada do dia 25, um funcionário foi chamado ao Palácio da Ajuda. Joaquim José de Azevedo recebeu a incumbência de organizar o embarque. Não era tarefa simples, como observou a historiadora Lilia Moritz Schwarcz: "Era, sim, a sede do Estado português que mudava de endereço, com seu aparelho administrativo e burocrático, seu Tesouro, suas repartições, secretarias, tribunais, seus arquivos e funcionários".[16] Um Leviatã na superfície das águas. Azevedo tentou cumprir diligentemente a sua missão, armando uma barraca no cais de Belém, "para dali repartir as famílias pelas embarcações".[17] Além dos funcionários e cortesãos, seus parentes e criados — todos os que partiriam nos navios oficiais —, quem mais quisesse poderia ir junto, desde que providenciasse embarcação particular. Os preparativos no cais aconteciam sob um aguaceiro que castigava Lisboa. As ruas e o porto ficaram enlameados. Segundo relatos da época, parte da população reagiu com "pânico e desespero" à partida de seus líderes e representantes máximos. O tenente irlandês Thomas O'Neil, que chegara a Portugal com a esquadra britânica, registrou a tentativa desesperada de quem não tinha cômodo assegurado nos navios, ou a possibilidade de se fazer ao mar por meios próprios, para conseguir uma vaga derradeira nas naus preparadas para a fuga. Tido como exagerado e nem sempre confiável, ele escreveu: "Muitas senhoras de distinção meteram-se na água, na esperança de alcançar algum bote, pagando algumas com a própria vida".[18]

Malas, caixotes e baús foram abandonados, em meio à lama do cais, na correria. Joaquim José de Azevedo impressionou-se com a tristeza de quem ficava para trás. O povo, anotou ele, vagava "pelas praças e ruas, sem acreditar no que via". Muita gente chorava e gritava em público, desafogando "em lágrimas e imprecações a opressão dolorosa que lhe abafava na arca do peito, o coração inchado de suspiros".[19] Boa parte da família real, que então se encontrava no Palácio de Queluz, distante cerca de quinze quilômetros de Lisboa, foi conduzida nas horas finais até o porto. Contam que d. Maria I, a mãe de d. João, resistiu até o último instante à partida. Não se sabe ao certo o número de embarcações que deixou Portugal com destino ao Rio de Janeiro naquele dia, nem quantos indivíduos fizeram a travessia. As estimativas mais altas falam em 15 mil pessoas. É possível que cerca de quarenta navios, entre oficiais e oficiosos, tenham deixado o Tejo na manhã do dia 29 de novembro — apenas a esquadra régia, que contava com quinze embarcações, teria transportado entre 4 mil e 7 mil passageiros, segundo os historiadores Jorge Pedreira e Fernando Dores Costa.[20] O tempo havia melhorado e soprava uma brisa propícia à partida. As embarcações portuguesas e inglesas se reuniram já no mar, depois de uma salva de boas-vindas de 21 tiros de canhão, disparada pelos militares britânicos. Escapavam por pouco do exército de Junot, cujo destacamento de vanguarda alcançaria a capital no dia seguinte.

Como muitos episódios da história portuguesa e brasileira, a transferência da Corte costuma ser avaliada com tintas fortes, oscilando sem meio-termo entre a grandiloquência e um quase achincalhe. Duas anedotas que o tempo conservou, sabe-se lá com que grau de veracidade, dão conta desse contraste. A primeira tem como personagem d. Maria. No dia da partida, enquanto a conduziam, aos solavancos, numa carruagem de Queluz até o cais de Belém, a monarca, tida como demente, se inquietou. Estava preocupada com as aparências, como cabe à nobreza. Para que aquela pressa toda? "Não corram tanto, ou pensarão que estamos fugindo",[21] teria dito. Muitos anos depois, e a muitos quilômetros dali, na ilha de Santa Helena, o próprio Napoleão Bonaparte, já derrotado, teria deixado também a sua impressão sobre o episódio. Ou melhor, sobre o rei europeu incomum, filho de d. Maria, responsável pela fuga audaciosa, improvável. "Foi o único que conseguiu me enganar", lamentou, segundo um relato de fonte incerta.[22]

Do ponto de vista das elites luso-americanas, pouco interessava, na verdade, se d. João havia sido um estrategista genial ou um monarca pusilânime, capaz de abandonar boa parte dos seus súditos à sanha de um exército invasor. Tanto para os cortesãos e burocratas que cruzavam o Atlântico no rumo sudoeste quanto para os comerciantes e proprietários que os aguardavam nos trópicos, o que importava era a mudança da Coroa para o Brasil.

O lugar de onde d. João poderia recriar seu "grande Império", segundo a aposta de d. Rodrigo de Sousa Coutinho, que recomendara ao rei, em 1803, a transferência da Corte, havia se tornado o esteio da monarquia portuguesa. Foi do ouro, do crescente afluxo do metal precioso até a década de 1750, encontrado sobretudo em Minas Gerais, que provieram ao longo da maior parte do século XVIII os recursos capazes de manter o fausto da Corte portuguesa. Mas, no momento mesmo em que a elite lusa precisou se refugiar no Rio de Janeiro, já fazia tempo que essa produção vinha em declínio. De um ápice de quase dezesseis toneladas anuais nos anos 1750, a produção anual de ouro de Minas, Goiás e Mato Grosso caíra para pouco mais de quatro toneladas ao ano, às vésperas de 1800.[23] Do ponto de vista fiscal, isso representava uma redução enorme na entrada de recursos necessários para sustentar o Estado português.

Ocorre que nem a máquina burocrática nem os gastos suntuosos da Corte se viram constrangidos por falta de recursos. Enquanto a produção aurífera sofria, uma outra fonte de receitas havia despontado. Na segunda metade do século XVIII, produções agrícolas tradicionais do Brasil e uma cultura mais recente — o algodão — passaram a crescer de maneira exuberante, em particular nas décadas finais do século.[24] O crescimento econômico da Europa, o aumento da renda per capita por lá, a intensificação do comércio atlântico e, especialmente, o início da Revolução Industrial na Inglaterra ajudaram a impulsionar a demanda por mercadorias brasileiras. O açúcar, um produto de luxo no século XVII, havia se popularizado e caminhava para se tornar um bem corriqueiro, de consumo de massa, entre 1700 e 1800. O consumo total do produto na Europa, que em 1650 equivalia a cerca de 20 mil toneladas anuais, saltou para 200 mil toneladas em 1770 — montante que ainda dobraria ao longo dos cinquenta anos seguintes.[25] A essa altura, os principais centros produtores brasileiros, de Pernambuco ao Rio de Janeiro, já contavam com uma concorrência muito maior do que aquela que tinham tido que enfrentar entre o fim do século XVI e início do XVII. Mas a demanda crescia a uma velocidade tão grande, no século XVIII, que os seus efeitos foram sentidos por todos os produtores, inclusive os da América portuguesa. Em apenas duas décadas, entre 1776 e 1797, a produção brasileira de açúcar demandada pela Europa mais do que dobrou — sua reexportação pelos portos portugueses passou de pouco menos de 700 mil arrobas anuais, no início do período, para 1,6 milhão de arrobas, ao final.[26,27]

O salto mais impressionante, contudo, seria reservado ao algodão. Carro-chefe da Revolução Industrial, a produção de tecidos na Inglaterra a partir dessa matéria-prima cresceu numa velocidade inédita para um bem manufaturado, assim que começaram a ser utilizados os novos maquinários que impulsionavam a produtividade e barateavam o produto, a partir de 1770. Já na década que se encerra em 1780, a fabricação de tecidos de algodão ingleses crescia à taxa de mais de 6% ao ano. Entre 1780 e 1790, mais e mais panos foram produzidos, com um incremento da oferta de quase 13% ao ano. O ritmo de expansão da fabricação de tecidos de algodão continuou forte, com taxas anuais próximas de 7% entre 1790 e 1800, ainda superando os 5% de crescimento, ano após ano, até 1830.[28] É difícil imaginar qualquer outro bem manufaturado que tenha tido a produção ampliada tantas vezes, em tão pouco tempo, antes disso. Durante boa parte desse período, o Brasil foi um dos principais fornecedores da matéria-prima para a indústria inglesa. Na década de 1790, o algodão plantado e colhido no Maranhão e em Pernambuco representou cerca de 40% de toda a entrada desse item no porto de Liverpool.[29] Não deve surpreender, portanto, que a produção de algodão brasileira, reexportada por

Lisboa e pelo Porto, tenha aumentado em mais de dez vezes num período de cerca de vinte anos, entre 1776 e 1797, passando de pouco mais de 26 mil arrobas anuais para 300 mil arrobas. Na década seguinte, ela continuou a crescer. Em 1807, quando a família real se transferiu para o Brasil, 525 mil arrobas de algodão foram reexportadas dos portos portugueses para outras nações europeias, em particular para a Inglaterra.[30]

Nas décadas que se seguiram a 1770, o açúcar e o algodão se tornariam as duas mais importantes commodities brasileiras vendidas à Europa pelo entreposto comercial português: juntas, representaram sempre mais de 70% das reexportações lusas entre o fim do século XVIII e o início do XIX.[31] Mas o "renascimento agrícola" brasileiro da última quadra daquele século também fomentou uma diversificação de produtos, com ampliação da pauta exportadora e crescimento de regiões antes pouco integradas ao comércio atlântico. As exportações de tabaco da Bahia passaram de uma média de cerca de 257 mil arrobas anuais, entre 1730 e 1779, para mais de 420 mil arrobas, de 1780 em diante. No Pará, a venda de cacau subiu 91% a partir dessa mesma data.[32]

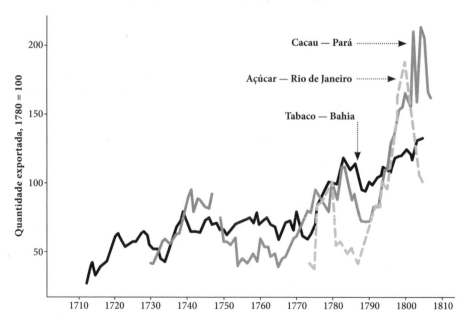

EXPORTAÇÃO DE COMMODITIES DO BRASIL, MÉDIA MÓVEL DE CINCO ANOS (1710-1807)[33]

Tudo somado, o impacto na economia luso-americana foi impressionante. O fluxo de navios cresceu em todos os portos. No caso particular do Recife, um incremento de mais de 50% a partir de 1780.[34] Apesar de o exclusivo colonial (a imposição de que apenas embarcações portuguesas pudessem fazer o comércio com o Brasil) vigorar oficialmente até 1808, também aumentou a presença de naus com bandeiras estrangeiras na costa brasileira. Na Bahia, o desembargador João Rodrigues de Brito constatou, em 1807, que o crescimento da produção agrícola era "uma verdade inquestionável".[35] As receitas fiscais acompanharam, naturalmente, o movimento geral do comércio, subindo nas principais capitanias da América e também em Portugal.

O início dessa reviravolta, antes ainda que o impacto da crescente demanda europeia se fizesse sentir plenamente, contou com ajuda estatal portuguesa. Durante o governo do rei d. José I (1750-77), seu principal ministro, Sebastião José de Carvalho e Melo — a partir de 1770, marquês de Pombal —, criou companhias de comércio que detinham monopólios de transações econômicas para determinadas regiões do Brasil, uma delas com o Pará e o Maranhão, outra com Pernambuco e a Paraíba. Nessas duas áreas da América lusa (o extremo norte e a capitania precursora e mais bem-sucedida na produção de açúcar), a agricultura voltada à exportação sofria duplamente, em meados do século. De um lado, com a concorrência de novos produtores nas Américas; de outro, com o encarecimento dos custos de produção[36] — em particular, a elevação do preço dos escravizados. As companhias serviam, então, como fonte de crédito para os fazendeiros já estabelecidos, mas em dificuldades financeiras, além de estimular a produção de novos cultivos — entre eles, justamente, o algodão. "A partir de 1760, começou-se a exportar algodão de São Luís e, em 1767, arroz", escreveu o historiador Kenneth Maxwell. "Investimentos de capital e a extensão de crédito trouxeram auxílio para os donos de engenhos de açúcar" em Pernambuco, segundo o historiador inglês. O número de engenhos em funcionamento aumentou em cerca de 50% entre a fundação da companhia local, em 1759, e 1780.[37] Desde 1751, também foram estabelecidas mesas de inspeção nos principais portos da América portuguesa, responsáveis pela garantia da qualidade dos produtos exportados, com atenção especial, é claro, ao açúcar e ao algodão.

De resto, as autoridades portuguesas souberam imprimir algum grau de flexibilidade em sua política econômica, mesmo dentro dos parâmetros estritos do mercantilismo da época. Desde meados do século XVII, vigorava um sistema de frotas para o comércio entre a América lusa e os portos portugueses, com grupos de navios organizados oficialmente pelo Estado, num sistema regular, embora lento, de viagens cruzando o Atlântico. O objetivo, frequentemente frustrado, era o de obter o máximo de controle possível sobre as trocas comerciais com a colônia, tentando evitar a atuação de mercadores estrangeiros e o contrabando. Quando, contudo, já no século XVIII, a demanda por commodities brasileiras se intensificou, o sistema de frotas se mostrou engessado, incapaz de responder com agilidade às flutuações de demanda, sendo, portanto, prejudicial ao crescimento do comércio. Foi, então, abandonado em 1765.[38] O trânsito entre a metrópole e a colônia passava a ser permitido a todo navio licenciado pelo governo, sem limitações quanto a datas e a frequência de viagens. Os portos do Rio de Janeiro e de Salvador foram os primeiros a se beneficiar das novas regras, mas logo também em Pernambuco e no Maranhão o comércio passou a ser relativamente "livre", com o fim do monopólio concedido às companhias, àquela altura já dispensáveis — em 1778, no extremo norte, e em 1787, no Recife. Segundo Jácome Ratton, um negociante francês que vivia em Portugal durante o período em que o marquês de Pombal comandou o país, o fim do sistema de frotas "impulsionou enormemente o comércio luso-brasileiro", reduzindo o intervalo de tempo em que os comerciantes portugueses tinham de aguardar pelo pagamento na colônia. Tornou-se possível que os navios fizessem duas viagens ao Brasil em menos de um ano, enquanto, durante a vigência das regras anteriores, precisavam de três anos para perfazer as mesmas viagens de ida e volta aos portos da América do Sul.[39] O desembargador João Rodrigues de Brito também observou, já em 1807, que o fim do sistema de frotas havia sido uma das principais medidas liberalizantes do comércio local até aquele momento.[40]

Nenhuma dessas medidas resultou, vale dizer, da benevolência da Coroa portuguesa, mas, sim, de uma necessidade: o enorme aumento das trocas atlânticas na segunda metade do século XVIII exigia facilidades de produção e uma maior flexibilidade de comércio, ao custo, caso não fossem implementadas, de prejudicar a venda de commodities na Europa e, consequentemente, a arrecadação de impostos nas alfândegas de Lisboa e do Porto. Não à toa, medidas semelhantes de relativa liberalização comercial nas Américas foram tomadas nessa mesma época pelos espanhóis.[41] Os dilemas eram os mesmos para todas as metrópoles europeias — todas precisavam aumentar receitas para fazer frente aos crescentes gastos bélicos —, e parecia necessário fazer concessões. Como costuma suceder nesses casos, mal foram postas em prática e as novas medidas já pareciam tardias e insuficientes, gerando insatisfações. Ao deixarem claro que os controles anteriores não eram eternos e ao permitirem que americanos e europeus conhecessem os efeitos positivos de um comércio mais livre, as cautelosas inovações dos dirigentes da época acabaram botando ainda mais lenha na fogueira da crítica aos controles estatais. *A riqueza das nações*, de Adam Smith, obra publicada na década de 1770, embora obviamente transcenda o seu tempo, apresenta, de toda forma, esse espírito de época. Nela, o economista escocês apresenta um diagnóstico crítico da política econômica adotada pelas nações europeias até aquele momento, lançando as bases teóricas para a crítica que dali por diante se faria ao mercantilismo. Na Bahia, o desembargador Brito, leitor de Smith que elogiara o fim das frotas anuais, não se dava por satisfeito. Entre outras reclamações, chamava a atenção para a miríade de licenças e "formalidades dispendiosas" necessárias para a "fundação de fábricas, alambiques, armações de pescar e engenhos de açúcar" na colônia. No Brasil, dizia ele, para o fazendeiro poder cumprir todas as suas obrigações burocráticas, "cumpre beijolar ao governador, peitar o ouvidor e o escrivão da comarca, os quais sem exorbitantes salários não vão fazer a indispensável vistoria".[42] Vale notar: às vésperas da chegada da Corte de d. João ao Rio de Janeiro, é certo que a economia na América portuguesa vivia um momento favorável, como reconhecia o desembargador Brito, mas isso não era garantia de que as insatisfações estivessem sendo aplacadas. As elites locais queriam mais.

Seja como for, com entraves e insatisfações, a economia da América portuguesa passou por profundas mudanças na transição do século XVIII para o XIX — e não apenas no setor exportador, que respondia mais diretamente aos impulsos vindos da Europa e das trocas atlânticas. No fim das contas, o aumento do comércio externo terminou por alavancar também a expansão do mercado interno. Ao que tudo indica, com os incentivos do final do século XVIII, a economia colonial não apenas aumentou suas vendas ao exterior, mas se tornou mais complexa, mais produtiva e mais interligada. Um primeiro sinal disso vem do tráfico de escravizados. Entre 1720 e 1780, a chegada de africanos aos portos brasileiros permaneceu relativamente constante, com uma média de 19 mil trabalhadores importados à força a cada ano. Nos anos 1790, esse número aumenta em 50%. Voltará a crescer, alcançando patamares inauditos de desembarque, de cerca de 50 mil escravizados por ano, na década de 1810. Simultaneamente ao aumento de mão de obra empregada pelas fazendas brasileiras, o preço de cada escravizado também subiu. Em alguns portos, houve aumentos da ordem de 150% entre 1770 e 1820.[43]

O crescimento simultâneo e prolongado da demanda por trabalho e do preço do trabalhador escravizado — sendo esse o principal custo de cada unidade produtiva — sugere que houve aumento de produtividade na economia brasileira nesse período. Ou seja, a economia se tornou mais eficiente, com cada escravizado produzindo mais para uma mesma quantidade de horas trabalhadas, gerando benefícios para a economia como um todo, menos para si próprio. Pagava-se mais para uma quantidade cada vez maior de escravizados porque o investimento compensava, com provável aumento da produção per capita e, portanto, da produtividade de cada empresa, de cada fazenda.

De resto, é razoável supor que parte desse aumento de produtividade proviesse de unidades produtivas voltadas para o mercado interno. Ao que tudo indica ocorreu no Brasil, entre o final do século XVIII e o início do XIX, o que se convencionou chamar de "crescimento smithiano", em homenagem a Adam Smith, um dos autores a enfatizar essa lógica econômica — ou seja, o crescimento de produtividade que advém de uma ampliação das trocas, que, por sua vez, gera um mercado mais complexo, com especialização crescente de cada unidade produtiva. O mecanismo é relativamente simples de entender no caso brasileiro: com o aumento da demanda europeia por açúcar e algodão, quem produzia esses itens passou a se dedicar quase que exclusivamente ao seu cultivo — abrindo mão, por exemplo, de plantar mandioca na própria fazenda para alimentar seus escravos. Enquanto algumas regiões se especializaram, então, na produção para o mercado externo, outras passaram a produzir alimentos de consumo de massa — sobretudo farinha e carne-seca —, vendidos aos exportadores de toda a costa brasileira, demandantes desses produtos para manter a sua força de trabalho viva e ativa. Movidas pelos incentivos de mercado, as produções para os mercados externo e interno (alimentos) se especializaram, buscando, cada uma, condições e áreas geográficas mais propícias para o cultivo, de forma a ganhar escala e produtividade.

No final do século XVIII, a demanda europeia por açúcar e algodão ajudou a impulsionar a produção desses dois artigos e o crescimento da economia colonial.

Algumas regiões se especializaram, então, na produção de carne-seca (abaixo) e de farinha (à esq.), voltadas para o abastecimento das cidades e das fazendas exportadoras.

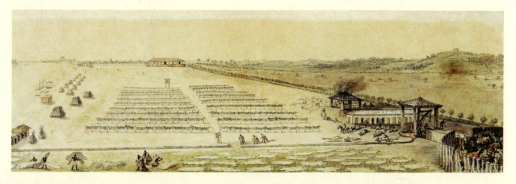

Com a invasão de Portugal pelas tropas francesas, em 1807, a família real e quase todo o Estado português foram obrigados a se transferir para o Brasil.

Aclamação de d. João VI como rei. O fausto da Corte sediada no Rio de Janeiro, que atingia então o seu ápice, criou dificuldades fiscais para o Estado luso-brasileiro.

Tropas luso-brasileiras saíram do Rio, em 1816, para tentar conquistar a região em torno do porto de Montevidéu; militares da Banda Oriental, comandados por José Gervasio Artigas, dariam combate às forças leais a d. João; a disputa pelo controle do atual território do Uruguai seria vencida pelos luso-brasileiros, mas a um alto custo para os cofres reais.

Em Pernambuco, elite, tropa e povo se rebelaram em 1817 contra os altos impostos e a carestia de alimentos, resultado da voracidade fiscal do Rio de Janeiro. Depois de se declararem dissociados da Coroa portuguesa, revolucionários locais foram duramente reprimidos.

O aumento dos preços de alimentos, resultado da emissão desmesurada de papel-moeda, gerou insatisfações da população urbana também no Rio. (Nas imagens à direita, representações do comércio de rua na Corte, feitas por Debret.)

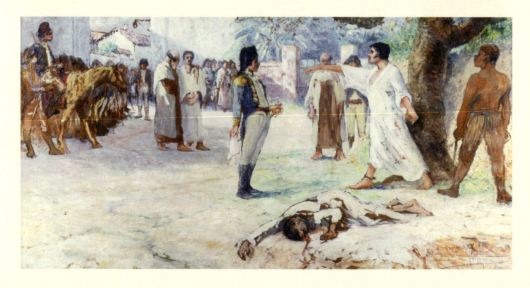

Em Portugal, tropas, oficiais militares e funcionários públicos, com atrasos nos pagamentos, apoiaram o movimento revolucionário liberal de 1820 (em Lisboa, na imagem de cima), que se tornou vitorioso em todo o Reino Unido ao obrigar o rei, no Rio, a aceitar a redação de uma Constituição, em 1821. (Na imagem de baixo, o largo do Rocio.)

D. João VI volta à Europa, por exigência dos revolucionários constitucionais, e tem que se submeter ao novo governo parlamentar.

Com a instalação das Cortes, em Lisboa, representantes dos dois lados do Atlântico começaram a negociar uma nova organização administrativa para o Reino Unido.

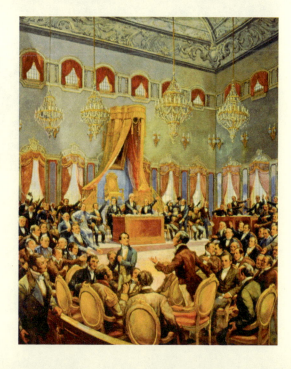

A elite baiana, com perda de poder local por interferência das Cortes, começa a se organizar militarmente nas cidades do Recôncavo (na imagem de baixo); mais tarde, já em guerra aberta contra os portugueses pelo controle da província, os baianos receberiam reforços vindos do Rio, liderados pelo almirante Cochrane (cujos navios de partida para a Bahia foram retratados na imagem de cima).

Depois de um cerco que impôs fome aos soldados portugueses, seguido da fuga por navio dos europeus, o Exército brasileiro entra em Salvador, no dia 2 de julho.

Milícias de pretos e pardos foram cruciais nas batalhas pela Independência da Bahia e nos conflitos pelo controle de Pernambuco.

Duas representações do Grito do Ipiranga, por d. Pedro; a mais famosa delas, o quadro de Pedro Américo, retrata de maneira bonapartista — militar e hierárquica — um movimento que dependeu de embates parlamentares e teve importante participação popular.

Representação feita por Rugendas do governo de Pernambuco, que em 1824 reagiu ao golpe militar de d. Pedro contra a Assembleia e propôs alternativa constitucional às arbitrariedades do imperador.

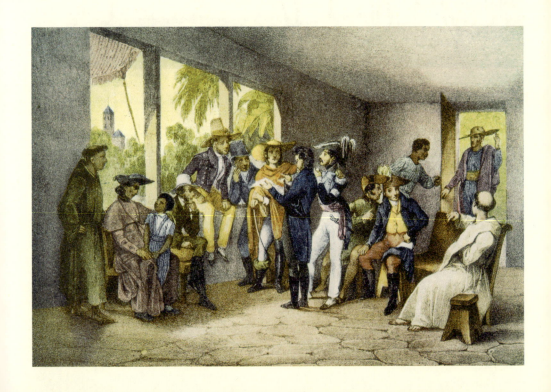

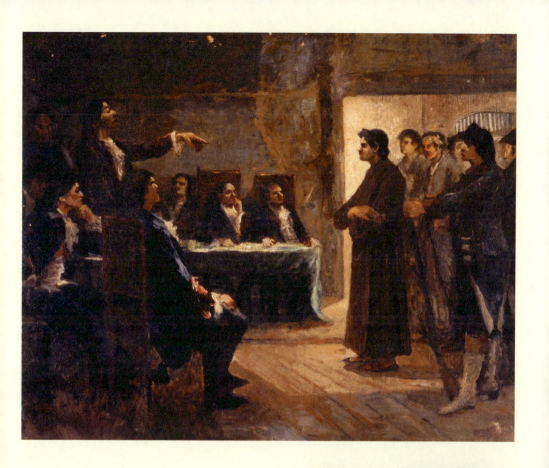

Derrotados militarmente e julgados traidores, líderes da Confederação do Equador foram executados no Recife.

Batalha de Ituzaingó, da qual saíram derrotadas as forças brasileiras; a crise econômica provocada pela Guerra da Cisplatina levaria à abdicação de d. Pedro.

CHEGADAS E PREÇOS DE ESCRAVIZADOS NO BRASIL (1770-1820)

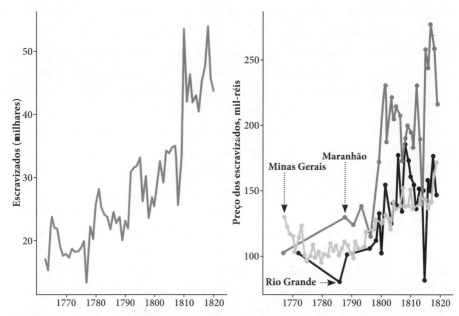

FONTES: Para os escravizados desembarcados (Slave Voyages Database), e para os preços: Maranhão (Hawthorne, 2010), Minas Gerais (Bergad, 1999), Rio Grande do Sul (Pereira, 2018).[44]

Uma das primeiras historiadoras a identificar essa mudança foi a norte-americana Larissa Brown. Em sua tese de doutorado, defendida em 1986, sobre o mercado interno na região Centro-Sul do Brasil, Brown observava que, até aquela data, os trabalhos historiográficos que se dedicavam à economia colonial tendiam a "ver a sociedade brasileira rigidamente dividida entre um setor exportador e um setor de subsistência". Suas investigações, em contrapartida, haviam revelado, "em vez de uma sociedade dual, [...] uma única economia, mesmo no período colonial, cuja malha de conexão era o sistema de comércio interno".[45] Essa economia com um setor exportador associado a outro dedicado à produção de alimentos para o consumo interno, ambos submetidos a uma lógica de mercado e interligados, surgiria com mais clareza no final do século XVIII, quando se passa a constatar "algum grau de especialização regional, tanto dentro das diferentes regiões [do país] como também entre elas".[46]

A análise de Larissa Brown se detém sobretudo no Rio de Janeiro, cidade que havia crescido e se transformado em um centro regional de comércio mesmo antes da chegada da família real. "Os efeitos combinados da expansão da agricultura de exportação e do crescimento da cidade como um centro consumidor criaram as condições", escreve ela, "para um comércio interno mais intenso e mais amplo do ponto de vista geográfico", estabelecendo relações comerciais "entre a cidade e uma variedade de regiões secundárias especializadas" na produção de diferentes gêneros para o consumo interno.[47] A lógica explicitada por Brown é a de um estímulo que vem do mercado externo (o aumento da demanda europeia e uma intensificação das trocas atlânticas) que termina por impulsionar a especialização produtiva e o mercado interno. A historiadora, antes de passar à análise quantitativa da produção para o mercado interno, oferece relatos, reações de observadores da época aos impactos sentidos pelo conjunto da economia com o aumento da produção para a exportação. Cita, por exemplo, um trecho das *Cartas econômico-políticas* escritas pelo desembargador João Rodrigues de Brito, a mesma autoridade que registrara, em 1807, suas impressões sobre o fim das frotas e o crescimento da produção agrícola na Bahia. Em seu texto, Brito reproduzia o discurso de um fazendeiro local, homem de negócios que alegava preferir gastar quarenta mil-réis semanais para comprar no mercado a farinha necessária para alimentar as 250 pessoas de sua plantation a usar o solo destinado à cana-de-açúcar para cultivar mandioca.[48] Antes, em 1797, o vice-rei do Brasil, sediado no Rio, escrevia às autoridades portuguesas que, "na esperança de conseguir maiores lucros, a maior parte dos senhores de engenho havia abandonado completamente o plantio da mandioca, considerando menos propício dedicar-se a esse cultivo do que comprar a farinha para a subsistência de suas famílias e de seus escravos".[49] Vale acrescentar a essas observações reunidas pela pesquisadora norte-americana a impressão registrada pelo comerciante francês Louis-François de Tollenare durante sua estada em Pernambuco, no ano de 1817. Numa visita a um engenho com um plantel de mais de 130 escravizados, Tollenare anotou que a fazenda consumia anualmente 15 mil libras de carne-seca, "vinda das províncias do Sul", e que não se cultivava ali "toda a mandioca necessária". Segundo o comerciante francês, "são precisos 360 alqueires por ano, parece que compram de cem a 150".[50]

O impulso provindo da demanda europeia às vezes convertia escolhas econômicas de regiões inteiras do país, restringindo, naquelas áreas, a produção de alimentos. Foi o que aconteceu em Campos dos Goytacazes, ao norte do

Rio, que, de centro fornecedor de mantimentos (carne, sobretudo) para a capital, se transformou, em fins do século XVIII, em mais um polo exportador de açúcar. Se em 1770 a cidade possuía menos de sessenta engenhos, outras duas centenas deles foram instaladas nas três décadas seguintes, até a virada do século XIX.[51] O estímulo para a especialização da lavoura de exportação, com o eventual abandono do cultivo conjunto de alimentos nessas fazendas para os seus plantéis de cativos, ou a interrupção do cultivo para o mercado interno de regiões que passavam a produzir para o mercado externo, gerou, com frequência, problemas de abastecimento. Há registros de escassez e de encarecimento tanto da carne quanto da farinha em diversas regiões do país, de São Paulo a Pernambuco, no final do século XVIII. As autoridades locais, em várias dessas regiões, tentaram então lançar mão de soluções políticas, extramercado, para o problema de abastecimento. No Recife, a Câmara local pressionou as autoridades da capitania, em vão, "para que fossem cumpridas as determinações de que cada unidade produtora de açúcar fosse responsável pela manutenção de seus escravos plantando a mandioca necessária para isso". Os representantes do poder local também determinaram "que os transportadores de algodão do interior da capitania, ou das capitanias anexas, somente pudessem descarregar suas mercadorias no Recife, quando cada duas unidades de algodão viessem obrigatoriamente acompanhadas de uma carga de farinha".[52]

De forma geral, esse tipo de reação oficial, adotada por autoridades de norte a sul da América lusa, foi pouco efetiva. Os evidentes incentivos econômicos para a produção de alimentos voltada ao mercado interno, por outro lado, não demoraram a fazer efeito. Larissa Brown identifica três grandes áreas na costa brasileira que, aos poucos, se constituíram como grandes produtores e fornecedores para o mercado doméstico: o sul da Bahia, nomeadamente as cidades de Caravelas e São Mateus, que produziam farinha de mandioca; Santa Catarina, que também fabricava farinha em larga escala; e o Rio Grande do Sul, que fornecia charque para diversos outros portos.[53] Farinha e carne-seca eram os itens essenciais da alimentação da maior parte da população e também dos escravizados no Brasil. Navios negreiros não partiam para a África sem um carregamento dos dois produtos, sobretudo da farinha. É a essa demanda que trechos da costa brasileira irão responder.

O caso de Santa Catarina, registrado por Brown, é impressionante. Até o fim do século XVIII, tratava-se de uma província pouco produtiva e fora de circuitos comerciais importantes; seus principais portos passariam a "exportar" (que era como na época se referiam a qualquer venda para fora da capitania) farinha em larga escala na virada do século XIX para o XX. Em menos de duas décadas, entre 1796 e 1812, a produção local da commodity quase dobraria, subindo de 204 mil para 388 mil alqueires totais. Nesse mesmo período, o consumo local do produto permaneceria relativamente estável, oscilando de 152 mil para 160 mil alqueires. Ou seja, o grosso do incremento estava sendo vendido para outras regiões brasileiras — o total exportado subiria, assim, de 52 mil alqueires, em 1796, para 228 mil alqueires, em 1812.[54] Desse total, o Rio, que possuía o maior porto da região Centro-Sul, ficaria no ano final da série com 19 mil alqueires,[55] cerca de 8% de tudo que foi comercializado pela capitania — indicativo de como a distribuição era pulverizada por todo o país.

A produção de charque na capitania, depois província, de Rio Grande de São Pedro (atual Rio Grande do Sul) também cresceria, voltada, como no caso da farinha, para o consumo em toda a costa brasileira. Entre 1787 e 1816, a exportação total de charque saída de seus portos passaria de 117 mil arrobas para 1 933 000 arrobas.[56] De 1808 a 1821, as vendas de carne-seca em geral representavam cerca da metade, às vezes mais, do total exportado (ou seja, vendido para qualquer outro lugar, incluindo outras províncias).[57] Em seu trabalho, Larissa Brown se concentra na relação do Sul com o Rio de Janeiro, mas "mapas de exportação e importação" produzidos por administradores locais para as autoridades da Corte indicam que o produto seguia para diversos portos da costa. Em 1818, 38% da carne-seca local teve como destino o porto carioca, outros 38%, o baiano, e 9,7%, o pernambucano. No ano seguinte, a divisão do charque saído do Sul entre os três principais portos foi de 34% para o Rio, 37% para a Bahia e 21% para Pernambuco. Em 1820, o Rio consumia quase a metade do charque exportado (46%), mas Bahia (com 35%) e Pernambuco (com 11,5%) ainda representavam mercados consumidores importantes.[58]

Só a enumeração desses dados já serve para enfraquecer a tese, tantas vezes repetida, de que o Brasil na época de sua Independência era um "arquipélago econômico", com suas principais regiões econômicas, cada uma com um porto principal (Rio, Salvador, Recife), voltadas quase que exclusivamente para o comércio exterior e com pouca interligação entre si. Um dos princi-

FONTE: Arquivo Nacional, Junta do Comércio, caixa 448, pacote 1.

pais estudiosos do Brasil imperial, por exemplo, o historiador Roderick Barman, escreveu que

> quase nada unia os criadores de gado dos amplos pastos do Rio Grande do Sul no extremo meridional, os mineiros em busca de ouro e de diamantes nos riachos gelados de Minas Gerais, os escravos negros trabalhando nas úmidas lavouras de cana de Pernambuco, no Nordeste.

Daí a conclusão de que "a América portuguesa não era uma única economia, mas antes seis principais regiões econômicas [...] mantendo relações mais com o mercado atlântico do que com as outras cinco".[59] José Murilo de Carvalho, em sua obra de referência sobre a política imperial, relativiza a ideia de que o país fosse um arquipélago econômico, mas insiste, de toda forma, que "se é possível dizer que havia base concreta de interesses econômicos para manter unidos, por exemplo, Minas Gerais e Rio de Janeiro, o mesmo não se pode dizer em relação a Pernambuco e Rio de Janeiro".[60] Ora, mapas de exportação e importação do porto do Recife indicam que, em 1812, por exemplo, 14% do valor total de mercadorias que chegavam de navio a Pernambuco provinha do Centro-Sul do país, e 6,6% da Bahia — considerando-se nesse cálculo, inclusive, o comércio com Portugal (12% do total) e com a Inglaterra (35% do total).[61] Nos balanços pernambucanos daquele ano, há o registro de que os navios que partiam para a Bahia levavam "dinheiro efetivo" para comprar farinha. O mesmo acontecia com embarcações que rumavam para o extremo sul da América portuguesa, a fim de se abastecer de charque: "Para este comércio do Rio Grande do Sul também se envia desta praça grande soma de dinheiro efetivo". Na Bahia, em 1808, o comércio com o Centro-Sul do país era ainda maior do que o realizado pela capitania vizinha: 20% do valor total de mercadorias que deram entrada em Salvador naquele ano provinha do Sul. Ou seja: os principais portos brasileiros eram relativamente bem integrados; os alimentos consumidos pela maior parte da população, inclusive escravizados — o charque e a farinha —, tinham se transformado nos principais elementos integradores dessas economias; e o grande impulso das exportações a partir do final do século XVIII contribuíra decisivamente, via especialização de produções, para o crescimento do mercado interno.

O cenário que se descortina dos relatos contemporâneos e das balanças de comércio na virada do século XVIII para o XIX põe em xeque, no fim das contas, não só a imagem simplista de "arquipélago econômico" para a América portuguesa, como também a ideia de uma estrutura econômica relativamente constante no tempo, que pouco se transformou do descobrimento à Independência, presente nos mais conhecidos modelos explicativos da economia colonial produzidos já no século XX. Caio Prado Júnior, Celso Furtado e Fernando Novais chamaram a atenção, em seus trabalhos, para a dificuldade de desenvolvimento de um mercado interno na América portuguesa. Desses autores, aquele que elaborou o esquema teórico mais sofisticado foi Furtado. Em sua descrição da sociedade produtora de açúcar no Nordeste brasileiro nos séculos XVI e XVII, o autor de *Formação econômica do Brasil* afirma que a economia escravista dependia, "de forma praticamente exclusiva, da procura externa".[62] E que, ao mesmo tempo, não havia "nenhuma possibilidade de que o crescimento com base no impulso externo originasse um processo de desenvolvimento de autopropulsão".[63] O crescimento da demanda externa poderia ampliar, segundo Furtado, o sistema açucareiro, mas sem que isso trouxesse estímulos para o mercado interno, uma vez que as unidades produtivas realizavam suas trocas de maneira praticamente exclusiva com o exterior. A quase totalidade do dispêndio monetário se dava, dizia ele, com importações. Dentro da América lusa, os mesmos escravos que se ocupavam com o plantio de cana e sua transformação no principal produto da colônia também eram usados para "produzir alimentos para o conjunto da população".[64] Quase não havia, na figura que Furtado elabora, trocas comerciais internas ao sistema colonial, mas unidades produtivas em grande medida autossuficientes conectadas, do ponto vista mercantil, sobretudo com a Europa. Tudo funcionava como se os estímulos para a economia nordestina, vindos da demanda europeia, "vazassem" permanentemente, sem alimentar o comércio local, convertendo-se sobretudo em importações, tanto para o consumo quanto para reinvestimento (mais maquinário e aumento do plantel de escravizados). Não se pode excluir a possibilidade de que a descrição feita por Furtado se aproximasse um pouco mais da verdade nos séculos XVI e XVII, mas ela certamente deixa de dar conta do que se depreende dos documentos relativos já ao século XVIII.

O historiador Fernando Novais pintava o mesmo cenário, mas com tintas mais fortes, adotando uma visão mercantilista do comércio, como um jogo de soma zero em que a colônia necessariamente sairia perdendo. "Encarada em conjunto, a sociedade colonial é espoliada pela burguesia metropolitana", escreve ele em sua obra mais importante, *Portugal e Brasil na crise do antigo sistema colonial, 1777-1808*.[65] Segundo Novais, uma parcela expressiva das necessidades de subsistência das fazendas era produzida "dentro da própria unidade produtora para a exportação". Sendo assim, conclui, "a economia colonial mercantil-escravista tem necessariamente um mercado interno reduzidíssimo".[66] As duas características essenciais da economia colonial, portanto, se relacionavam: a falta de um mercado interno limitava as possibilidades de enriquecimento, acumulação e reinvestimento dentro da América lusa, e a extroversão quase total de suas unidades produtivas fazia com que os "excedentes" dessa economia, extraídos do trabalho escravo, fossem transferidos aos comerciantes portugueses, beneficiados pelo direito exclusivo de fazer negócios nos portos brasileiros.

Uma das mais influentes contestações a essa visão de um mercado interno não apenas reduzido na colônia, mas quase inviável, lógica e economicamente, foi feita pelos pesquisadores João Fragoso e Manolo Florentino.[67] Em seu livro *Homens de grossa aventura*, Fragoso mostrou empiricamente a pujança da produção e do comércio de produtos locais no início do século XIX, sobretudo alimentos, voltados para o consumo interno. Havia os carros-chefes dessa produção — o charque e a farinha —, mas não só. O historiador chama a atenção, por exemplo, para a produção de milho, feijão e aguardente, em São Paulo e no sul do Rio de Janeiro, em grande parte destinada à venda na praça carioca.[68] Além desse comércio de cabotagem, ligando portos na costa brasileira e dedicado ao abastecimento interno, Fragoso lembra que o tráfico atlântico de escravos, um dos mais lucrativos empreendimentos do período colonial, era controlado, pelo menos desde o século XVII, por comerciantes residentes na colônia.[69] Esses mesmos grandes mercadores, que muitas vezes também se ocupavam do transporte e da venda do charque e da farinha, acumulavam riquezas localmente.

Já há muito tempo se sabe que o topo da elite econômica nas sociedades do Antigo Regime era ocupado por homens de "grosso trato", comerciantes dedicados ao arriscado, mas lucrativo, comércio de longa distância. Capazes de acumular recursos ao unirem mercados antes separados, também podiam lucrar com o empréstimo de dinheiro, ou seja, com o adiantamento de capital para os empreendimentos agrícolas. No Brasil da virada do século XVIII para o XIX, como em outras partes do mundo, esses comerciantes acabaram se convertendo em financiadores da economia local. Oferecendo crédito e empréstimos, de um lado, ou por meio da compra direta de terras, de outro, eles se tornaram também, no Centro-Sul do país, responsáveis pela expansão da produção voltada à exportação.[70] Alguns dos primeiros grandes fazendeiros de café no Rio de Janeiro haviam sido antes traficantes de escravos. Tudo somado, perdem força as características que, segundo Novais, seriam definidoras do "antigo sistema colonial". Vale dizer: o exclusivo comercial, mecanismo-chave, segundo o historiador paulista, para a transferência de recursos à Europa, tinha brechas pelo menos no comércio de escravizados, uma de suas rotas mais lucrativas; em vez de pouco desenvolvido ou quase inexistente, o comércio interno apresentava, com frequência, volumes e valores próximos — se não maiores — aos dos produtos de exportação; e, por fim, nem toda a riqueza gerada localmente era transferida para a metrópole — na verdade, o enriquecimento local, na fase derradeira do período colonial, servia como motor financeiro para a ampliação da economia de exportação.

Segundo Fragoso, há um indício decisivo de que a economia da América portuguesa não estava completamente submetida aos humores dos consumidores europeus — de que o Brasil era mais do que "uma grande plantação de produtos tropicais", nos termos de Furtado, ou seja, uma economia impossibilitada de constituir "um sistema autônomo, sendo simples prolongamento de outros maiores".[71] A evidência contrária a essa visão da América portuguesa como apêndice comercial da Europa aparece, segundo Fragoso, no fato de que a colônia era capaz de manter flutuações econômicas independentes dos ciclos das metrópoles. Mesmo quando os preços dos produtos coloniais voltados à exportação caíam, como resultado de uma desaceleração no crescimento europeu, muitas vezes ainda se observava a ampliação da produção no Brasil.[72] Fragoso explica essa ampliação da produção agrícola no Brasil, proveniente da compra de terras e de mão de obra escravizada mesmo num momento de baixa na Europa, dando ênfase à lógica de prestígio social vigente naquela sociedade do Antigo Regime — ou seja, valendo-se de uma lógica extraeconômica. O historiador observa que muitos comerciantes residentes na colônia, depois de terem enriquecido em suas atividades mercantis, reinvestiam boa parte de sua fortuna na compra de fazendas, com vistas a se tornarem senhores de homens e de terras — trocando, assim, o topo da hierarquia econômica pelo cume da hierarquia social local. Como essa busca por status era constante no tempo, independentemente do contexto econômico, fazia sentido que pudesse ter como consequência a ampliação da capacidade produtiva mesmo em momentos de baixa do mercado atlântico.[73]

"O movimento todo seria impulsionado pelo ideal 'arcaico' que conformava o *éthos* senhorial-escravista, isto é, a posse de terras e homens como sinal decisivo de distinção social", sintetizam os historiadores Rafael Marquese e Dale Tomich, em um texto sobre a montagem da produção de café em larga escala no início do século XIX. O período em que se organizam as fazendas de café no Vale do Paraíba fluminense cumpre papel importante na tese de João Fragoso e de Manolo Florentino.[74] Afinal, entre 1822 e 1830, enquanto a compra de escravos, a ocupação da terra na região e a produção cafeeira dão um salto, o preço internacional da commodity se encontrava em queda ou estabilizado, em valores relativamente baixos, nos principais centros consumidores. Em Nova York, desceu de um patamar de 21 dólares por libra do produto para oito dólares por libra. Segundo a lógica de Fragoso, sem poderem estar respondendo a um estímulo externo — o preço, que na verdade caía —, os novos cafeicultores estariam na verdade se movendo por ambições de prestígio. "Nada, portanto, de resposta às demandas do mercado mundial: a cafeicultura brasileira teria sido montada única e exclusivamente em razão das ações locais."[75]

Vinha daí a motivação de João Fragoso para ter feito a pergunta, central para o seu argumento, parafraseada por Marquese e Tomich:

> Como explicar o salto brasileiro da década de 1820, em uma conjuntura de queda acentuada dos preços internacionais? Os produtores deixaram de reagir ao sistema de preços, guiando suas estratégias empresariais pelo que vislumbravam em termos de ganhos sociais e simbólicos, como argumenta João Fragoso?

Pesquisas posteriores passaram a contestar, contudo, a premissa dessa pergunta.[76] Ao fazer suas escolhas de investimento, nenhum empresário se move exclusivamente pelas flutuações momentâneas de preço, mas, sim, pelos impactos dessa variação no que interessa de fato: suas possibilidades de lucro, medidas pela diferença entre a receita e os custos de produção. É perfeitamente possível, dentro da lógica econômica, que a diferença entre a receita a ser amealhada com a produção do café e os custos de montagem e manutenção das fazendas ainda se mostrasse positiva, mesmo com os preços do produto ocasionalmente em queda. As principais críticas aos historiadores fluminenses vão nesse sentido. Marquese e Tomich observam, por exemplo, que a produtividade da nova região que se descortinava na década de 1820 para a produção de café era cerca de cinco vezes maior do que aquela constatada nos antigos pés da cidade do Rio de Janeiro (aproximadamente cem arrobas por mil pés de café, no Vale, contra vinte arrobas por mil pés, na Tijuca) e três vezes maior do que em Cuba, outro grande produtor mundial.[77] Ora, uma produtividade tão superior impacta tanto nas receitas quanto, indiretamente, nos custos, já que o valor pago por cada escravizado, relativamente ao que ele vai produzir, cai. Vale lembrar, ainda, que não foram apenas os preços do café que sofreram ajustes na década de 1820. Diversas outras commodities tiveram seus valores em libras esterlinas reduzidos depois que a Inglaterra voltou a adotar o padrão-ouro, com o fim das Guerras Napoleônicas, e sua moeda se valorizou — ao mesmo tempo que os custos de transporte no Atlântico diminuíam, barateando tanto aquilo que os fazendeiros brasileiros vendiam no mercado internacional quanto os bens manufaturados que pretendiam adquirir. O que importa, dessa perspectiva, é o valor desses produtos exportáveis em relação ao que eles permitiam comprar, aos produtos importados, que também baixavam de preço. Não à toa, a historiografia argentina se colocou questão semelhante à de Fragoso e Florentino — e para a mesma época. A expansão da produção agro-pastoril no país vizinho, nas décadas seguintes à independência, ocorreu, de maneira comparável ao cenário descrito por Fragoso para o café no Brasil, em um contexto de "lenta porém muito prolongada queda" dos preços de produtos exportados. Em um trabalho dedicado a esclarecer essa aparente contradição, o historiador econômico Joseph A. Francis constatou que a queda dos preços dos bens manufaturados importados pelos argentinos foi ainda maior do que aquela observada entre as mercadorias vendidas para a Europa, no mesmo período. Ou seja, houve ganho nos termos de troca — o que no fim das contas gerou incentivos para que "capital e trabalho fossem deslocados para a agricultura de exportação".[78]

Por fim, outra possibilidade de lógica estritamente econômica para o investimento de grandes comerciantes na produção agrícola foi lembrada por Stuart Schwartz. Segundo o historiador, "para os comerciantes brasileiros, o investimento em terras e escravos fornecia segurança relativa e controle de riscos" em relação à sua atividade de origem, extremamente arriscada, ao mesmo tempo que podia conferir, de fato, status social, "vantagens múltiplas que eles devem ter sido capazes de reconhecer".[79] No fim das contas, fica pelo menos uma qualificação da tese de Fragoso: a busca por prestígio por parte dos comerciantes que investiam em terras, bastante provável, não excluía necessariamente o estrito cálculo econômico, e é mais do que provável que, ao perseguirem o benefício social, esses homens de negócios não tenham queimado dinheiro no processo.

Vale a pena, para concluir esta seção dedicada à economia colonial e às mudanças pelas quais ela passou no meio século que precedeu a chegada da família real, contrastar o papel que o comércio exterior cumpre, segundo essas diferentes correntes interpretativas, no desenvolvimento (ou no subdesenvolvimento) do comércio interno. No primeiro tipo de interpretação, de Furtado e de Novais, as trocas com a Europa — associadas ao caráter quase autossuficiente das unidades produtivas no dia a dia da fazenda e à sua dependência da importação de trabalho e de bens de consumo — são vistas, em certo sentido, como um fator *negativo* para a mudança estrutural da economia colonial, um tipo de relação econômica que impõe obstáculos ao surgimento do mercado interno e de uma estrutura econômica mais complexa na América. Já no esquema de Fragoso e Florentino, as trocas comerciais com a Europa, realizadas pela produção agrícola voltada para a exportação, são colocadas em segundo plano, aparecendo como um elemento relativamente neutro para que se estabeleçam uma sociedade e uma economia mais complexas, com mercado interno e reinvestimento local de riquezas — afinal, a ênfase da explicação para a "reprodução ampliada" daquela sociedade recai sobre um aspecto extraeconômico, a busca de status por parte dos grandes comerciantes. E a acumulação local, na própria Colônia, que permite a esses homens de grosso trato reinvestir sua riqueza em terras e homens é viabilizada por circuitos comerciais independentes da Europa: aqueles ligados à produção de alimentos, no mercado interno, e de mão de obra, via tráfico de escravizados. Simplificando um bocado, é quase como se a lógica de Furtado e de Novais se invertesse na obra de Fragoso e Florentino — e o mercado interno, de impossibilidade lógica, se convertesse em propulsor da agricultura de exportação.

É possível, porém, conceber uma terceira hipótese sobre a relação entre mercado externo e mercado interno durante o período colonial. Uma explicação pela qual a relação entre as trocas com a Europa, de um lado, e as trocas internas entre diferentes partes do Brasil, de outro, não seja nem negativa, com o comércio externo inibindo o comércio interno, como argumentam Furtado e Novais, nem neutra, como parecem sugerir Fragoso e Florentino — mas, sim, *positiva*. Mesmo considerando a importância e o tamanho da produção voltada ao mercado externo e as dificuldades para o surgimento de um mercado interno com alto grau de complexidade numa economia baseada no trabalho escravo, e o fato de que os ciclos econômicos da colônia não precisavam seguir pari passu os impulsos externos, é possível admitir que os estímulos vindos de fora servissem como motor, em primeiro lugar, de especialização da produção exportadora no Brasil, seguindo-se daí a especialização e o crescimento concomitante de setores voltados ao abastecimento interno. É o que o trabalho de Larissa Brown sobre as economias de Santa Catarina e do Rio Grande do Sul, bem como os dados sobre as trocas comerciais entre os principais portos brasileiros, sugere ter ocorrido, pelo menos no quarto final do século XVIII e nas primeiras décadas do XIX. As relações comerciais com o exterior teriam, assim, um impacto *positivo* no crescimento do mercado interno — e o problema da colônia, longe de ser o de ter de vender seus produtos na Europa, era o de ter *pouco* comércio externo, limitado em grande medida, pelo menos legalmente, por três séculos, às trocas com a metrópole. Comércio que, mesmo sob amarras mercantilistas, já vinha sendo ampliado nas décadas finais do período colonial e que viria a sofrer modificações extremas a partir de 1808, com a chegada da família real.

A frota que levava a Corte para a América do Sul já contava mais de uma semana de viagem quando, no dia 9 de dezembro, na altura da ilha da Madeira, uma tempestade se formou e o mar ficou agitado. Em seguida, um denso nevoeiro cercou as embarcações. Com a navegação prejudicada, os navios se dispersaram. Mais tarde, contudo, conseguiriam se reagrupar, formando dois grupos distintos de embarcações, que seguiriam separados até o Brasil. Um deles persistiria na rota predeterminada em direção ao Rio de Janeiro, mas o outro, no qual se encontrava a maior parte da família real, seguiria também numa rota sudoeste, paralela à do primeiro, embora um pouco mais ao norte. Decidiram assim, na nau do monarca, que seria prudente fazer escala em Salvador. Na segunda metade de janeiro, as embarcações que levavam a Casa de Bragança ao porto baiano se aproximaram do litoral, sendo avistadas ao largo da costa de Pernambuco. As autoridades locais carregaram um navio com carne e frutas, logo despachado com a tarefa de interceptar a frota régia. Sabe-se lá com que esforços, foram bem-sucedidos, cumprindo a missão de oferecer provisões e refrescos a passageiros certamente esgotados, depois de muitas semanas em alto-mar.[80] "Em algum ponto do litoral do Brasil, paladares embotados por mais de um mês de bolachas duras e rações de arroz deleitaram-se com os sabores inusitados de cajus e pitangas, antegozando sua futura pátria."[81]

É provável que pelo menos parte dos nobres e burocratas naqueles navios conhecesse algo da história da capitania que se encontrava a estibordo. Já célebres por seu senso de autonomia, os pernambucanos não só haviam expulsado os holandeses de suas terras em meados do século XVII, como, alguns anos depois, em 1666, trataram de aprisionar e meter num navio de volta a Lisboa o próprio representante do monarca, o então governador Jerônimo de Mendonça Furtado. O episódio, chocante para a época, representava apenas uma etapa dos sucessivos conflitos que opunham o governo local, tocado pela Câmara de Olinda, aos representantes régios em Pernambuco. Mendonça Furtado havia desafiado o orgulho e os interesses da "nobreza da terra", ricos fazendeiros donos de plantações de cana e de engenhos para a fabricação do açúcar, ao nomear funcionários sem obter o acordo necessário com as elites locais, ao interferir em assuntos da Justiça e ao executar dívidas desses ricos fazendeiros com os comerciantes reinóis, sequestrar seus bens, além de mandar prender e soltar até mesmo figuras ilustres da província. "Tudo em troca de dinheiro", segundo seus acusadores e algozes.[82]

O estratagema de que se valeram para capturá-lo e reafirmar o poder da oligarquia local "ainda hoje encanta pela simplicidade", segundo Evaldo Cabral de Mello, que narrou a história.[83] Era costume na época acompanhar em procissão o padre que ia dar a comunhão, em domicílio, a um doente grave — tanto a caminho da morada do enfermo quanto de volta à igreja. Mancomunado com os representantes da oligarquia local na Câmara, um vigário visitou, com esse pretexto, certa residência nas proximidades de onde morava o governador, fazendo-se acompanhar de um préstito. Ao avistar a procissão, o governador "não se furtou à obrigação de católico" e acompanhou o grupo de volta à igreja. Lá dentro, na penumbra do templo, deparou-se com as autoridades municipais à sua volta. Foi então detido, depois que um juiz cumpriu a formalidade de lhe dar voz de prisão. O que impressiona é que não só a oligarquia local não foi punida por sua ousadia, como, mais tarde, quando o governador-geral, sediado na Bahia, teve de nomear um novo representante régio para a província, tomou o cuidado de não desagradar aos fazendeiros e representantes do povo pernambucano.

O episódio ilustra o tamanho do poder que, no século XVII, essas instituições municipais importadas de Portugal detinham. Também no Rio de Janeiro, a Câmara local protagonizou episódios de audácia semelhante à de sua congênere pernambucana, rebelando-se contra autoridades metropolitanas e se arvorando o direito de nomear um novo governador, sem consultar Lisboa, depois que o escolhido pelo rei morreu. Responsáveis pela administração dos tributos determinados pelo reino e também pela criação de impostos locais, quando assim consideravam necessário, às Câmaras cabia o pagamento das principais

174

despesas de suas cidades, inclusive os soldos das tropas locais, desfrutando por muito tempo de relativa autonomia administrativa.[84] Faziam também o controle do abastecimento local e serviam como tribunais de primeira instância. Tudo isso iria mudar ao longo do século XVIII, numa reação do poder metropolitano às ambições de autonomia dos colonos luso-brasileiros.

A presunção de quase independência se traduzia, é claro, em conflitos fiscais — na verdade, numa falta de controle da Coroa sobre a gestão local de recursos e o envio de tributos para a metrópole. A fim de aumentar seu poder sobre essa prerrogativa do Estado, Lisboa passou a nomear juízes de fora — ou seja, não pertencentes às elites locais — para as principais cidades brasileiras. Administradores régios na Bahia apoiaram o movimento, indicando que "a presença de um magistrado profissional na Câmara seria não só capaz de melhorar a administração da Justiça, eliminando a parcialidade e o favoritismo demonstrado pelos juízes ordinários", locais, "como também evitaria a apropriação indébita de fundos por ela administrados".[85] Outra medida foi a concentração de poderes fiscais no Conselho Ultramarino, em Lisboa, diminuindo a liberdade dos municípios de contratar e gerir impostos. Todas essas iniciativas renderam, é claro, insatisfações e protestos por parte das oligarquias locais — o que, no fim das contas, continuava a tornar difícil e conflituosa a administração da colônia.

A saída veio de uma especificidade institucional do Brasil. Enquanto Portugal se destacava, na Europa, pela inexistência em sua divisão administrativa de poderes regionais — não havia por lá, como em outros reinos, órgãos de poder de nível provincial, com responsabilidades intermediárias entre o rei e as municipalidades —, no Brasil, sim, eles existiam. Eram justamente os representantes da Coroa, em particular magistrados, governadores das capitanias e o governador-geral, mais tarde chamado de vice-rei.[86] Na segunda metade do século XVIII, surgiu então uma solução de compromisso entre as ambições das elites regionais brasileiras e a busca por maior controle e centralização do poder em Portugal, enfraquecendo de vez as Câmaras locais e conferindo maior poder à esfera administrativa das capitanias. A inovação, engendrada e posta em prática pelo marquês de Pombal, consistia em concentrar poderes em órgãos fiscais recém-criados, as Juntas da Fazenda. Seriam elas, instituições de nível regional, as responsáveis por gerir impostos e pagar as folhas de funcionários civis, militares e eclesiásticos de cada capitania, remetendo as sobras do cofre para Lisboa. Assim, ficavam enfraquecidas as Câmaras e reforçado o poder metropolitano, mas com uma concessão: integrantes das elites locais de cada capitania podiam compor esse corpo burocrático regional — e com frequência o faziam.[87] As Juntas da Fazenda também facilitavam o acesso das elites locais, mesmo daquelas que não estavam diretamente ali representadas, à arrematação de contratos de impostos, ou seja, tributos recolhidos na esfera da capitania: em troca do direito de cobrá-los diretamente dos produtores e comerciantes por um certo período de tempo, em geral três anos, os potentados locais adiantavam às autoridades regionais um determinado valor estipulado pela junta. Em princípio, todos ganhavam: o Erário Régio, que não tinha capacidade burocrática e administrativa de recolher diretamente o que lhe era devido, e que, em teoria, passava então a contar com a segurança e a previsibilidade de receber os recursos sem ter de cobrá-los de seus súditos, fazendo uma espécie de seguro; e a elite econômica local, que podia lucrar com a diferença entre o que adiantava à Coroa e o tributo que efetivamente recolhia. *Todos*, evidentemente, é um modo de dizer: dessas transações estavam excluídos 99% dos súditos.

Em um comentário sobre a criação, em 1765, da Junta da Fazenda em Minas Gerais, responsável por negociar a contratação de importantes impostos locais, como o dízimo (cobrado sobre a produção de quase todos os bens, exceto o ouro) e as entradas (cobradas sobre a circulação de mercadorias), tributos que movimentavam vultosas somas na capitania, o historiador Kenneth Maxwell fez a seguinte observação:

> Estas importantes funções tinham sido anteriormente da competência do Conselho Ultramarino de Lisboa. De fato, pela primeira vez um órgão colonial sob a presidência de um governador local, que continha e estimulava a participação local, se tornou o único responsável pelo Tesouro regional e por todos os gastos e arrecadações, com exceção do quinto [do ouro] real.[88]

Referindo-se à criação das Juntas da Fazenda em todo o Brasil, Wilma Peres Costa observou que "tais reformas consagravam a capitania como uma jurisdição fiscal dotada de autonomia em relação a outras esferas da administração colonial e fora dela".[89] De fato, parece possível dizer que a estrutura político-administrativa que marcaria o restante da história brasileira e que, mais tarde, seria identificada como nosso feitio particular de federalismo — concentração de poderes no governo central e nos governos regionais, em detrimento do poder local, municipal — nasceu na segunda metade do século XVIII.

Parece razoável que Pombal, com esse desenho institucional, pretendesse melhorar a arrecadação, tornando-a mais previsível e regular, com o auxílio das elites econômicas locais cooptadas. O objetivo, no entanto, nem sempre foi alcançado. A arrecadação, de modo geral, viria a subir, impulsionada também pelo renascimento agrícola do fim do século. Em Pernambuco, as receitas fiscais, que em 1770 eram da ordem de 140 contos de réis, chegaram a mais de trezentos contos em 1790.[90] As "sobras", remetidas à metrópole, variaram nesse mesmo período de cerca de dez contos para aproximadamente cem contos de réis naquela capitania. Um aumento de dez vezes no total de impostos enviados a Lisboa em vinte anos parece um cenário róseo para o erário português. Mas houve custos no arranjo pombalino — políticos, sobretudo. Ocasionalmente, a atuação das elites locais, agora articuladas regionalmente, fugiu ao controle da Coroa. Foi o que aconteceu em Minas Gerais, por exemplo, na segunda metade do século XVIII, culminando na Inconfidência Mineira — uma revolta fiscal que, não fosse pela perspicácia do governador e por uma traição de última hora, poderia ter resultado num sério enfrentamento militar, ainda que fossem difíceis as condições para que uma ou mais capitanias do Centro-Sul do Brasil se tornassem independentes naquele momento.

Depois das reformas de meados do século, houve em Minas um entrelaçamento das redes de poder locais — civis, militares e eclesiásticas —, controladas, em grande medida, pelo topo da hierarquia econômica residente na capitania. Regras da década de 1750 estabeleciam uma espécie de piso arrecadatório, estipulando que as autoridades locais recolhessem e enviassem a Portugal uma cota anual de cem arrobas de ouro — ou seja, uma tonelada e meia do metal. Mas, com a queda da produção na segunda metade do século XVIII, esse valor passou a não ser mais alcançado. Previa-se legalmente uma "derrama" nesse caso, ou seja, a cobrança de frações extraordinárias da produção aurífera até atingir a marca predeterminada, mas o dispositivo era seguidamente evitado pela elite dirigente mineira, que escrevia às autoridades portuguesas do outro lado do Atlântico alertando sobre os perigos de impor um peso fiscal excessivo aos produtores locais. Também na contratação de outros impostos relevantes, como os dízimos e as entradas, os laços de amizade, negócios e parentesco da oligarquia trabalhavam contra a arrecadação régia. Magnatas ganhavam o direito de recolher esses tributos, mas deixavam de pagar à Coroa o montante acertado como adiantamento.

> Os pagamentos contratados encontravam-se em atraso, em elevada proporção do valor original do contrato, muitas vezes anos depois do vencimento dos recolhimentos oficiais devidos. João Rodrigues de Macedo, que deteve o contrato das entradas por seis anos a partir de 1776, havia pagado apenas 298:664$798 [298 contos, 664 mil e 798 réis] do preço contratado de 766:726$612, até junho de 1786. Rodrigues de Macedo também obteve o contrato dos dízimos entre 1777 e 1783, pelo preço de 395:372$957. Até 1786, menos do que a terça parte dessa soma, 100:272$952, tinha sido paga, tornando-o devedor à Junta da Fazenda de Minas naquele ano de 763:168$019. Esse montante representava mais de três vezes o total oficial de receitas da capitania em 1777 [...]. E Rodrigues de Macedo não era exceção.[91]

Tais abusos — do ponto de vista metropolitano — resultavam do fato de que, na América portuguesa, segundo Maxwell, "os supostos agentes da autoridade real eram frequentemente indiscerníveis da plutocracia brasileira, e o Estado, longe de conseguir dobrar esses colaboradores aos seus interesses, era, ele próprio, dobrado pela ganância e pelas ambições pessoais dos homens que compunham as novas agências de governo".[92]

No final da década de 1780, pressionado pela queda de receitas em Minas, o governo português resolveu dobrar a aposta. Nomeou um novo governador para a região, entregando-lhe detalhadas instruções que tinham como objetivo principal aumentar a arrecadação e o montante enviado para Lisboa. Além da cobrança dos valores atrasados dos dízimos e das entradas, o visconde de Barbacena, escolhido para o cargo, também deveria executar a derrama. Resistentes a pagar dívidas que, na prática, representariam a sua ruína financeira, representantes da elite local — fazendeiros, militares, clérigos — planejaram a sublevação, com a qual demoveriam o representante da Coroa. Importa notar que, dado o arranjo institucional criado por Pombal e o que estava em jogo — a cobrança de impostos da capitania —, a conspiração teve caráter provincial. Seus principais participantes provinham de diversas cidades de Minas, e não apenas de Vila Rica. Os conspiradores contavam com a edição do decreto da derrama para que fosse criado um ambiente de insatisfação geral. Dessa forma, poderiam arregimentar forças e deflagrar o movimento. Ocorre que, na última hora, o governador, cioso das possíveis repercussões, deixou de aplicar a fórmula drástica, prevista em lei. Hesitantes, os conspiradores acabaram sendo traídos por Joaquim Silvério dos Reis, antigo contratante de impostos que também devia vultosas somas aos cofres públicos e que esperava obter, com sua delação, o perdão das dívidas.[93] Denunciados, os inconfidentes foram presos e julgados. A pena de morte, a princípio ordenada para vários deles, acabou sendo comutada pelo degredo na África, exceto para o menos eminente — ou, dito em bom português, o mais pobre — dos conspiradores, militar de patente intermediária, o alferes Joaquim José da Silva Xavier. Em 21 de abril de 1792, Tiradentes foi enforcado e teve o corpo esquartejado. Sua cabeça foi exibida numa estaca em Vila Rica. Depois, derrubaram a casa em que morava e salgaram o chão. Sua memória e a de seus descendentes seria declarada infame. Ficava o aviso para quem quer que pretendesse, no futuro, se insurgir contra a monarquia absolutista.

As condições de viagem na frota que trouxe a Corte e a família real ao Brasil foram certamente precárias. Inventários feitos às vésperas da partida indicavam estoques limitados dos mantimentos mais básicos para o longo período de travessia. Faltavam, inclusive, tonéis de água suficientes para que chegassem ao Brasil sem risco de racionamento. A escassez generalizada, bastante arriscada, levou o comandante da esquadra britânica que faria a escolta da frota, Sir Sidney Smith, a considerar fazer uma escala na Inglaterra antes de tomar o rumo dos mares do Sul. Algo que acabou não ocorrendo, decidindo-se que era melhor arriscar.[94]

Mesmo sem a informação do número exato de viajantes, é seguro dizer que o desconforto nos navios era generalizado. A embarcação que levava d. João, d. Pedro e outros integrantes da Casa de Bragança, chamada *Príncipe Real*, que era a de maior tonelagem, media 67 metros de comprimento por 16,5 metros de vau: o equivalente a uma superfície de 1100 metros quadrados. Há a estimativa de que mais de mil pessoas — alguns relatos falam em 1600 — viajaram nessa embarcação, o que corresponderia a apenas um metro quadrado por indivíduo, se dispusessem de um único piso para se acomodar. Ainda que outros pavimentos sejam acrescentados ao cenário, o aperto continuava a ser significativo. Tanta gente em tão pouco espaço, condição comum a todas as naus, contribuiu, por certo, para o surto de piolhos que afligiu os passageiros do *Alfonso de Albuquerque*, navio no qual viajava a princesa Carlota Joaquina. A fim de se livrarem da moléstia, todas as mulheres no navio tiveram de raspar a cabeça, incluindo a mulher de d. João.[95]

Desconsiderando esse pano de fundo quase dantesco, alguns cronistas, já no século XIX, pintaram um pequenino d. Pedro, de apenas nove anos, dedicado em alto-mar, dia após dia, à leitura da *Eneida*, poema épico escrito por Virgílio no século I a.C.[96] A escolha da obra não era fortuita: nela o autor latino registrava um dos mitos de origem de Roma, segundo o qual Eneias, combatente na Guerra de Troia contra os gregos, teria abandonado os escombros de sua cidade na Ásia Menor (equivalente hoje ao litoral da Turquia) e navegado até a Península Itálica, para ali fundar o povoado que daria origem ao maior Império da Antiguidade. Os paralelos com as circunstâncias da época da travessia atlântica, já no século XIX, são evidentes, com as tropas napoleônicas fazendo o papel dos invasores helenos, e d. João, o de Eneias, ao viajar à América para ali fundar um novo e grandioso Império. O detalhe de o monarca ter aportado em Salvador, de certa forma repetindo a viagem de um outro herói fundador, Pedro Álvares Cabral, também era significativo.

O que as duas imagens sugeriam era a ideia de origem, de início, encarnada na transferência do Estado português para a América do Sul. Também nisso eram falsas. Ao chegar às mesmas praias de Cabral, d. João encontraria um país complexo, com diversas elites regionais espalhadas pela costa e pelo interior, do Pará ao Rio Grande, enriquecidas e relativamente integradas pelo comércio, donas de um bom grau de coesão interna em cada capitania e com força política renovada, advinda de reformas recentes, idealizadas na metrópole. Aos impulsos econômicos se somavam os incentivos institucionais. Seria com essas elites que o monarca, assim que desembarcasse, e as Cortes Constituintes — alguns anos mais tarde — teriam de se haver.

6. Os custos do absolutismo na América

Na alvorada do dia 13 de maio de 1808, assim que "os primeiros resplendores do sol alumiaram o horizonte", o Rio de Janeiro foi acordado por estrondosos tiros de canhão vindos do mar. É possível que a intensidade das descargas naquele horário inusitado tenha feito um ou outro carioca pular da cama, ou cair da rede, assustado. Não se tratava de guerra, contudo, nem de nenhum tipo de hostilidade. As próprias autoridades locais haviam ordenado os disparos, apressando-se a comemorar, tão cedo quanto possível, o 41º aniversário da "preciosa e inestimável existência" de d. João. As armas das fortalezas que guardavam a entrada da baía, bem como as dos navios de guerra portugueses e ingleses ancorados no porto, faziam fogo em homenagem ao príncipe regente.[1]

Não era para menos. Pela primeira vez, o aniversário de um monarca seria celebrado com a presença de sua majestade na cidade, onde desembarcara havia apenas dois meses. As salvas de canhão, parte das demonstrações de "obediência e vassalagem" dos súditos sul-americanos, eram, de toda forma, apenas o começo. Ao longo do dia, numa complexa e exuberante cerimônia, a comemoração dos anos de d. João se confundiria com o teatro de instalação do Estado português no Brasil e a reafirmação de poder da Coroa, recém-fugida da Europa.

"Pelas onze horas os três regimentos de linha, como também o de artilharia e o de cavalaria, e igualmente os quatro regimentos milicianos, entraram pelo Terreiro do Paço com toda a galhardia, e ali se postaram em grande parada", segundo a descrição de Luís Gonçalves dos Santos, o padre Perereca, feita alguns anos mais tarde em suas memórias. Acenando das janelas do palácio, o príncipe regente e a família real receberam as continências militares e assistiram a novas salvas de tiros, "a que seguiram os vivas de toda a tropa e do imenso povo, que cobria os lugares adjacentes". De alto a baixo, a sociedade fluminense tinha vindo assistir à parada militar e celebrar o monarca. À tarde, o caráter sagrado do poder da realeza foi realçado, depois das demonstrações mundanas de poder bélico, assim que o bispo da diocese entrou na cidade com pompa e circunstância, liderando uma procissão que passou por ruas cobertas de folhas e flores, enquanto pendiam, das janelas que ladeavam o desfile, "ricas alcatifas de sedas". Uma vez que a Coroa e a Cruz haviam sido propriamente celebradas, tratou-se, então, de estabelecer os instrumentos mínimos para o funcionamento do poder estatal. A Impressão Régia foi inaugurada na cidade, "para nela se imprimirem exclusivamente toda a legislação e papéis diplomáticos que emanarem de qualquer repartição do real serviço", e o príncipe ordenou que uma fábrica de pólvora fosse instalada às margens da lagoa Rodrigo de Freitas. No fim do dia, enquanto o sol se punha, novas salvas de tiros foram disparadas das fortalezas e dos navios ancorados no porto.[2]

Era assim que a política funcionava no Antigo Regime: o poder era disputado aos sussurros, nas intrigas da Corte, e reafirmado com fogos de artifício, em praça pública. De certa forma, aquela cerimônia do 13 de maio perdurou pelos dias, meses e anos seguintes, nas ruas da cidade, uma comemoração atrás da outra — nos aniversários do príncipe, depois rei, nos da rainha, d. Maria I, sua mãe, nos dos príncipes d. Pedro e d. Miguel, a cada casamento dos integrantes da família real e finalmente na aclamação de d. João VI, em 1818 —, numa sucessão de festividades que não custaram pouco aos cofres públicos, mas que eram da essência do exercício de poder da realeza — e que só chegariam ao fim com a ruína do regime e a volta do monarca a Lisboa. No tempo do rei, enquanto houve dinheiro, o Rio de Janeiro foi uma festa.

Para se ter uma ideia da opulência — ou da extravagância — dessas cerimônias, vale mencionar dois episódios marcantes, do início do período joanino no Brasil, quando tudo ainda era novidade. Um deles foi o terceiro aniversário de d. João comemorado no Rio de Janeiro, em 1810, ao qual se associou a celebração do casamento de d. Pedro Carlos de Bourbon, sobrinho espanhol do monarca, com sua filha, d. Maria Teresa de Bragança. Às atividades que já haviam se tornado costumeiras — as salvas de canhão à alvorada e ao entardecer, e o desfile militar diante do palácio e do rei, no fim da manhã —, acrescentou-se o espetáculo público das bodas reais. O evento foi anunciado dias antes na cidade, por integrantes da Câmara municipal.

> Saíram os almotacéis em grande estado, montados em soberbos cavalos ricamente ajaezados, com a comitiva de muitos oficiais da Câmara, levando todos capas bandadas de seda branca, e chapéus com plumas da mesma cor, e ricamente ornados de joias, igualmente montados em cavalos das reais cavalariças.

Criados da Casa Real — ou seja, funcionários do palácio — acompanhavam, pouco atrás, a comitiva da Câmara, alguns deles também em selas de cavalos, outros desmontados, conduzindo a pé seus animais "bem arreados, e ornados com fitas e plumas para maior realce desta pompa". Duas bandas de música completavam a equipe de anúncio das bodas reais, uma delas à frente do conjunto, a outra encerrando o desfile. Todo esse aparato percorreu as principais ruas da cidade, lendo e afixando nas esquinas o anúncio do casamento.

No dia 13 de maio, aniversário de d. João e data das bodas, um "caminho estradado, levantado do chão quatro palmos", foi montado em praça pública, ligando o palácio à capela real.

> Sobre ele se formou uma teia ornada com toda a beleza, pois nela só se divisavam sedas, galões de ouro e alcatifas da Pérsia, cujo comprimento, desde a porta principal do palácio até à da Capela Real, era de 650 palmos, com dezesseis de largura; de espaço em espaço pendiam de 98 hastes outros tantos lampiões de vidro, com duas velas de cera em cada um deles.

Ao redor dessa espécie de passarela, "as janelas de toda a quadra da praça estavam guarnecidas de cortinados de seda, como também as portas, o que fazia uma muito agradável vista". O conjunto transformava o espaço público por completo. Segundo Gonçalves dos Santos, "todo este recinto" se assemelhava agora a um "magnífico salão". Era como se a própria cidade, a céu aberto, tivesse se tornado um largo e confortável aposento da realeza. "Enfim tudo respirava grandeza e magnificência, como convinha a uma festividade nupcial e real, a primeira que o Novo Mundo viu realizar-se na Corte do Brasil", observou o memorialista.[3]

Meses mais tarde, ainda em 1810, uma espécie de desfile carnavalesco foi organizado para celebrar o aniversário de doze anos do príncipe d. Pedro. Camarotes montados à volta do amplo Campo de Santana receberam "o corpo diplomático, a Corte e grande número de pessoas mais condecoradas de todas as ordens do Estado". A chegada do príncipe regente e da família real ao local "foi anunciada por girândolas de fogos do ar, que se desenvolveram com grande estrondo". A aparição pública do monarca teve ares teatrais, já que o camarote real era protegido dos olhos do público por um pano que, até o último momento, se manteve estendido, fechado. Quando afinal "correram as cortinas do real camarim e apareceram suas altezas, foram os augustos senhores aplaudidos com muitos vivas pelos seus leais e amantes vassalos". A seguir, veio o desfile.

Uma orquestra forneceu o fundo musical para a sucessão de carros alegóricos, cada um encarregado de apresentar algum aspecto ou região do Império: no primeiro, um indígena — ou, quem sabe, um carioca vestido com plumas e pinturas — representava a América, de arco em punho; em seguida vinha um carro com chineses, vestidos com as "ricas sedas" do Oriente. "Estes chinas, descendo do carro, executaram no meio da praça danças muito engraçadas, ao som de vários instrumentos, com geral satisfação." Não é difícil imaginar a multidão rindo, deleitada, do que considerava estranho e exótico. Em terceiro, uma alegoria dos "antigos portugueses", seguida de um carro que representava "uma ilha do mar Pacífico", depois um castelo sobre rodas com a real bandeira portuguesa, e por fim ciganos a cavalo, num apressado galope, trazendo suas mulheres na garupa. "Entre outras muitas danças", notou o padre Perereca, "deu muito prazer a dos macacos", pelo "ridículo das suas figuras, saltos e trejeitos pantomímicos." A festa continuou pelos dias seguintes, com apresentações no teatro, touradas, distribuição de "doces e refrescos em abundância", além de elaborados espetáculos de fogos de artifício.[4]

De modo geral, cada evento desses era acompanhado de uma cerimônia mais restrita, no palácio, em que ao beija-mão do príncipe se seguia a distribuição de títulos de nobreza, a concessão de comendas e de participação nas ordens militares. Estima-se que, ao longo dos seus poucos anos de residência no Rio de Janeiro, d. João tenha criado mais marqueses, condes, viscondes e barões do que todos os sucessivos monarcas da Casa de Bragança, em Portugal, entre meados do século xvii e o fim do xviii.[5] Era preciso, afinal, ganhar ou reforçar a lealdade das elites locais para a Corte recém-instalada. "A expectativa a cada aniversário real, festividade pública ou vitória militar exaltava os ânimos, na esperança de promoções", escreveu Jurandir Malerba.[6] Não espanta que tantos ansiassem pelas graças reais, pois, além de trazerem prestígio, muitas dessas posições conferiam vantagens materiais: em geral, pensões e tenças, ou seja, remunerações em dinheiro providas pelos cofres públicos, bem como uma cota de víveres distribuída pela Ucharia, a "despensa" da Casa Real, encarregada de alimentar a família real e os cortesãos. Às boas-vindas dos brasileiros à Corte, escreveu Kirsten Schultz, "o príncipe regente respondeu com a concessão prodigiosa de recompensas honoríficas e pecuniárias".[7] Esses benefícios se estendiam a quem não possuía título de nobreza, mas servia ao palácio. O principal ministro de d. João vi no período final de sua estada no Brasil, Tomás António de Vilanova Portugal, recebera o direito, por exemplo, de recolher na Ucharia um alqueire e meio de cevada por dia.[8]

Boa parte do poder de d. João se constituía, assim, a partir de sua capacidade de dar: dar festas e demonstrações de grandeza aos seus súditos, dar títulos de nobreza a um círculo mais restrito de apoiadores, ou simplesmente distribuir favores, perdões, privilégios, dinheiro e comida. "A liberalidade, o gesto de dar era considerado, na cultura política do Antigo Regime, como virtude própria dos reis", escreveu a historiadora portuguesa Maria Fernanda de Olival. Ou, como definiram teóricos dos séculos xvii e xviii, "em nenhuma cousa mais se parecem os monarcas com Deus, que em dar", e nenhuma outra "cousa prende mais os corações".[9] Assim se compreende o constrangimento dos governadores do reino quando, em 1820, desesperados com a crise financeira em Portugal, pediram, cheios de mesura, que d. João vi contivesse a sua liberalidade e a distribuição de mercês pecuniárias.[10] Conter os gastos, a distribuição de empregos e de benefícios, embora tivesse se tornado uma imposição incontornável naquele momento de crise, ia contra o próprio fundamento do poder real.

Os custos dessa liberalidade do monarca, de suas festas e demonstrações de grandeza apareciam sobretudo numa das principais rubricas de gastos entre 1808 e 1820 no Brasil: os dispêndios com a Casa Real, ou seja, com o palácio. Apenas a Ucharia, que fazia o serviço à mesa nas residências reais e distribuía víveres para cortesãos e funcionários — um subitem nos gastos palacianos —, despendeu 436 contos de réis em 1820. É um valor com ordem de grandeza comparável à das transferências para a Corte, naquele mesmo ano, das mais importantes províncias do Brasil do ponto de vista econômico — Bahia, Pernambuco e Maranhão, cada uma delas contribuindo com cerca de quinhentos contos para os cofres fluminenses. O estábulo, de onde provinham os cavalos ajaezados que faziam bela figura nas cerimônias públicas, desembolsou em 1820 outros 278 contos. Havia também gastos com prataria, com funcionários, com a capela e a guarda real, e com gratificações a músicos e artistas, entre outros dispêndios. Tudo somado, no último ano que d. João passou integralmente no Brasil, a Casa Real fez despesas da ordem de 1700 contos — quase quatro vezes mais, nominalmente, do que os 456 contos despendidos em 1808. Entre a chegada e a partida do rei, os montantes destinados ao palácio, à família real e aos cortesãos subiram de 20% para 29% do total despendido pelo Estado na América portuguesa.[11] Vale notar que, na França da década de 1780, às vésperas da revolução, os gastos palacianos, motivo de escândalo — e contabilizados com a mesma rubrica que no Brasil, "maison royale" —, equivaliam a 5% do total de receitas do país.[12]

O viajante inglês James Henderson, que esteve no Brasil entre 1819 e 1820, escreveu, ao analisar a situação das contas públicas locais com as poucas informações de que dispunha, que lhe parecia razoável concluir "que o item mais importante que desorganiza a roda financeira tem sua origem não apenas no grande acúmulo de indivíduos na Corte, mas também em todos os órgãos do Estado". Isso se devia, segundo ele, ao fato de o rei, sendo "um homem de disposição fácil e cordial, pelo desejo de fazer algo para todos", ter permitido que se aumentasse a máquina pública a um ponto que "supera o que é necessário".

> Poucas Cortes europeias, comparativamente, têm tantas pessoas associadas a elas quanto a brasileira, que consiste de fidalgos, eclesiásticos e numerosos servidores. Poucos governos têm um número tão prodigioso de pessoas empregadas para dar conta dos assuntos públicos, comparados aos que detêm cargos aqui. Além das trezentas mulas e cavalos em São Cristóvão [ou seja, no palácio], há um número igual de bestas nos estábulos da cidade, mantidos não apenas para o uso da família real, mas também para os fidalgos e numerosos indivíduos que compõem a comitiva da Corte; e mesmo assim, com todos esses dispêndios, [a Corte] não dá mostras de esplendor e elegância.[13]

Certamente as despesas da Corte joanina, como concluiu Henderson, contribuíram para o aperto financeiro do regime, às vésperas de sua ruína. Autores recentes, como Jurandir Malerba, ajudaram a conferir maior clareza à contribuição desses gastos para o "descontrole das finanças" sob d. João. "Era suntuoso, hoje talvez se dissesse acintoso, o número dos que serviam ao rei", observa Malerba, com razão.[14] Mas os balanços disponíveis indicam que, apesar de todo o fausto palaciano, esses dispêndios não chegaram a pesar tanto para os cofres públicos quanto a outra grande rubrica de gastos da época, feitos no front militar.

Em junho de 1806, a cidade de Buenos Aires foi surpreendida por um ataque de navios de guerra ingleses. Os tiros de canhão que assustaram muitos portenhos eram para valer, um inequívoco ato de hostilidade. Para chegarem à boca do rio da Prata, as tropas que agora levavam pânico às autoridades espanholas na região haviam cruzado o Atlântico Sul, saindo da Cidade do Cabo, no limite austral do continente africano. Embora repetidos avisos de uma ameaça de intervenção militar tivessem sido enviados aos comandantes portenhos — avisos vindos de Salvador, inclusive, onde meses antes as tropas britânicas haviam aportado, no caminho para a África —, o representante máximo da Coroa na cidade pareceu apostar, até o último momento, na improbabilidade de uma invasão inglesa.[15] No dia 25 de junho, sob chuva e sujeitos às baixas temperaturas do inverno no hemisfério Sul, cerca de 1600 soldados desembarcaram em Quilmes, nas proximidades da capital do vice-reino do Prata.[16] Quem comandava as operações naquele momento era William Carr Beresford, o mesmo oficial que, anos mais tarde, ajudaria a expulsar os franceses da Península Ibérica e governaria militarmente Portugal durante a permanência de d. João VI no Rio de Janeiro.[17] Apenas dois dias depois do desembarque, as tropas sob o seu comando haviam tomado, sem grandes dificuldades, um dos principais portos do hemisfério Sul, rota de saída de parte da prata de Potosí.

O pano de fundo da empreitada eram as Guerras Napoleônicas. Na África, os ingleses haviam combatido e tomado o controle da Cidade do Cabo das mãos dos holandeses, aliados do imperador francês. Era esse também o caso da Espanha — outra aliada de Napoleão —, embora naquele momento ainda não ocupada militarmente pelo exército tricolor. O país havia se tornado "um satélite útil para a França, e a riqueza — especialmente a prata, suspeitava-se — retirada de suas colônias americanas poderia ser uma arma potente contra a Grã-Bretanha", escreveu o historiador John Street.[18] Dessa forma, o controle inglês do estuário do Prata não só prejudicava economicamente os seus rivais continentais, bloqueando a remessa de metais preciosos para a Espanha e a França, como poderia ajudar, com novos recursos, os esforços de guerra britânicos.

No início de junho, quando a frota vinda da Cidade do Cabo ainda se aproximava do rio da Prata, o primeiro navio interceptado pelos marinheiros e soldados ingleses não era espanhol: tinha bandeira portuguesa e navegava com destino ao Rio de Janeiro. Sua carga era típica do comércio realizado entre as duas regiões americanas havia mais de um século: couros e moedas de prata.[19] À medida que crescia e ganhava complexidade econômica, a América portuguesa, rica em ouro, carecia cada vez mais de prata. Cada moeda de ouro tinha valor muito alto, em alguns casos mais de seis vezes do que aquelas fabricadas com o metal de Potosí, o que as tornava ideais para o comércio transatlântico, de longa distância e em grande quantidade, mas pouco úteis para as trocas locais e regionais, entre diferentes províncias, por exemplo, função tradicionalmente exercida pelas moedas de prata — que, de resto, eram também o meio de pagamento preferido pelos Exércitos e mercenários da época.[20] Assim, não demorou para que comerciantes luso-brasileiros travassem relações com a região platina, onde "escravos, tabaco, vinhos e destilados, produtos têxteis e outros bens vindos do Brasil e da Europa eram ilegalmente trocados por farinha, carne-seca e salgada, e prata peruana".[21] Em 1680, os súditos portugueses foram além do contrabando ocasional, estabelecendo uma cidade fortificada do outro lado do rio, quase defronte a Buenos Aires, onde hoje é o Uruguai: a Colônia do Sacramento. As disputas pelo controle territorial da região e os temores de um avanço ainda maior por parte dos portugueses levaram a Coroa espanhola a fundar então uma nova cidade, e um novo porto, também na margem leste — a Banda Oriental — do rio da Prata: Montevidéu, em posição estratégica para receber os navios que vinham da Europa, da África ou da Ásia. A ideia era tentar conter, com a nova cidade e o novo porto, a expansão territorial portuguesa na região, ao mesmo tempo que se cortava a rota de comércio utilizada pelos rivais, estabelecendo um entreposto mais próximo da boca do Prata, ponto de passagem obrigatório antes que os navios tivessem acesso à Colônia do Sacramento.[22]

Mas as coisas não saíram exatamente como planejadas pela Coroa espanhola. O entreposto comercial fundado pelos portugueses — a Colônia do Sacramento — continuou operando, tornando-se motivo de disputas bélicas e diplomáticas ao longo de todo o século XVIII — mudando constantemente de mãos, sob domínio ora espanhol, ora português. O principal efeito do estabelecimento de outro grande porto daquele mesmo lado do rio, onde hoje é o Uruguai, acabou sendo, no fim das contas, o surgimento de rivalidades locais entre os súditos da Coroa espanhola: de um lado, Buenos Aires, sede administrativa do vice-reino do Prata, de outro, Montevidéu, que aos poucos ganhava envergadura econômica e importância nas principais rotas do Atlântico, disputando negócios com os portenhos.[23] No início do século XIX, a futura capital uruguaia já concentrava trocas mais vultosas do que as do porto de Buenos Aires, mas seguia sem ter órgãos representativos locais e, o que parecia ainda pior, tinha de repassar os impostos amealhados localmente para a elite dirigente do outro lado do rio, uma obrigação que gerava frequentes reclamações.[24]

Por um breve período, durante as invasões britânicas, os grupos dirigentes das duas cidades deixaram seus conflitos comerciais e administrativos de lado e se uniram para rechaçar o invasor e inimigo comum, que acabou sendo repelido. Livres dos ingleses, e relativamente isoladas da metrópole espanhola por causa das Guerras Napoleônicas, Buenos Aires e Montevidéu ganharam uma boa dose de autonomia para decidir os próprios destinos.[25] Dali em diante, aumentariam as disputas entre as duas cidades — os portenhos tentando impor o seu poder a Montevidéu, e os orientais buscando autonomia.[26]

Em 1810, notícias importantes chegaram da Europa em guerra: quase toda a Espanha sucumbira ante o poderio armado francês. As reações das duas cidades do Prata à crise militar e política espanhola foram distintas. Vale lembrar que, naquele momento, ainda existia, no sul da Espanha, um governo espanhol não submetido ao comando de José Bonaparte, coroado por seu irmão como rei do país ibérico. Mas essa junta rebelde independente se encontrava praticamente isolada e sem forças. Em maio, uma junta local formada em Buenos Aires, que já possuía relativa autonomia desde a vitória sobre os ingleses, aproveitou a oportunidade para romper os laços com aquele resquício de poder metropolitano, sem no entanto declarar independência — em vez disso, jurava governar em nome do rei deposto por Napoleão, Fernando VII. "A junta de Buenos Aires se recusava a reconhecer um governo espanhol que era, eles diziam, completamente não representativo e não oficial."[27] Montevidéu, por sua vez, tomou a direção contrária, muito para reafirmar a sua independência em relação à cidade vizinha. Uma junta local também foi formada ali, repudiando a liderança de Buenos Aires, mas reafirmando sua lealdade à junta rebelde espanhola — que, assim como os portenhos, dizia governar em nome do rei deposto. "Enquanto Buenos Aires se tornava um dos primeiros centros coloniais a romper com o comando espanhol e a declarar o livre-comércio, Montevidéu passou a ser um bastião de lealdade espanhola e, mais tarde, do monarquismo no Atlântico Sul", observou Fabrício Prado.[28] "No fim das contas, para os uruguaios", escreveu Richard Graham, "a independência de Buenos Aires se sobrepunha à independência da Espanha."[29] Logo teriam início os conflitos armados entre as duas cidades.

É nesse momento que surge com maior destaque uma figura central do processo de independência uruguaio, o líder militar José Gervasio Artigas. O caudilho controlava tropas em toda a Banda Oriental, para além de Montevidéu, até a fronteira com o Brasil, e se opunha à fidelidade colonial, à submissão da principal cidade cisplatina. Assim como as lideranças de Buenos Aires, Artigas queria autogoverno para a região do Prata. Tratava-se, num primeiro momento, de um aliado dos portenhos que detinha significativo poderio militar, reduzindo o bastião da metrópole espanhola a uma única cidade importante no que viria a ser o território uruguaio.[30] Em 1811, a união das forças portenhas, de um lado do rio, com as dos rebeldes, na outra margem, obrigou o governador local em Montevidéu, Francisco Elío, a travar batalhas simultâneas contra tropas portenhas e orientais — ou seja, as tropas da Banda Oriental lideradas por Artigas. Pressionado e isolado, Elío pediu ajuda militar a d. João. Era um risco enorme, já que ninguém na região ou fora dela ignorava a ambição histórica portuguesa de controlar não só um porto às margens do Prata, como também os territórios que se estendiam do Rio Grande do Sul até o estuário — um acesso que Portugal havia deixado de ter com a perda definitiva da Colônia do Sacramento para a Espanha no final do século XVIII.[31] Mas já não havia alternativa para os representantes espanhóis na região. Alegando defender os interesses de seus aliados — ou seja, da Coroa espanhola usurpada pelos franceses — contra os rebeldes portenhos e orientais, o governo joanino interveio pela primeira vez na região em 1811.[32] Tropas saídas do Brasil logo controlaram Montevidéu e passaram a avançar pelo interior da região cisplatina. Artigas fugiu, liderando seus homens pelo interior até encontrar refúgio do outro lado do rio Uruguai.

O gesto do caudilho, que poderia ser tomado como um sinal de fraqueza, acabou dando origem a uma das narrativas fundadoras da nacionalidade uruguaia e do carisma de Artigas. "Enquanto os exércitos patriotas se retiravam", escreveu John Street, "quatro quintos de toda a população dos distritos da Banda Oriental deixaram suas casas, ranchos e outras propriedades, e essas famílias, empilhando os poucos bens móveis que possuíam em carros de boi, se uniram aos soldados de Artigas em retirada."[33] A cena, narrada aqui por um historiador inglês, mas que seria recontada de forma semelhante em verso e prosa anos mais tarde por uruguaios, ganha contornos bíblicos, aproximando-se de um êxodo em que as tropas luso-brasileiras faziam o papel de soldados egípcios, e Artigas, o de um Moisés.

> O que não podiam levar consigo, os orientais queimavam. Foi uma retirada de terra arrasada, embora este não fosse o seu primeiro objetivo. Os exilados também sofreram muito, materialmente, dormindo a céu aberto ou debaixo dos carros, comendo carne e apenas carne, vestidos logo apenas em farrapos. [...] Salvo do assédio português, Artigas então conduziu o seu povo para além do rio Uruguai até Entre Ríos, procurando por um lugar propício para acomodá-los, tão confortavelmente quanto possível, apesar da sua pobreza.[34]

Ainda em 1811, sem ter forças para se contrapor ao Exército luso-brasileiro, Buenos Aires concordou em assinar uma trégua, reconhecendo o controle de Elío e da junta espanhola sobre Montevidéu e toda a região da Banda Oriental do rio da Prata. Suprimida a razão oficial da invasão — a ameaça portenha —, o governo de d. João se viu pressionado pelos ingleses e não demorou a determinar a retirada de suas tropas.[35] Em breve, contudo, elas estariam de volta.

* * *

Essa primeira intervenção, embora não tivesse assegurado ainda controle duradouro sobre o território até o rio da Prata, foi, de toda forma, bem-sucedida para o governo de d. João. Entre 1810 e 1814, enquanto Montevidéu se manteve fiel à metrópole e desvinculada de Buenos Aires, o comércio da cidade com o restante do mundo — em particular com a América portuguesa — floresceu. Nesse período, quase um quarto (24%) de todos os navios que adentraram o porto de Montevidéu provinha de cidades costeiras do Brasil. "O Rio de Janeiro era o principal porto estrangeiro de origem para os navios adentrando Montevidéu", escreveu o historiador Fabrício Prado — fato ainda mais significativo quando se nota que as transações comerciais da Banda Oriental atingiram, naqueles cinco anos, "níveis jamais registrados nas décadas anteriores".[36] Também as trocas entre a América portuguesa e Buenos Aires cresceram nesse período de relativa "pacificação" da região platina.

Do ponto de vista da Corte luso-brasileira, a intensificação das relações comerciais com o Prata ajudava a tentar resolver um problema crucial para a América portuguesa, agravado depois da chegada da família real, em 1808: a falta de moedas, de meio circulante. Como vimos, embora abundante em ouro, a América portuguesa não tinha prata, ou seja, a moeda mais prática para o grosso das transações comerciais. Enquanto a economia foi fechada, no período colonial, as dificuldades de falta de numerário podiam ser contornadas com registros contábeis, em cadeias de crédito e débito que demoravam a ser abatidas.[37] Valia o escrito, ou seja, as dívidas anotadas de parte a parte. Essas redes de crédito, aptas a resolverem os problemas de um comércio frequente, costumeiro, continuaram a vigorar depois de 1808, mas já não eram suficientes. Com o crescimento da economia local desde o último quartel do século XVIII, o aumento da população e das trocas entre as províncias e sobretudo a abertura dos portos aos navios estrangeiros, a necessidade de moeda para as transações cada vez mais frequentes se fazia imperiosa. Essa moeda passaria a vir do Prata — em enormes quantidades, a partir de 1810.

Duas coisas contribuíram para o afluxo de metal depois dessa data. Em primeiro lugar, a relativa valorização da prata no Brasil.[38] Enquanto na Europa cada grama de ouro equivalia, em geral, a dezesseis gramas de prata, na América portuguesa — dadas a abundância de um metal e a escassez do outro —, o ouro era mais barato: cada grama do metal mais valioso comprava menos de catorze gramas de prata.[39] Isso é o mesmo que dizer, invertendo a equação, que a prata no Brasil comprava mais ouro do que em qualquer outro lugar do mundo atlântico. Valia a pena, portanto, para os grandes comerciantes, trazer pesos espanhóis (de prata) para o Rio de Janeiro, trocá-los por ouro, depois carregar o metal mais valioso para a Europa e lá obter lucros expressivos, derivados apenas da transação financeira (uma operação de arbitragem). Carente de meio circulante e de recursos, o governo joanino encontrou uma maneira de também se beneficiar dessa operação. A partir de 1810, as autoridades no Rio passaram a trocar as moedas de prata espanholas (piastras) por moedas de prata locais, portuguesas, que, na verdade, eram as próprias piastras recunhadas, com um selo novo, local, proporcionando ganhos extras tanto para os comerciantes quanto para os cofres do Estado.[40] O lucro dessa operação, para o governo, advinha do fato de ele geralmente pagar pelas moedas espanholas um valor menor do que aquele que imprimia nas novas moedas portuguesas, gerando o chamado ganho de senhoriagem. À primeira vista, era como se a Casa da Moeda fosse, ela própria, uma fonte de receitas: moedas que chegavam valendo o equivalente a 859 réis, em média (o preço variou, ao longo do tempo), eram recunhadas para 960 réis (o valor oficial da moeda de prata no Rio de Janeiro).[41] Os comerciantes, estimulados pelas perspectivas de ganhos com a operação de arbitragem, traziam piastras da região do Prata, trocavam por moeda de prata portuguesa, compravam ouro, e seguiam para a Europa. A afluência da moeda da região platina permitia, assim, que o governo luso-brasileiro aumentasse a oferta de numerário para as transações locais, além de transferir aos cofres do Estado o lucro obtido com a diferença entre o preço da moeda espanhola e o preço de face da moeda local posta em circulação. Quem pagava a conta desse "almoço grátis", benéfico tanto para os grandes negociantes internacionais quanto para a Coroa no Rio de Janeiro, era o conjunto dos súditos de d. João na América portuguesa, o restante da população, que passava a carregar moeda desvalorizada nos bolsos, apta a comprar uma quantidade cada vez menor de produtos, que subiam de preço (embora não se conhecessem ainda os picos de inflação que só viriam com a emissão desenfreada de papel-moeda, no fim da década).

A operação de arbitragem realizada pelos grandes comerciantes, trocando prata por ouro, que depois era enviado para fora do Brasil, gerou outros efeitos — também associados, no fim das contas, à desvalorização da moeda. O mais importante deles foi a redução da quantidade de moeda de ouro para transações comerciais e oficiais, como o pagamento de impostos, na América portuguesa. Diversos relatos da época confirmam que o valor da prata induzia "a exportação do ouro, e isto não para Portugal, mas para outros países".[42] Durante a década de 1810, a prata se transformou no "agente real da circulação monetária no mercado".[43] O viajante John Luccock fez questão de registrar a "inundação de dólares espanhóis" (as piastras) na Corte nesse período.[44] Há relatos de navios que saíam sem produtos do Rio de Janeiro e se dirigiam para o rio da Prata apenas para comprar pesos espanhóis.[45]

Sob a superfície das crescentes transações comerciais e financeiras, contudo, a região platina voltou a enfrentar instabilidades no front político e militar. O líder dos orientais, José Gervasio Artigas, e o governo de Buenos Aires, num primeiro momento aliados contra as forças legalistas espanholas em Montevidéu, entraram em conflito ainda na primeira metade da década de 1810. Em contraste com as ambições de hegemonia dos portenhos na região, Artigas e lideranças de outras partes do antigo vice-reino do Prata advogavam um governo central enfraquecido, com maior poder para as províncias da região.[46] A relação entre a antiga capital portenha e as demais partes do vice-reino se assemelhava, assim, àquela que, na América portuguesa, opunha a Corte do Rio de Janeiro a baianos e pernambucanos, por exemplo. Os desentendimentos progrediram para um conflito aberto depois que Buenos Aires convocou uma Assembleia Constituinte em 1813. Os deputados eleitos pela Banda Oriental, portadores de instruções e do projeto federal de Artigas para serem discutidos do outro lado do rio, foram recusados pelos dirigentes portenhos sob pretextos processuais — suas credenciais não estariam em ordem, já que a eleição realizada pelos orientais não teria seguido as regras expressas por Buenos Aires. "Uma vez que o Congresso falhou em lhe conceder o que desejava — recusando-se, inclusive, a dar assento aos seus delegados —, Artigas se voltou contra ele, combatendo tanto os espanhóis quanto Buenos Aires, simultaneamente."[47]

Com o controle, mesmo que precário, do conjunto da Banda Oriental, Artigas determinou que as terras e o gado abandonados por espanhóis e inimigos da pátria fossem distribuídos para pequenos proprietários, "negros livres", indígenas, "viúvas pobres com crianças".[48] A investida contra a propriedade privada, contra as rígidas distinções sociais da época, associada à resistência ao projeto centralizador de Buenos Aires, fez com que o caudilho oriental fosse visto com horror tanto pelas autoridades portenhas quanto pelos ministros de d. João. Tratava-se de um radical, de um jacobino, diziam. As autoridades no Rio passaram então a anunciar que o caudilho ameaçava, inclusive, a integridade territorial da América portuguesa e que poderia tentar invadir o Rio Grande do Sul.[49]

A oportunidade para uma nova investida luso-brasileira parecia perfeita. Com o fim da guerra na Europa, soldados portugueses, até então ocupados em combater os franceses na Península Ibérica, foram liberados e poderiam ser convocados para a aventura militar na América. Controlar a saída do Prata, de alto interesse comercial para os luso-brasileiros, continuava a ser uma ambição da Corte no Rio, e — não menos importante — uma vitória militar serviria para engrandecer um monarca que, poucos anos antes, tivera de abandonar Portugal às pressas. De resto, Artigas representava a desculpa necessária para um ataque, fornecendo legitimidade às ambições expansionistas do Rio de Janeiro. "O controle da Banda Oriental por Artigas e a prática do que o governo do Rio chamava de excessos revolucionários provocaram desconforto na Corte autocrática portuguesa e emprestaram fumos de superioridade moral para os seus sonhos de expansão territorial", observou o historiador inglês Alan Manchester.[50]

Ao longo de 1815 e 1816, tropas portuguesas passaram a desembarcar no Rio de Janeiro, em preparação para a invasão. A Inglaterra protestou contra o ataque iminente, obtendo do governo de d. João a resposta de que Buenos Aires não havia sido capaz de deter Artigas, e a Espanha não tinha condições de fazê-lo — restava aos portugueses e luso-brasileiros, portanto, a tarefa de subjugar aquele elemento desestabilizador da região.[51] Ainda em 1816, forças militares despachadas do Rio Grande do Sul cruzaram a fronteira. Enquanto davam combate aos soldados de Artigas no interior da região cisplatina, as tropas portuguesas lideradas pelo general Carlos Frederico Lecor contornaram a costa e invadiram Montevidéu.[52] "O sonho de séculos havia se tornado realidade para Portugal."[53] Mas a guerra, custosa tanto para os cofres do Rio de Janeiro quanto para os de Lisboa, persistiria, em embates contra as tropas de Artigas até 1820.

Ao lutar pela conquista da província Cisplatina, ansiando por provas de grandeza e reafirmação de seu poderio americano, d. João VI contribuía paradoxalmente para acelerar o processo que levaria à ruína de seu governo. Os crescentes gastos militares realizados pela Corte joanina na América representaram um peso decisivo para as contas públicas luso-brasileiras — enquanto, na Europa, o erário português despendia vultosas quantias para manter tropas inglesas e locais em prontidão até bem depois da queda de Napoleão Bonaparte. Em termos absolutos, os gastos militares no Brasil, entre 1808 e 1820, aumentaram duas vezes e meia em valor — passando de 1057 contos de réis no primeiro ano em que a Corte se estabeleceu no Rio, para 2706 contos no ano anterior ao da partida de d. João para Portugal. Mesmo no período final do governo joanino no Brasil, quando o término das hostilidades na Europa parecia trazer a promessa de alívio nas despesas bélicas, os embates pelo controle da região cisplatina contribuíram para manter os desembolsos militares em patamares muito altos. A partir de 1816, os gastos com o Exército e a Marinha somaram sempre algo entre 35% e 40% do total das despesas do erário fluminense. Em 1820, segundo um dos balanços disponíveis para o período, os orçamentos militares chegaram a representar 45% de todo o gasto feito pelo Estado na América portuguesa.[54] Um montante insustentável, como ninguém mais ignorava àquela altura.

As informações sobre as finanças do Estado apresentadas até aqui disseram respeito sobretudo aos *gastos* da Corte joanina em seu período de poder no Rio de Janeiro. Operações militares e a manutenção do palácio — aí incluídas as benesses distribuídas para súditos, fidalgos e cortesãos, com o objetivo de reforçar o poder local de d. João vi — não apenas representaram sempre a maior fração anual de dispêndios entre 1808 e 1820 (alcançando, somadas, o equivalente a cerca de 70% do total, no último ano), como também cresceram enormemente no período, em valores nominais. Seja como for, não é possível tirar conclusões sobre as dificuldades financeiras do governo joanino sem antes analisar o lado das receitas. Nada impede, do ponto de vista lógico, que elas estivessem crescendo com a mesma intensidade que os gastos — e essa possibilidade se mostra ainda mais razoável diante da miríade de impostos criada por d. João tão logo ele botou os pés no Rio de Janeiro.[55] Para avaliar se houve de fato crise fiscal, é necessário, portanto, verificar se a conta passou a não fechar em algum momento desse período de pouco mais de uma década, comparando as receitas às despesas. Identificados os déficits, é preciso conhecer sua gravidade e as tentativas realizadas pelo governo para tentar saná-los.

Sob regime constitucional, as informações orçamentárias e os balanços de receitas e despesas são produzidos, publicados e analisados a cada ano. Também anualmente, os orçamentos são debatidos no Parlamento, sob o escrutínio da imprensa. O Antigo Regime, no entanto, não funcionava assim: no absolutismo, as finanças estatais eram tratadas como segredo de Estado. Em primeiro lugar, porque não havia Parlamento que deliberasse e desse publicidade às discussões sobre o quanto gastar e com o que gastar, de um lado, ou em que medida e de quem cobrar impostos, de outro. Tanto os gastos quanto as receitas resultavam, em última instância, de discricionariedades do monarca e de seus ministros. Mas havia mais: os próprios registros internos do governo sobre a origem e o destino de seus recursos circulavam de maneira restrita, por poucas mãos, à vista apenas de olhos privilegiados. Segundo o geógrafo e estatístico veneziano Adrien Balbi, que visitou Portugal depois da Revolução Liberal de 1820, "havia apenas quatro pessoas que podiam conhecer o balanço geral" das contas estatais portuguesas no tempo do marquês de Pombal, ou seja, em meados do século XVIII: o rei, o próprio Pombal, o escrivão e o tesoureiro-mor. "O maior mistério sempre envolveu tudo que dizia respeito às finanças em Portugal", um país em que "a divulgação de documentos relativos a esse tema era tratada e punida como um crime de Estado".[56] O acesso às finanças estatais era de tal forma restrito que o próprio príncipe regente, d. Pedro, ao ser deixado pelo pai para governar o Brasil em 1821, não dispôs imediatamente de informações sobre o erário que iria administrar, tendo sido obrigado a formar uma comissão encarregada de "sindicar o estado do Tesouro".[57]

São escassos, portanto, os documentos que dão conta da situação das finanças tanto no Rio de Janeiro quanto em Lisboa entre 1808 e 1820 — período em que foram mantidos dois erários distintos, um de cada lado do Atlântico. As informações que vêm sendo utilizadas por historiadores e economistas desde o século XIX têm como fontes principais Adrien Balbi — que, na década de 1820, após visitar Portugal, publicou em francês dados parciais sobre as contas públicas no pequeno reino ibérico — e o viajante francês Louis de Freycinet, que depois de passar pelo Brasil, também na década de 1820, disse ter obtido do próprio Balbi dados mais detalhados sobre as finanças da Corte joanina na América. Tanto Oliveira Lima, no livro sobre d. João VI,[58] quanto Roberto Simonsen, em sua obra clássica de história econômica do Brasil,[59] se valem sobretudo das tabelas de Freycinet, com dados sobre as receitas auferidas e gastos realizados no período, bastante detalhadas para 1808 e 1820 — ou seja, o primeiro e o último ano completos do governo joanino no Brasil —, o que permite comparações globais, ainda que os balanços sejam menos precisos em relação aos demais anos, limitando as possibilidades de análise. Por sorte há pelo menos um terceiro conjunto de documentos, depositado na Biblioteca Nacional, no Rio de Janeiro, com dados bastante detalhados sobre receitas e dispêndios efetuados nos anos finais do período joanino, a partir de 1817 — papéis esses que ou foram produzidos pelo próprio Tomás António de Vilanova Portugal, principal ministro de d. João até a sua partida do Brasil, ou representam um trabalho preparado pela burocracia da época *para* os olhos do dirigente.[60]

GASTOS NOS BALANÇOS DO RIO DE JANEIRO
(*CONTOS DE RÉIS*)

Categorias principais	1808	1816	1817	1818	1819	1820
Casa Real						
Freycinet	456	1173	1458	1513	1659	1706
Vilanova Portugal	-	-	1374	1579	1629	1758
Exército						
Freycinet	454	965	1131	939	1384	1671
Vilanova Portugal	-	-	1468	1356	1261	1306
Marinha						
Freycinet	603	825	856	895	1166	1035
Vilanova Portugal	-	-	846	721	958	827
Erário						
Freycinet	633	620	632	648	819	693
Vilanova Portugal	-	-	902	1235	1284	1338
Total original						
Freycinet	2234	5924	7170	7924	8661	9763
Vilanova Portugal	-	-	6720	8059	8712	9677
Transações com pesos						
Freycinet	0	1478	1319	2422	-	3704
Vilanova Portugal	-	-	1692	2563	2879	3797
Total recalculado						
Freycinet	2234	4446	5851	5501	-	6059
Vilanova Portugal	-	-	5028	5565	5833	5880

FONTES: Freycinet, Vilanova Portugal, Carrara.

Há divergências, em geral de pequena monta, entre os valores computados por Freycinet e por Vilanova Portugal. O autor francês registra, por exemplo, gastos com a Casa Real em 1820 da ordem de 1706 contos de réis, enquanto o ministro de d. João anota um dispêndio, sob a mesma rubrica, de 1758 contos de réis. No caso das despesas com o Exército e com a Marinha, as discrepâncias são maiores. Os gastos com as duas forças somariam 2706 contos em 1820, segundo Freycinet, e não mais do que 2133 contos, para Vilanova Portugal. Não é improvável que a diferença se deva, parcialmente, à inclusão de uma fração da despesa com as tropas em alguma outra rubrica, por parte do ministro português, uma vez que ele inclui uma linha para o registro de gastos com "ordenados" em suas contas, linha que inexiste em Freycinet. É o que sugere também a linha final de gastos em cada ano nos dois autores, que divergem, mas por quantias muito pequenas. Em 1820, o francês computa um total de 9763 contos de réis despendidos pelo Estado em toda a América portuguesa, contra um gasto de 9677 contos, segundo Vilanova Portugal. As diferenças também são pequenas para 1818 e 1819, e um pouco maiores em 1817, ano em que Freycinet anota dispêndios da ordem de 7170 contos de réis, contra 6720 pelas contas do ministro de d. João (ver tabela na página anterior).

Mas mesmo esse acesso aos valores totais registrados pelos dois autores, pouco divergentes, ainda não resolve a questão. Tomemos, para ter uma noção da evolução geral dos gastos de d. João entre sua chegada e sua partida, os dados de dispêndios para 1808 e 1820 registrados por Freycinet. Eles passam de um montante de 2234 contos de réis, no primeiro ano em que a Corte residiu no Rio de Janeiro, para 9763 contos, no ano final. Um aumento de 4,3 vezes no total da despesa realizada anualmente ao longo de pouco mais de uma década. Ocorre que esse dado não corresponde, de maneira fiel, à verdadeira evolução dos gastos, e isso por uma razão bastante simples: desde 1810, como vimos, o governo luso-brasileiro realizava operações de conversão de moeda de prata, recunhando piastras espanholas em dinheiro de prata luso-brasileiro. Essas transações entravam como despesa (equivalente ao valor pago aos portadores de moeda da região do Prata que vinham trocá-la no Rio de Janeiro) e como receita (correspondente ao novo valor dessas moedas, em mil-réis, uma vez convertidas para o numerário local) nos balanços da época. No fim das contas — literalmente —, o que era para ser uma simples operação de troca de moedas, da qual deveria restar nos balanços apenas o resultado líquido (ou seja, os gastos ou os lucros realizados com as trocas), terminava por inflacionar os valores nominais tanto das receitas quanto das despesas do governo joanino. Era uma espécie de dupla contagem: a mesma moeda entrava no lado das despesas e, depois de recunhada, também era registrada do lado das receitas. O ganho do governo, a rigor, era apenas o lucro da recunhagem — uma moeda comprada por novecentos réis, digamos, passava a valer 960 réis —, mas os balanços poderiam fazer crer que esse ganho era bem superior. Se mil moedas passassem dessa forma pelas mãos do governo, sendo recunhadas no meio do processo, o ganho líquido ao final da operação seria de apenas 60 mil réis. Mas, nos balanços, apareceriam 900 mil réis a mais do lado das despesas, e 960 mil a mais do lado das receitas.

Tudo funcionava como se o governo fosse um cassino que contabilizasse tanto a troca de dólares por fichas, na entrada do cliente, quanto a conversão das fichas que não haviam sido gastas em dinheiro novamente. Do ponto de vista do cassino, o que importa é o resultado líquido dessa entrada e saída de moedas — e não o volume muito maior de fichas fornecidas aos clientes na hora que eles chegam ou que são recolhidas deles, quando partem. Ora, por muito tempo, quase todos os analistas que se ocuparam dos balanços orçamentários do governo de d. João vi no Brasil confiaram na contabilidade da época, que registrava incorretamente tanto a entrada quanto a saída dessas moedas que, a rigor, eram as mesmas, apenas recunhadas. Ao fazerem isso, era como se prestassem mais atenção às fichas do que ao dinheiro em caixa do cassino. Uma visão mais precisa do balanço do governo de d. João vi depende, assim, de uma subtração entre os dois fluxos, o de entrada e o de saída de moedas, restando apenas o ganho ou o gasto líquido resultante da troca de piastras por peças luso-brasileiras de prata. O aumento dos dispêndios oficialmente registrado, que teriam passado de 2234 contos de réis, em 1808, para 9763 contos, em 1820, não deve ser aceito, portanto, pelo valor de face, sem um escrutínio um pouco maior. Sabemos que, em 1808, não houve operação de troca de moedas de prata — de forma que, quanto a isso, não há o que mudar nos balanços daquele ano —, mas, em 1820, a história já era outra, e as entradas e saídas de prata, contabilizadas tanto como receita quanto como despesa, alcançavam cifras muito altas. Certamente esses quase 10 mil contos de despesas estão artificialmente inflacionados.

Sabemos ainda, dos registros de Freycinet, que apenas no ano de 1820 o equivalente a 3704 contos de réis foi contabilizado como despesa da Coroa em transações monetárias com pesos espanhóis (uma quantia idêntica era registrada do lado da receita, depois da recunhagem). A rigor, portanto, as despesas em 1820 equivaliam a 9763 contos (o valor total registrado na última linha das contas do erário) *menos* os 3704 contos contabilizados como gastos com moedas — o que reduz o gasto efetivo daquele ano para 6059 contos de réis. Em relação aos gastos em 1808, quando não houve operações monetárias com a prata, o aumento ainda era expressivo — resultando num dispêndio 2,7 vezes maior, ao fim do período —, mas que não alcançava a multiplicação por quatro deduzida das contas com o valor total registrado nos balanços, sem descontar as operações com moeda. A distinção importa porque é em relação a esse montante efetivo, menor, que devem ser analisados os gastos com a Casa Real e com as Forças Armadas, por exemplo. Assim, os quase 30% despendidos com o palácio em 1820 e os cerca de 45% do total destinados ao Exército e à Marinha, segundo Freycinet, são frações em relação aos 6059 contos gastos *sem contar* as transações com pesos (sua inclusão derrubaria, artificialmente, as fatias destinadas a um e outro tipo de gasto). Comparados ao gasto total registrado pelo viajante francês — utilizado acriticamente pelos historiadores nos dois séculos seguintes —, os gastos com a Casa Real representariam, em 1820, não mais do que 17% do total. E os dispêndios militares se veriam reduzidos a cerca de 28% do montante supostamente gasto naquele ano. São valores ainda expressivos, mas que, somados, alcançam menos da metade dos gastos do Estado absolutista na América portuguesa, tal como originalmente registrados — e que, portanto, não poderiam ser tomados, à primeira vista, como causas de desequilíbrio financeiro. Ao trazermos as receitas e despesas para valores próximos aos que efetivamente foram realizados pela Coroa, contudo, fica mais claro o papel desempenhado pelos gastos palacianos e pelos gastos militares na crise fiscal que afinal derrubaria o absolutismo luso-brasileiro.

RECEITAS NOS BALANÇOS DO RIO DE JANEIRO
(*CONTOS DE RÉIS*)

Categorias principais	1808	1816	1817	1818	1819	1820
Direitos de aduana						
Freycinet	785	1067	1095	1549	1977	1720
Vilanova Portugal	-	-	1094	1549	1916	1650
Casa da Moeda						
Freycinet	-	215	217	224	165	148
Vilanova Portugal	-	-	258	286	256	326
Sobras das capitanias						
Freycinet	184	1778	1659	1957	1514	1551
Capitanias do norte %	-	97%	94%	95%	-	94%
Vilanova Portugal	-	-	1130	1012	635	830
Banco						
Freycinet (*suprimento*)	0	400	1120	450	-	1155
Vilanova Portugal	-	-	1739	1743	1980	1929
Total original						
Freycinet	2258	5950	7140	7949	8673	9716
Vilanova Portugal	-	-	6791	8140	8214	9566
Transações com pesos						
Freycinet	0	1498	1593	2432	-	3704
Vilanova Portugal	-	-	1704	2568	2660	3769
Total recalculado						
Freycinet	2258	4452	5547	5517	-	6012
Vilanova Portugal	-	-	5087	5572	5555	5797

FONTES: Freycinet (1823), Vilanova Portugal (n.d.). Carrara (2016, Anexo 5-1, sobras das Juntas da Fazenda).

Embora façam enorme diferença para a real compreensão das receitas e despesas efetivas do governo joanino, as operações com moedas, curiosamente, tiveram um impacto líquido mínimo no período final de permanência do monarca português no Rio de Janeiro. Capazes de inflacionar tanto o montante de receitas quanto o de gastos, sua contribuição para os cofres estatais, depois que uma quantia era subtraída da outra, era de fato muito pequena — podendo ser inclusive, ocasionalmente, negativa. Isso porque, ao contrário do que poderia parecer à primeira vista, a troca nem sempre saía vantajosa para os cofres luso-brasileiros, que dependiam, para auferir lucros, da diferença entre o valor das piastras e o valor de 960 réis oficialmente determinado para as moedas de prata no Brasil. Assim, embora entre 1808 e 1820 a transação com as moedas de prata tenha resultado num ganho acumulado de 1347 contos de réis para o erário, em alguns anos houve um pequeno prejuízo — e a tendência geral, ao longo da década de 1810, foi a de queda nesses ganhos com a recunhagem da prata.[61] Vale lembrar que, do ponto de vista da economia como um todo, a operação continuava a fazer sentido, mesmo com um pequeno prejuízo, uma vez que seu objetivo de conferir maior liquidez ao mercado local, facilitando as trocas comerciais, estava sendo alcançado.

Os ganhos decrescentes com esse tipo de operação nos anos finais do período joanino evidenciam aquilo que, de toda forma, já era uma verdade desde o início da política de recunhagem de moedas: a operação sempre fora, e continuava a ser, irrelevante para cobrir as diferenças de receitas e despesas. O governo seguia tendo de recorrer a outras fontes de recursos para cobrir seus déficits. Que indubitavelmente havia déficit é algo que se depreende da análise das receitas do governo de d. João, tanto nos balanços de Freycinet quanto nos de Vilanova Portugal (ver tabela na página anterior). A cada ano que passava, os administradores do erário precisavam lançar mão de quantias crescentes de receitas extraordinárias para fechar as contas. As ordinárias, fruto dos tributos cobrados em todo o país, vinham sobretudo das alfândegas, onde eram recolhidos os impostos de exportação e, mais importantes, os de importação. Esses montantes de recursos advindos do comércio apareciam diretamente na rubrica "direitos de aduana" cobrados no Rio de Janeiro, o maior porto da América portuguesa, ou indiretamente sob a rubrica "sobras das capitanias" — isto é, o montante que as demais províncias remetiam à Corte fluminense depois de haver cobrado impostos em suas alfândegas e pagado as despesas locais com pessoal civil, militar e eclesiástico. Em 1817, as sobras das capitanias, segundo os cálculos de Vilanova Portugal, equivaliam a 22% das receitas do governo (incluindo os empréstimos, as receitas extraordinárias e o resultado líquido das transações com moeda). O valor cai para 14% do total em 1820, enquanto crescem as receitas extraordinárias, advindas sobretudo de empréstimos com o Banco do Brasil. Nos anos derradeiros da Corte joanina na América portuguesa, entre 1817 e 1820, as transferências do banco representaram impressionantes 34% da receita do governo, ainda de acordo com Vilanova Portugal. Esse número, mais do que qualquer outro, dá uma ideia do montante que, a cada ano, faltava para que as receitas igualassem as despesas: um buraco, um déficit, de cerca de um terço do orçamento.

Roberto Simonsen comenta, em sua *História econômica do Brasil, 1500--1820*, que o governo joanino só conseguia alcançar algum equilíbrio nominal do orçamento recorrendo à criação artificial de recursos: fosse com a recunhagem de moedas espanholas, os créditos externos, as vendas de bens da Coroa ou, finalmente, com as emissões do Banco do Brasil.[62] Ora, a história financeira do governo de d. João VI, em seus anos derradeiros em terras fluminenses, é a história do esgotamento de cada uma dessas fontes de recursos. A recunhagem de piastras contribuiu com meros treze contos de réis em 1817 e não mais do que cinco contos em 1818 (em relação a uma receita líquida, já descontadas as operações de entrada e saída da prata, de mais de 5 mil contos, em cada um dos dois anos). As vendas dos bens da Coroa, ao longo de toda a década de 1810, haviam levantado, ao final do período, 439 contos (essa fonte orçamentária se destinava a aliviar especificamente os problemas do erário em Portugal, mas sem sucesso, como registrado no capítulo 3).[63] Quanto aos créditos externos, sabe-se que, nos anos finais do período joanino, quando a situação das contas públicas se deteriorou, o erário do Rio de Janeiro não pôde contar com empréstimos europeus para tentar sanar seus problemas fiscais. Sobrava, por fim, o recurso ao Banco do Brasil — crescente e desmesurado, a cada ano que passava.

Em sua *História do Banco do Brasil*, Afonso Arinos de Melo Franco observa que, já no alvará de criação da instituição, se apontava a sua missão de subvencionar a Corte. No documento, d. João ordena que "se estabeleça nesta capital um banco público que […] facilite juntamente os meios e os recursos de que as minhas rendas reais e as públicas necessitarem para ocorrer às despesas do Estado".[64] É o que o banco fará. Os fundos da nova instituição seriam obtidos de duas maneiras principais. De um lado, pela venda de ações a particulares, em geral grandes comerciantes, em boa medida coagidos a comprá-las — os desejos do governo no Antigo Regime não eram coisa que se ignorasse impunemente —, mas também estimulados a participar do empreendimento, em troca da concessão de títulos de nobreza a quem subscrevesse as ações. De outro, os recursos para o Banco do Brasil também proviriam da criação de tributos — cobrados anualmente dos proprietários de carruagens, lojas e embarcações — destinados especificamente a incrementar o capital do banco.

A princípio, o governo teve dificuldades para atrair investidores privados — em resposta à emissão inicial de 1200 ações, apenas 126 foram adquiridas —, e boa parte de sua operação, nos primeiros anos, dependeu da injeção de recursos feita pelo próprio Estado. "Mas, ao mesmo tempo que dava recursos ao banco, o governo os utilizava, como era inevitável, nas suas próprias despesas", escreveu Melo Franco.[65] Em 1813, os recursos retirados pelo governo do Banco do Brasil já alcançavam o montante de seiscentos contos de réis ao ano.

> Possuem os nossos arquivos um relatório sem assinatura datado de 24 de abril de 1813, pelo qual se vê que o banco entregava ao governo, naquela época, o suprimento mensal de cinquenta contos de réis, o que "tirava o Real Erário de grandes embaraços". Apesar disto, o autor do relatório propunha que o banco passasse a fornecer ao Erário cem contos mensais ao menos, o que viria descansar enormemente o governo.[66]

Associado aos empréstimos constantes por parte da Coroa, o ano de 1813 conheceu um salto na emissão de papel-moeda pelo Banco do Brasil — um aumento de oito vezes, passando o total em circulação de 130 contos de réis para 1042 contos, em 1814.[67] É verdade que se partia, naquele momento, de uma oferta monetária muito baixa. Seja como for, ainda em 1813, d. João recebeu do grande comerciante Jacó Frederico Torlades Pereira de Azambuja um memorial em que era advertido dos perigos inflacionários do excesso de circulação de papel-moeda.[68] Não se sabe se por causa desse conselho — ou simplesmente porque o banco continuava a ter de levantar fundos, de forma que havia alguma preocupação com a credibilidade da instituição —, o meio circulante, entre 1814 e 1815, cresceu a uma taxa bem menor, de 15%.[69] Fato é que não houve descanso nem refresco para as contas públicas. Os pagamentos do governo aos seus funcionários, já em meados da década de 1810, com frequência atrasavam. De Londres, Hipólito José da Costa, redator do *Correio Braziliense*, constatava, em 1815, que havia no Brasil "grande atrasamento" nos "pagamentos do Erário Real nas diferentes repartições, civil, eclesiástica, militar e Marinha Real"; que "o juro do empréstimo, e ainda mais as letras de câmbio se não pagam nos seus devidos tempos"; que "o Real Erário tem exigido do Banco do Brasil os seus limitados fundos, obrigando-o a operações muito superiores às suas forças, e pondo-o nas tristes circunstâncias de faltar ao seu crédito e falir". O jornalista dizia ainda que o governo de d. João lançava mão "dos cabedais que existem nos cofres dos defuntos e ausentes" para fechar as contas, e que, por fim, havia "clamores dos empregados públicos, alguns dos quais pedem esmola publicamente, para não morrerem de fome com as suas famílias" (é razoável concluir que aqui o redator do *Correio Braziliense* tenha exagerado, para efeito retórico). De tudo isso, Hipólito da Costa concluía que "o estado da Real Fazenda é o mais desgraçado, e que serão necessários violentos remédios para se evitar ao menos demorar a época fatal de uma vergonhosa e perigosa bancarrota".[70] Mais adiante, advertia: "A ruína dos Estados, a queda dos impérios são consequências das desordens das finanças".[71]

Nos anos seguintes, a situação se agravou. Entre 1814 e 1818, o total de notas em circulação continuou crescendo, mas, grosso modo, seu volume acompanhou o aumento de capital do Banco do Brasil. Já os incrementos no montante de papel-moeda em circulação praticados nos anos seguintes — de 39%, em 1818, de 79%, em 1819, e de 31%, em 1820 — não foram acompanhados por acréscimo correspondente ao capital do banco. Segundo Horace Say, que morava no Brasil desde 1815, os primeiros sinais de desvalorização do papel-moeda surgiram em 1818.[72] O aumento das emissões reforçava a expectativa de que não haveria metais suficientes para o resgate dos papéis,[73] gerando um prêmio crescente para as moedas metálicas. Se no início dos anos 1810 a valorização artificial da prata havia feito sumir o ouro das transações (guardado como reserva de valor ou exportado), no final daquela

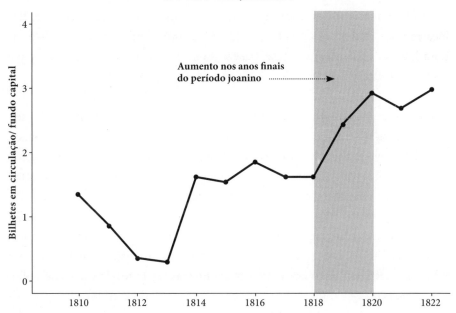

FONTE: Biblioteca da Câmara dos Deputados: "Relatorio da Commissão de Inquerito" (1859, anexo B).

década foi a vez de a desvalorização do papel-moeda levar ao "desaparecimento das peças de prata de circulação".[74] Por todos os lados, já eram sentidos os efeitos da aceleração inflacionária, que afetava o conjunto dos súditos de d. João VI em seus gastos cotidianos. "Entre 1814 e 1820, o montante de papel-moeda quadruplicou, contribuindo para a crescente impopularidade das políticas econômicas do regime."[75] Dos abastados proprietários de terras aos simples caixeiros, passando pelos estratos intermediários urbanos — pequenos comerciantes, jornalistas, padres, funcionários públicos —, quase toda a população pagava a conta dos gastos estatais. Afinal, o imposto inflacionário obtido pela impressão de notas é "dinheiro retirado do público tanto quanto impostos sobre a cerveja, ou o imposto de renda", como bem observou Keynes. "O que um governo gasta o público vai pagar. Não existe déficit a descoberto."[76]

* * *

"O comerciante humilde se alimentava com uma modesta feijoada: feijões-pretos cozidos com carne-seca, servidos com farinha", anotou a historiadora Larissa Brown em sua tese, baseando-se em relatos de estrangeiros que visitaram o Brasil no início do século XIX.

> Uma família rica dispunha de uma variedade consideravelmente maior. A refeição consistia em uma sopa grossa, feita com carne, linguiças, toucinho e legumes, uma travessa de carnes cozidas com legumes, frango assado com arroz, vegetais preparados com pimenta forte, e uma salada de cebolas cruas e azeitonas pretas, tudo acompanhado de farinha, pimenta-malagueta e laranjas.

Os escravizados, segundo abundantes relatos da época, se serviam sobretudo de farinha, frutas e, muitas vezes, carne-seca. Ao visitar um engenho no interior de Pernambuco em 1817, o viajante francês Louis-François de Tollenare observou que o plantel de cativos era alimentado com farinha, parcialmente comprada fora da fazenda, e carne-seca, sempre adquirida no mercado. O que unia o Brasil no início do século XIX, comercial e culturalmente, era a comida — em particular, a farinha e a carne-seca. "A farinha e as frutas eram a base da dieta de todas as classes, assim como quantidades variadas de carne-seca, toucinho e feijão."[77]

No final da década de 1810, esses alimentos, itens de consumo essenciais para os súditos americanos de d. João, estavam entre os bens que mais aumentavam de preço. Com o fim da guerra na Europa e o barateamento dos transportes atlânticos em tempos de paz, os valores cobrados pelos produtos importados da Europa nos portos brasileiros tenderam a cair[78] (ver gráfico na próxima página). Mas as duas grandes produções internas brasileiras, consumidas pelas massas urbanas e pelos escravizados em todo o país, a farinha de mandioca e a carne-seca, passaram a aumentar de preço ano após ano.

Nos portos do Rio Grande do Sul, a partir dos quais o charque era exportado em grande quantidade para consumo no Rio, na Bahia, em Pernambuco e até no Maranhão, o valor do produto passou de 560 réis a arroba, em 1815, para 1600 réis, em 1819.[79] No Rio de Janeiro, já embutidos os custos de transporte, essa mesma carne-seca era comercializada, em 1815, por seiscentos réis. Em 1819, pagavam-se 2 mil réis na Corte pela arroba do charque — um aumento de 233%.[80] No mesmo período, o preço da farinha de mandioca, que vinha caindo com o aumento da produção nos anos imediatamente anteriores, saltou de 1067 réis por saca comercializada no Rio para 1932 réis.[81] É provável que a guerra na região cisplatina, iniciada pelas tropas de d. João em 1816, tenha contribuído para pressionar os preços desses dois produtos, mas não é possível avaliar de maneira rigorosa a contribuição do conflito, de um lado, ou o impacto da emissão de papel-moeda, de outro, para o valor final da farinha e do charque. Do ponto de vista dos súditos do monarca na segunda metade da década de 1810, pouco importava, na verdade, o que havia pesado mais na elevação dos preços: o fato era que itens essenciais da cesta de consumo tinham saltado de valor, prejudicando não só as massas urbanas, como também os produtores rurais, que iam ao mercado comprar esses produtos para alimentar seus plantéis de escravizados.

PREÇOS EM SALVADOR, BAHIA (1813-9)

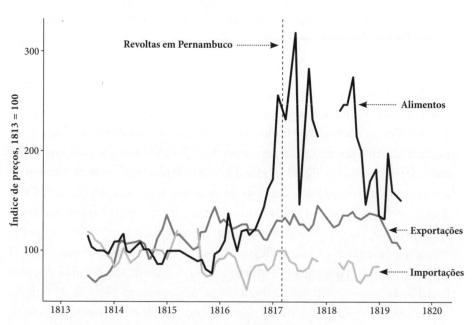

FONTES: Jornal *Idade d'Ouro* da Bahia. Biblioteca Nacional Digital.

ÍNDICE DE PREÇOS DE ALIMENTOS PARA O RIO DE JANEIRO E SALVADOR[82]

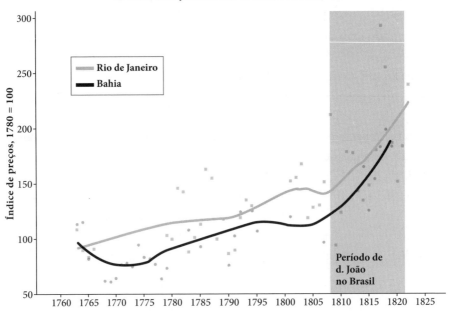

FONTES: Johnson Jr., "A Preliminary Inquiry into Money, Prices..."; Katia M. Queirós Mattoso, *Au Nouveau Monde, une Province d'un nouvel empire: Bahia au dix-neuvième siècle*. Tese (Doutorado). Paris 4, 1986, anexos pp. 443-60.

Se formos capazes de calcular os custos de uma cesta mínima de consumo da época — contendo os alimentos necessários para a sobrevivência física de uma família nuclear do século XIX —, poderemos conhecer a evolução do poder aquisitivo dos súditos americanos de d. João VI. Tradicionalmente, uma cesta desse tipo inclui alguma fonte de carboidratos, leguminosas, proteína e gordura. No caso europeu, uma cesta de consumo equivalente a cerca de 2 mil quilocalorias diárias — o mínimo necessário para que uma pessoa não fique subnutrida — inclui pão de trigo ou de centeio, feijões ou ervilhas, carne, manteiga ou azeite, cada um desses itens em quantidades específicas.[83] O equivalente brasileiro, capaz de atingir a mesma quantidade mínima de calorias diárias, correspondendo à dieta típica local, conjuga porções de farinha de mandioca, feijão-preto, carne-seca e bacon (toucinho). Comparando-se a evolução dos preços desses produtos, aplicados ao peso específico na cesta mínima de consumo, de um lado, com a renda de diferentes tipos de trabalhadores, de outro, é possível obter a evolução dos salários reais (ou seja, descontada a inflação) no século XIX. A medida do salário real advém, assim, segundo a prática consagrada internacionalmente, da quantidade dessas cestas de consumo que uma família com dois adultos e duas crianças consegue adquirir com o salário vigente, em cada momento do tempo.

Até recentemente, a única estimativa de salários reais de que dispúnhamos para a América portuguesa no início do século XIX se referia ao Rio Grande do Sul nos anos de 1772, 1792, 1816, 1819 e 1823.[84] O que se observou ao longo desse período foi um aumento dos salários reais coincidente com o "renascimento agrícola", entre 1772 e 1792, e uma diminuição subsequente do seu valor, no início do século XIX. As estimativas para o Rio Grande do Sul também mostram um rápido aumento de preços entre 1816 e 1819, resultando

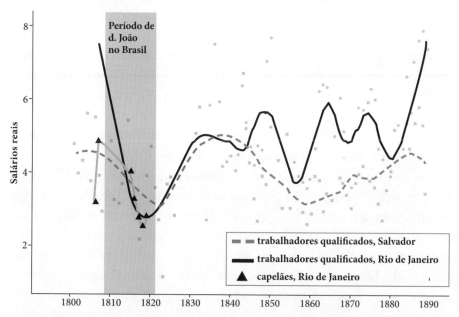

SALÁRIOS REAIS, EM CESTAS DE CONSUMO[85]

FONTES: Johnson Jr., "A Preliminary Inquiry into Money, Prices..."; Katia M. Queirós Mattoso *Au Nouveau Monde, une province, d'un nouvel empire Bahia au dix-neuvième siècle*. Tese (Doutorado). Paris 4, 1986, anexos pp. 443-60; Eulália Maria Lahmeyer Lobo, *História do Rio de Janeiro*. v. 1, 2 vols. Rio de Janeiro: Instituto Brasileiro de Mercado de Capitais, 1978.

em uma queda nos salários reais, parcialmente revertida em 1823. Pois bem: a tendência é a mesma para Bahia e Rio de Janeiro nessa mesma época. Como se pode depreender do gráfico na página anterior, a inflação corroeu os salários reais dos súditos de d. João durante a década de 1810. A queda é dramática no caso dos trabalhadores qualificados — carpinteiros e pedreiros — no Rio de Janeiro, uma das maiores reduções de renda para o século XIX, tanto quanto pode ser atestado pelos dados disponíveis. Também os trabalhadores qualificados de Salvador sentiram os efeitos da perda de poder aquisitivo no período joanino.

Não à toa, as reclamações começaram a chegar ao palácio. Em junho de 1819, em resposta a um pedido de aumento de salários feito por professores primários da Bahia, d. João VI escreveu ao governador da capitania. Na carta, o próprio monarca reconhecia o "alto preço a que têm chegado os aluguéis de casa" e "todos os gêneros de primeira necessidade", motivos das reclamações dos docentes. Autorizava, assim, que os vencimentos anuais dos professores passassem de 150 mil-réis para 240 mil-réis.[86] No Rio de Janeiro, em 1818, cônegos e capelães também recorreram ao monarca, pedindo reajuste de suas côngruas, para "com mais decência aparecerem na igreja". Não deixaram de lembrar que, alguns anos antes, d. João já lhes havia concedido um aumento, porém, desde então, "as moradias e os gêneros necessários à vida" haviam crescido de valor a "tal ponto" que eles, os religiosos, "se tornaram mais indigentes".[87] Podiam estar exagerando, mas não era mentira. Como vemos no gráfico, os dados disponíveis também indicam que o poder aquisitivo dos capelães fluminenses havia caído bastante desde a chegada da família real ao Brasil. O mesmo acontecia, como já vimos, com os soldos das tropas.

A conjunção de impostos cada vez maiores desde a chegada da família real com o súbito e expressivo aumento da inflação no final da década de 1810 contribuiu para o ambiente de insatisfação generalizada que conduziria aos levantes exigindo o fim do absolutismo na América portuguesa em 1821. Parte dessa insatisfação aparecia nos folhetos colados ou distribuídos nas principais cidades brasileiras ao final dos anos 1810 e início da década seguinte — manifestações políticas que desafiavam não só a rígida censura da época, como também a Justiça e a polícia do Antigo Regime, que tratava como gestos de grave traição qualquer crítica ao governo e, pior ainda, ao monarca. Boa parte dessas manifestações políticas públicas por escrito classificava os ministros de d. João, os cortesãos e, em particular, os burocratas diretamente responsáveis pelas finanças públicas como ladrões e aproveitadores. Fazia parte, assim, de um tipo de crítica já comum nos tempos coloniais e que alcançaria os nossos dias, em que problemas sociais — como a crise fiscal e a inflação — são codificados e mais bem compreendidos sob o registro do que é particular, individual — ou seja, como roubo. Não que não se roubem recursos públicos no Brasil, mas, muitas vezes, até a simples má gestão do dinheiro público é tratada nesses termos, de resto mais facilmente compreensíveis e moralmente condenáveis.

A ligação entre a crise econômica, a insatisfação de amplos grupos urbanos e a crise política que levaria à Independência aparece ainda mais claramente em mensagens e relatórios do espião François-Raymond Cailhé de Geine, que trabalhava para a Intendência Geral de Polícia da Corte. Seu *rapport* a propósito dos sentimentos "de ódio e de cega prevenção contra o governo de sua majestade" no Rio de Janeiro, em fins de 1820, não deixa dúvidas quanto a isso. As causas elencadas no documento para o fortalecimento do "espírito revolucionário" na Corte eram todas econômicas: falta de pagamentos, excesso de impostos, recursos exaustos do erário, má administração das receitas do Estado.[88] Contra esse pano de fundo da crise financeira e econômica que alimentava anseios de mudança política radical, compreendemos por que tanto a derrubada do absolutismo quanto o processo de emancipação política do Brasil foram movimentos de massas urbanas, como se constata nos relatos de época, e não uma transação que só dizia respeito a uma fração da elite, como boa parte da historiografia por muito tempo quis fazer crer. O que unia a tropa e o povo em praça pública era o bolso, tanto quanto o anseio por Constituição. Duas coisas que, de resto, dificilmente podiam ser separadas: os problemas materiais, a falta de pagamentos e o encarecimento da vida eram consequência dos abusos políticos.

Não deve espantar, portanto, que uma das primeiras providências tomadas após a vitória da revolução liberal no Rio de Janeiro, em 26 de fevereiro de 1821, tenha sido a de estabelecer escrutínio público sobre o Banco do Brasil. Sob pressão da população urbana e das tropas, após jurar fidelidade ao novo regime constitucional, d. João VI mandou prender o tesoureiro do Erário Real, Francisco Bento Maria Targini, e demitiu o seu principal ministro, Tomás António de Vilanova Portugal. Cumpria, assim, de maneira mitigada, a exigência dos versos tornados públicos naquele mesmo ano: "Excelso Rei,/ Se queres viver em paz/ Enforca Targini/ E degrada Tomás". Demitir o todo-poderoso Vilanova Portugal não era pouca coisa. Botar o tesoureiro do Erário por algumas semanas atrás das grades, tampouco. Mas não era tudo. O Banco do Brasil, "pelas suas íntimas ligações com a administração pública", também receberia "o influxo das tumultuosas transformações que se operavam" naquele momento, observou Afonso Arinos de Melo Franco.[89]

Já no dia 5 de março de 1821, uma comissão foi instaurada para examinar o estado das contas do banco. Uma semana depois, nova diretoria seria escolhida para a instituição. Antes do fim do mês, veio a público, enfim, o balanço, em que se registravam os 4800 contos de réis de dívida não paga pelo governo, montante que, sozinho, superava o capital do Banco do Brasil, de 2941 contos. A dívida, acumulada desde o início das operações da instituição, havia crescido em 30% apenas no ano anterior, 1820. "As agitações que precederam e sucederam ao juramento da Constituição portuguesa trouxeram a furo e à franca publicidade a enorme desconfiança popular no papel-moeda do banco." Nesse ínterim, também no início de março, o rei anunciava que finalmente voltaria a Lisboa, atendendo à exigência das Cortes Constitucionais, o que "levou ao auge a inquietação pública", segundo Melo Franco. Com d. João voltariam à Europa entre 3 mil e 4 mil pessoas, muitas delas certamente com contas no Banco do Brasil.[90] "Começou o desabrido assalto aos guichês do troco, feito não só pelos componentes da Corte que se retirava, como pelos detentores de notas, que receavam ver todo o ouro se escoar para as mãos dos fidalgos e validos reinóis, de malas afiveladas."[91]

Na tentativa de controlar a corrida bancária que já estava em curso, mas que certamente se agravaria com o conhecimento dos haveres e deveres do Banco do Brasil, d. João expediu então o decreto do dia 23 de março — mesma data em que foi publicado o balanço —, no qual reconhecia os "extraordinários e avultados avanços", ou seja, adiantamentos, feitos pela instituição ao erário, e declarava a dívida do Tesouro ao banco como dívida nacional, "pela qual ficaria responsável o conjunto das rendas públicas". Além disso, o monarca entregava imediatamente à instituição todos os objetos de prata, os "brilhantes lapidados" e os "diamantes brutos" da Coroa — uma vez vendidos, eles poderiam saldar pelo menos parte das dívidas. Por fim, dias depois, d. João VI determinou que se negociasse na Europa um empréstimo de 6 milhões de cruzados para sanar parte da dívida — equivalente a 2400 contos de réis, a exata metade do valor devido —, uma nova dívida que seria garantida pelas rendas alfandegárias fluminenses.[92] A medida buscava acalmar alguns dos homens mais ricos do Rio de Janeiro, que vinham a ser também os principais acionistas privados da instituição ameaçada de falência. Depois da Real Fazenda, que detinha 76 ações do Banco do Brasil, o segundo maior acionista era Antônio Gomes Barroso, um dos principais traficantes de escravizados do período, com 41 ações. Altos burocratas, como o conde dos Arcos, e outros grandes comerciantes, como Amaro Velho da Silva (que também fazia o tráfico humano entre a África e a América) e Antônio Soares de Paiva (que fizera fortuna com o comércio de charque no mercado interno), aparecem entre os dez maiores acionistas.

Os cortesãos que acompanharam d. João VI de volta à Europa de fato retiraram tantos recursos quanto permitiam os cofres do Banco do Brasil, antes da viagem — era o "desabrido assalto aos guichês do troco" a que Afonso Arinos de Melo Franco se refere. O próprio d. Pedro daria testemunho disso mais tarde, ao declarar à Assembleia que, no dia em que "o sr. d. João saiu à barra" com destino a Portugal, sobraram-lhe apenas duzentos contos de réis para que o banco pudesse dar "troco de suas notas".[93] Mas não era essa, nem de longe, a origem dos problemas do banco, como mais tarde se faria crer. Os recursos devidos à instituição financeira pelo governo, com montante reconhecido por d. João, eram muito maiores do que as escassas reservas ainda guardadas nos cofres em 1821, logo antes do retorno da Corte. O que importava, do ponto de vista dos grandes comerciantes e autoridades fluminenses, acionistas do banco, era o reconhecimento da dívida pelo monarca e a tentativa de obter empréstimos na Europa para saná-la — providências que foram tomadas pelo rei.

A esperança da elite econômica do Rio de Janeiro com essas medidas durou pouco, contudo. A tentativa de obter o vultoso empréstimo de 6 milhões de cruzados malogrou por interferência decisiva das Cortes Constituintes em Lisboa. Na sessão do dia 14 de junho de 1821, sem que o Soberano Congresso contasse ainda com a presença de deputados vindos das províncias da América, os representantes portugueses receberam um ofício do então secretário dos Negócios Estrangeiros e da Guerra, Silvestre Pinheiro Ferreira, que ainda estava no Brasil quando lhes escreveu. No documento, Ferreira explicava as circunstâncias do possível empréstimo de 6 milhões de cruzados, a ser garantido pelas rendas alfandegárias do Rio, dando conta ainda de que o valor total ambicionado pelo monarca era de 20 milhões de cruzados — para o qual seriam hipotecadas, quando necessário, as rendas das alfândegas de outros portos da América portuguesa. Lido o ofício, a reação das Cortes foi a pior possível. A ideia de sanar as dívidas do governo absolutista com o Banco do Brasil foi recebida com revolta pelos deputados portugueses.[94]

"É sabido que não se pode negociar empréstimos públicos, nem hipotecar-lhes rendimentos sem o consentimento das Cortes", interveio Borges Carneiro, o primeiro a se manifestar sobre o assunto, chamando a atenção para uma das diferenças fundamentais entre o absolutismo, recém-derrotado, e o regime constitucional. Mas não se tratava só de uma questão de princípios. O aperto financeiro de um lado e de outro do Atlântico logo surgiu entre os argumentos do magistrado, um dos que mais criticavam, no Soberano Congresso, os gastos extravagantes de d. João e o inchaço da máquina pública no Rio. "Querem-se de Portugal por ora 6 milhões somente", ironizou.

> E quando? Quando por não haver dinheiro se deixam morrer à fome os oficiais reformados, as viúvas e órfãos dos militares que deram seus bons anos à pátria, as tencionárias e os empregados da extinta Inquisição. Bom! Deixará Portugal esta mãe de famílias expirar os filhos, [...] e pôr-se-á a emprestar dinheiro para o outro mundo.

Outro mundo, ou seja, a América portuguesa, onde não se conhecia, segundo Borges Carneiro, "outra grandeza e virtude senão a de uma pompa insultadora da humanidade, trezentos contos para cavalharices, 390 para ucharia, 28 para cera, quatro para falcoaria, ao passo que os bons cidadãos portugueses pereçem à fome". Era o Brasil da Corte joanina que, de novo, no mesmo paquete que trazia o decreto de d. João, fazia virem à Europa "as chamadas graças, despachos supérfluos, tenças e comendas" que, mais uma vez, sobrecarregavam "a nação com essa boa fazenda das graças", insistiu o deputado. "E emprestar dinheiro para quê? Vinte milhões para cobrir os notórios e escandalosos roubos do Banco Nacional do Brasil."[95]

Outros deputados fizeram coro às críticas ao empréstimo. Houve quem lembrasse que a proposta era incompatível com o novo regime representativo, pois o rei não tinha mais o direito de dispor caprichosamente da Fazenda Nacional. Passaram à votação, recusando aprovar o empréstimo por ser a iniciativa "anticonstitucional".[96] Assim, meses antes que os empregos dos funcionários públicos no Rio viessem a ser ameaçados pela proposta de extinguir os tribunais superiores na cidade — outro golpe decisivo a separar as elites dos dois lados do Atlântico —, a mais alta elite econômica da América portuguesa se viu dependurada na brocha. Tomavam conhecimento de que as Cortes se opunham aos seus interesses, deixando-lhes sem condições de reaver recursos emprestados ao Estado.

Sem que fosse possível ressarcir os acionistas, persistiam dúvidas, dada a falta de recursos, sobre a própria sobrevivência do Banco do Brasil. Uma solução provisória, local, para a grave crise da instituição bancária foi encontrada na suspensão da conversibilidade plena das notas do banco, em 23 de julho de 1821: dali em diante, o dinheiro que já estivesse circulando, o papel-moeda emitido pela instituição, só seria convertido em moedas de ouro e de prata até um limite de 15% do montante apresentado na boca do caixa. Contornou-se, assim, por ora, a falência oficial do banco. Mas a decisão das Cortes, sua recusa a honrar a dívida do Estado com o banco brasileiro, não seria esquecida tão cedo. Na avaliação de Afonso Arinos de Melo Franco, "tais providências absurdas de compressão, demonstrativas da falta de entendimento que lavrava em Portugal sobre os assuntos do Brasil, é que nos conduziram a passos largos ao 7 de Setembro".[97]

Depois de ser usado para tentar contornar a crise fiscal do absolutismo luso-brasileiro e, como consequência, praticamente ir à falência, o Banco do Brasil afinal se transformava em pomo da discórdia econômica e administrativa entre deputados portugueses e brasileiros nas Cortes. A instituição financeira criada por d. João VI concentrava em si, dessa forma, todo o arco do processo que ia da crise do Antigo Regime à Independência brasileira. Não deixa de ser significativo que um banco funcione como metonímia de um país. Nem foi tampouco à toa que o tema das finanças públicas se tornou central nos dois manifestos de agosto de 1822 assinados por d. Pedro — documentos, de certa forma, fundadores do Brasil, que expunham de antemão as razões da separação política que se concretizaria nos meses seguintes. Um deles, do dia 1º de agosto, se destinava às demais províncias da América portuguesa e buscava consolidar o apoio das diversas partes do Brasil ao governo do príncipe regente, em breve imperador. O segundo, do dia 6, se dirigia às "nações amigas". Em ambos há referências explícitas ao Banco do Brasil, questão central para a elite política e econômica do Rio de Janeiro e que se transformara, segundo Jeremy Adelman, em "um símbolo dos abusos portugueses".[98] No primeiro manifesto, que começa com a declaração de que "está acabado o tempo de enganar os homens", as Cortes Constituintes são acusadas de lançar "mãos roubadoras aos recursos aplicados ao Banco do Brasil, sobrecarregado de uma dívida enorme nacional, de que nunca se ocupou o Congresso, quando o crédito deste banco estava enlaçado com o crédito público do Brasil e com sua prosperidade".[99] No segundo texto, no qual se lê um inventário dos abusos a que o país teria sido submetido sob a dominação portuguesa, afirma-se: "Bem conheciam as Cortes de Lisboa que o Brasil estava esmagado pela imensa dívida do Tesouro ao seu Banco Nacional, e que se este viesse a falir decerto inumeráveis famílias ficariam arruinadas ou reduzidas a total indigência".[100] O país que tinha nome de mercadoria — o pau-brasil — nascia, assim, discutindo em seus documentos fundadores a saúde financeira de um banco.

Luís Gonçalves dos Santos, o padre Perereca, que havia narrado com indisfarçável entusiasmo as festas da monarquia e os feitos de d. João em solo americano, dedicando atenção redobrada às sedas e alcatifas nas janelas, aos enfeites dos cavalos e às capas dos nobres, encerra o registro de suas memórias justo quando todos aqueles sinais de esplendor e glória — dignos, décadas mais tarde, dos salões carnavalescos de um Copacabana Palace — perderam o sentido. Padre Perereca tinha olho para os artifícios, para os efeitos de superfície — os fogos, os brilhos, os enfeites —, mas não perdia o pé da política.

Depois da revolução liberal no Rio de Janeiro em 26 de fevereiro de 1821, havia começado "uma nova época para o Reino do Brasil, pela solene proclamação da Constituição geral da monarquia portuguesa", ele constata. Como decorrência lógica desse passo mais geral, anuncia o autor, era hora de pôr um ponto-final às suas longas impressões e lembranças do período joanino: "Suspendo por agora a continuação destas memórias, não tanto por me faltarem as forças do espírito, e do corpo, quanto por conhecer a dificuldade de comemorar sucessos acontecidos no meio da agitação de ânimos e de interesses difíceis de conciliar". Em contraste com o Antigo Regime, quando importavam sobretudo os ânimos e os interesses de uma única pessoa, o jogo do poder tinha se tornado mais complexo, de fato. Mas nas páginas derradeiras de seu livro, nas três ou quatro páginas que antecedem esse parágrafo conclusivo, Gonçalves dos Santos ainda teve o prazer de poder registrar a última grande celebração de d. João VI no Brasil: a do nascimento de seu neto, primeiro filho homem de d. Pedro, o príncipe João Carlos, herdeiro direto da Coroa dos Bragança e provável futuro rei de Portugal, Brasil e Algarves.

As festas em celebração ao novo príncipe herdeiro, narradas com gosto pelo autor das memórias, aconteceram, na verdade, no mês de março — depois, portanto, da mudança de regime e do juramento da Constituição —, mas é perfeitamente compreensível a exceção aberta por Luís Gonçalves dos Santos para o episódio, que, salvo por um capricho do calendário, decerto ainda pertencia ao Antigo Regime e ao padrão de eventos que ele vinha narrando desde 1808. De resto, havia ocorrido uma feliz coincidência: o príncipe nascera no dia 6 de março. Àquela altura, a cidade do Rio de Janeiro já vinha sendo iluminada havia mais de uma semana — desde a revolução —, noite após noite, em comemoração ao novo regime constitucional. Quando, então, a princesa Leopoldina deu à luz João Carlos, a Câmara pediu que o povo simplesmente seguisse com as luminárias nas janelas — ou seja, as mesmas que comemoravam o fim do absolutismo celebrariam agora o príncipe herdeiro.

> Assim, houve doze noites de luminárias sucessivas nesta Corte (coisa que jamais se viu no Rio de Janeiro), vindo desta sorte a haver, por uma notável e misteriosa coincidência, um novenário de perenes luzes antes do nascimento de sua alteza, e um tríduo depois dele.[101]

Era curioso: pouco tempo antes, d. João VI havia vivido o ocaso de sua popularidade. Passara, inclusive, a aparecer menos na Corte, era pouco visto pelos seus súditos nas primeiras semanas do ano, quando ainda temia a revolução e acalentava o desejo de, por algum milagre, conseguir detê-la. Agora, desferido o golpe, parecia capaz de retomar os velhos hábitos festivos — e, de alguma maneira, às vésperas de sua já anunciada partida para Portugal, reatar as pontas de todo o seu período no Brasil.

Há indícios, contudo, de que essa aparente normalidade fosse falsa. E de que o renovado ambiente de Antigo Regime propiciado pelas comemorações do herdeiro, João Carlos, tivesse sido fabricado. A família real aproveitava a oportunidade, tentando reaver parte de seu prestígio ao apresentar o bebê à multidão, na hora propícia. E que fortuna! Que sorte a criança ter nascido logo depois de o rei sofrer uma humilhação pública, jurando abrir mão da maior parte de seus poderes sob a ameaça de soldados armados. Ou não seria sorte? Na verdade, há pelo menos um registro indicando que João Carlos teria nascido semanas antes e de que o parto fora mantido em segredo. Em uma carta sem destinatário claro, escrita por Cailhé de Geine no dia 24 de fevereiro — ainda antes, portanto, da revolução —, o informante francês comentava "o sigilo que se guarda do fato de a princesa ter dado à luz, notícia que se mantém secreta com receio de que o recém-nascido seja recebido aos gritos de 'Viva a Revolução'".[102]

O documento talvez ajude a esclarecer a "sorte" da família real. Depois do leite derramado e de d. João ter sido obrigado a jurar a Constituição, aquilo que logo antes se apresentava como um problema — a celebração do nascimento de um herdeiro, justo quando os ânimos mais se exaltavam na Corte, e que poderia servir de oportunidade para a ação dos revolucionários — se transformava agora em um bálsamo oportuno para as feridas abertas, com a reafirmação dos valores do Antigo Regime e dos símbolos da monarquia. Em seu livro sobre a "Versalhes tropical", Kirsten Schultz se refere de maneira breve, mas inequívoca, ao episódio: "Até mesmo o nascimento de seu neto", do neto de d. João vi, "o futuro herdeiro do trono, foi mantido em sigilo por medo de que o anúncio pudesse se tornar ocasião para a manifestação de adesões constitucionalistas".[103]

Se a apresentação do filho de d. Pedro ao povo teve algum efeito benéfico para a imagem da família real, durou pouco, contudo. O batismo da criança foi celebrado no final de março de 1821. Semanas depois, na madrugada do dia 22 de abril, houve o massacre da praça do Comércio. A reunião de eleitores para a escolha dos representantes fluminenses nas Cortes se transformou em assembleia popular, com exigências durante a noite de que d. João jurasse imediatamente a Constituição liberal espanhola de 1812. Mais uma vez, era preciso extrair um compromisso do monarca como garantia de que não haveria retrocesso no processo revolucionário luso-brasileiro.[104] Mas o retrocesso foi imediato. Tropas cercaram os eleitores reunidos naquela noite. Houve tiros e invasão do local de reunião popular pelos soldados, que desferiram golpes de baionetas. O número exato de mortos e feridos é desconhecido. Logo em seguida, d. João vi e sua Corte deixariam o Brasil quase às escondidas.

220

Na hora da partida, o que se via, para todos os efeitos, era um cenário destoante das celebrações da chegada, mais de uma década antes — e não a continuidade do clima festivo dominante por todo o reinado joanino no Rio, como as memórias de Luís Gonçalves dos Santos pareciam sugerir. Do ponto de vista econômico, o contraste era evidente: às promessas de enriquecimento com a abertura comercial, em 1808, se contrapunham o empobrecimento generalizado e a perda de poder aquisitivo por causa da inflação, nos últimos anos de governo na América. Três dias depois do massacre da praça do Comércio, "d. João, a família real e os cortesãos convidados a acompanhá-los embarcaram em uma frota de navios ancorados no porto do Rio", escreveu Schultz. "Em contraste com o conspícuo desembarque de treze anos antes, o embarque foi discreto, tendo começado apenas depois que já havia escurecido."[105] Segundo a historiadora, "a violência e a incerteza das semanas precedentes formavam um contraponto trágico à anteriormente celebrada presença pública de d. João na cidade". Descrição semelhante foi feita pelo jornalista Patrick Wilcken.

> Dessa vez não haveria procissões, alegorias, fogos de artifício nem arcos do triunfo, tampouco cerimônias de beija-mão para que o rei se despedisse de seus vassalos. Em vez disso, haveria silêncio, exceto pelas vozes abafadas dos que organizavam o carregamento das provisões, à medida que uma fileira de caixotes era transportada para a área das docas e embarcada na frota. [...] A maior parte da Corte embarcou quase na escuridão, no sombrio pré-alvorecer de 25 de abril.[106]

É compreensível que Luís Gonçalves dos Santos não quisesse narrar essa partida encabulada e esse fim melancólico. Quando os navios que levavam o monarca e parte de sua família cruzaram, afinal, os fortes de defesa da baía da Guanabara na manhã do dia 26 de abril, houve, de toda forma, a sequência esperada dos tiros de canhão — responsáveis por fazer, naquela hora difícil, as "saudações de praxe" ao monarca que partia.[107]

TERCEIRA PARTE:
DEPOIS

7. Alerta!

Na história da Independência brasileira, não houve apenas uma grande fuga de Lisboa, mas duas. Além da fuga, digamos, fundadora — a transferência da família real para o Rio de Janeiro em 1807 —, houve outra, uma década e meia depois, certamente não tão grandiosa e espetacular quanto a primeira, porém intimamente ligada aos embates pela emancipação da América portuguesa. Aconteceu no final de 1822, quando um grupo importante de integrantes da restrita elite política brasileira, àquela altura exercendo mandatos nas Cortes Constituintes, precisou providenciar, às pressas, a própria retirada de Portugal.

Na calada da noite do dia 5 de outubro, fugindo da polícia e esgueirando--se pelo cais, sete deputados da América portuguesa foram introduzidos ilegalmente no paquete inglês *Marlborough*. Até onde se sabe, contavam com o beneplácito e a ajuda de autoridades diplomáticas da Inglaterra. Já dentro do navio, tiveram de permanecer em silêncio, escondidos dos funcionários portuários, até que a embarcação zarpasse. Não eram deputados quaisquer, esses emigrantes ilegais. Entre eles estava Antônio Carlos de Andrada e Silva, irmão de José Bonifácio — naquele momento, uma espécie de primeiro-ministro de d. Pedro — e de Martim Francisco de Andrada e Silva — responsável pela pasta da Fazenda no Brasil. Antônio Carlos tinha recebido acenos do futuro imperador para também participar do governo e, em breve, lideraria os trabalhos legislativos na Constituinte do Rio de Janeiro. Outro que embarcou no *Marlborough* foi o médico baiano José Lino Coutinho, que, anos mais tarde, seria ministro do Império. Nas semanas anteriores à fuga, Lino Coutinho havia liderado o confronto brasileiro com a maioria lusa nas Cortes. Também entre eles ia o padre Diogo Antônio Feijó, futuro regente do Império, que talvez não soubesse, ao embarcar, que nos meses e anos seguintes teria vida difícil nos embates políticos do outro lado do oceano — Feijó era federalista demais para se satisfazer com os rumos centralizadores das Cortes em Lisboa, e liberal o suficiente para desagradar a d. Pedro e aos irmãos Andrada, no Rio. Outro que fazia parte do grupo era Cipriano José Barata de Almeida, representante baiano que, depois de passar meses enfurecendo a pequena burguesia lisboeta com seus discursos críticos aos portugueses, se tornaria, ao chegar ao Brasil, um dos mais notáveis adversários do conservadorismo de d. Pedro I. Apesar das diferenças políticas e ideológicas que os separavam, estavam todos, naquele momento, no mesmo barco. Esse é um dos raros casos em que não é exagero dizer: a história do Brasil provavelmente seria outra se aquela embarcação naufragasse a caminho de Falmouth, no sudoeste inglês, ou se o grupo tivesse sido detido pela polícia antes da partida.[1]

A fuga era o desfecho de uma escalada de conflitos que atingira o ponto de maior tensão poucas semanas antes. Em setembro de 1822, o trabalho constituinte em Lisboa já havia, para todos os efeitos, chegado ao fim — ainda que o texto final da nova Carta não tivesse sido formalmente aprovado. Vencera o projeto altamente centralizador da maioria portuguesa depois de quase dois anos de disputas. Algumas poucas concessões haviam sido feitas às demandas de deputados paulistas, baianos e pernambucanos, que buscavam relativo autogoverno para o Reino do Brasil e para as suas províncias — sem que essas escassas ofertas fossem suficientes, contudo, para alcançar qualquer tipo de acordo satisfatório a todos os lados da contenda. A derrota política dos brasileiros decretava o fim das esperanças de que as duas partes principais do Reino Unido de Portugal, Brasil e Algarves se mantivessem associadas.

No plenário das Cortes, os representantes baianos liderados por Lino Coutinho já haviam deixado claro que, com a sua província em guerra, não se consideravam aptos a assinar a Constituição, cujo juramento estava previsto para o fim daquele mês.[2] Como consequência do fracasso das negociações políticas na Europa, tropas locais e portuguesas se opunham desde julho, em

Salvador e no Recôncavo, em confrontos armados. Embora naquele momento a autoridade das Cortes não fosse reconhecida por alguns de seus próprios integrantes, e ainda que dia a dia essa mesma autoridade se tornasse cada vez mais frágil na maior parte da América portuguesa — isso para não falar dos lugares onde ela sempre fora inexistente, ou quase isso —, deputados lusos insistiam em querer ditar regras para o conjunto da antiga colônia. Tentavam governar quem já não se considerava sujeito à sua autoridade.

Foi numa dessas iniciativas que, no dia 19 de setembro, a Comissão de Constituição das Cortes apresentou ao plenário um parecer tornando ilegal a convocação, feita meses antes por d. Pedro, de uma Constituinte específica para o Brasil. A curiosa reação dos deputados portugueses à aberta rebeldia de além-mar tinha mais efeitos formais do que práticos. Afinal, de que meios poderiam se valer os parlamentares europeus para impedir a reunião de representantes das províncias brasileiras no Rio de Janeiro? Os líderes políticos lusos, ciosos de sua autoridade desrespeitada, não tinham o que fazer, mas até por isso a proclamação parlamentar — o único gesto que lhes restava — era compreensível. No fim das contas, seria difícil imaginar um desafio maior à autoridade das Cortes: em resposta aos impasses em Lisboa, à sua insatisfação com o que estava sendo decidido para o conjunto do Reino Unido, a burocracia e os liberais fluminenses, com o apoio das elites de outras províncias, tinham simplesmente decidido dar início a um trabalho paralelo de elaboração de leis fundamentais deste lado do Atlântico. Leis que agora valeriam apenas para a América portuguesa, excluindo e ignorando a parte europeia do antigo Império, o que, na prática, significava já a emancipação política do Brasil. Ao tentar declarar nula a iniciativa do príncipe no Rio de Janeiro, a comissão das Cortes fazia jogo de cena e se agarrava às aparências, é verdade. Mas também é verdade que, se pretendiam salvar o Brasil — ou melhor, o reino unido que se desfazia —, o gesto e a declaração de princípios eram necessários, mesmo que insuficientes. Não dizer nada, não se manifestar, significaria, aí sim, jogar a toalha.

O que, de toda forma, já parecia completamente desnecessário, inverossímil e, por certo, escrito sem convicção alguma era a declaração que acompanhava o parecer, de que d. Pedro agia contra "a vontade geral do povo do Brasil" ao convocar a assembleia brasílica. A comissão determinava, em seguida, que os secretários de Estado no Rio de Janeiro, entre eles José Bonifácio, deveriam ser processados pelos atos ilegais que haviam tomado ao convocar e preparar a nova Constituinte e que, dali em diante, quem quer que obedecesse às ordens de d. Pedro agia fora da lei — em particular os oficiais militares, que nesse caso seriam considerados traidores. O documento, que afinal funcionava como um recibo de que a autoridade das Cortes estava sendo abertamente desafiada, encerrava com uma afirmação curiosa, em geral omitida nas ordens de governos que têm confiança tanto na própria capacidade de agir quanto em sua autoridade. Dizia o parecer, em seu último item, o sétimo, que os deputados fariam executar aquelas determinações "por todos os meios" que estivessem "à sua disposição".[3]

Lino Coutinho foi o primeiro brasileiro a discursar contra a proposta, no próprio dia 19 de setembro. Procurou chamar a atenção dos colegas e das galerias para a inutilidade da medida. "Se Portugal quer reduzir o Brasil à obediência, [...] papéis de nada valem, são inexequíveis", observou o médico baiano.

> Porventura, senhores, o príncipe depois de ouvir dizer aqui que ele era rebelde, que era um rapaz malcriado, que se tinha levantado contra a sua pátria e outros mil insossos disparates virá como um cordeiro imediatamente entrar em Portugal? É preciso ser mui crédulo para assim o supor, para esperar que o príncipe regente do Brasil, depois de ser considerado rebelde, como atualmente está, queira sem mais nem mais obedecer a meia folha de papel.

Em seguida, ao dizer que "desde o Maranhão até o Prata" as opiniões eram "idênticas e unânimes" no Brasil — ou seja, favoráveis a d. Pedro e à Constituição local —, o líder baiano provocou reação enfática entre os representantes europeus. Grande parte dos deputados se manifestou aos gritos, dizendo que não, que aquilo não era verdade. Silenciado pelos protestos dos próprios colegas, Lino Coutinho insistiu, pedindo ao presidente da sessão que mantivesse a ordem no plenário e lhe garantisse a palavra.[4]

Reação ainda pior, por parte dos legisladores lusos e do público presente, se voltou contra outro representante da Bahia, o deputado Cipriano Barata. Não era para menos: ao longo de todo o ano, Barata havia construído a fama de brigão, de provocador, sempre pronto a desafiar não apenas os colegas parlamentares, como também as galerias. Prestes a completar sessenta anos, o legislador baiano figurava entre os mais velhos integrantes das Cortes. Mas a idade nem de longe o impedia de ser também um dos menos sisudos, dos mais idiossincráticos, alguém a quem a palavra "rebelde" se aplicava com proprieda-de. Ainda em 1798, ao participar da Revolta dos Alfaiates, em Salvador, tinha sido um dos únicos oito homens brancos detidos pela Coroa portuguesa, entre 32 réus processados por um movimento sedicioso de forte extração popular.[5] Já idoso, Barata passou a usar os cabelos brancos até a altura do ombro. Costu-mava também portar trajes incomuns, às vezes esdrúxulos, quase sempre pre-nhes de significado, como casacas de algodão rústico, sapatos de couro de be-zerro ou chapéus de palha da carnaúba.[6] Durante a revolução de 1821 em Salvador, da qual participou ativamente, de arma na mão, seus adereços de sertanejo chamaram a atenção: Barata desfilou pelas ruas vestido à maneira de um cangaceiro, com "cinto de pistolas".[7] A vontade de exprimir a própria indi-vidualidade e sua alegria em desprezar convenções eram típicas do Romantis-mo, movimento crítico do bom senso e das justas medidas do Iluminismo. Surgida poucas décadas antes na Alemanha, essa forma de ver o mundo con-trapunha a verdade íntima da emoção, das experiências individuais e particu-lares, aos pretensos sofismas e artimanhas de alguma suposta razão universal. Fazia também o elogio da espontaneidade, da sinceridade e do radicalismo — princípios que, muito tempo depois, já no século xx, influenciariam as van-guardas artísticas e o movimento hippie.[8] Cipriano Barata, capaz de conjugar elementos românticos a princípios universais iluministas, enlouquecia a pe-quena burguesia lisboeta que acompanhava as sessões da Constituinte — uma ruidosa massa humana que, em seu nacionalismo exaltado, culpava o Brasil por todos os males de Portugal. A multidão não apenas vaiava, como também, frequentemente, ofendia os oradores de além-mar aos gritos de "Fora, patifes!" e até mesmo de "Morram, morram".[9]

Ao tomar a palavra naquele dia, Barata parafraseou Fernandes Tomás, o líder da Revolução do Porto e seu colega deputado, o qual, meses antes, havia acenado em despedida da América portuguesa durante um discurso nas Cor-tes, caso seus habitantes não quisessem mais se submeter às decisões do Parla-mento em Lisboa. "Passe o sr. Brasil muito [bem], que cá nós cuidaremos de nossa vida", provocara o líder liberal.[10] Pois agora era o deputado baiano quem ameaçava dizer adeus aos antigos patrícios.

> Quando lanço os olhos, sr. presidente, para o estado do Reino do Brasil no dia de
> hoje, e observo os voluntários movimentos de todas aquelas províncias, desde o

cabo de São Roque até o rio da Prata, e todo o interior na mais fraternal união, parece-me que também podia dizer agora: adeus, senhor Portugal, passe por cá muito bem.[11]

O que disse a seguir não aparece de maneira integral na transcrição dos debates daquele dia, depois reunida no *Diário das Cortes*. Aqui e ali, há omissões, cortes abruptos nas frases, evidentes supressões de palavras e expressões, sempre indicadas com o uso de reticências. A razão para o discurso de Barata ter sido imperfeitamente registrado, segundo observou o *Correio Braziliense* à época, é que, "foi tal a desordem com que das galerias lhe acumularam insultos, que nem a autoridade do presidente os pôde acomodar, nem o taquígrafo ouvir o orador".[12] Gritos, urros de revolta contra o "adeus, senhor Portugal". Mas Barata continuou a discursar. O parecer que declarava a nulidade dos atos de d. Pedro, em particular a convocação da Constituinte brasileira, era "digno certamente do mais soberano desprezo", constatou. O Brasil não fazia mais do que reagir aos abusos da própria Corte, aos seus erros, valendo-se de direitos políticos naturais, inalienáveis e imprescritíveis ao convocar sua própria Constituinte.

Havia, é claro, além do problema de direito, a questão de fato: mesmo se tivesse razão legal, como poderia Portugal obstar a determinação brasileira? "O Brasil vai seguindo o impulso dos seus destinos na sua órbita política, e não para na carreira, como planeta: o movimento do Reino do Brasil, sr. presidente, não é uniforme, é acelerado", observou Barata.

Ele [o Brasil] há de arrebatar como um rio impetuoso tudo quanto se lhe puser diante. Além disto, suponhamos gratuitamente que Portugal tinha direito para declarar nulo o decreto de 3 de junho de sua alteza real: se Portugal não tem força para sustentar esse direito, é voz que clama no deserto, perde de fato e há de ficar debaixo.

E continuava Barata, lembrando a guerra que as Cortes pareciam querer ignorar:

Portugal e Brasil hão de ser reconhecidos pela sorte das armas; aquele que vencer afinal terá direitos, dará as leis, fará os processos, lavrará as sentenças; e o outro há de ficar esmagado; o contrário é obstinação insensata, a que só se deve responder com gargalhada.

Barata insistia na questão prática, lembrando a falta de meios das Cortes para fazerem valer a sua vontade. O discurso, quase soterrado pelas vaias do público, é um episódio notável da coragem e da eloquência em língua portuguesa.

Passemos ao segundo artigo do parecer da comissão. Diz ele que os secretários do Rio de Janeiro são responsáveis, e devem ser processados. Eis aqui, sr. presidente, uma bula do papa mandada para a China. Que têm hoje os secretários de Estado do Rio com estes fulminantes decretos? Com estes processos? O governo do Brasil é semelhante ao de Inglaterra no tempo de Cromwell: o Reino do Brasil vai obrando de fato, enquanto Portugal grita a favor de seus pretendidos direitos. E que direitos tem Portugal sobre o Brasil?? Mas não nos desviemos. Suponhamos que se processa? De que serve o processo? Quem irá ao Brasil fazer executar a sentença? Isto, sr. presidente, parece sonho. É preciso acordar. [...] A respeito do artigo 7º e último, parece-me que posso fazer uma reflexão bem singular; e é a seguinte: que o governo, no labirinto em que se acha envolvido, podia assim dizer: "Como eu hei de fazer executar todas estas determinações pelos meios que estiverem à minha disposição, *e eu não tenho meios nenhuns, pois estou sem esquadras, sem soldados, e mais que tudo sem dinheiro*, e por isso sem forças para fazer executar minhas disposições; por isso quero esperar por esses meios, para então dar ordens; isto é melhor do que desacreditar-me, mostrando de fato a fraqueza em que me acho". Em uma palavra, sr. presidente, não cessarei de clamar que o melhor expediente é a prudência e esperar, rejeitando *in limine* este projeto como absurdo, subversivo da boa ordem e tranquilidade dos portugueses de ambos os hemisférios; incendiário e digno certamente de ser queimado.[13]

Embora desaconselhasse a medida incendiária, Barata parecia, ao mesmo tempo, considerar que a sorte já estava lançada, de toda forma. As desavenças entre brasileiros e portugueses seriam decididas no campo de batalha, onde, aliás, eles já se enfrentavam — por ora na Bahia, mas logo os combates se espraiariam para o Norte, entre o Piauí e o Pará, e também ao Sul, na província Cisplatina. O deputado baiano observava ainda, com realismo cortante, que os meios financeiros, traduzidos em maior ou menor poderio militar, seriam decisivos para o destino dos embates, ao que parece a favor dos brasileiros — e, como veremos, ele tinha toda a razão. Mas, se era assim, se pouco importava a essa altura discutir uma lei proposta pelas Cortes, o que mais os representantes brasileiros tinham a fazer ali? Por que simplesmente não iam embora?

Essa era uma questão que os próprios brasileiros se faziam, ao mesmo tempo que expunham, em seus discursos, o dilema moral a perturbá-los. A assinatura e o juramento da Constituição estavam previstos para o fim daquele mês de setembro de 1822, dali a poucos dias. Boa parte das delegações das províncias não concordava com os termos impostos pela maioria portuguesa, mas, ao serem eleitas e tomarem assento no Congresso, haviam jurado acatar as decisões da maioria, como deve ser em regime representativo. Deixar de jurar ou de assinar a Constituição, agora, poderia lhes valer a pecha de perjuros — o que constituía, aos olhos de todos, uma grave falha moral, inaceitável para pessoas honradas. Por outro lado, era quase unânime a impressão de que aquele documento já não atendia às expectativas das elites na maior parte das províncias brasileiras. A pressão popular lisboeta certamente incomodava os representantes do outro lado do Atlântico em Portugal, mas havia também — e esta parecia ser a questão central — o dilema de escolher entre trair o primeiro processo constitucional representativo do mundo luso-brasileiro, de um lado, ou trair as aspirações de boa parte dos seus eleitores, a vontade de suas províncias, de outro.[14]

Alguns deputados tentaram resolver o dilema pedindo dispensa das Cortes, mas as licenças sempre foram negadas. Pelas regras da época, precisavam também de autorização oficial, de passaportes, para embarcar e deixar o país. Houve quem cogitasse fingir doença e simplesmente faltar às sessões de juramento.[15] No fim das contas, a maioria acabou assinando e jurando a Constituição, mesmo que muitos, em discursos, exprimissem insatisfação com o documento final.[16] Foi em resposta a esse impasse que alguns dos principais líderes políticos brasileiros simplesmente decidiram fugir. Eram os sete do paquete *Marlborough*. Além de Antônio Carlos, Feijó, Lino Coutinho e Barata, viajavam dois deputados de São Paulo ligados aos Andrada e Silva, e Francisco Agostinho Gomes, representante da Bahia, na embarcação que partiu de Lisboa em direção ao porto de Falmouth, na Inglaterra. Segundo Otávio Tarquínio de Sousa, teria sido um comerciante baiano, próximo aos deputados da província, quem negociara com a diplomacia inglesa o embarque clandestino dos fugitivos. O mesmo Tarquínio de Sousa registra que um funcionário portuário teria ouvido, quando o *Marlborough* já tinha levantado âncora e lentamente se afastava do cais, as palavras de um brasileiro falastrão, que surgira de repente no convés. "Diga lá que nos venham agora cá pegar", gritou, impertinente — mas apenas quando já se sentia suficientemente seguro para fazê-lo.[17]

O périplo todo do grupo, entre Portugal e o Brasil, com breve estada na Inglaterra e escala na ilha da Madeira, atravessou os meses de outubro, novembro e boa parte de dezembro de 1822.[18] Foram meses decisivos, de rearranjo político no Brasil, em particular na Corte fluminense. Quando os representantes brasileiros nas Cortes deixaram Lisboa às escondidas, uma coalizão tão ampla quanto aquela representada no *Marlborough* — que ia de liberais favoráveis a concentrar poderes no Parlamento, em detrimento do monarca, aos partidários de um poder Executivo forte, nas mãos do imperador e de seu ministério — ainda coexistia no Rio de Janeiro, dividindo as atenções de d. Pedro.[19]

De um lado estava José Bonifácio, que dizia querer evitar as "desordens das assembleias" ao aumentar a autoridade do ministério, a capacidade de ação do Executivo, ou seja, dele mesmo.[20] Filho de um comerciante que acumulara uma das maiores fortunas da vila de Santos, Bonifácio tinha sido enviado, na juventude, para estudar em Coimbra. Após receber os diplomas de filosofia e direito no final da década de 1780, não voltou ao Brasil, como era costume dos filhos da elite americana. Ingressou na Academia das Ciências de Lisboa e partiu, patrocinado pelo governo português, para uma viagem de formação como cientista — especificamente, como mineralogista — pela Europa. A primeira parada de estudos se deu na França, entre 1790 e 1791, ou seja, quando acabara de ser deflagrado o processo da Revolução Francesa. Embora o período do Terror e das mortes em série na guilhotina só viesse a ocorrer mais tarde, costuma-se associar a estada parisiense de Bonifácio — e sua experiência in loco com as agitações sociais — a seu "horror aos movimentos revolucionários, aos movimentos armados, aos movimentos populares". Era, de toda forma, um filho do Iluminismo e não chegava a ser refratário às mudanças, como lembra Miriam Dolhnikoff. Mas as reformas que defendia "deveriam ser articuladas pela elite, no interior das instituições, sem pôr em risco a manutenção da ordem".[21]

De outro lado, também buscando influenciar d. Pedro, militavam os liberais fluminenses, dentre os quais se destacavam integrantes da Câmara local, como José Clemente Pereira e Januário da Cunha Barbosa, favoráveis a um governo representativo que diminuísse, tanto quanto possível, a margem de manobra para possíveis arbitrariedades e caprichos do rei — ou de seu principal ministro.[22] Em vez de conter as assembleias, como desejava José Bonifácio, os liberais pretendiam, ao contrário, reforçar o seu poder. Liderados por Joaquim Gonçalves Ledo, haviam tido papel central para convencer d. Pedro a permanecer no Brasil no episódio do "fico", em janeiro de 1822. Em fevereiro, depois de Bonifácio criar a junta de procuradores, que reunia um representante por província e tinha como função aconselhar o monarca, os liberais voltaram a reagir. Em lugar do órgão limitado e conservador, pressionaram d. Pedro a convocar uma Assembleia Constituinte "brasílica", ou seja, exclusiva da América, na qual todas as províncias do Reino do Brasil se vissem representadas. Embora Bonifácio ocupasse então o mais alto cargo na administração do governo, d. Pedro novamente cedeu aos liberais, convocando a Constituinte local.[23]

Em agosto, dois manifestos foram lançados no Rio, e ambos anunciavam, em boa medida, o rompimento político iminente com Portugal. Embora tanto o texto do dia 1º quanto o de 6 de agosto fossem assinados por d. Pedro, sabe-se que o primeiro deles foi escrito pelo líder dos liberais, Joaquim Gonçalves Ledo, e o segundo, por José Bonifácio. Ou seja, às vésperas do grito do Ipiranga, as duas correntes políticas ainda dividiam o poder na Corte — que é o mesmo que dizer: as atenções do monarca. Uma leitura atenta, como a que mais tarde faria a historiadora Miriam Dolhnikoff, revela diferenças ideológicas explícitas nos dois documentos. No de Gonçalves Ledo, dirigido aos brasileiros de todas as províncias, a ênfase estava na instalação da Assembleia Constituinte, que se aproximava. Seria ela, ou seja, a atividade parlamentar e a lei fundamental daí resultante, que daria às elites de norte a sul do país a garantia de poder participar do governo conjunto do Brasil. No manifesto escrito por Bonifácio às "nações amigas", em contrapartida, a ênfase recai menos na ampliação da representatividade e na partilha do poder do que na identidade nacional e na capacidade de ação do governo. No texto de 6 de agosto se acentua a oposição entre portugueses e brasileiros, e estes são conclamados à reunião em torno de d. Pedro. O que se defende é um governo forte, ainda que seja feita a promessa, de passagem, de uma Constituição. "Um governo forte e constitucional era só quem podia desempeçar o caminho para o aumento da civilização e riqueza progressiva do Brasil", afirma o documento.[24]

A prometida Constituinte, de toda forma, só iria se reunir em maio de 1823. Quando sobreveio o rompimento político, entre julho e setembro de 1822, e afinal d. Pedro I foi aclamado imperador, em outubro, José Bonifácio partiu para o ataque — obviamente com o beneplácito do monarca. Aproveitando-se da temporária indefinição institucional e legal que vigorou entre o rompimento de fato com a antiga metrópole e a instalação da Assembleia, o secretário de Estado dos Negócios do Brasil lançou uma implacável perseguição aos líderes liberais na Corte. O primeiro a cair foi Joao Soares Lisboa, redator do *Correio do Rio de Janeiro*, periódico de linha crítica ao ministério dos Andrada e Silva. Chamado a comparecer perante o intendente-geral da polícia, Soares Lisboa foi obrigado a assinar um termo que o proibia de escrever, antes de ser intimado a deixar o país. No início de novembro, seria aberta uma devassa que acusava os principais líderes liberais fluminenses de um crime característico do Antigo Regime, a "inconfidência". O intendente de polícia, homem de confiança de Bonifácio, convocava os cidadãos a delatar o que soubessem sobre as atividades de pessoas suspeitas. Januário da Cunha Barbosa e José Clemente Pereira, destituído da presidência da Câmara do Rio pelos aliados de José Bonifácio, tiveram de se exilar na França. No dia 11 de novembro, o ministro cobrava da polícia a divulgação de um prêmio para quem capturasse Gonçalves Ledo: em dinheiro, se o responsável pela captura fosse livre, ou com a alforria, se escravizado. O principal líder liberal, que àquela altura já vinha recebendo ameaças de morte, conseguiu fugir da Corte "disfarçado de negra, com um cesto na cabeça", segundo Isabel Lustosa. Perambulou pela província do Rio de Janeiro antes de deixar o país, indo morar em Buenos Aires.[25]

Diante dos evidentes abusos, até mesmo o representante diplomático da Áustria, barão de Mareschal, registrou surpresa com os gestos de poder realizados "sem processo, sem formalidades".[26] Meses mais tarde, o padre José Martiniano de Alencar, eleito deputado pelo Ceará para a Assembleia Constituinte no Rio de Janeiro, criticaria face a face, em discurso parlamentar, o despotismo de Bonifácio.

> O governo tem tomado medidas violentas e anticonstitucionais: têm-se prendido homens sem culpa formada; têm-se deportado outros; abrindo-se uma devassa não só na Corte, mas pelas províncias, que nada menos é que uma inquisição política; a liberdade de imprensa está quase acabada, se não de direito, ao menos de fato.[27]

Mesmo sem terem notícias do que se passava no Rio, ainda na Inglaterra Antônio Carlos de Andrada e Silva e seus aliados paulistas se separaram de Feijó, Barata e Lino Coutinho. Repetiam, sem saber, a cisão que se dava naquele mesmo momento no Brasil. Os dois grupos que haviam fugido juntos de Lisboa — um, conservador, o outro, de expoentes liberais — faziam agora, separados, a travessia do Atlântico de volta ao Brasil. Quando Cipriano Barata e companhia afinal aportaram no Recife, em 21 de dezembro de 1822, seus aliados liberais na sede do Império já haviam sido completamente ostracizados — não apenas das novas instituições dirigentes do país, mas do próprio território brasileiro. Era o auge do poder de José Bonifácio e de seu projeto conservador.

Apesar de a reviravolta política e o reforço das atribuições de Bonifácio terem ocorrido justamente quando os passageiros do *Marlborough* estavam em trânsito, seria descabido imaginar que Cipriano Barata possa ter ficado completamente surpreendido ao desembarcar no Brasil e se inteirar do que se passava na Corte. Por informações que chegavam da América, quando Barata ainda estava em Lisboa, e pelo contato constante com colegas deputados de outras províncias, o liberal baiano sabia que suas posições políticas e ideológicas eram minoritárias. Pouca gente no Brasil seria capaz de acompanhá-lo na defesa radical de condições dignas para todo tipo de prisioneiro ou da liberdade incondicional de imprensa, muito menos na crítica às distinções nobiliárquicas de qualquer espécie. Barata também não ignorava que o grupo dos Andrada, bem mais conservador, contava com grande apoio na Corte e aliados importantes nas províncias. E sabia que dificilmente uma Constituição exclusivamente brasileira viria a ser tão liberal na concessão de poderes ao Parlamento e no cerceamento aos caprichos do rei quanto as que haviam sido adotadas na Espanha e em Portugal. Ainda assim, decidiu abandonar as Cortes, defendendo o direito da América portuguesa de convocar a sua Constituinte exclusiva. Parece contraditório — e é, de certa maneira. A aparente contradição se desfaz quando lembramos que Barata era, em boa medida, um idealista. Alguma dificuldade prática futura não deveria, por princípio, ser ponderada como obstáculo para a defesa de valores inegociáveis no presente. Se o melhor a fazer em setembro de 1822 era defender alguma iniciativa de d. Pedro, a iniciativa seria defendida em seus próprios termos, por seu mérito — mesmo sabendo que, poucos meses depois, seria preciso combater o monarca com esforço redobrado.

Renovados combates o aguardavam, portanto, ao deixar Lisboa: de um lado, para que a Constituinte brasileira levasse os seus trabalhos até o fim, e de outro para que o texto da nova Constituição, se chegasse mesmo a existir, fosse suficientemente liberal. Na passagem de 1822 para 1823, nada indicava que esses objetivos estavam assegurados. Na verdade, era muito pouco provável que suas posições prevalecessem. Mesmo assim, Barata insistiu.

Cipriano Barata desembarcou em Pernambuco em dezembro e por ali ficou. O decano liberal, já sexagenário, havia planejado, ainda em Lisboa, voltar a Salvador. Mas, àquela altura, a etapa final da viagem era praticamente impossível: a capital baiana, ocupada por milhares de soldados portugueses, encontrava-se sitiada por tropas brasileiras, enquanto enfrentamentos de parte a parte ocorriam em todo o entorno do Recôncavo.[28]

No Recife, poucos meses mais tarde, o ex-deputado daria início à sua atividade jornalística no Brasil. A *Sentinella da Liberdade na Guarita de Pernambuco*, periódico que Barata iria escrever, mandar imprimir e vender pelos meses seguintes, foi publicada pela primeira vez em abril de 1823. Logo se tornaria um jornal de imenso sucesso. Os textos na *Sentinella* eram enfáticos, defendiam um programa político claro — o do regime representativo com poder concentrado nas mãos do Parlamento — e costumeiramente terminavam com um grito de "alerta!" ao leitor, como a lembrá-lo de que tanto o projeto liberal quanto os seus apoiadores estavam cercados e ameaçados, na Corte e nas províncias — "alerta!" era a última palavra, com exclamação, que dava fecho à maior parte dos artigos. A influência do periódico, publicado duas vezes por semana, se mede pelas cartas que recebia de todo o Brasil, pelos debates que provocava, inclusive na Corte fluminense — jornais conservadores do Rio se davam ao trabalho de tentar rebater teses e argumentos defendidos na *Sentinella*, citando a publicação —, e também pelo ofício enviado por José Bonifácio ao governo pernambucano em meados de 1823, pouco tempo depois da criação do jornal, atacando Barata por, supostamente, empurrar parcelas da sociedade "para a desordem e a anarquia", com seus textos e discursos.[29]

Desde os primeiros números, Barata criticava a condução do governo no Rio de Janeiro — a princípio poupando o imperador, mas não seu principal ministro. "O negócio da liberdade não vai correndo como se esperava", lia-se na primeira página da edição de número cinco, na qual também eram registradas a censura à imprensa na Corte e a falta de segurança para quem se atrevesse a atacar alguma decisão do ministério.[30] É ainda nesse número que Barata de certa forma expõe o problema político central que o país enfrentaria nos meses seguintes. Buscando escrever uma Constituição enquanto travava guerras em várias partes do território, a sociedade brasileira tentava estabelecer um poder parlamentar — que, em toda parte do planeta, havia se constituído com a finalidade de extirpar poderes dos reis, de limitar os monarcas — sem que o Parlamento, no entanto, controlasse as tropas do país. Era d. Pedro I quem orgulhosamente se apresentava como líder dos exércitos que, naquele momento, enfrentavam os portugueses do Maranhão à província Cisplatina. Dentro do prédio da Assembleia Constituinte, no centro do Rio de Janeiro, representantes eleitos das diversas províncias debatiam, desde o início de maio de 1823, quanto de poder caberia a eles, de um lado, e ao imperador, de outro. Mas faziam isso enquanto o monarca, no palácio em que reinava a poucos metros dali, ganhava popularidade e autoridade reforçada sobre os militares que liderava, a cada batalha vencida. Como logo ficaria evidente, nenhum líder cederia com facilidade em suas prerrogativas civis depois de se tornar cada vez mais forte no comando das armas — em particular um líder que tinha explícita admiração por Napoleão Bonaparte. O cenário, vale notar, era radicalmente diferente daquele que propiciara um controle quase total sobre d. João VI pelas Cortes em Lisboa logo depois da revolução liberal. A diferença residia no fato de que, em 1820 e 1821, Exército e deputados se encontravam unidos contra a Coroa — agora, em 1823, o novo imperador divergia, como o seu pai, do que considerava excessos do Parlamento, mas com a vantagem não desprezível, para d. Pedro, de ter baionetas dispostas a obedecer a seus comandos, mesmo os mais despóticos.

Em resposta à carta de um anônimo — talvez o próprio Barata — publicada na primeira página da *Sentinella da Liberdade* do dia 23 de abril, o jornalista liberal analisou uma mensagem publicada pouco tempo antes por d. Pedro I aos soldados do Exército brasileiro. Cipriano Barata lamentava que o imperador se apresentasse na mensagem como "generalíssimo" e comandante das tropas. "Generalíssimo dos Exércitos do Brasil deve ser quem se aplique tão somente à guerra; o nosso imperador deve estudar política" e o que mais o ajude a bem governar, argumentava o redator da *Sentinella*. Emendava o comentário observando que em um governo constitucional nunca se deve consentir que o imperador seja generalíssimo: porque sendo homem, e por isso suscetível de ambição e de todas as paixões opostas à existência e duração de um governo misto e representativo, pode ter a tentação de abusar da autoridade.

Se o imperador de fato fosse generalíssimo, continuava o jornalista, haveria de tentar se "impor com as armas e suplantar o Congresso, o qual aterrado nunca fará coisa que boa seja, e nada disto nos convém para vivermos tranquilos". Assim concluía a primeira séria advertência a quem defendia o sistema constitucional no Brasil, com o apelo que se tornaria a sua marca registrada: "Alerta!".[31]

Posições semelhantes às de Barata eram minoritárias, mas não desprezíveis, entre os deputados que, desde o dia 3 de maio, se reuniram no Rio de Janeiro para escrever a Constituição. A princípio projetada para acolher uma centena de representantes de todo o país, a Assembleia nunca chegou a reunir o número total de integrantes, não só porque as províncias do extremo norte — Pará, Maranhão, Piauí —, unidas a Portugal, nem se deram ao trabalho de escolher seus representantes, como também porque a Bahia, em guerra, teve dificuldades para concluir o processo e certificar os vencedores até meados de 1823. José Honório Rodrigues estima que, nos dois ou três primeiros meses de funcionamento, não muito mais do que cinquenta deputados compareciam regularmente às sessões.[32] Assim, os dez ou onze deputados naquele início de trabalho legislativo identificados como mais radicalmente liberais, integrantes do "partido democrático" segundo o barão de Mareschal, representariam, em alguns momentos, cerca de um quinto da Constituinte.[33] Houve situações, de toda forma, em que as posições do grupo minoritário saíram vencedoras, como no debate, durante as sessões preparatórias, em que se discutiu se o imperador deveria ou não entrar no Parlamento "descoberto" — ou seja, sem a coroa, símbolo máximo do seu poder. Pelo menos na primeira vez que pôs os pés no recinto, d. Pedro compareceu sem a coroa, ou seja, sem ser soberano em relação aos deputados.[34] Mas de modo geral prevaleceram as escolhas dos irmãos Andrada, todos os três eleitos para a Assembleia — que teve em Antônio Carlos a principal figura de liderança legislativa, do início ao fim dos trabalhos. Sob sua direção, impôs-se um projeto centralizador, com papel reduzido para as províncias e que reforçava o poder de d. Pedro I, ainda que não se cedesse, no esboço legislativo, a todos os desígnios do imperador. Apesar das muitas concessões, não demorou para que o perigo bonapartista apontado por Barata se manifestasse.

Desde o princípio, d. Pedro e seu entourage palaciano manifestaram o desejo de que o imperador participasse do processo legislativo e, mais importante, que a ele coubesse a palavra final sobre o que entraria ou não na Constituição — ou seja, o direito de sanção às leis votadas pela Assembleia para o texto constitucional. Para essa corrente conservadora, e ao que tudo indica para o próprio monarca, a Constituição só deveria entrar em vigor depois de receber a sua chancela: o que não fosse sancionado por ele restaria como letra morta. Era um poder exorbitante, contra o qual uma maioria de deputados repetidamente se manifestou.[35] Depois de escrita e sancionada a Constituição, d. Pedro até poderia ter algum tipo de poder de veto sobre a legislação comum subsequente, as leis ordinárias. Mas a definição das leis fundamentais não lhe competiria, seria trabalho dos constituintes.

Assim, um projeto que declarava explicitamente que o texto em elaboração seria promulgado "sem sanção prévia" do imperador foi levado a plenário. Pelo sistema então adotado, eram necessárias três votações para dar o assunto por encerrado. Antes que o terceiro escrutínio se realizasse, contudo, tropas do Exército em Porto Alegre se rebelaram. Em meados de julho, oficiais e soldados se manifestaram nas ruas da capital gaúcha em favor do imperador, obrigando as autoridades civis a acompanhá-los em um juramento de lealdade a d. Pedro I. Para completar a manifestação, declararam que só defenderiam a Constituição se ela concedesse direito de "veto absoluto" ao monarca. Era a primeira vez que o poder parlamentar e o poder militar se viam em disputa aberta no Brasil. A evidente tentativa de intimidação recebeu resposta à altura da Assembleia. Ao mesmo tempo "indignados e apreensivos", segundo Barman, os deputados puseram em votação definitiva a lei que previa a adoção do texto constitucional sem a necessidade de sanção do imperador.[36] O texto foi aprovado. No final de julho de 1823, a Assembleia confrontava pela primeira vez, para valer, as ambições despóticas de d. Pedro — e, pelo menos temporariamente, ela se saía vencedora.

O temor de uma guinada bonapartista de d. Pedro — despótica e apoiada no poderio militar — não impediu que Cipriano Barata torcesse pelo sucesso do Exército brasileiro na expulsão dos portugueses de Salvador, em sua terra natal. A guerra na Bahia tinha espaço garantido nas páginas da *Sentinella* em seus primeiros meses de publicação. Em maio, Barata anunciava a chegada da "nossa esquadra do Rio" à baía de Todos-os-Santos.[37] Eram as embarcações comandadas por Thomas Cochrane, almirante escocês que participara das Guerras Napoleônicas e do processo de independência do Chile. A frota organizada por José Bonifácio e comandada por Cochrane se afigurava decisiva para o desenlace de uma guerra que já se arrastava por muitos meses, desde meados de 1822.

A Bahia tinha uma importância capital não apenas por sua riqueza econômica, como também por sua localização geográfica e, portanto, seu papel geopolítico. Até o início de 1823, a fidelidade às Cortes e a Lisboa nas províncias do extremo norte — Piauí, Maranhão e Pará — era inquestionável. Em contrapartida, desde o início de 1822, o Centro-Sul da antiga América portuguesa pendia para a independência política, a princípio de forma gradativa e parcial, antes de se precipitar em um rompimento súbito e radical. Por isso, já em meados de 1822, a maioria de deputados europeus nas Cortes supunha que, com o controle da Bahia, porto estratégico para boa parte das rotas marítimas que cruzavam o Atlântico Sul, aumentavam também as chances de, no mínimo, desmembrar a América portuguesa, isolando o Sul rebelde, enquanto garantiriam a fidelidade de todo o Norte.

> Ao manter aquela rica região em sua órbita de poder, os portugueses acreditavam que colocariam uma espécie de cunha entre o sul e o norte da América portuguesa e romperiam de vez as já difíceis comunicações do Rio de Janeiro com as províncias setentrionais, assegurando a fidelidade destas,

escreveu o historiador Richard Graham.[38]

Crucial para Lisboa, o controle da Bahia também se afigurava importantíssimo para o Rio de Janeiro. Sem a província, uma perda por si só nada desprezível, diminuiriam também as chances de o Centro-Sul se coligar a Pernambuco e às províncias menores a sua volta, tributárias do porto do Recife. Separado de boa parte do Norte, ou seja, sem poder dispor dos impostos ali recolhidos e parcialmente remetidos ao Sul, o aparelho estatal fluminense não teria como se manter. Assim, como bem observou Graham, se por um lado a

Bahia "se encontrava na periferia de dois Impérios" — um com o centro em Lisboa, o outro no Rio de Janeiro —, por outro a "localização geográfica da província fazia dela um lugar estratégico para ambos".[39]

Depois de quase um ano de combates na província, o almirante Cochrane trazia esperanças, ao lado brasileiro, de um desenlace próximo e favorável para o conflito. Contratado por José Bonifácio, Cochrane chegara ao Rio apenas em março de 1823 e partiria no mês seguinte para o teatro de batalhas. Como todos os demais observadores, Cipriano Barata esperava que a chegada da esquadra de Cochrane à Bahia decidisse a disputa que já pendia, de toda forma, para o lado brasileiro. "É de presumir que brevemente se evacua a Bahia", ou seja, que os portugueses, ou marotos, como ele os chamava, fugiriam pelo mar, abandonando a cidade, "porque os marotos [não] se poderão manter ali, sem receber mantimentos."[40]

Os mantimentos eram o cerne do conflito. Desde que as vilas do Recôncavo, rebeladas contra o comando militar português em Salvador, organizaram tropas para dar combate aos soldados do general Madeira de Melo em meados de 1822, a estratégia do lado brasileiro era uma só: cercar Salvador, onde se concentravam as forças portuguesas, impedindo o fornecimento de alimentos à cidade.[41] Tratava-se, aliás, de uma das mais antigas e eficazes táticas militares. Como muitas outras cidades litorâneas brasileiras na primeira metade do século XIX, a capital baiana não produzia nas redondezas de seu núcleo urbano todo o alimento que a crescente população local consumia, dependendo de provisões vindas por navio de outros portos do litoral, às vezes de províncias muito distantes — era esse particularmente o caso do comércio de farinha de mandioca, principal fonte de calorias para os brasileiros daquela época.[42] Se conseguissem cortar o acesso da capital à farinha e às carnes, os baianos do Recôncavo esperavam que a fome, aos poucos, vencesse a resistência dos milhares de militares lusos aquartelados em Salvador, forçando a sua retirada por mar.

Como a capital baiana fica numa ponta de península, não foi difícil estabelecer uma "linha sitiante" que a cortasse, por terra, do restante do continente.[43] Mas o bloqueio naval era mais difícil, até porque, pelo mar, as embarcações lusas tinham superioridade numérica e militar, antes da chegada de Cochrane. Mesmo assim foi possível, logo nos primeiros meses de combate, ao menos dificultar a entrada de farinha e de carne em Salvador. Depois disso, a guerra atingiu uma espécie de equilíbrio. No fim de 1822, um impasse militar havia sido instaurado: os brasileiros conseguiam reunir força suficiente para cercar a capital baiana e isolar, em grande medida, as tropas de Madeira de Melo, mas não tinham poderio bélico suficiente para invadir a cidade. Em contrapartida, os portugueses detinham força capaz de manter a ocupação de Salvador, mas não de romper as linhas inimigas.[44]

Sem perdas ou ganhos territoriais, por muitos meses a maior preocupação dos portugueses foi conseguir mantimentos para sobreviver. Do outro lado, os brasileiros se esforçavam para tentar cortar definitivamente o fluxo de alimentos. Em dezembro, d. Pedro deu ordens expressas para que os militares sob o seu comando superassem os portugueses pela fome.[45] Era preferível uma vitória lenta, ainda que cruel, aos "encontros parciais, provocações e sortidas, numa guerra de extermínio", dizia o monarca. Em janeiro, a fome já havia se tornado "avassaladora", e Madeira de Melo permitiu que mulheres, velhos e crianças deixassem Salvador.[46] Em maio, com a chegada de Cochrane, Barata celebrava: "Estão os marotos entre a cruz e a caldeirinha: têm cerco por mar e por terra".[47] O cerco, afinal, se fechava, inviabilizando a entrada de mantimentos em Salvador. No mês seguinte, reproduzindo uma proclamação do general Madeira aos soteropolitanos, em que o oficial português insinuava a possibilidade de fuga, Barata observou: "O Madeira já se acha desesperado e sem recursos, e pretende capitular".[48] No dia 2 de julho, milhares de soldados europeus fugiram, embarcados nos navios da frota portuguesa, abandonando a cidade. Por fim, as tropas brasileiras conseguiram entrar em Salvador. A data passaria a ser celebrada como a da Independência da Bahia. Três dias mais tarde, no Recife, ainda sem ter notícia do desfecho, mas já certo de que ele era inevitável, Cipriano Barata celebrava a vitória nas páginas da *Sentinella*, sem nenhuma compaixão pelo inimigo. Tratados por ele como "cães perversos, ingratos e malvados que despedaçaram a minha pátria", seriam merecedores das piores ameaças: "Ah, pérfidos! Como fogem! Mas o ferro está quente em nossas mãos; a vingança em nossos corações!".[49] Os portugueses batiam em retirada da Bahia, mas ainda não era o fim da guerra, de toda forma. Ela continuava a ser travada no extremo norte e no extremo sul da América portuguesa.

As notícias da vitória do Exército Pacificador na Bahia chegaram ao Rio de Janeiro em meados de julho. Quase simultaneamente surgiram, vindos de

Portugal, relatos do golpe perpetrado pelo Exército português contra as Cortes e o regime liberal. A restauração absolutista, também temida no Brasil, havia sido deflagrada do outro lado do oceano por militares sob o comando de d. Miguel, irmão mais novo de d. Pedro, na Vila Franca de Xira — daí o movimento ter passado para a história com o nome de Vilafrancada. Aproveitavam-se da insatisfação generalizada entre as tropas e a população portuguesa para se livrar do Parlamento e, mais uma vez, reforçar o poder dos Bragança.

Do ponto de vista das relações com o Brasil, a Vilafrancada representou, pelo menos no restante de 1823, o abandono pelos portugueses da estratégia de guerra. Mas não foi abandonada, é bom dizer, a ambição de reunir novamente a antiga América portuguesa à Europa. Com os ministros nomeados por d. João VI novamente à cabeça do governo, e dado o esgotamento de recursos militares e financeiros em Portugal, a aposta passou a ser em uma solução pacífica, por meio de uma possível união dinástica entre pai e filho, d. João e d. Pedro, este agora imperador do Brasil. Essa era já a posição dos grupos mais conservadores portugueses desde 1822, como lembra Valentim Alexandre. Passava a ser então, oficialmente, a posição do governo, que ainda no início de junho tratou de enviar um emissário à Bahia, "com ordens expressas para a cessação de hostilidades" — o representante do rei só chegaria a Salvador, contudo, depois que as tropas brasileiras já haviam forçado a retirada do general Madeira. Também se organizou uma missão ao Rio de Janeiro em busca de uma "reconciliação" negociada.

> Acreditando ou fingindo acreditar que todo o conflito luso-brasileiro tinha como único fundamento a política das extintas Cortes, o governo de Lisboa propunha-se a fazer regressar as coisas a uma situação próxima da que existira em começos de 1821, como se nada tivesse ocorrido entretanto no Brasil.[50]

Os dois eventos — a vitória na Bahia e o golpe absolutista em Portugal — contribuíram para cimentar a percepção geral, na Corte, de aumento do poder de d. Pedro, percepção que se associava aos temores de que o monarca pudesse, a exemplo do pai e do irmão, fechar o Parlamento, caso seus caprichos e desejos fossem desconsiderados pela Constituinte. Acenos na direção de d. Pedro e tentativas de acordo com o imperador vindos de um Portugal absolutista gerariam enormes desconfianças entre os deputados constituintes, entre os liberais no Rio e nas províncias — como Cipriano Barata —, e até mesmo no grupo liderado por José Bonifácio e seus irmãos, pelos meses seguintes. Não à toa, o segundo semestre de 1823 talvez tenha sido um dos mais tensos, politicamente, da história brasileira.

Se algum gesto faltava para consolidar o reforço do próprio poder ambicionado pelo imperador brasileiro, ele veio acompanhado de um terremoto político. No mesmo dia em que chegaram as notícias da fuga portuguesa de Salvador, os irmãos Andrada se viram forçados a deixar o ministério que comandavam.[51] Logo se soube que d. Pedro mantivera todos os demais titulares de cargos no governo inalterados, com a dupla exceção das pastas chefiadas por José Bonifácio — Secretaria de Estado dos Negócios do Império e Estrangeiros — e por Martim Francisco — dos Negócios da Fazenda. O problema do imperador era mesmo com os irmãos Andrada. Mas não só do imperador. A queda de José Bonifácio teve múltiplas causas e vinha sendo urdida havia muito tempo. Em primeiro lugar, o líder conservador criara inimigos demais, nos dois extremos do espectro ideológico: os liberais, que ele perseguira, desejavam ardentemente a sua queda, mas também os ultraconservadores portugueses, o pessoal do palácio, próximo a d. Pedro, os quais, embora mantivessem seus cargos, tinham perdido poder.[52]

No caso específico dos cortesãos, do círculo palaciano, é provável que, além da questão prática, de poder, e da questão ideológica — ou seja, das simpatias que esse grupo alimentava pelo Antigo Regime —, também tenham contribuído insatisfações econômicas, fiscais. Desde que assumira a pasta da Fazenda, Martim Francisco promovera cortes radicais nos gastos da Casa Real. Em contraste com a montanha de dinheiro despendida em 1820 com o serviço do palácio e com os cortesãos — cerca de 1700 contos de réis —, o montante dedicado ao entourage do imperador, sob a mesma rubrica, não passava de 325 contos, em 1823.[53] Em termos absolutos, os gastos palacianos haviam sido cortados para cerca de um quinto (19%) do valor original, sob o austero ministro da Fazenda, irmão mais novo de Bonifácio. Do ponto de vista relativo, os gastos com a Casa Real, que, em 1820, equivaliam a cerca de 30% do total de dispêndios da Coroa, não passavam de 7% das despesas totais em 1823. Parece inevitável que tal política econômica criasse desafetos para Martim Francisco — e, o que é pior, desafetos que viviam no palácio e desfrutavam da intimidade do imperador. Se é verdade, como registra Barman, que, "sob a direção parcimoniosa de Martim Francisco Ribeiro de Andrada, o irmão mais novo de José Bonifácio, o Tesouro impôs alguma ordem aos gastos e pontualidade nos pagamentos das dívidas", também é fato que essa conquista trouxe custos políticos talvez insustentáveis.[54] O próprio Bonifácio registraria, mais tarde, a gestão financeira do Estado entre as razões de sua queda. Mas faria isso em termos que, não só naquela época, costumam traduzir problemas públicos para a esfera da moralidade privada. O ex-ministro atribuía sua queda aos "corruptos que, segundo ele, tiveram sua ação coibida quando Martim Francisco esteve à frente do Ministério da Fazenda".[55]

Ao ódio de liberais e palacianos — uns perseguidos, presos e deportados, outros marginalizados do poder e sem conseguir recorrer com facilidade à bolsa do Estado, como faziam no Antigo Regime — se somou, para a desgraça final de José Bonifácio, a insatisfação crescente de d. Pedro I. Cada vez mais cioso do próprio valor, o monarca passara a considerar intolerável a posição de relativa tutela estabelecida entre ele e Bonifácio — uma relação que, complexa como fosse, podia ganhar contornos caricaturais, criando uma imagem pública que o próprio Andrada preferia não desfazer. "A passagem do tempo e os contínuos sucessos do regime imperial deram a d. Pedro I uma maior confiança em suas próprias capacidades e o fizeram se ressentir de qualquer coisa que parecesse dependência", escreveu Barman.

> A relação filial até então estabelecida com José Bonifácio era agora vista [pelo imperador] como uma forma de tutela que o diminuía. O início de distanciamento [entre os dois] acabou sendo insuflado pelo círculo mais próximo ao imperador, entre eles muitos portugueses de nascimento, que trataram de alimentar as pretensões de seu senhor na esperança de com isso aumentar o próprio status e a própria influência.[56]

Fora do centro do poder, Bonifácio tratou de montar duas trincheiras de onde não só se defenderia como partiria para o contra-ataque, nos meses seguintes. Em agosto, fundava *O Tamoyo*, jornal que daria voz às suas posições de oposição ao governo. Apesar da distância ideológica que os separava, Isabel Lustosa aproxima o estilo do novo periódico dos Andrada ao da *Sentinella da Liberdade*, epítome do liberalismo radical. "O estilo, em muitos dos artigos contra o governo, parece com o de Cipriano Barata ou algum dos mais aguerridos escritores liberais, tal é a crueza do ataque e o vibrante clamor por justiça expresso nas suas linhas."[57]

A retórica dos Andrada se aproximava daquela de Cipriano Barata também no nacionalismo e nos ataques aos portugueses — o nome do jornal, *O Tamoyo*, fazia referência aos povos ameríndios que, no século XVI, haviam guerreado contra os colonizadores europeus. Deposto do governo, Bonifácio passara a enxergar, um pouco por toda parte, tramas de recolonização do Brasil e de acertos de reunificação absolutista entre d. Pedro e seu pai, d. João — tramas e acertos urdidos sobretudo pela camarilha palaciana que o derrotara. Embora muitos desses perigos fossem exagerados nas páginas do *Tamoyo*, sabe-se que não eram completamente descolados da realidade: pelo menos do lado português havia, de fato, a intenção de tentar uma solução dinástica para reverter a Independência do Brasil. Mas o governo de d. Pedro também deu sinais de reaproximação com os interesses portugueses depois da saída dos Andrada. Isabel Lustosa encontra evidências dessa reaproximação no modo como Thomas Cochrane foi tratado pelo ministério que sucedeu ao de José Bonifácio, um novo ministério, segundo ela, "partidário dos interesses dos portugueses". Justamente no segundo semestre de 1823, o almirante escocês baixara no Rio de Janeiro reclamando seu direito às "presas de guerra", ou seja, aos bens valiosos que havia capturado nos combates contra os portugueses no Norte do Brasil. O direito ao butim, reconhecido na época e acertado com o imperador antes das batalhas, sofria agora, porém, embaraços burocráticos e legais. "As presas de guerra, já que a guerra fora feita contra os que se opunham à Independência — a maioria comerciantes e proprietários portugueses —, eram propriedade dos portugueses", escreve Lustosa. "Esses eram os aliados e membros do novo governo." Como forma de criar dificuldades à apropriação desses bens por Cochrane e "para facilitar a conclusão da paz com Portugal (ou até mesmo o projeto não verbalizado de reunificação das duas Coroas)", o novo ministério criou um tribunal especial para a questão do butim de guerra, composto de treze integrantes, dos quais nove eram portugueses. Não chegou a ser surpresa para ninguém na Corte quando a "comissão de presas votou contra qualquer confisco dos navios portugueses tomados na última campanha".[58]

Além da trincheira da imprensa, no *Tamoyo*, José Bonifácio e seus irmãos dispunham de outra linha a partir da qual podiam se defender e atacar o governo, trincheira na qual, em grande medida, continuavam a dar as cartas: a Constituinte. Antônio Carlos liderava a elaboração do projeto constitucional, um texto prévio a ser apresentado ao conjunto da Constituinte depois de ser escrito entre os meses de maio e setembro por uma comissão de apenas sete pessoas — da qual haviam participado os três Andrada, ou seja, além de Antônio Carlos, também José Bonifácio e Martim Francisco. O projeto que finalmente veio a lume trazia a marca do conservadorismo de Bonifácio: uma Constituição que, se aprovada pelo plenário tal como estava, significaria a concentração de poderes no Rio, em detrimento das províncias, com a criação de um poder Executivo forte. Forte, mas não desmedido, e nem de longe absoluto. Segundo o texto apresentado por Antônio Carlos e a pequena comissão que ele liderava, o imperador não teria poderes para dissolver as futuras Assembleias; além de o texto constitucional não depender de sua sanção para entrar em vigor, tampouco os poderes de veto do imperador no futuro, para a legislação ordinária, seriam irrestritos; os vetos suspensivos poderiam ser revertidos pelos deputados e senadores, ainda que com dificuldade.[59]

Tratava-se de um projeto que não acomodava as ambições despóticas de d. Pedro, ou pelo menos não as acomodava plenamente, o que contribuía para desagradar a um imperador a cada dia mais insatisfeito — e próximo das Forças Armadas. "Seu ressentimento contra os ataques crescentemente destemperados à lealdade e à confiabilidade dos portugueses natos, e portanto à sua própria lealdade [ao Brasil], crescia sem parar", escreveu Barman.

> Se em 1822 ele tinha, como príncipe regente, se recusado a se submeter ao que ele classificara como as "Cortes pestilentas", não estava agora nem um pouco mais inclinado, como imperador, a suportar o jugo da Assembleia Constituinte ou as afrontas vindas da imprensa.[60]

Tão insatisfeito quanto d. Pedro, no Rio, estava Cipriano Barata, no Recife, com os rumos que a Constituinte tomava. Enquanto o monarca se sentia manietado e desrespeitado pela Assembleia, o jornalista e político baiano temia o oposto: que a Constituição, em vez de liberal, como prometido, se prestasse no fim das contas à "grandeza, opulência e absolutismo do imperador".

A reação nas páginas da *Sentinella da Liberdade* foi estridente, mesmo para os padrões da época, depois que uma cópia do texto elaborado sob a liderança de Antônio Carlos chegou ao Recife.

248

Quando pusemos os olhos neste projeto de Constituição, o nosso espírito se espavoriu; os nossos cabelos se eriçaram e as nossas carnes tremeram de horror! Quê! Disse eu! Este é o projeto suspirado da nossa liberal Constituição? Que absurdos! Que erros de política! Que atentados contra a liberdade particular e pública! Que horríficos manejos para extinguir a representação das províncias, tirar-lhes a força e o respeito e meter-lhes a divisão para as enfraquecer, para as dominar! [...] Ó das províncias, alerta! [...] Ó do povo, alerta! Que governo absoluto desmascarado! Ó do Brasil, alerta! Que aristocracia temível! Ó do povo, alerta![61]

Mesmo antes de conhecer o projeto completo, Cipriano Barata, pelo andar dos debates no Rio, já podia ter uma noção relativamente clara do que estava por vir e reagiu à Constituição lentamente preparada pelos Andrada durante a maior parte de 1823. O jornalista dizia na *Sentinella* que as províncias e o povo não deveriam aceitar uma Constituição "absoluta, aristocrática e tirânica". Afinal, "as províncias reuniram-se condicionalmente; quero dizer, debaixo da condição de se fazer uma Constituição tanto ou mais liberal do que a de Portugal", e elas tampouco "convencionaram que se fizesse a Constituição a gosto do imperador e de suas tropas". Não só era um direito das partes constituintes do Brasil se recusar a aceitar uma Constituição que não cumprisse o contrato que fundara a separação de Portugal e a união em torno do Rio, como essa recusa estava ao seu alcance, era factível, dizia Barata. A guerra da Bahia era prova disso, exemplificava o jornalista — prova de que qualquer ameaça militar contra as províncias da antiga América portuguesa era frágil e incapaz de submetê-las. "As províncias querem boa Constituição e paz; mas elas não temem a guerra, venha donde vier."[62]

Tais posições não eram isentas de custo para Cipriano Barata. Se é verdade que seu jornal se tornara influente e debatido até na Corte, a crítica aberta ao imperador e ao governo trazia possíveis e temíveis consequências. As ameaças físicas e de morte passaram a ser mais frequentes; Barata dizia ter conhecimento de que haviam posto sua cabeça a prêmio; e, perto do fim do ano, quando os militares já se sentiam à vontade para desafiar líderes da oposição — mesmo integrantes da Constituinte —, grupos de soldados chegaram a recolher exemplares da *Sentinella*, rasgando-os pelas ruas da capital pernambucana.[63] No fim de 1823, Barata já se sentia pouco seguro no Recife, que dirá no Rio de Janeiro, onde fora subitamente convocado a se apresentar.

A convocatória tinha a ver com a Constituinte. Ainda em julho, com muitos meses de atraso em relação às outras partes do país, os deputados eleitos para representar os baianos começaram a ser chamados para tomar assento na Assembleia, no Rio de Janeiro.[64] O atraso na posse de seus mandatos tinha origem na guerra pela Bahia, travada sobretudo em Salvador e no Recôncavo, não à toa as regiões mais densamente povoadas e com maior número de eleitores da província. Tudo somado, o processo eleitoral acabou por se realizar, ali, de maneira conturbada e retardada. Pois Barata, agora se descobria, havia sido o mais bem votado candidato a constituinte baiano, mesmo estando radicado em Pernambuco desde 1822. É provável que tenha sido também o deputado mais bem votado de todo o país.[65] Rapidamente substituído por um suplente nos trabalhos constitucionais — José da Silva Lisboa, o visconde de Cairu, ideologicamente muito mais próximo de d. Pedro e dos irmãos Andrada —, Cipriano Barata receberia, de toda forma, uma convocação no Recife para se apresentar como deputado na Corte fluminense tão logo fosse possível.[66] Insatisfeito com os rumos da Constituinte, o jornalista tomou a decisão de recusar-se a participar do processo, recusa que tornou pública e minuciosamente explicada, aos seus eleitores e ao restante dos cidadãos brasileiros, na *Sentinella da Liberdade*.

"As razões de me recusar são as seguintes", escrevia Barata na carta enviada ao presidente da Assembleia e reproduzida em seu jornal, elencando motivos públicos e pessoais.

> Porque tenho opiniões livres [que] vão quase todas de encontro com as do projeto de Constituição que se apresentou; e não poderei salvar a minha pátria das garras do preparado governo absoluto, no meio de um partido infinitamente grande e abertamente contrário aos princípios que adoto.

Outra razão era a falta de segurança no Rio.

> Porque tendo havido já tentativas para eu ser assassinado, chegando a aparecerem pasquins pelas esquinas em que se prometiam quatrocentos réis a quem embebesse o ferro no meu coração, é de meu direito natural eximir-me de ir ao Rio de Janeiro, onde facilmente poderei ser surpreendido.

Constavam ainda, entre as razões, as intimidações promovidas pelo imperador contra a Constituinte.

Porque vejo a Soberana Assembleia cercada de mais de 7 mil baionetas. Tropas formadas de grande número dos nossos inimigos portugueses, além de um batalhão dos estrangeiros, aparato este todo reforçado de violência pela poderosa circunstância de ser S. M. o imperador comandante do Exército. Eu sou deputado livre, e não posso discutir uma Constituição liberal e sustentar os sagrados direitos dos meus constituintes entre o estrondo da artilharia e com as espadas na garganta.[67]

A decisão seguinte, tomada quase simultaneamente à de não viajar ao Rio, foi a de deixar Pernambuco e tentar retornar, afinal, a Salvador — talvez por lá pudesse encontrar melhores condições de segurança, ainda que fosse difícil se pôr a salvo das ameaças que vinha recebendo. Como na época se fazia necessário um passaporte para os deslocamentos entre as províncias, Barata tratou de solicitar às autoridades locais a licença para partir, mas o documento lhe foi negado. O argumento foi de que Barata, na verdade, deveria seguir para a Corte, como requisitado, e não para a Bahia — e que para isso, para a viagem ao Rio de Janeiro, já havia ordens para "aprontar a embarcação necessária".[68] Mais uma vez reprimido em sua liberdade de ir e vir, como acontecera um ano antes em Lisboa, Cipriano Barata não conseguiu desta vez um plano de fuga tão eficaz.

Cerca de uma semana depois de receber a resposta que lhe negava o passaporte, sua casa virou alvo de uma operação militar. Um cerco foi montado no início da noite, no dia 17 de novembro, por cerca de 150 soldados, "armados e municiados, com alaridos, a ponto de tocar clarins e cornetas", escreveu o jornalista. "Cercaram-me a casa e quiseram me arrombar a porta." Barata cedeu e saiu de lá preso, direto para o forte do Brum, de onde ainda conseguiria organizar a última edição que, por muito tempo, se imprimiria da *Sentinella da Liberdade*. O expoente liberal, que, um ano antes, dissera adeus ao senhor Portugal por livre e espontânea vontade, agora se via forçado a se despedir também do Recife. Nas linhas finais da *Sentinella*, Barata faz acenos aos que ficam, antes de tomar a embarcação que o conduziria ao Rio — a rigor, sem ter ideia do que o aguardava. "Adeus, Pernambuco; adeus, Paraíba; adeus, Alagoas; adeus, províncias do Norte. Adeus, Adeus. Alerta!"[69]

* * *

Todos os fatores que haviam contribuído para o acirramento das tensões e dos conflitos políticos ao longo de 1823 — os caprichos do imperador, a atuação política das Forças Armadas, a estridência da imprensa, a crescente desconfiança em relação à presença de portugueses no aparato estatal — se viram reunidos e potencializados no momento de desenlace da crise constitucional, que coincide, temporalmente, com o período da detenção de Cipriano Barata no Recife e de sua transferência forçada para o Rio.

Entre setembro e outubro, o *Tamoyo* fez repetidas e duras críticas ao ministério e à presença de portugueses nas Forças Armadas. O titular da pasta da Fazenda — ou seja, o substituto de Martim Francisco — foi o primeiro a ser atacado nas páginas do jornal dos Andrada por, supostamente, ter favorecido financeiramente um protegido de d. Pedro — um notório integrante do círculo palaciano que, segundo o periódico, desfrutava do privilégio de alugar um prédio pertencente à Coroa, na rua do Ouvidor, por um valor muito abaixo do praticado no mercado. Em seguida, o alvo do *Tamoyo* foi o ministro da Guerra. O motivo era a incorporação de oficiais e soldados lusos às tropas brasileiras depois da derrota dos portugueses em Salvador. Os liberais e o grupo dos Andrada se manifestavam enfaticamente contra a oferta, feita pelo governo imperial, de acolhimento dos militares que, uma vez derrotados, quisessem mudar de lado — e preferissem ficar no Brasil, como soldados do novo país, a voltar a Portugal. Para boa parte das forças políticas brasileiras da época, os militares portugueses eram naturalmente pouco confiáveis, capazes de trabalhar pelo fim da monarquia constitucional e talvez até pela reunificação das duas Coroas. As desconfianças, manifestadas publicamente, acirravam as tensões políticas, já que o próprio imperador era português, assim como muitos de seus conselheiros mais próximos.[70] A princípio, o ministro da Guerra negou ter "mandado trazer oficiais portugueses da Bahia" para o Exército no Rio de Janeiro, mas a imprensa baiana o desmentiria involuntariamente ao publicar a portaria que autorizava o embarque dos soldados para a Corte. Foi o suficiente para que o *Tamoyo* aplicasse o rótulo de traidor ao ministro, a mais alta autoridade militar do país, abaixo apenas de d. Pedro.[71]

Ao *Tamoyo* e à *Sentinella* veio se somar como jornal de oposição ao governo, no segundo semestre de 1823, a *Sentinela da Liberdade à Beira do Mar da Praia Grande*. Prestando homenagem, já no nome, ao veículo de Cipriano Barata em Pernambuco e se autodefinindo como "inflexível", "incomprável" e "improstituível", a nova gazeta fluminense tinha linha ideológica semelhante, liberal, mas estilo retórico diferente da publicação que lhe inspirara o cabeçalho — estilo que era também distinto daquele praticado pelos Andrada.[72] A *Sentinela da Praia Grande* (antigo nome da cidade de Niterói) havia sido fundada pelo italiano Giuseppe Grondona, radicado no Brasil desde 1818. Ao desassombro e à agressividade que compartilhava com Barata e José Bonifácio, Grondona acrescentava doses de grosseria e de violência notáveis mesmo para os padrões da época. Isabel Lustosa o caracterizaria como "o mais agressivo dos jornalistas dessa fase, partindo com frequência diretamente para o ataque pessoal".[73]

Foi na *Sentinela da Praia Grande* que um missivista anônimo, apelidado de Brasileiro Resoluto, passou a escrever críticas violentas aos portugueses radicados no Brasil, em particular aos oficiais e soldados lusos nas Forças Armadas do país. Logo na primeira delas, sugeriu que fossem demitidos todos os ministros e comandantes militares portugueses.[74] As crônicas do Brasileiro Resoluto, somadas ao clima de polarização política e de desconfiança em relação aos militares e aos círculos palacianos mais próximos do imperador, provocaram fortes reações no Rio de Janeiro — algumas de apoio e entusiasmo, outras ofendidas e indignadas, estas da parte dos oficiais. Logo começou a correr o boato de que o autor dos textos insultantes era um boticário, dono de uma loja no largo da Carioca. Na noite de 5 de novembro, o estabelecimento foi visitado por um major e por um capitão, ambos de origem portuguesa, que serviam no Exército brasileiro. Estavam ali para agredir o boticário Davi Pamplona — espancado, de maneira covarde, a bengaladas.

O boato era falso, e Pamplona nada tinha a ver com as cartas publicadas na *Sentinela* fluminense. Indignado, o comerciante recorreu à Assembleia Constituinte.[75] Queria providências e punição para os agressores. A Comissão de Justiça opinou, com razão, que o problema não era do Parlamento, mas do Judiciário, e tentou enterrar o assunto — mas Antônio Carlos e Martim Francisco se apresentaram como defensores de Pamplona perante a Assembleia, usando o farmacêutico espancado como cavalo de batalha contra o governo e os militares. A agressão, segundo os Andrada, era uma ofensa a toda a nação brasileira. Da tribuna, Martim Francisco discursaria em tom exaltado, atacando os portugueses: "Infames! Assim agradecem o ar que respiram... Ainda vivem, ainda suportamos em nosso seio semelhantes feras!".[76]

A crise chegava ao ápice. Nos dias 9 e 10, os ministros da Justiça e da Guerra pediram demissão. O da Marinha, que permaneceu, era amigo dos Andrada. Por um breve momento, pareceu que José Bonifácio poderia se beneficiar daquele enfrentamento. No dia 10 de novembro, os cidadãos que compareciam à Assembleia para acompanhar os debates e as votações foram admitidos em plenário, ou seja, entre os deputados, e não apenas nas galerias. Segundo Lustosa, alguns dos espectadores circulavam armados entre os representantes das províncias.[77] Houve quem protestasse contra a concessão, não apenas incomum, mas inédita. "O que me admira é haver tanto medo do povo e tão pouco da tropa", reagiu Antônio Carlos. "Não temos [o] que temer do povo, antes ele é o nosso apoio, como foi o nosso constituinte."[78] Ao final da sessão daquele dia, o próprio Antônio Carlos e seu irmão Martim Francisco seriam carregados pela multidão do lado de fora do Parlamento, como se tivessem saído vitoriosos no embate com os militares e os portugueses.

No dia seguinte, contudo, quando os deputados se reuniram para a sessão de 11 de novembro, "souberam que todos os corpos da guarnição se achavam em armas em São Cristóvão e que se lhes havia sido distribuído cartuchame", conta Varnhagen.[79] Os militares estavam prontos para o ataque — e a ordem para a reunião das tropas da Corte, a fim de ameaçar a Assembleia, partira do imperador. Costuma-se observar que d. Pedro assistira com inveja ao "triunfo" dos Andrada no dia anterior, carregados nos ombros em praça pública, da janela do Palácio, não muito distante da sede da Constituinte. Seja como for, o problema que o imperador resolvia ao deflagrar o golpe armado não era apenas psicológico, íntimo — era sobretudo prático, público, político. D. Pedro queria mais poder, inclusive o de legislar, o de conceber uma Carta constitucional e concedê-la, por liberalidade, a seus súditos, à maneira como Luís XVIII fizera na França em 1814.

Na Assembleia, depois de divulgada a notícia de que as tropas estavam em prontidão, foi lido um ofício do ministro do Império, informando sobre um protesto apresentado pelos oficiais das Forças Armadas ao imperador. Não mencionavam a sessão do dia anterior, nem o affair Pamplona. Em vez disso, associavam sua própria dignidade à de d. Pedro, protestando contra os insultos feitos à honra deles próprios e à honra do imperador na imprensa fluminense. O ministro encerrava o documento pedindo sanções aos jornalistas. Que os responsáveis pelo *Tamoyo* e pela *Sentinela da Praia Grande* fossem punidos pela Assembleia. Não houve, naturalmente, punição aos Andrada, que ainda comandavam o processo parlamentar. Ao contrário, os deputados decidiram manter-se em sessão permanente até que as tropas se dispersassem e cessassem as hostilidades contra o poder Legislativo. De nada adiantou. Na tarde do dia seguinte, 12 de novembro, ainda sob a ameaça das baionetas, chegou à Assembleia a ordem do imperador para a dissolução da Constituinte. Logo os três irmãos Andrada seriam presos e exilados. As mesmas providências seriam tomadas para pessoas próximas da família e de seu grupo político. Chegava ao fim, sob mão de ferro, a primeira e inacabada experiência constitucional brasileira.[80]

Quando Cipriano Barata, preso nesse ínterim no Recife e transportado à força para o Rio, chegou à Corte no dia 4 de dezembro de 1823, já não havia Assembleia ou Constituinte — justamente o motivo alegado para a sua partida à força de Pernambuco, já que, segundo as autoridades, o jornalista era obrigado a assumir o mandato que lhe fora concedido pelos cidadãos baianos. Ninguém, ao longo de todo o ano, havia alertado mais para a possibilidade daquele desfecho — o uso das Forças Armadas contra o poder Legislativo — do que o próprio Barata. Assim, em vez de se juntar aos demais deputados, o jornalista, ao aportar no Rio, foi conduzido para a fortaleza de Santa Cruz, onde também estivera preso seu adversário político José Bonifácio, antes de ser expulso do país.[81] A rigor, não havia mais motivo formal para manter Barata detido. Ainda assim, por capricho do imperador, ele permaneceria preso por mais sete anos, até quase o fim do Primeiro Reinado. Como advertira a *Sentinella* meses antes, o "negócio da liberdade" ainda não corria como se esperava. Apesar de todos os alertas, as forças constitucionais, que se opunham ao despotismo e que haviam ajudado a emancipar o Brasil, sofriam, já na largada, uma dura derrota.

8. Navios-fantasmas

No primeiro semestre de 1823, simultaneamente à guerra na Bahia e ao início dos trabalhos constitucionais no Rio de Janeiro, tropas que se declaravam aliadas a d. Pedro I entraram em confronto com forças leais a Lisboa no Piauí e no Maranhão, em disputa pelo território do extremo norte da América portuguesa — no fim das contas, as batalhas decidiriam também quem iria controlar o Pará e boa parte da bacia amazônica. Apesar da magnitude do que estava em jogo, da importância dessas províncias e de seus recursos econômicos nada desprezíveis, eram esparsos os ecos das vitórias e das derrotas, de um lado e de outro, nas páginas dos jornais do Centro-Sul do Brasil.

Ao que tudo indica, mesmo em Pernambuco, província bem mais próxima dos combates, havia dificuldade para se tomar conhecimento do que se passava no extremo norte. Logo na edição de número 7 da *Sentinella da Liberdade*, em abril de 1823, um missivista lembrava ao editor do jornal, Cipriano Barata, que "os portugueses têm mandado mais esquadras [para o Brasil] e tanto em Pará e Maranhão como na Bahia nos fazem dura guerra". Ao final da carta, o leitor invertia o jogo, lançando sobre o liberal baiano a sua costumeira admoestação: "Alerta!". Era como se o jornalista, talvez por dar pouca atenção ao assunto, merecesse um puxão de orelhas. Barata respondia dizendo que, sim, estava alerta. "A guerra é bem conhecida e ensanguentada, e destruidora", reconhecia, antes de observar algo sobre o Piauí — "há pouco houve muito sangue derramado" — e insistir que no "Maranhão e [na] Bahia ferve a guerra". As frases genéricas deixavam evidente a ausência de conhecimentos mais aprofundados sobre pelo menos uma parte dos conflitos a que o missivista se referia. Enquanto a guerra da Bahia era objeto de cobertura frequente e minuciosa em seguidas edições da *Sentinella*, percebia-se com clareza a carência de informações sobre o que se passava nos territórios a noroeste de Pernambuco.[1]

Algum tempo depois, em julho, o jornal voltaria a trazer notícias do Maranhão. Os portugueses que comandavam a província, aliados de Lisboa, haviam reunido mais de quatrocentos brasileiros — soldados, oficiais, comerciantes — para, em seguida, enviá-los presos, degredados, à Europa, "ficando em lágrimas e desamparo suas mulheres e filhinhos", acrescentava Barata. "Que crueldade! Que perseguição!" Apesar dos lamentos — que pareciam querer compensar a escassez de informações com emoção aguda e pontual —, não surgiriam muitos outros registros do conflito no extremo norte nas páginas da *Sentinella* nas semanas e meses seguintes.[2]

Não era má vontade ou desatenção de Cipriano Barata, a quem se deve reconhecer o esforço para recolher notícias da Europa, do Rio de Janeiro e das províncias vizinhas em seu periódico. Também *O Espelho*, periódico governista editado no Rio, traria registros esparsos, inconstantes, do que se passava no Piauí, no Maranhão e no Pará. Em março de 1823, seus leitores tomaram conhecimento de que tropas saídas do Piauí, favoráveis à Corte fluminense, davam combate aos soldados pró-Lisboa no Maranhão.[3] Em maio, *O Espelho* publicava novas notícias, vindas da Europa, sobre o extremo norte da América portuguesa. Informavam que uma embarcação que partira de São Luís havia chegado a Portugal, "conduzindo mil e tantas sacas de arroz que os negociantes europeus" radicados no Maranhão ofereciam às Cortes, ao governo constitucional, o único que reconheciam como legítimo — em troca, pediam ajuda e reforços contra as tropas aliadas ao Rio que infernizavam o interior da província. Ficava claro, da leitura do periódico, que aqueles sacos de arroz haviam sido enviados à capital portuguesa como um pedido de socorro por parte da elite maranhense. Mais concretamente, como um pedido de "tropas para poderem sustentar a Constituição de Portugal" do outro lado do Atlântico.[4]

Certamente não foi por desinteresse político e econômico que tanto *O Espelho* quanto a *Sentinella* dedicaram pouca atenção ao extremo norte, e em particular ao Maranhão, àquela altura uma das mais prósperas regiões de todo o antigo Império português.[5] Para se ter uma ideia, ainda que imprecisa, da importância de São Luís para a capacidade arrecadatória do governo luso-brasileiro, basta dizer que, em 1820, apenas três províncias haviam contribuído com a quase totalidade de recursos enviados de todas as partes da América portuguesa para o Erário Régio: Bahia, Pernambuco e Maranhão. De resto, o montante enviado por cada uma das três era praticamente o mesmo — entre 450 e quinhentos contos de réis —, o que dá uma ideia do tamanho da economia maranhense.[6] Somadas, essas províncias respondiam por cerca de 25% de todos os recursos anuais à disposição do governo no Rio de Janeiro. A impressionante riqueza do Maranhão, capaz de equipará-lo às duas mais tradicionais regiões produtoras brasileiras, se devia ao aumento explosivo na produção local de algodão desde fins do século XVIII. Em 1821, a província do extremo norte era responsável por 45% das exportações algodoeiras da América portuguesa, ou seja, de todo o Reino do Brasil, para a Europa — e o algodão brasileiro, àquela altura, era uma das principais matérias-primas da Revolução Industrial, respondendo por cerca de um terço das importações do produto no porto de Liverpool.[7] Não fazia sentido, para o Rio ou para Lisboa, perder uma fonte de receitas dessas. Por certo ninguém tinha condições de esnobar a adesão política do Maranhão naquele momento.

O que na verdade afastava o Maranhão e o Pará das páginas dos periódicos brasileiros era a mesma coisa que os afastava, econômica e politicamente, do Rio de Janeiro: a geografia, em particular as circunstâncias marítimas da América do Sul. Não à toa, boa parte das poucas notícias impressas no Rio sobre as províncias do extremo norte era de segunda mão — em geral recolhidas pelos jornalistas da Corte nas gazetas trazidas pelos navios que chegavam da Europa, como se constata na leitura de O Espelho. Isso acontecia porque Lisboa recebia as notícias de Belém ou de São Luís antes, mais rapidamente do que o Rio. Tampouco foi por capricho que durante boa parte do período colonial a região amazônica constituiu um Estado separado do restante da América portuguesa — mas por razões práticas, ligadas às possibilidades de transporte e às condições náuticas do oceano Atlântico.

Ventos e correntes marítimas empurravam os navios em rotas diretas e facilmente navegáveis desde Belém e São Luís até a península Ibérica. Era possível viajar de um continente ao outro, cruzando o Atlântico Norte, sem grandes contornos ou desvios. Em contraste com essas rotas naturais conectando o litoral setentrional da América do Sul ao Porto ou a Lisboa, as condições náuticas constituíam verdadeiro obstáculo para os navegantes que pretendiam sair das capitais amazônicas e içar velas até o Rio de Janeiro. A corrente das Guianas, que acompanha a costa do cabo de São Roque, no Rio Grande do Norte, ao cabo de Orange, no Amapá, se caracteriza por uma correnteza persistente e veloz, a mais rápida de todo o litoral brasileiro. Para quem faz o caminho de ida do Nordeste até as proximidades da foz do Amazonas, tudo — vento e correnteza — trabalha a favor. O problema está no caminho de volta: a correnteza detém o avanço das grandes embarcações, dificultando a navegação de oeste a leste no contorno do litoral brasileiro. "Uma das mais dificultosas e trabalhosas navegações de todo o mar oceano é a que se faz do Maranhão até o Ceará por costa", observou o padre Antônio Vieira no século XVII, "não só pelos muitos e cegos baixios, de que toda está cortada, mas muito mais pela pertinácia dos ventos e perpétua correnteza das águas." O historiador Luiz Felipe de Alencastro registra o caso de uma embarcação que tentava levar soldados e missionários do Maranhão ao Ceará em 1655 — e que, depois de muito teimar, acabou desistindo. "Ao cabo de cinquenta dias de contínua porfia com ventos e marés, o barco retornou a São Luís, desfazendo em doze horas quase dois meses de viagem inútil."[8]

Não espanta portanto que, até que se tornasse comum o uso do barco a vapor, toda essa região constituísse uma área econômica praticamente desvinculada das trocas que interligavam e costuravam, pelo menos desde o início do século XIX, o conjunto da costa leste brasileira. Nos relatórios de importação e exportação disponíveis para alguns dos principais portos brasileiros nas duas primeiras décadas do século XIX, as trocas são frequentes e intensas em toda a faixa litorânea do cabo de São Roque ao Prata. Há navios partindo do Recife para Salvador, de lá para Porto Alegre, de Porto Alegre para o Rio, dali para Santos, ou de Santos para o litoral sul baiano. Mas são raras, quando não simplesmente ausentes na maior parte dos anos, as referências a Belém nos documentos alfandegários dessas cidades. No Rio Grande do Sul, há registros de vendas de charque para o Maranhão, mas em quantidade bem menor do que a destinada para os demais portos da costa. No Recife, também há algum registro de trocas com São Luís, mas sempre muito menos frequentes do que com todos os portos ao sul do litoral pernambucano.[9]

* * *

Ao isolamento geográfico e econômico se sobrepuseram, quase inevitavelmente, o divórcio de interesses e a distância política. Na passagem de 1822 para 1823, quando as notícias de preparação da Constituinte brasílica e de conflitos em outras partes da América portuguesa chegavam a São Luís e a Belém, quase ninguém no extremo norte cogitava a possibilidade de a região optar pelo Rio de Janeiro, em detrimento de Lisboa. Nas Cortes, tampouco se concebia a adesão do Pará, do Maranhão ou mesmo do Piauí ao restante do Brasil, agora sob o comando de d. Pedro I.

Tudo isso aparece de maneira clara nos debates das últimas sessões de 1822, quando já funcionava a segunda legislatura das Cortes portuguesas — a essa altura, um Parlamento regular, e não mais a Assembleia Constituinte. Chamados a se pronunciar sobre o estado de rebeldia ou dissidência das províncias brasileiras, os deputados portugueses consideraram, no dia 31 de dezembro, que todas aquelas que haviam se submetido aos apelos e pedidos do Rio de Janeiro nos meses anteriores — enviando representantes para o Conselho dos Procuradores convocado por José Bonifácio em fevereiro, por exemplo, ou elegendo deputados para a Constituinte no Rio — deveriam perder o direito à representação parlamentar em Lisboa. Abandonava-se, afinal, a fantasia de união entre a maior parte da América portuguesa e o reino europeu, bem como a pretensão de que as Cortes ainda mantivessem algum tipo de autoridade sobre o conjunto das províncias de além-mar. Os deputados brasileiros, que, poucos meses antes, se encontravam na prática detidos em Lisboa, sem autorização para deixar os trabalhos legislativos, viam-se agora subitamente "despedidos" da Europa.[10] Adeus, diziam-lhes as Cortes. Era hora de partir. A exceção explícita recaía sobre as províncias do extremo norte — Pará, Maranhão e Piauí —, cujos representantes mantinham o direto de voto no Parlamento português.

Dizia o parecer da comissão encarregada de deliberar sobre a permanência dos deputados brasileiros no Parlamento:

> Grande é por certo o nosso prazer e satisfação de poder informar ao Soberano Congresso que a província do Pará, a primeira do Brasil que se uniu a Portugal e à Constituição, é ainda hoje uma das primeiras em guardar a lei constitucional que jurou e em manter e conservar a união com seus irmãos de Portugal. [...]

Julga a Comissão que merecem iguais louvores as províncias do Maranhão e Piauí, que ambas também recusaram obedecer às ordens do governo do Rio.[11]

Semanas mais tarde, em janeiro de 1823, a nova Constituição portuguesa — repudiada meses antes por fluminenses, paulistas, baianos e pernambucanos — seria jurada em solenes cerimônias públicas naquelas províncias.[12] Frações importantes do território amazônico e do litoral norte da América do Sul continuavam a se considerar, e a ser consideradas, parte de Portugal.

Até quase a metade de 1823, seguiria inabalável o vínculo do extremo norte com Lisboa, expresso no apoio dos governos e das elites locais às Cortes. A mudança política veio de maneira súbita — e tachá-la de surpreendente é dizer pouco. De uma hora para outra, por todos os lados se multiplicaram as forças partidárias do Rio de Janeiro, a princípio oriundas de províncias vizinhas, mas logo conquistando aliados no Piauí e no Maranhão, cujas tropas oficiais pareciam incapazes de conter as invasões e levantes cada vez mais frequentes. A reviravolta abrupta a favor da Corte fluminense era o resultado improvável de conflitos armados esparsos iniciados nas franjas da região, na fronteira do Piauí com o Ceará, que, a princípio, se afiguravam pouco ou nada ameaçadores para as fidelíssimas províncias do Pará e do Maranhão. A adesão a d. Pedro I e ao "sistema do Rio de Janeiro" acabaria sendo decidida subitamente, em meados de 1823, quando a região, enfim, se rendeu de maneira incondicional ao Império, separando-se em definitivo de Portugal. Tamanha reviravolta, em tão curto período, ainda hoje configura um enigma do processo de emancipação da América portuguesa.

O mistério da reviravolta política e militar no extremo norte, que resultaria em sua aliança inesperada com o Rio de Janeiro, é de toda forma apenas um capítulo, ainda que crucial, de um problema histórico maior: o da unidade territorial mantida pelo Brasil após o seu processo de emancipação política. A comparação incontornável, feita tanto por cientistas sociais no século xx quanto por observadores contemporâneos da Independência, se dava com as ex-colônias americanas da Espanha. Enquanto aquelas, da Patagônia à fronteira com os Estados Unidos, haviam se fragmentado em múltiplos países — com grande número de subdivisões mesmo em relação aos vice-reinos em que Madri já partilhava seus domínios —, o Brasil manteve, grosso modo, os contornos geográficos e administrativos que possuía como reino antes de se emancipar de Lisboa.

A questão se torna ainda mais interessante quando se nota que, após a Revolução Liberal em 1820 e 1821, as diversas províncias que compunham o Reino do Brasil ficaram, na prática, separadas política e administrativamente entre si, sem um centro americano ao qual se dirigir — a rigor, a revolução representou para boa parte do Império português justamente o rompimento com esse centro, com o Rio de Janeiro. Foi o que observou o historiador Roderick Barman:

> Em junho de 1821 o Reino do Brasil estava dissolvido nas suas partes constituintes, não por causa das maquinações das Cortes em Lisboa, mas por causa do desejo das elites locais de recuperar a autonomia provincial e escapar ao domínio tanto do Rio de Janeiro quanto de Lisboa.[13]

Vale notar, portanto, que de 1822 em diante a unidade brasileira, mais do que uma realidade a ser preservada, era antes um *projeto* da Corte fluminense. O surpreendente é que, poucos anos mais tarde, esse projeto já estivesse realizado, com as diversas províncias americanas não apenas reunidas entre si, mas novamente associadas ao Rio — uma união que ganharia força ao longo de todo o século XIX.

Nada fazia crer, no início da década de 1820, que seria esse o desfecho mais provável ou "natural" para a América portuguesa. Ao contrário, a possibilidade de fragmentação do antigo Reino do Brasil parecia evidente a qualquer observador contemporâneo do processo. Em 1823, o cônsul norte-americano no Rio "apostava em que d. Pedro não lograria manter a integridade do Império, parecendo-lhe absurdo que as províncias do Norte pudessem ser controladas da Corte, face à diversidade de condições geográficas e à precariedade das comunicações marítimas".[14] No ano seguinte, o representante britânico manifestava ao seu governo a preocupação de que as agitações e os embates políticos que se alastravam pela América portuguesa poderiam ter como consequências "a destruição do governo imperial e a divisão do país numa variedade de pequenos Estados republicanos independentes [...], tal como temos testemunhado nas colônias da América espanhola em nossa vizinhança".[15]

262

A dissolução da Assembleia Constituinte no final de 1823, sob ordens do imperador, serviria apenas para reforçar esses temores. A história, afinal, parecia se repetir em uma velocidade inaudita, com poucos meses de intervalo. Impasses na negociação de um contrato para todo o Império português nas Cortes de Lisboa, pouco antes, haviam provocado a separação entre a Europa e a América portuguesa. Tudo indicava que novas secessões eram possíveis agora, separando--se talvez o Norte do Sul do Brasil, dado que a Constituição comum a todas as províncias fora tomada por boa parte das elites do Norte, da Bahia para cima, como condição necessária para a união. Ainda em 1822, nos atos de rompimento de Pernambuco com Portugal — e de adesão ao Império e ao Rio de Janeiro —, os federalistas locais haviam conseguido deixar registrado um recado claro a esse respeito para d. Pedro e o Rio de Janeiro, ao declarar "ser livre a qualquer parte integrante de alguma nação que muda o seu pacto social e forma de governo separar-se, se as condições do novo pacto não forem recíprocas ou lhe não agradarem".[16] Como se vê, não era apenas o extremo norte que mantinha laços frágeis com o Rio. Também Pernambuco e a Bahia, embora com ligação naval mais fácil e maior conexão econômica com o Centro-Sul, poderiam tender ao rompimento, dadas as dificuldades e os embates políticos que se agravavam.

Com tantas forças centrífugas trabalhando pela fragmentação do antigo Reino do Brasil — forças geográficas, econômicas e políticas —, de onde vieram os impulsos centrípetos, capazes de manter a América portuguesa unida? Em primeiro lugar, da vontade comum de d. Pedro, da burocracia e da Corte fluminense. Havia uma parte do antigo reino americano que, sabendo-se dependente da associação de todas as províncias — sem o conjunto delas, não seria possível financiar a máquina administrativa carioca —, estava disposta a lutar ferrenhamente pela unidade territorial. O empenho político e militar de d. Pedro e do Rio não bastava, contudo, para garantir a união. Resistências aos esforços fluminenses, associadas à afirmação de legítimos interesses locais, a tornavam incerta. Assim, duas outras grandes explicações, não mutuamente excludentes, costumam ser apresentadas para dar conta da confluência de interesses nas demais províncias, para além do Rio de Janeiro, pela unidade brasileira.

A primeira dessas explicações, desenvolvida pelo historiador José Murilo de Carvalho, atribui à homogeneidade da elite administrativa nas primeiras décadas de existência do país a cola capaz de juntar regiões e interesses tão díspares sob um mesmo Estado. Recrutados em toda a América portuguesa, os altos funcionários do Império, integrantes dessa elite dirigente, possuíam formação comum, convívio e treinamento em funções semelhantes da administração pública. Essa homogeneidade de formação e de interesses ocupacionais, que se confundiam com os interesses do Estado unitário, teria se traduzido na defesa de um Império centralizado, sob o bastão da Corte fluminense — e se sobreposto às diferenças que davam impulso centrífugo ao conjunto das províncias, segundo Carvalho.

A outra característica geralmente mobilizada para dar conta dessa aparente excepcionalidade brasileira em relação ao mundo hispano-americano é a escravidão. O acordo tácito entre as elites de diversas partes do país quanto à necessidade de manter essa instituição, enfrentando pressões contrárias internas e externas, teria facilitado a manutenção da unidade política — uma solução que conferiria força redobrada ao conjunto das províncias para a tarefa de bancar e preservar a legalidade da escravidão contra movimentos abolicionistas tanto estrangeiros quanto localizados. Associados à defesa institucional do trabalho cativo, o temor de revoltas escravas e a necessidade de um Estado forte, capaz de conter rapidamente e com a devida energia e eficácia sublevações em qualquer parte do território, teriam levado elites locais a abrir mão de boa parte de suas veleidades federativas, sacrificando anseios de autonomia provincial no altar da ordem, da propriedade e da segurança.

O que parece difícil, no caso dessas duas grandes explicações, é compreender em detalhes os seus mecanismos de funcionamento — ou seja, passar do argumento mais geral para os casos particulares, por meio de relações de causa e efeito plausíveis. Por exemplo: como a homogeneidade intelectual e ideológica da elite contribuía, na prática, para a unidade territorial do Império? José Murilo de Carvalho elabora a explicação partindo do primeiro grande traço distintivo da elite brasileira no século XIX: a educação, sua formação nos bancos escolares. A elite econômica e social constituía, ele lembra, "uma ilha de letrados em um mar de analfabetos" no Brasil — ou seja, o conjunto de possíveis luminares com ensino universitário era mínimo em comparação com os 85% ou mais da população que simplesmente não sabiam ler ou escrever.[17] O caráter de clube exclusivo, frequentado pelos poucos letrados do país, é reforçado com a constatação, também feita por Carvalho, de que essa pequena elite vinha sendo treinada desde os tempos coloniais em praticamente um único local, em uma única instituição de ensino superior — a Universidade de Coimbra. E mais: com as raras exceções dos que se formavam em medicina ou em especialidades científicas, as matrículas dos alunos brasileiros se concentravam sobretudo no curso de direito. O contraste com o restante da América Latina não poderia ser maior. Enquanto a Coroa portuguesa impedia o estabelecimento de universidades no Brasil, concentrando a formação dos filhos das elites de todas as províncias na Europa, as colônias vizinhas dispunham de instituições de formação superior desde o século XVI. Às vésperas dos processos de independência, havia mais de vinte universidades espalhadas por toda a América hispânica.[18]

O convívio nos bancos escolares europeus não apenas ajudava a uniformizar as visões de mundo dos filhos da elite brasileira, como também os socializava, tornando colegas os jovens ricos de São Paulo, de Pernambuco e do Pará, por exemplo. Quem sabe tornando-os amigos, ou pelo menos conhecidos que ainda iriam ter de conviver e se respeitar por muitas décadas de vida. Afinal, quando esses rapazes deixavam Coimbra, seu treinamento e suas práticas de socialização ainda não estavam concluídos: boa parte dos formandos brasileiros acabava sendo absorvida pelo Estado, servindo como magistrados e funcionários em diferentes pontos da América portuguesa ao longo de suas carreiras.[19]

Parece perfeitamente convincente, portanto, que grande parte da elite brasileira possuísse homogeneidade ideológica. A dificuldade dessa explicação aparece, contudo, quando se tenta entender por que esses jovens magistrados e funcionários defenderiam com mais ardor e eficácia os objetivos do Estado luso-brasileiro do que seus próprios interesses de classe, os interesses de suas famílias, ligadas à grande propriedade agrícola ou ao comércio de longo trato (interesses que poderiam eventualmente se opor aos do aparelho estatal e que funcionariam, muitas vezes, como forças centrífugas do ponto de vista da unidade nacional). Em resposta, o historiador mineiro argumenta que havia, no Brasil do início do século XIX, "certa debilidade das classes ou setores de classe em disputa pelo poder, e certa fraqueza dos órgãos de representação política". De um lado, faltariam canais institucionais — "órgãos de representação política" — eficazes para a manifestação desses outros interesses, diferentes daqueles da máquina estatal e da burocracia sediada no Rio. De outro, faltaria simplesmente vigor a esses interesses: a ausência de uma "poderosa classe burguesa" em um país de "capitalismo retardatário" tinha como contrapartida, segundo

Carvalho, um predomínio dilatado do Estado em diversos setores da vida pública. Tudo somado, a burocracia estatal disporia de considerável autonomia em relação aos interesses de classe, com "fusão parcial entre os altos escalões da burocracia e a elite política, o que resultava em maior unidade da elite e em peso redobrado do Estado, de vez que, de certo modo, era ele próprio que se representava perante a si mesmo".[20]

A homogeneidade da elite não seria o único fator a trabalhar pela unidade territorial brasileira, de toda forma — ou, pelo menos, essa não é a única explicação disponível para o surpreendente contorno geográfico do país logo após a Independência. Também o temor da elite coimbrã, dos proprietários e de setores médios urbanos em relação à diferença, à alteridade representada por boa parte do restante da sociedade — não apenas os escravizados, mas também a maioria negra e pobre da população livre — poderia ter contribuído para o reforço militar e político do Executivo fluminense, em troca da garantia de paz, ou melhor, de eventual pacificação de revoltas.

A hipótese de relação entre a escravidão e a unidade territorial brasileira guarda de toda forma sutilezas e diferenciações internas, com pelo menos três tipos de causas, de mecanismos de articulação, possíveis. Segundo uma delas, a unidade em torno do Rio de Janeiro facilitaria a defesa da instituição contra as ameaças políticas que ela já enfrentava no momento da Independência — antes de mais nada, dos abolicionistas ingleses, que detinham grande poder no Parlamento britânico e conseguiam pressionar politicamente o Império pelo fim do tráfico. Em outra, revoltas de escravizados ameaçariam a paz social e a ordem econômica do Brasil, a exemplo do que sucedera na colônia francesa de São Domingos, atual Haiti, com a tomada do poder pelos negros revolucionários que puseram fim à escravidão na ilha caribenha. Para poder conter e, se fosse o caso, suprimir essas possíveis revoltas, valia a pena reforçar o poder militar do Rio de Janeiro, pagando o preço de, simultaneamente, conferir à capital maior poder político. Por fim, havia o temor em relação a sublevações não só dos escravizados, como também das massas urbanas negras, ou seja, da população livre e pobre, em geral preta e parda, das principais cidades do país.

Uma das versões mais conhecidas da tese que relaciona a manutenção da escravidão à unidade política das diversas províncias brasileiras foi expressa em 1947 por Hermes Lima, jurista e político baiano que ocupou diferentes ministérios no governo João Goulart, antes de ser nomeado ministro do Supremo Tribunal Federal. Em um breve ensaio, Lima põe ênfase na análise da defesa institucional da escravidão, feita pela elite brasileira, contra possíveis movimentos políticos abolicionistas — mais do que na ameaça de desordem provocada pelas revoltas de cativos. Considerando as circunstâncias do século xix e a pressão dos abolicionistas, Hermes Lima especulava que o trabalho servil seria mais facilmente combatido, por seus inimigos políticos e ideológicos, "por partes", província a província, caso elas se fragmentassem. "A autonomia das províncias poderia [...] proporcionar a abertura de brechas parciais na muralha da escravidão, que para subsistir teria, portanto, de defender-se como um todo." Dessa forma, argumentava o político e magistrado em meados do século xx, "a centralização monárquica representou, no plano político, um dos pontos de apoio e defesa da organização servil do trabalho".[21]

José Murilo de Carvalho, por sua vez, chama a atenção para os temores da elite no início do século xix de sublevação escrava, "tendo-se cunhado a expressão haitianismo, referência à violenta revolta dos escravos da colônia francesa de Santo Domingo", ocorrida em 1791.

> Uma luta pela independência ao estilo da que se verificara e ainda se verificava nos países oriundos da antiga colônia espanhola, que redundara em fragmentação política, era vista por muitos como perigosa para a manutenção da ordem social e, portanto, da escravidão. Nesse sentido, o interesse em manter a escravidão pode ter ajudado na manutenção da unidade do país. A unidade, avalizada pela monarquia, era meio eficaz de preservar a ordem.

Ao considerar em conjunto a tese de Hermes Lima, que dava ênfase às ameaças políticas ao trabalho cativo, e também o temor de revolta escrava, o historiador pondera, contudo, que, embora a hipótese de união das elites provinciais em defesa da escravidão seja razoável, seu oposto não deixava de ser plausível. "A fragmentação em si poderia também fortalecer a escravidão nas províncias em que ela tivesse mais peso econômico."[22]

De resto, para além da correta observação de José Murilo de Carvalho, o processo de independência no Brasil não foi, pelo menos em parte das províncias, tão distinto dos temidos conflitos nas colônias espanholas que ameaçavam "a manutenção da ordem social". Vale dizer: a unidade política, um resultado posterior, não impediu o surgimento de tensões enquanto se davam as disputas pela separação de Portugal. E justamente ali onde a emancipação se processou de maneira mais conturbada ou em conflito aberto, como em Pernambuco e na Bahia, o que se constatou foi um acirramento dos temores de revolta escrava e dos conflitos raciais de forma geral, opondo parte da maioria negra e pobre dos centros urbanos às elites locais. Havia o temor de que o próprio ideário de liberdade, mobilizado pelo processo de emancipação política, pudesse contribuir para uma maior instabilidade social e eventuais revoltas de escravizados. Não era improvável que os escravizados manifestassem interesse por aquela curiosa promessa de emancipação, percebendo a contradição da luta por liberdade (política) em um país que se esforçava por preservar a falta de liberdade radical para boa parte da população. Observadores da época chamavam a atenção para o perigo representado pelo "partido dos negros e das pessoas de cor", que poderia se aproveitar das divisões entre os brancos, sobre as quais já alimentavam "esperanças criminosas", para promover sublevações.[23] Escrevendo ao marido em 1823, uma rica moradora do Recôncavo Baiano observava, com mais surpresa do que indignação, que escravizados locais pediam formalmente a sua libertação: "A crioulada da Cachoeira fez requerimentos para serem livres". O comportamento dos cativos, a seu ver excêntrico, uma audácia, tinha remédio: "Estão tolos, mas a chicote tratam-se!".[24]

Sabe-se lá se por causa da eficácia dos castigos e punições, como pretendia a rica proprietária, fato é que não se tem notícia de uma escalada de revoltas escravas durante o período da Independência capaz de ameaçar a ordem, a propriedade e a produção agrícola. O historiador Rafael Marquese chega a argumentar que o perigo de "haitianização" tinha, na época, função marcadamente retórica e política, buscando barrar reformas e garantir "coesão política na defesa da escravidão" contra os abolicionistas. Ele chama a atenção para a "segurança dessas sociedades escravistas", ou seja, sua estabilidade, a rigor pouco ou nada ameaçadas por improváveis revoluções dos escravizados.[25]

O que de fato se viu durante o período de maior incerteza política e desajuste da ordem do Antigo Regime foi o perigo — do ponto de vista das elites e da ordem estabelecida — de revolta e sublevação das camadas populares, ou seja, de uma população negra livre, incluindo rebeliões em que efetivamente se manifestou o ódio aos brancos e nas quais se fez questão de lembrar o exemplo haitiano. Foi o que aconteceu em Pernambuco entre os anos de 1822 e 1823, quando Pedro da Silva Pedroso assumiu o comando militar da província. Capitão de artilharia que se identificava abertamente como "pardo", Pedroso passou a assustar as elites locais quando se valeu de um discurso explicitamente racial para reforçar a sua liderança diante da tropa e ganhar o apoio das massas urbanas. A junta pernambucana planejou então removê-lo do cargo. Em resposta, a fim de se preservar no posto militar, Pedroso passou a instigar a "tropa de cor", que, àquela altura, já havia se tornado "agressivamente reivindicativa, queixando-se de que seus oficiais eram preteridos nas promoções em favor dos 'caiados', alusão irônica à condição mestiça de muitos destes brancos oficiais".[26] Os subordinados de Pedro da Silva Pedroso "puseram o Recife e Olinda em pânico", entoando canções de louvor aos revolucionários do Haiti e lançando ameaças de morte aos "marinheiros" e "caiados". Em fevereiro de 1823, Pedroso tentou novo golpe. Pretendia agora desfazer a junta que governava a província e que ainda planejava retirá-lo do comando militar. Após um breve período em que conseguiu controlar o Recife, acabou sucumbindo militarmente, sendo preso e enviado ao Rio de Janeiro. Mas a memória do movimento que liderou informaria as decisões que parte da elite local tomaria nos meses e anos seguintes, tornando-a mais conservadora e receosa quanto a sublevações populares.

Evaldo Cabral de Mello avalia que a Pedrosada, como ficou conhecida essa revolta racial, foi determinante para a decisão tomada pouco tempo depois, por uma fração significativa da elite pernambucana, de se unir ao projeto de d. Pedro I e do Rio de Janeiro, abrindo mão de anseios localistas mais radicais.[27] Segundo o historiador, a adesão popular — ou seja, de homens livres negros — ao "nativismo" pernambucano "provocará no decorrer do ciclo insurrecional de 1817-24 um movimento instintivo de recuo", até que boa parte dos grandes proprietários e da elite local concordasse em fazer entrar novamente a província no "aprisco" — lugar das ovelhas, igreja e curral — do Império, ou seja, da unidade nacional.[28]

No extremo norte, porém, a história foi outra — ou, pelo menos, foi um pouco mais complexa e, a princípio, mais rápida. Afinal, houve guerra. Mesmo depois que o Centro-Sul e parte do Norte haviam se rebelado contra Lisboa, as elites maranhenses, paraenses e piauienses, relativamente homogêneas e também treinadas em Coimbra, optaram sem hesitação pela aliança com as Cortes e a manutenção de sua ligação com Portugal. Temiam, é verdade, o perigo de desordem social, mas, no seu caso, essa questão, quando se colocou mais explicitamente, já veio acompanhada da desordem provocada pela própria guerra.

É essa precipitação dos acontecimentos em função dos embates militares que impede um encaixe fácil entre a adesão do extremo norte ao Império e as explicações geralmente mobilizadas para dar conta da unidade territorial do Brasil após a Independência. Tanto a explicação via uniformidade das elites quanto aquela que dá ênfase ao desejo de manutenção do statu quo social trabalham com um prazo de tempo — e de negociações políticas — relativamente longo. Ao analisar o problema, José Murilo de Carvalho, por exemplo, não se detém neste ou naquele conjunto particular de acontecimentos, nesta ou naquela região brasileira, mas defende que a formação e o treinamento comum das elites teriam sido importantes para a consolidação da unidade do país *ao longo de toda a primeira metade do século XIX*. A homogeneidade do grupo dirigente — assim como o temor da desordem e do fim da escravidão — funciona como uma espécie de pano de fundo, de contexto persistente, de condição estrutural para a sequência de episódios, negociações e conflitos das primeiras décadas da história brasileira — sempre atuando como força centrípeta, o que não significa que em cada caso não houvesse aqui e ali forças centrífugas em ação. O que Carvalho nota é um efeito de conjunto, a "construção da ordem", ao longo de um período relativamente longo de tempo.

A guerra, em contrapartida, não só acelera o processo como torna os efeitos centrípetos bem mais objetivos — as verdadeiras forças centrípetas ou centrífugas passam a ser os exércitos e a capacidade bélica de cada lado. O Rio de Janeiro, ao sair vencedor do conflito, pôs as províncias do extremo norte e seus territórios sob o seu controle. Simples assim. Se, ao contrário, Lisboa prevalecesse, a ligação de São Luís e de Belém com a ordem política e administrativa portuguesa seria mantida. Como sintetizara Cipriano Barata em plenário, nas Cortes, meses antes: "Aquele que vencer afinal terá direitos, dará as leis, fará os processos, lavrará as sentenças; e o outro há de ficar esmagado". Na região amazônica e em sua periferia nordestina, a história foi rápida, e o que importa para melhor compreendê-la é uma sequência de acontecimentos que se concentram em um intervalo de tempo curto, de menos de um ano. É preciso explicar a guerra e seu resultado. A princípio, a região mantinha fidelidade às Cortes e a Lisboa, e, de repente, toda ela havia se rendido incondicionalmente ao Rio de Janeiro. Essa reviravolta é que tem de ser esclarecida, e nela terá papel decisivo um aspecto em geral ignorado nas explicações para a eventual adesão das diferentes regiões da América portuguesa à Corte fluminense: a crise fiscal vivida por Brasil e Portugal no início da década de 1820.

Foi a combinação dessa crise — ou seja, a falta de dinheiro de um lado e de outro do Atlântico —, seus efeitos sobre o conflito militar e o medo da desordem e de revoltas populares que acabaram por decretar o destino político da gigantesca região em torno dos portos de Belém e de São Luís. Mas essa história, ali, começa de toda forma com a crise do absolutismo, como no restante da América portuguesa. Também no extremo norte, o fim do Antigo Regime trouxe consigo uma dose considerável de instabilidade política e social. A sólida adesão da região a Lisboa, em fins de 1822 e início de 1823, não significava que suas províncias estivessem livres de conflitos políticos — significava apenas que, naquela área da antiga colônia americana, os embates por autoridade e por cargos não punham em questão a fidelidade às Cortes ou a Portugal. Como aconteceu um pouco por toda parte no Império português, a mudança de regime e a marginalização política e simbólica de d. João VI tornaram subitamente mais fluido e incerto o jogo de poder, e mais frequentes as disputas entre as diferentes regiões e no interior delas.[29]

Feita a revolução, era hora de saber quem iria mandar em cada pedaço da nova monarquia constitucional. Pernambucanos, baianos, fluminenses e portugueses europeus disputavam a divisão e o alcance do poder central do Reino Unido de Portugal, Brasil e Algarves. Já paraenses, maranhenses e piauienses — sem nada a obstar à concentração de poderes em Lisboa — se mediram sobretudo em disputas internas às suas províncias. Como observou o historiador Marcelo Cheche Galves,

> o acesso a cargos eletivos, a nomeações ou simplesmente ao erário, aliado a disputas comerciais, conflitos internos das tropas e rusgas pessoais produziram um mosaico de insatisfações, revestidas naquele momento por apelos constitucionais, lidos e interpretados a partir dos interesses mais distintos.[30]

No Pará, por exemplo, não demorou para que a junta local e o governador de Armas, o brigadeiro José Maria de Moura, entrassem em conflito sobre a extensão e os limites de seus respectivos poderes. Mas tanto Moura quanto a junta buscavam prevalecer no conflito recorrendo à autoridade das Cortes, que não deixava de ser reconhecida. O conflito entre o brigadeiro e parte da elite local, por sua vez, abriria espaço para que outros grupos pleiteassem o poder no Pará, ou para disputas internas às tropas.[31] O novo regime representativo também acirrou os conflitos por poder no Maranhão, onde o governador do Antigo Regime aderiu à causa constitucional a fim de preservar o cargo — a exemplo do que fizera o general Luís do Rego Barreto, em Pernambuco —, sendo imediatamente contestado por quem defendia a formação de uma junta provisória eleita pelos cidadãos. Nos meses seguintes, os conflitos locais persistiram, ao mesmo tempo que se mantiveram inabaláveis o vínculo oficial com Lisboa e o apoio dos governos locais às Cortes.

Foi pelo Piauí, província fronteiriça entre o extremo norte e o restante do continente, que a possibilidade de uma alternativa "brasileira" penetrou pela primeira vez, com efeitos relevantes, na região. Ainda no final de 1822, o *Correio Braziliense* notava que "o sertão de Piauí, que negocia em gados somente com a Bahia e Pernambuco, é por isso naturalmente ligado ao resto da confederação brasiliense" — e seria por ali, portanto, segundo o jornal, que um exército aliado ao Rio poderia penetrar e conquistar as províncias do Maranhão e do Pará.[32] Hipólito da Costa acertou na previsão, ainda que o movimento piauiense tenha sido deflagrado sem planejamento ou ação coordenada de qualquer grupo militar liderado pelo Rio. Foram as disputas políticas internas piauienses que acabaram por tornar o apoio ao novo Estado independente que se formava a sua volta um instrumento de acesso ao governo para quem se encontrava marginalizado do poder. Havia a possibilidade, para quem se declarasse partidário de d. Pedro no Piauí, de receber ajuda e tropas das províncias vizinhas — Ceará, Pernambuco ou Bahia —, todas aliadas à causa fluminense. Embora ainda fosse impensável no Maranhão e no Pará, a tomada de partido a favor da Corte fluminense fazia sentido no Piauí.

A primeira manifestação pró-Rio se deu na vila costeira de Parnaíba, no final de 1822, quando chegaram notícias da convocação da Constituinte brasílica. Na pequena faixa litorânea de que o Piauí dispunha, a vila de São João da Parnaíba mantinha fortes ligações com o Ceará, abrigando uma importante elite comercial e algumas das maiores fortunas da província. A maior delas era a de Simplício Dias da Silva, conhecido pelo enorme plantel de cativos e por ostentar um suposto apreço por ideias iluministas, depois de ter estudado em Coimbra e de ter visitado importantes capitais em sua temporada europeia. A Dias e a outros integrantes da elite de Parnaíba incomodavam "a coleta de impostos e a dominação política de Oeiras", a capital interiorana da província.[33] Alijada do poder na província depois da revolução de 1821, a elite da vila de Parnaíba não deixou escapar o surgimento de uma nova oportunidade, no final de 1822.

Em setembro, chegou ao Piauí a notícia de convocação da Assembleia Constituinte por d. Pedro, feita em junho, acompanhada da solicitação de que a província realizasse a escolha de seus representantes. Na capital, Oeiras, o ofício com a convocação seria "metido em silêncio" pelas autoridades locais, mas não em Parnaíba. No dia 19 de outubro de 1822, Simplício Dias e seus aliados apresentaram requerimento à Câmara da vila, pedindo o reconhecimento da "regência de sua alteza real", o príncipe d. Pedro, e das "futuras Cortes Constituintes do Brasil". A aliança com o Rio de Janeiro se apresentava como possibilidade concreta de acesso a recursos, cargos e poder para uma parte importante da elite piauiense. "A origem da divisão política no Piauí se relacionava, inicialmente, à disputa intraelites, agravada pelas incertezas e confusões do período revolucionário, que alimentou desavenças anteriores e resultou na ruptura de alguns setores com o governo português", observou o historiador Helio Franchini Neto.[34]

Esse primeiro apoio em Parnaíba, vale notar, se referia especificamente à instalação da Assembleia Constituinte e à liderança de d. Pedro nos assuntos da América portuguesa, mas não à separação formal de Lisboa — a Independência estava em vias de ser declarada no Centro-Sul, é verdade, e em breve o príncipe regente seria aclamado imperador, mas a vila ainda reagia às notícias de junho. Seja como for, o apoio à instalação da Constituinte no Rio era um ato de traição às Cortes e de desafio à sua autoridade. O gesto de rebeldia em Parnaíba seria objeto, portanto, de reação imediata do principal representante das Cortes no Piauí, o governador de Armas nomeado pelos portugueses, sargento-mor João José da Cunha Fidié. Veterano das Guerras Napoleônicas, subordinado ao duque de Wellington nos embates para expulsar os franceses da península Ibérica, Fidié tinha acabado de chegar à província poucas semanas antes da revolta em Parnaíba, no dia 8 de agosto de 1822. Trazia instruções que lhe haviam sido dadas diretamente pelo rei d. João VI, segundo registrou anos mais tarde em uma obra autobiográfica: "Sua majestade me ordenou muito positivamente que me mantivesse, dizendo-me: 'Mantenha-se! Mantenha-se!'". Ou seja, o Piauí, fronteira estratégica entre as províncias do extremo norte e o restante da América portuguesa ligada ao Rio de Janeiro, deveria ser preservado a todo custo. Cabia a Fidié não permitir que aquela linha fosse cruzada.[35]

Ao receber em Oeiras as notícias de rebelião em Parnaíba, Fidié achou que era o caso de enfrentar pessoalmente os revoltosos. Mobilizou às pressas a maior parte da tropa sob seu comando — cerca de 1500 homens — e se pôs em marcha, à frente dos soldados, até o norte da província. As tropas subordinadas a Lisboa e ao sargento-mor, compostas sobretudo de piauienses, iniciaram a caminhada de 660 quilômetros no dia 14 de novembro. Ao chegarem a Parnaíba mais de um mês depois, em 18 de dezembro, constataram que os principais líderes do movimento de adesão ao Rio de Janeiro — entre eles o coronel Simplício Dias — tinham fugido. Antes de debandarem, no entanto, os apoiadores de d. Pedro haviam enfrentado, se não a resistência, pelo menos as queixas de comerciantes portugueses na cidade, que se opunham ao alinhamento com a Corte fluminense. Enquanto o grupo pró-Rio pedia ajuda e reforços ao Ceará, os que permaneciam fiéis a Lisboa em Parnaíba recorreram à outra província vizinha, o Maranhão. A ajuda veio mais rápido de São Luís do que de Fortaleza ou de Oeiras. Antes mesmo que Fidié terminasse a sua longa marcha, um navio de guerra mandado pela junta maranhense já bloqueava o porto de Parnaíba. As autoridades do Maranhão também proibiram a venda de farinha de mandioca para a vila rebelde. Tropas de apoio, armas e munições foram enviadas ao comandante militar piauiense, do Maranhão. Mais tarde, o Pará também enviaria reforços. O extremo norte respondia de forma coesa, e sempre fiel a Lisboa, à primeira ameaça de questionamento da autoridade das Cortes na região.

Logo um novo levante de apoio ao Rio de Janeiro, desta vez na capital do Piauí, desafiaria Fidié. Enquanto o governador de Armas estava ausente, na vila de Parnaíba, chegaram a Oeiras, no fim de dezembro, notícias da aclamação de d. Pedro como imperador do Brasil, ocorrida no início de outubro. Chegou também um ofício do general Pedro Labatut, naquele momento liderando o cerco do Exército Pacificador a Salvador, que convidava o Piauí a aderir à causa do Brasil. A escolha entre o Rio e Lisboa se apresentava formalmente ao extremo norte — e mais gente passou a considerar a possibilidade de apostar na força do Rio como bilhete de acesso ao poder.

A junta de governo piauiense escreveu a Lisboa, sabendo-se visada. Na carta, reconhecia a fragilidade de suas forças em uma província "aberta, plana, pouco povoada". As ameaças vinham do Ceará, sobretudo. Em janeiro de 1823, a capital da província também tomava conhecimento dos levantes favoráveis ao Rio em diferentes vilas piauienses, em geral liderados por grupos esparsos vindos da província vizinha. No dia 24 de janeiro, setores das tropas e da população urbana que se diziam aliados a d. Pedro I tomaram as ruas de Oeiras. Não chegaram a encontrar resistência. Em seguida, realizariam eleição para escolher uma nova junta, reconhecendo o "governo do imperador constitucional", d. Pedro. Embora Maranhão e Pará se mantivessem firmes em seus laços com as Cortes portuguesas, o Piauí já se encontrava em disputa.[36] As autoridades da região compreenderam o tamanho do perigo à sua volta e temeram pelo cerco que se fechava. Era preciso tomar providências.

Desde o início do combate, Fidié esperava por reforços vindos de Portugal. Também as autoridades das províncias vizinhas, com representantes nas Cortes, haviam escrito ao reino europeu, já a partir do final de 1822, solicitando navios e soldados. O Pará foi o primeiro a fazê-lo. Logo em seguida, em fevereiro de 1823, foi a vez de a junta maranhense requisitar tropas. A própria população maranhense levantara recursos para bancar a mobilização militar em apoio ao Piauí e agora, ao pedir reforços a Lisboa, se dispunha a pagar os custos de transporte da Europa e de abastecimento local dos cerca de mil homens requisitados.[37] O raciocínio que todos faziam era simples, sintetizado muito tempo depois pelo historiador Roderick Barman: bastaria o envio de reforços por Lisboa para deter a ofensiva ainda desorganizada de tropas pró-Rio na região.[38] Uma expedição de soldados bem treinados vindos de Portugal provavelmente não encontraria grandes dificuldades para impor sua força aos bandos improvisados que, naquele momento, levavam insegurança ao interior do Piauí. As autoridades do extremo norte contavam com a chegada dessas tropas, e era natural que fosse assim. Seria inconcebível que Portugal deixasse o extremo norte — e o Maranhão, em particular — ser ameaçado, abrindo mão de uma das mais rentáveis regiões da América, sem oferecer algum tipo de resistência.

Mesmo sem dispor de reforços, Fidié havia decidido deixar Parnaíba e voltar a Oeiras, para dar combate, como era sua obrigação, à nova junta favorável à Corte fluminense que tomara o poder na província. Foi durante esse périplo, já em meados de março de 1823, que o comandante de Armas português se viu, afinal, obrigado a enfrentar tropas independentistas. Boa parte delas percorria a região sem armas ou munição adequada, sem treinamento ou liderança centralizada. Chegavam a ponto de utilizar armamento artesanal, adaptando ferramentas agrícolas para o combate.[39] O encontro com as tropas mais bem treinadas de Fidié, com seus onze canhões e outros recursos bélicos, se deu nas proximidades da vila de Campo Maior, sobre o leito seco do rio Jenipapo. Por horas e horas seguidas, grupos de soldados "brasileiros" se lançaram desorganizadamente sobre as fileiras fiéis a Lisboa. Estima-se que quase 10 mil pessoas tenham participado da Batalha do Jenipapo, 80% delas do lado pró-Rio. Entre duzentas e quatrocentas pessoas teriam morrido nesse enfrentamento.[40] Ao final, os soldados de Fidié saíram vitoriosos. Mas as condições da guerra haviam mudado: mesmo com a derrota, as forças independentistas ainda possuíam superioridade numérica na região, e o comandante de Armas do Piauí, em vez de seguir em frente até Oeiras, hesitou. Com provisões escassas, Fidié deteve a marcha por algumas semanas nas proximidades de Campo Maior. No início de abril, ele receberia uma comunicação enviada da cidade de Caxias, no Maranhão, requisitando a sua presença — e, mais importante, anunciando que reforços eram esperados ali, vindos de São Luís. Fidié aceitou o convite e recuou do Piauí para o Maranhão. O historiador Helio Franchini Neto observou:

> Com as tropas piauienses e cearenses se movimentando por toda a província do Piauí, já tendo ocupado Campo Maior e outras localidades, e com a situação no Maranhão também precária, a opção da retirada a Caxias, a fim de aguardar reforços, era pertinente.

Foi só então, em abril de 1823, que d. Pedro I constituiu líderes militares para unificarem o comando da luta pró-Rio no extremo norte. Um deles era o governador de Armas do Ceará, que já havia algum tempo se empenhava pela causa independentista. O outro era um dos comandantes da revolta em Parnaíba, o coronel Simplício Dias. A partir daquele momento, a guerra passava a ser "parte de um movimento nacional" coordenado, "e não mais guerra sem quartel-general, sem comando unificado".[41] O Rio de Janeiro tardara, é verdade, mas Lisboa nem sequer se mexia. Não havia sinal de frotas de navios ou de reforços de soldados vindos da Europa, para desespero das autoridades locais. Como comenta André Roberto Machado:

Ao longo dos anos de 1822 e 1823 várias cartas foram escritas pelas autoridades paraenses requisitando o envio de uma esquadra portuguesa que pudesse garantir a proteção contra uma agressão externa bem como auxiliar no controle das facções existentes no interior da própria província.

A chegada desse apoio militar parecia ser dada como líquida e certa. Em abril de 1823, por exemplo, o Pará cedeu tropas a pedido dos maranhenses, para auxiliar no combate aos soldados brasileiros que, vindos do Piauí, já haviam adentrado na rica província do extremo norte, simultaneamente ao recuo de Fidié. Ao fazê-lo, ao abrir mão de uma parte de seu efetivo, o governador de Armas paraense, José Maria de Moura, fez questão de lembrar às autoridades da província vizinha "que elas deveriam fazer regressar as forças enviadas assim que chegasse o reforço europeu". Naquele mesmo mês, a junta paraense perguntava às autoridades civis do Maranhão se "a prometida esquadra portuguesa havia chegado a São Luís".[42]

Enquanto as "esquadras imaginárias", como as denominou o pesquisador André Roberto Machado, tardavam, Moura, no Pará, tinha de se haver com as tropas de que dispunha, sem reforços, para conter as disputas e insatisfações locais, que já alcançavam as fileiras do Exército. Fidié e seus comandados, por sua vez, perambularam de um lado a outro no Piauí, antes de se refugiar no Maranhão. Enfrentavam sozinhos, com recursos locais, os partidários ainda desorganizados de d. Pedro. Não é possível compreender esse aparente abandono de uma das partes mais ricas do que restava do Império português — nem entender, portanto, o desenlace da guerra — prestando atenção apenas ao Brasil. Para entender o Pará do início da década de 1820, é preciso olhar para Paris — e para Madri. É a conjuntura política e militar europeia, associada à escassez de recursos em Portugal, que ajuda a esclarecer o destino algo melancólico daquele corajoso conjunto de combatentes, que insistia em manter os vínculos do extremo norte com a Europa.

* * *

Da mesma forma como se antecipara aos portugueses na revolta contra o absolutismo e no estabelecimento de um governo parlamentar, o liberalismo espanhol também liderou o caminho político na península Ibérica ao entrar em crise antes dos vizinhos lusitanos. O novo regime representativo em Madri não conseguiu controlar — que dirá reverter em tão curto prazo — os problemas econômicos herdados do Antigo Regime. Contra o pano de fundo de uma brutal escassez de recursos, os liberais logo se viram divididos, digladiando-se sobre os cortes que seria preciso fazer ao orçamento, bem como sobre os grupos que podiam ou não desagradar. Em particular, pôs-se em pauta a difícil decisão de dispensar boa parte das tropas que haviam feito a revolução, meses antes.[43]

Com o desgaste do regime, o rei Fernando VII considerou que havia oportunidade para tentar restabelecer seus poderes sem freios, livrando-se do Parlamento. Primeiro tentou um golpe interno, em meados de 1822 — sem sucesso. Passou então a pedir ajuda — ou seja, interferência armada — às potências europeias conservadoras. A França deu um passo à frente, disposta a fazer o serviço sujo e a invadir o país vizinho. A provável intervenção francesa só era concebível por causa do novo contexto político europeu, posterior a 1815. No equilíbrio de forças que se estabeleceu depois da Batalha de Waterloo, as monarquias vitoriosas contra Napoleão tendiam a apoiar a causa das antigas dinastias reais contra o que viam como "excessos" liberais. A intervenção na península Ibérica tinha a ver também com particularidades da política francesa — o país era agora governado por ultraconservadores que defendiam a restauração, tanto quanto possível, do poder tradicional dos monarcas — e, por fim, da Espanha, onde a experiência liberal estava em crise.

O resultado desse múltiplo realinhamento conservador se materializou na concentração dos exércitos monarquistas franceses, já em fins de 1822, na fronteira dos Pirineus. Uma intervenção militar na Espanha, a fim de restabelecer os poderes de Fernando VII, pareceu ao governo francês, em disputas eleitorais e parlamentares com os liberais, "uma boa forma de adquirir prestígio", observaram os historiadores Rui Ramos, Bernardo Vasconcelos e Sousa e Nuno Gonçalo Monteiro.[44] Os mesmos autores chamaram a atenção para um fato que ninguém em Portugal ignorava: o destino do regime liberal na Espanha seria também o da experiência constitucional e representativa em Lisboa. Cruzada a fronteira natural dos Pirineus, os portugueses se tornariam o alvo seguinte e inevitável das tropas francesas — mais uma vez! Um país "sem esquadras, sem soldados, e mais que tudo sem dinheiro", como observara Cipriano Barata poucos meses antes, se via agora obrigado a se desdobrar em gastos, conflitos e novas mobilizações militares. Além do Brasil, para onde já enviava soldados e despendia recursos, o governo português talvez se visse confrontado militarmente também na Europa. Seria difícil imaginar um cenário pior para o já debilitado regime liberal.

A empreitada militar só seria lançada de fato pela França em abril de 1823, mas desde o fim de 1822 que a invasão parecia inevitável. Na verdade, desde julho daquele ano, quando os batalhões da guarda real tentaram um golpe absolutista na Espanha, "os sucessos de Madri" passaram a ocupar na imprensa portuguesa "o lugar e o peso até aí tomados pela questão brasileira".[45] Em dezembro, o *Astro da Lusitania* já dava à guerra da França "com a Península" o caráter de inevitável e iminente, exigindo do governo e das Cortes "toda a energia e atividade nesse assunto, nele se empregando os recursos do Estado, em cooperação estreita com os espanhóis".

Mas, em fevereiro de 1823, *O Campeão Português em Lisboa* lembrava que o "Tesouro está tão exausto que nem pode com as despesas correntes". Era preciso, portanto, argumentava o jornal, abandonar a luta no Brasil e concentrar esforços para a defesa do regime e do território na Europa.[46] Naquele mesmo mês, discutiam-se nas Cortes o orçamento e, em particular, os gastos com as Forças Armadas. As informações sobre as finanças públicas para esse período são precárias, mas o deputado Borges Carneiro, em discurso no Parlamento, fazia referência a um montante total de 7700 contos em 1823, dos quais cerca de 4400 (57%) seriam destinados ao Exército.[47] O valor dos dispêndios é semelhante ao apresentado pelo historiador Luís Espinha da Silveira, em seu estudo sobre as contas portuguesas, para o ano de 1821 — e confirma a queda significativa em relação ao patamar de 1817, de cerca de 11 mil contos do lado das despesas.[48] Em resumo, e nem seria preciso nenhuma análise orçamentária mais profunda para se chegar a essa conclusão, parecia evidente a boa parte dos parlamentares e da imprensa a impossibilidade de Portugal insistir na empreitada militar no Brasil — na Bahia e no extremo norte — ao mesmo tempo que precisava se preparar para um novo conflito europeu.

Um pouco por inércia, ainda se organizava, mesmo sob a nova conjuntura, outra expedição de tropas para Salvador, cidade que, naquele momento, já se encontrava cercada pelos soldados brasileiros. "Mas os navios a ela destinados eternizavam-se no Tejo, em começos de 1823", segundo Valentim Alexandre — em parte porque os militares designados para comandar as tropas se recusavam a fazê-lo, alegando "falta de condições para cumprirem os objetivos", em parte pelo mau tempo.[49] Em meados de fevereiro, deputados propuseram às Cortes que a missão fosse cancelada. "Seria a maior de todas as imprudências" enviar reforços à Bahia naquele momento, observou um dos proponentes da medida. "Seríamos responsáveis à nação e justamente increpados pela posteridade, de não sabermos defender a nossa liberdade nascente, se deixássemos no estado atual ir as nossas forças para o Brasil." Outro deputado advertia que era "impossível dispor prudentemente de gente e de dinheiro para essa empresa sublime e árdua" da reconquista da América portuguesa naquele momento. Houve ainda quem lembrasse que a guerra do outro lado do Atlântico, "sempre dispendiosa", não só traria a perda de homens e de cabedal, como também ameaçaria a própria "existência política" do país. Apesar dos repetidos discursos chamando a atenção para a falta de recursos, para o estado lastimável das finanças e para a ameaça francesa, uma derradeira frota com centenas de soldados partiu, finalmente, para a Bahia.[50] Nos meses seguintes, nenhuma outra sairia, da Europa, em auxílio às províncias do Pará, do Maranhão e do Piauí.

Àquela altura, já não era apenas uma parcela dos deputados que considerava temerária a luta no Brasil enquanto cresciam as ameaças na própria Europa. As Forças Armadas portuguesas também se mostravam insatisfeitas com a situação política e militar, não desejando serem vistas como as responsáveis pela separação brasileira. Temiam que o governo transferisse "para os comandos militares a responsabilidade do inevitável fracasso da política seguida em relação ao Brasil".[51] E, por temerem ainda os possíveis embates no front europeu, os mesmos militares que haviam viabilizado a Revolução Liberal agora colocavam o seu futuro em questão. A uma parte significativa do Exército português parecia, com razão, impossível contrapor-se ao avanço dos franceses.

A 19 de fevereiro, as Cortes tinham declarado que "toda e qualquer invasão feita na Península para destruir ou modificar as instituições políticas adotadas pela Espanha será tida como agressão direta a Portugal". Nada disso entusiasmou os comandos militares, que temiam missões impossíveis. Significativamente, todos os oficiais contactados para chefiar a expedição ao Brasil recusaram. Pior: o governo preparou-se para fazer depender as promoções da fidelidade política. Seria a partidarização do Exército. A partir daqui, considerações corporativas submergiram as simpatias liberais. O Exército separou-se do regime.[52]

Em abril, as tropas francesas cruzaram os Pirineus e, no final de maio, já haviam entrado em Madri sem maiores resistências. No dia 27 de maio, um regimento de infantaria português que seria enviado para a fronteira com a Espanha sublevou-se. "O infante d. Miguel", irmão de d. Pedro, "juntou-se à tropa insurrecta em Vila Franca de Xira e incitou os 'portugueses' a 'libertar o rei' de umas Cortes que 'em lugar dos primitivos direitos nacionais, deram-vos a sua ruína."[53] Nos dias seguintes, o regime liberal caiu. Era a Vilafrancada, que restabelecia o absolutismo em Portugal. "Desgastado já pela questão brasileira e confrontado agora a uma tarefa difícil, se não impossível, o Exército mudava de campo, dando o golpe de misericórdia no vintismo liberal, de que fora até então um dos pilares."[54]

No fim das contas, o que os militares portugueses fizeram foi se antecipar às pressões externas, tornando desnecessária qualquer intervenção francesa no país. Com a Vilafrancada, o comando do país voltava às mãos de d. João VI, sem Parlamento. Entre as providências imediatas do novo regime estava a ordem de cessar-fogo e interromper os conflitos com o Rio de Janeiro. Os ministros do governo absolutista adotavam oficialmente a política que grupos conservadores preconizavam havia já alguns meses: a de tentar reverter a Independência da antiga colônia por via diplomática — aliás mais barata, menos custosa aos cofres reais —, contando com um possível realinhamento entre pai e filho, entre d. João e d. Pedro, agora que o obstáculo das Cortes fora removido. Para o extremo norte do Brasil, onde ainda se jurava fidelidade a Lisboa e à Constituição, a Vilafrancada representou um fim de linha, portanto. A tão ansiada ajuda militar para conter as investidas dos grupos aliados ao Rio não viria. Pará, Maranhão e Piauí, abandonados à própria sorte, ficaram a ver navios.

João José da Cunha Fidié chegou a Caxias no dia 17 de abril de 1823. A ideia, a princípio, era fazer apenas um recuo tático no Maranhão. Comandante de Armas no Piauí, Fidié esperava obter apoio maranhense para se fortalecer e, mais tarde, lançar-se novamente ao ataque, à reconquista da província pela qual se responsabilizava. Mais uma vez, contudo, o militar português se viu isolado. Reforços de contingente e de equipamentos foram enviados de São Luís como prometido, mas não em quantidade suficiente. Para piorar, as forças favoráveis a d. Pedro, que já controlavam a maior parte do Piauí, atravessaram o rio Parnaíba, que divide as duas províncias, e começaram a ganhar espaço também no Maranhão. Eram forças ainda desorganizadas, movidas pela expectativa de ganhos imediatos em uma situação de aparente vácuo de poder. Avançavam, além disso, com a esperança de que uma vitória do Rio de Janeiro na região pudesse lhes franquear acesso, em breve, a posições de poder, a cargos públicos e a recursos orçamentários.

Após um primeiro combate malsucedido contra tropas independentistas em São José dos Matões, localidade maranhense vizinha a Caxias, Fidié adotou uma postura defensiva, limitando-se a tentar garantir sua posição. "Ficava claro que a iniciativa militar estava agora com as forças pró-Rio de Janeiro", observou Franchini Neto.[55] Em junho, fechou-se o cerco a Caxias. Com ele, veio a fome. Fidié se viu obrigado a "tirar do campo do inimigo, à ponta da baioneta, os víveres preciosos" para sustentar a tropa, como registraria em sua obra autobiográfica anos depois. Por semanas, persistiu o impasse. Somente no final de julho as tropas lideradas pelo governador de Armas do Ceará, José Pereira Filgueiras — nomeado em abril por d. Pedro com a missão de "pôr a salvo os habitantes da província do Maranhão" —, se juntaram ao contingente um tanto caótico que já cercava os soldados pró-Lisboa.[56]

Fidié lançou um último ataque ao inimigo no dia 19 de julho, liderando quatrocentos soldados sobre as linhas brasileiras. Era uma tentativa ousada de romper o cerco, mas malsucedida. Sem ajuda de Lisboa, sem saída, sem poder conter a sangria das deserções em seu Exército mal alimentado, com as tropas reduzidas a menos de cem homens, chegava a hora de negociar a rendição. No dia 1º de agosto, as forças do Rio de Janeiro entraram na cidade de Caxias. Feito prisioneiro, o líder militar português ainda teria de perfazer seu último longo périplo pelo interior do Brasil, percorrendo "mais de duzentas léguas pelo sertão até a cidade da Bahia", de onde seria enviado de navio ao Rio de Janeiro. "Preferi antes sofrer tudo isso do que aderir à causa do Brasil", escreveria, anos mais tarde, o soldado de d. João VI.[57]

A guerra logo estaria decidida. Ainda no mês de julho de 1823, enquanto Fidié resistia em Caxias, chegaram a São Luís as primeiras embarcações trazendo notícias da Vilafrancada em Portugal. Desde abril, a junta maranhense perdia apoio na elite de grandes produtores e comerciantes da província. "Até esta altura, a maior parte dos fazendeiros do Maranhão vinha mantendo uma posição de prudente neutralidade", afirma o historiador Matthias Röhrig Assunção. "Mas quando assistiram à invasão da capitania pelo Exército Auxiliador do Piauí e Ceará, queimando as fazendas dos que permaneciam fiéis a Portugal, convenceram-se rapidamente de que a Independência era inevitável."[58] Em junho, em correspondência com Londres, o cônsul inglês relatava que "a causa dos portugueses europeus já se mostrava tão improvável" àquela altura, na província, que muita gente se dispunha a apoiar "a mudança pretendida pelos brasileiros", desde que tivessem "a garantia de segurança pessoal e de suas propriedades".[59] Um dos golpes finais para a "causa dos portugueses" veio com as notícias de que não havia mais regime constitucional em Lisboa. Imediatamente estouraram disputas em São Luís, capital que, até aquele momento, abrigava a elite política local menos sujeita a conflitos internos. Uma última esperança se apresentou, contudo, para os que insistiam na fidelidade à Europa. No dia 26 de julho, apontou no horizonte, próximo à capital maranhense, uma embarcação de guerra na qual se avistava, tremulante, a bandeira portuguesa. Seriam, finalmente, a esquadra e os reforços longamente ansiados?

Semanas antes, navios portugueses carregados da tropa em fuga, derrotada na guerra da Bahia, haviam deixado Salvador — navios que levavam também, em seu encalço, o almirante Thomas Cochrane e embarcações brasileiras. Depois de perseguir as naus carregadas de soldados europeus até acima da linha do equador, o mercenário escocês contratado por d. Pedro deu meia-volta, deixando que as embarcações portuguesas navegassem desacompanhadas pelos mares do Atlântico Norte até Lisboa, enquanto ele próprio seguia para o Maranhão. Em suas memórias, Cochrane diz que, àquela altura, sabia da possibilidade de que Portugal enviasse reforços à província exportadora de algodão — e acreditava que parte das tropas em retirada da Bahia pudesse ser redirecionada para o extremo norte.

Ao se aproximar da costa maranhense, supondo que pelo menos se adiantava a alguma tentativa lusa, Cochrane mandou hastear a bandeira portuguesa em seu navio. O objetivo deliberado era o de enganar a elite política local. As autoridades, de fato "ludibriadas por essa astúcia", como descreveria o almirante anos mais tarde, mandaram ao seu encontro um navio de guerra local "com despachos e congratulações pela nossa chegada em segurança". Vítima de um logro e feito prisioneiro, o representante da junta maranhense que subiu à nau de Cochrane trocou o cárcere no convés pela tarefa de voltar a São Luís — e de transmitir às autoridades locais o recado e as ameaças do mercenário estrangeiro. O almirante fazia crer aos maranhenses que a sua nau capitânia, adiantada, aguardava ainda a chegada de "um grande número de embarcações de guerra".[60] Já combalida, derrotada na maior parte do território da província, a elite política local se rendeu.[61] O Maranhão passava a fazer parte do Império de d. Pedro.

Um teatro semelhante seria encenado pouco tempo depois, no dia 10 de agosto, para as autoridades em Belém. Desta vez, pelo capitão-tenente John Pascoe Grenfell, oficial sob os comandos de Cochrane, que o acompanhara ao Maranhão e de lá partira com ordens para tentar "astúcia" semelhante na província vizinha. Grenfell blefou em seu anúncio à junta paraense, fazendo crer que era apenas o representante de uma esquadra muito maior, que, de resto, já estaria nas águas do Pará, sob o comando de Cochrane, "pronta para realizar o bloqueio do porto em caso de resistência".[62] Ao analisar o episódio, central nas histórias de independência do extremo norte, o historiador André Roberto Machado atribui o sucesso do "golpe da esquadra imaginária" não ao medo que ela possa ter causado nos paraenses, nem, alternativamente, por já haver naquela província uma predominância clara de forças e sentimentos "brasileiros", favoráveis à causa do Rio de Janeiro. Segundo Machado, não teria se tratado, no Pará, nem de temor nem de amor por d. Pedro — mas, sim, de falta de opção e medo do caos, da desordem.

Foram esses, aliás, os argumentos do bispo Romualdo de Sousa Coelho, liderança de primeira hora da revolução liberal na província e que representara os paraenses nas Cortes. O religioso agora advogava, em reunião da junta paraense, pela rendição ao Rio. "A razão pela qual o bispo defendia a incorporação do Pará ao Império era porque esta lhe parecia a única forma eficaz de salvar a província dos 'horrores da anarquia.'" Era a dramática instabilidade política em que o Pará se encontrava desde a revolução liberal, com tentativas de golpes e de contragolpes, com rachas internos das tropas e nenhuma aparente possibilidade de acordo ou de ascensão de grupo hegemônico, que agora se resolvia. Lisboa, o centro político de onde, a princípio, as forças locais esperavam apoio para a manutenção da ordem — antes mesmo que fosse necessária a defesa do território contra as tropas pró-Rio —, havia desistido da tarefa e falhara duplamente. Agora só lhes restava o Império.

> Calculava-se que com o apoio da força externa, o partido que se alinhasse ao Império poderia não só controlar o poder, mas principalmente teria condições de garantir a manutenção da ordem interna, algo que nenhum grupo até então pôde assegurar em virtude da extrema divisão das elites e da sociedade em seu conjunto.[63]

Assim, a união do extremo norte ao restante da antiga América portuguesa se deu menos por uma grande capacidade estratégica do Rio de Janeiro — que, na maior parte do tempo, se limitou "ao envio de alguns provimentos militares", "reconhecimento formal" das tropas aliadas locais e "apoio moral" à sua luta, segundo Barman — do que à incapacidade portuguesa, ou melhor, a falta de empenho de Lisboa para defender a região.[64] A escassez de recursos era grave, de toda forma, também no Rio de Janeiro. Na briga algo melancólica, em que faltavam esquadras e soldados aos dois lados em disputa, prevaleceu d. Pedro I. A forma territorial que o Brasil viria a assumir logo depois da Independência — sua "unidade", em contraste com a fragmentação da América espanhola — deriva, assim, pelo menos em parte, dos recursos exíguos e dos impasses financeiros do Império português que se desfazia.

Não se trata, de toda forma, de algum tipo de padrão geopolítico ou regra sociológica. Não é uma lei: é um episódio histórico. Dificuldades financeiras nas antigas metrópoles não necessariamente detêm a fragmentação política nas colônias — como prova o caso espanhol. Há muitos outros fatores em jogo. Mas, no início do século XIX na América portuguesa, a falta de resistência dos europeus — em parte por razões financeiras — funcionou na direção contrária à dos ventos, como força centrípeta a aproximar o extremo norte da Corte fluminense. O Brasil nasceu de uma crise fiscal.

9. Ascensão e queda de d. Pedro

"Tinha gosto pelas armas e pelos exercícios militares." É assim que Isabel Lustosa descreve d. Pedro I, entre outras características, em seu livro sobre o imperador do Brasil. A historiadora se refere a exercícios militares — combates imaginários — que o príncipe havia se acostumado a praticar desde cedo. Ainda criança, o futuro monarca se valia do poder de senhor de escravizados para encenar batalhas tão realistas quanto possível em uma das fazendas da família real, no subúrbio do Rio de Janeiro.

> Organizara, quando rapazinho, um regimento de pequenos escravos. Em Santa Cruz, já imperador, mostrou ao ex-capitão Von Hoonholtz, seu hóspede, o quarto que ocupara quando criança e onde conservava as espadas e espingardas de folha de flandres com as quais armava aquele exército de meninos. Contou ainda que, no comando desse regimento mirim, batia-se com exército idêntico comandado por d. Miguel [seu irmão mais novo].[1]

A presença de escravizados e sua desumanização pelas mãos dos dois pequenos príncipes — capazes de tratar as crianças negras da cena como peças de maquete ou tabuleiro — dão o caráter propriamente brasileiro àqueles jogos infantis. Mas, para além da escravidão, tudo o mais que é narrado sobre o teatro bélico de Santa Cruz tinha origens europeias recentes, com traços típicos do Antigo Regime. Os monarcas da Idade Moderna, afirma o historiador Philip Hoffman, não possuíam nenhum outro "objetivo, pensamento ou profissão que não fosse a guerra".[2] Em um continente fragmentado territorialmente, sem Estado hegemônico que impusesse ordem e paz aos demais, o conflito foi, por séculos, a norma entre os reinos europeus. Não à toa, grande parte das despesas estatais era obrigatoriamente destinada às Marinhas e aos Exércitos de cada país — e, como vimos, ao levar os gastos militares ao paroxismo, o Antigo Regime entrou em crise, produzindo as revoluções políticas típicas dos séculos xviii e xix. Como a monarquia também era a regra, os herdeiros do trono começavam a representar o papel de liderança militar ainda na infância, em uma espécie de ensaio lúdico da função inescapável que a vida lhes havia reservado. Desde cedo, a ideia de sucesso ou de fracasso no governo acabava associada à conquista ou à derrota nos campos de batalha para esses pequenos reizinhos que, mais tarde, se transformariam em monarcas de fato.

Ao repetir seus antepassados e encenar batalhas contra o irmão na fazenda de Santa Cruz, d. Pedro também se preparava, esperançoso, para a glória típica de um monarca — uma glória que, no seu caso, não demoraria a chegar, ainda que tenha sido parcialmente fabricada. Tinha pouco mais de vinte anos quando conquistou as primeiras vitórias militares no Brasil, sem ter propriamente a experiência de liderança no campo de batalha. Depois de expulsar as tropas portuguesas do Rio de Janeiro no início de 1822, comandou — à distância — as forças que, por terra e mar, forçaram a retirada do antigo colonizador da Bahia, em meados do ano seguinte. Ainda em 1823, d. Pedro garantiria a retomada de toda a região amazônica e a manutenção da província Cisplatina — onde uma parte do Exército português havia se rebelado — sob controle do Rio de Janeiro, concentrando em suas mãos o governo de uma área continental, coincidente naquele momento com a do antigo Reino do Brasil, fundado por seu pai. Confiante, o jovem imperador levou então as suas conquistas militares para fora do campo propriamente territorial. Em disputa com a Assembleia Constituinte, usou as armas nada metafóricas que tinha a sua disposição — canhões e baionetas — para dar um golpe de Estado e fechar o Parlamento.

Embora as tensões entre d. Pedro e boa parte dos deputados constituintes viessem crescendo ao longo de todo o segundo semestre de 1823 — em proporção direta ao incremento de poder militar do novo monarca —, houve quem ainda considerasse improvável, às vésperas de ser empregada, a solução de força para a Constituinte. Isso porque não era pouco o que o imperador colocava em risco ao chamar as tropas e dar aquele passo temerário: arriscava, justamente, a unidade recém-conquistada do Império. Para boa parte das elites do Norte, a Constituição era a contrapartida à adesão ao Rio de Janeiro, a garantia de que teriam alguma voz no governo de suas províncias e no destino dos recursos recolhidos em suas alfândegas. Assim, nos dias finais da crise parlamentar, quando os irmãos Andrada pareciam dobrar a aposta e, do outro lado, já tiniam as baionetas nas mãos dos soldados, o deputado cearense José de Alencar anunciava duvidar da possibilidade de intervenção armada nos trabalhos do Parlamento. A rigor, com seu discurso, Alencar não apenas expressava uma opinião, mas buscava dissuadir o monarca de uma medida radical, talvez sem volta. "Porventura sua majestade tem interesse na dissolução da Assembleia? Que fariam as províncias se ela se dissolvesse?", perguntou, em plenário, dias antes de a Constituinte ser fechada. "Se tal desgraça sucedesse, desmembravam-se as províncias, o Império não era mais Império, e o imperador deixava de ser imperador. Mas ele seguramente não quer isto. Pela sua própria glória, pelo seu amor-próprio, não pode tal desejar."[3]

Alencar não estava sozinho na crença de que o Rio talvez perdesse o Norte, em caso de intervenção na Assembleia. Também o cônsul francês em Pernambuco previa "as mais funestas consequências" após uma possível dissolução do Parlamento, o que obrigaria "o imperador a colocar um cordão sanitário em torno das províncias meridionais e a recorrer à força contra as do Norte".[4] Na Bahia, logo depois do fechamento da Constituinte, houve quem ameaçasse, em reunião da Câmara de Salvador, a separação da província. Alguns dias mais tarde, embora não se acenasse novamente com a secessão, os vereadores registraram "a profunda mágoa dos baianos pela dissolução da Assembleia".[5] O barão de Mareschal, representante diplomático da Áustria, escreveu ao seu governo com a informação de que, embora as províncias do Centro-Sul ainda se mostrassem submissas ao imperador, o golpe de d. Pedro havia deixado Bahia e Pernambuco em situação "pré-insurrecional", e temia-se que a crise se espalhasse pelas províncias vizinhas.[6]

Talvez por saber dos riscos de seu gesto, d. Pedro agiu para tentar ao menos conter parte dos danos. Ao determinar o fechamento da Assembleia, o imperador anunciou simultaneamente a convocação de uma nova Constituinte, em substituição à que estava sendo dissolvida. A promessa vinha reafirmada no manifesto em que o monarca justificava a decisão de suspender os trabalhos da Assembleia de 1823. No documento, d. Pedro ressalta que, ao mandar dissolver a Constituinte "pela urgente necessidade de salvar a pátria", ordenara no mesmo decreto "a convocação de uma outra, como é direito público constitucional, com que muito desejo e folgo de conformar-me". A justificativa para o golpe — a pátria supostamente em risco — é absurda, mas não deixa de ser significativa a tentativa de justificar o ato de força com argumentos constitucionais. Nos últimos parágrafos do manifesto à nação, nessa espécie de prestação de contas, o monarca reafirma o seu compromisso com o "sistema constitucional, único que pode fazer a felicidade deste Império".[7]

Ocorre que a prometida nova Assembleia nunca foi reunida. Em vez de novo e longo trabalho de discussão das leis por representantes eleitos, o imperador entregou a um conselho de Estado a tarefa de redigir a Carta que, pouco tempo depois, seguindo o exemplo do rei francês em 1814, outorgaria à nação. O documento, pronto já em dezembro de 1823, foi logo enviado para consulta às câmaras municipais, dando-lhe um vago verniz de legitimidade representativa. Essa consulta às câmaras representava, na verdade, um gesto profundamente ambíguo. Se por um lado ela permitia a manifestação de poderes locais, que muito imperfeitamente substituíam o Parlamento nacional, por outro se repetia, nessa consulta, uma tradição do Antigo Regime de relação política direta entre as câmaras e o rei.

A Carta de 1824, preparada às pressas, acabou por aproveitar e reproduzir grande parte do projeto que vinha sendo discutido pela Constituinte de 1823. Mas satisfez o imperador no essencial, ao incluir no texto o poder Moderador, encarnado pelo monarca, um poder constitucional que teria como função impedir que o conflito entre facções, que as possíveis divisões internas do país e o choque entre os diferentes poderes — em particular entre o Legislativo e o Executivo — pudessem pôr em risco a nação. A ideia desse poder havia sido concebida por Benjamin Constant, talvez o teórico constitucional mais influente da primeira metade do século XIX, em parte em reação à experiência traumatizante do Terror na França revolucionária. A passagem dos radicais jacobinos pelo poder havia deixado claro que também as assembleias podiam ser despóticas. De resto, os conflitos políticos, nem sempre passíveis de resolução por meio de debates parlamentares, podiam ser muitas vezes simplesmente paralisantes ou destrutivos. Era preciso, acreditava uma parcela dos liberais franceses escaldada pelos períodos mais turbulentos da revolução, encontrar mecanismos para intervir na marcha dessas forças radicais e destrutivas. Daí a ideia de um poder Moderador. No Brasil, a instituição inovadora imaginada por Constant serviu sobretudo para reforçar as prerrogativas de d. Pedro I, como ele desejava: como poder Moderador, competia-lhe a capacidade de dissolver a Assembleia, devendo, contudo, convocar imediatamente uma nova legislatura, substituta. Não à toa, foi implicitamente esse o princípio invocado por apoiadores de d. Pedro — o princípio de moderação, de garantia da ordem — para justificar a dissolução da Constituinte em novembro de 1823. Um princípio que ainda não estava na letra da lei, mas que muitos consideravam inerente à condição de monarca, ao pacto do imperador com a nação brasileira, e que o próprio d. Pedro trataria de incluir na Carta que havia encomendado a um grupo de notáveis sob seu comando.[8]

Apesar de todo o arbítrio contido no processo de outorga da Carta de 1824, não é correto atribuir ao arranjo constitucional estabelecido por ela características absolutistas, com preponderância radical do monarca sobre a Assembleia, como fez parte da historiografia brasileira nas décadas e séculos seguintes.[9] Pelo texto elaborado a pedido do imperador e posto em prática em seguida, deputados e senadores continuavam a concentrar bastante poder. Para ficarmos em um único exemplo, crucial: cabia ao Parlamento votar o orçamento, e era de sua exclusiva competência a criação de novos impostos. A concessão de poder fiscal ao Legislativo, retirando essa prerrogativa do monarca, é apontada como uma das peças-chave do desmonte do absolutismo e do estabelecimento de governos representativos constitucionais modernos.[10] Empréstimos também tinham de ser aprovados em plenário. Como a história trataria em seguida de mostrar, se os representantes eleitos não quisessem aumentar as receitas à disposição de d. Pedro, ele pouco poderia fazer, tendo de se submeter aos desígnios da Câmara dos Deputados — ou recorrer, com os custos políticos já conhecidos, às soluções inflacionárias típicas do Antigo Regime. "Os poderes à disposição da Assembleia Geral sob a Constituição lhe davam os meios para exercer uma influência considerável, decisiva mesmo, na condução do governo", escreveu Barman.

O imperador podia dissolver a Câmara dos Deputados, mas uma nova Câmara tinha que ser eleita e posta em sessão imediatamente. Tal poder era efetivo enquanto fosse mantido como ameaça. Mas não podia ser empregado repetidamente, nem o seu uso necessariamente resultaria em vantagem para o imperador.

Tudo somado, não surpreende que, na avaliação de Barman, imperador e Assembleia desfrutassem, na prática, de autoridades equivalentes sobre o processo político.[11]

Tampouco surpreende que a Carta de 1824 tivesse sido bem acolhida assim que foi apresentada, mesmo pelos liberais fluminenses, que a receberam "com indisfarçável alívio".[12] Chamadas a se pronunciarem, as câmaras municipais se manifestaram quase unanimemente de forma favorável ao texto. A ampla aceitação da Carta, mesmo depois do trauma do fechamento da Constituinte, pode ser explicada, segundo Miriam Dolhnikoff, por "seu caráter liberal, que, se não contemplava todas as demandas dos diversos grupos liberais, como os federalistas, por exemplo, garantia os elementos essenciais do liberalismo, entre eles a representação política". Como consequência, "fornecia os instrumentos para a construção das instituições políticas dentro de uma ordem legal, assim como para a resolução dos conflitos intraelite no interior dessas instituições", em particular na Assembleia, "opção preferível à luta armada, sempre arriscada, principalmente em uma sociedade escravista".[13]

Ninguém ignorava, é claro, os casos de arbítrio que recaíam sobre indivíduos e mesmo grupos políticos. José Bonifácio e seus irmãos haviam sido exilados logo após o fechamento da Assembleia, e nada indicava que poderiam voltar tão cedo. Cipriano Barata, depois de ser transportado à força do Recife para o Rio de Janeiro, continuava preso na masmorra de um dos fortes da baía da Guanabara, sem acusação formal. Mas a dissidência, para ter força, para poder se apresentar como alternativa às concessões institucionais do imperador — até certo ponto surpreendentes, maiores do que era esperado —, tinha de vir de um movimento coletivo, quem sabe de uma província inteira — e nem podia ser uma província qualquer. A dissidência, para ter força, tinha de vir, mais uma vez, de Pernambuco.

* * *

Os pernambucanos, que cautelosamente haviam se associado ao "sistema continental" do Centro-Sul após romper com Lisboa em 1822, viram o seu futuro político outra vez aberto, em disputa, com o encerramento forçado dos trabalhos da Assembleia Constituinte. O golpe desfechado por d. Pedro i pegou os principais líderes da província no contrapé — e provocou uma reviravolta política no Recife.

No segundo semestre de 1823, as forças unitárias — favoráveis à associação com a Corte fluminense, seguindo em linhas gerais o projeto centralizador do Rio — vinham ganhando terreno na disputa que, desde o ano anterior, travavam com os federalistas pelo controle da província. O reforço do poder militar local aliado a d. Pedro e a deportação de Cipriano Barata para a prisão fluminense eram sinais disso. Mas a chegada da notícia de fechamento da Constituinte deu forças renovadas aos federalistas, que passaram a contar com o apoio de setores unitários insatisfeitos com os excessos despóticos do imperador. Até então, a associação com o Rio tinha se mostrado minimamente satisfatória, mesmo considerando que o projeto majoritário na Assembleia conferia amplos poderes a d. Pedro — por exemplo, o da nomeação unilateral, sem consulta local, de presidentes para as províncias. Se por um lado os poderosos locais perderiam parte de sua autoridade direta sobre a província, tendo de conviver ou se submeter no Recife a essa espécie de governador nomeado pelo Rio, ainda assim a elite pernambucana supunha ser capaz de controlar indiretamente a atuação desse delegado do monarca. Faria isso sobretudo por meio de seus deputados no Parlamento, depois de promulgada a Constituição. Com o fechamento da Assembleia, no entanto, "tal garantia desaparecera, e as províncias já não tinham controle, sequer indireto, sobre a ação do governo central".[14] Em reação, "como uma mola comprimida" que ganhasse impulso, ainda em dezembro de 1823 o grupo federalista retomou a liderança política em Pernambuco.[15]

Nos meses seguintes, um novo governo, liderado por Manuel de Carvalho Pais de Andrade, entraria em conflito crescente com o Rio de Janeiro — até que arriscasse, em meados de 1824, o rompimento definitivo. Além dos federalistas e dos unitários dissidentes, Carvalho foi apoiado desde o início pela "massa pedrosista" — ou seja, por grupos pobres urbanos e por soldados pretos e pardos —, depois de decidir reincorporar aos quartéis os militares punidos pela Pedrosada.[16] A essa espécie de frente ampla social e ideológica pernambucana, parecia inadmissível a ideia de jurar a Carta de 1824, que o imperador mandara escrever. Além da exigência da adoção de uma legítima Constituição pelo Império, os pernambucanos se recusavam a aceitar a nomeação unilateral por d. Pedro I, depois do fechamento da Assembleia, de um novo presidente para a província — Francisco Pais Barreto, unitário ferrenho que, a essa altura, representava interesses minoritários em Pernambuco.

Em reação à insubordinação da província, d. Pedro despachou para o Norte, no início de 1824, uma flotilha de quatro navios comandada pelo inglês John Taylor. Sua missão era bloquear o porto do Recife, prender Manuel de Carvalho e os liberais mais radicais, forçando o governo local a aceitar o novo presidente designado pela Corte e a jurar a Carta outorgada pelo imperador. Caso resistissem, Taylor deveria bombardear a cidade. O bloqueio e as negociações se estenderam por três longos meses, entre março e junho de 1824. D. Pedro acabaria cedendo a parte das exigências dos pernambucanos, nomeando outro presidente para a província. Nem Carvalho nem Pais Barreto governariam os pernambucanos, mas o mineiro José Carlos Mayrink da Silva, havia quinze anos radicado no Recife e que ocupara cargos na administração local desde antes de 1817. "A fim de evitar uma guerra civil, d. Pedro resolvera-se por um nome consensual, prometendo anistia aos que reconhecessem Mayrink."[17]

Não foi suficiente. Para a fração mais radical do governo pernambucano, continuava sendo inaceitável a nomeação de um presidente pelo imperador contra a vontade da província. E persistia o problema constitucional. De resto, parte dos carvalhistas interpretava a concessão de d. Pedro, propondo um tertius, como um sinal de fraqueza — o que reforçava a determinação de resistir. O impasse persistia. Parecia que iria se cumprir a observação feita meses antes pelo cônsul francês, de que só restaria a força militar ao Rio de Janeiro "para fazer a província voltar à ordem".[18] No entanto, para a surpresa de todos, no dia 29 de junho de 1824, John Taylor recebeu ordens da Corte para levantar âncoras, suspender o bloqueio da capital da província e regressar às pressas para o Rio de Janeiro.[19] Os pernambucanos ficaram a ver navios — que se afastavam, inexplicavelmente, depois de três meses de bloqueio do porto.

Mais uma vez, vinha da Europa um impulso decisivo para o xadrez político do Império. O recuo inesperado de d. Pedro I, dando ordens a Taylor para retornar, se devia a ameaças bélicas com origem em Portugal. Depois de terem tentado, por via diplomática, uma reaproximação com o imperador brasileiro na segunda metade de 1823, sempre com o intuito de desfazer a emancipação política do Brasil, os ministros de d. João VI agora voltavam a considerar o uso da força. A Corte fluminense recebera notícias de que uma gigantesca expedição em Lisboa, com cerca de 8 mil homens, vinha sendo armada para ser enviada ao Centro-Sul do Brasil.[20] De fato, a campanha militar fazia parte dos planos do conde de Palmela, espécie de primeiro-ministro de d. João. Era uma reação à maneira hostil como representantes portugueses haviam sido recebidos no Rio, em setembro de 1823, quando a Assembleia ainda operava.[21] Dado que um dos principais temores no Rio de Janeiro era então o de uma ação coordenada entre pai e filho para restabelecer o Reino Unido — e como d. Pedro ainda não havia concentrado poderes no palácio e nas tropas, tendo de conviver com a Constituinte e a força política dos irmãos Andrada —, os enviados de Lisboa foram recebidos de maneira abertamente hostil — tendo sido tratados, segundo Barman, quase como prisioneiros de guerra.[22] As cartas enviadas por d. João ao seu filho não foram sequer recebidas.

"Perante o fracasso da diplomacia, previa-se" em Lisboa "a possibilidade de se recorrer ao uso da força", segundo Jorge Pedreira e Fernando Dores Costa.[23] Valentim Alexandre aponta que, a partir da reunião dos principais conselheiros do monarca português que se seguiu ao episódio, o governo europeu passou a considerar a possibilidade do ataque, que poderia ser feito diretamente ao Rio de Janeiro ou tendo como alvo províncias do Norte. Logo começaram os preparativos "de uma expedição naval destinada a atacar o Brasil". Nem se fazia segredo do projeto, recebido com entusiasmo pela população de Lisboa, "cujo comércio para ele contribuía largamente".[24]

No Recife, mas também no Rio, enquanto se aguardava o ataque talvez iminente, crescia o temor de que d. Pedro e d. João pudessem já ter entrado em acordo, e que a chegada das tropas portuguesas, em vez de hostis ao imperador brasileiro, servisse na verdade de apoio para a reunificação das duas Coroas, sob regime absolutista.[25] Em Pernambuco, temia-se sobretudo um ataque direto dos portugueses, fosse qual fosse o seu entendimento com a Corte fluminense. O fato é que a retirada de Taylor em tais circunstâncias foi vista como uma traição — mais uma — de d. Pedro, deixando a província desguarnecida contra as naus europeias. Na falta de grande número de navios e de tropas, o governo do Rio decidira concentrar forças navais à frente da baía da Guanabara — e, para isso, solicitara o reforço das poucas embarcações que faziam o bloqueio do Recife. Assim como aos portugueses, faltavam recursos, financeiros e bélicos, ao Império.

Quase imediatamente após a partida dos navios de Taylor, o governo de Manuel de Carvalho decidiu declarar publicamente o seu rompimento político com o Rio. Afinal, o Império se mostrara não só hostil a Pernambuco, como, logo em seguida, também incapaz de contribuir com a sua segurança em caso de ameaça externa. Sendo assim, de que servia a associação com a Corte fluminense? O cientista político Barry Weingast define um dos dilemas do Estado moderno da seguinte maneira: "Um governo suficientemente forte para proteger os direitos de propriedade e fazer valer os contratos é também suficientemente forte para confiscar a riqueza dos cidadãos".[26] A reação ao absolutismo e os sistemas de freios e contrapesos surgidos desde o final do século XVII com a Revolução Gloriosa — da separação de poderes ao federalismo — serviram, em grande medida, para resolver esse dilema, assegurando que os governos continuassem fortes o suficiente para fazer valer os contratos e proteger os bens dos cidadãos, mas não a ponto de poder confiscar sua propriedade.[27] O que os pernambucanos descobriram em meados de 1824, não sem susto, foi que o governo a que eles haviam se associado no Rio de Janeiro se considerava forte o suficiente para tentar confiscar seus bens, atropelando freios e contrapesos, embora não se mostrasse capaz de ao menos tentar garantir sua propriedade e segurança, em caso de ataque externo. O pior dos mundos, do ponto de vista de quem é governado.

Mesmo assim, a Confederação do Equador, proclamada pelo governo pernambucano no dia 2 de julho de 1824, não teve caráter separatista — nada em seus manifestos e declarações iniciais anunciava um gesto de rompimento definitivo da província em relação ao restante do Brasil. Ela se apresentava, na verdade, como uma alternativa para todas as partes do país. Uma alternativa constitucional e federativa, para a qual se contava, realisticamente, com a adesão das províncias próximas, das regiões tributárias do porto do Recife, mas da qual não se excluía, por princípio, nenhuma parte do Brasil, nem mesmo o Centro-Sul.[28]

No manifesto de rompimento endereçado aos "brasileiros" — e não apenas às províncias do Norte —, o iminente ataque português, a aparente falta de recursos da Corte e o comportamento político e militar de d. Pedro são explicitamente mencionados. Dizia o texto assinado por Manuel de Carvalho:

Nunca a ninguém podia passar pela ideia, talvez como possibilidade, que o imperador havia [de] trair-nos e abandonar-nos ao capricho de nossos sangrentos e implacáveis inimigos lusitanos no momento em que teve notícia de estar fazendo-se à vela a expedição invasora! E é crível que não fosse preparada de acordo com ele? É possível, mas não provável.

Citava então a portaria do governo do Rio, em que se justificava a concentração de forças no Centro-Sul com "vergonhosa confissão de fraqueza em recursos pecuniários, Exército e esquadra", e da qual reproduzia uma frase, a que dizia ser indispensável que cada província se valesse "dos próprios recursos em caso de ataque". Era a prova por escrito da incapacidade do governo central de cumprir sua missão básica de defesa do território. Em outra proclamação, dirigida especificamente aos habitantes das províncias do Norte, Carvalho chamava a atenção para o abandono a que d. Pedro lhes havia sujeitado:

> Agora que nos vê expostos às baionetas e canhões portugueses [...] manda reunir todas as suas forças à capital, a fim de defender somente a sua pessoa e desampara aqueles mesmos que o elevaram ao trono e que lhe puseram na cabeça a coroa imperial. Brasileiros! O imperador desamparou-nos; e que nos resta agora? Unamo-nos para salvação nossa; estabeleçamos um governo supremo verdadeiramente constitucional, que se encarregue de nossa mútua defesa e salvação! Brasileiros! Unamo-nos e seremos invencíveis.[29]

Ao longo de julho pareceu evidente, contudo, que Portugal não tinha mais condições de bancar a nova aventura militar no Atlântico Sul. Sinais dessa incapacidade ficavam claros com as notícias de uma tentativa frustrada de golpe em Lisboa, em abril, liderada pelo filho mais novo de d. João, d. Miguel, contra o próprio pai. O mesmo d. Miguel que, na infância, enfrentava o irmão d. Pedro em batalhas com meninos escravizados na fazenda de Santa Cruz, agora líder de forças absolutistas ultraconservadoras em Portugal. Fragilizado, o governo de d. João se tornou momentaneamente ainda mais dependente da Inglaterra, de quem esperava apoio — inclusive militar, se necessário — para se manter no poder. Um ataque ao Brasil contrariaria os interesses ingleses, que, mais do que nunca, precisavam ser levados em conta. A esses fatores, Evaldo Cabral de Mello acrescenta a crise fiscal portuguesa, ou seja, a falta de recursos para concluir a preparação dos navios e o envio dos soldados ao hemisfério Sul.[30]

Em contrapartida, as condições financeiras do Rio de Janeiro passavam por um momentâneo desafogo na segunda metade de 1824, com a conclusão do primeiro empréstimo externo feito pelo Império e a emissão de títulos em Londres.[31] A separação de Pernambuco, se nunca fora desejável, tornava-se agora impensável para o governo do Rio. As Juntas da Fazenda das províncias do Rio, da Bahia, de Pernambuco e do Maranhão ficavam, pelos termos do contrato, encarregadas do serviço da dívida, cada uma delas obrigada a transferir 60 mil libras anuais para o pagamento de juros.[32] O Rio havia se amarrado, portanto, a Pernambuco: sem os recursos da alfândega do Recife, dificilmente conseguiria cumprir suas obrigações com a praça londrina. Tanto assim que, lembra Cabral de Mello, a notícia do "2 de julho", ou seja, da declaração da Confederação do Equador, "fez baixar a cotação dos títulos brasileiros, receando-se sua degringolada, se não fosse imediatamente restabelecido o bloqueio".[33]

Ao mesmo tempo, o acesso aos recursos de Londres aumentava a probabilidade de sucesso na tarefa de trazer de volta ao Império a província rebelde. No final de julho, "graças ao próximo recebimento da parcela inicial do empréstimo levantado em Londres", foi possível "satisfazer parte da indenização a Cochrane". O almirante reivindicava, desde o ano anterior, o direito a presas de guerra e a recursos que lhe haviam sido primeiro prometidos, depois negados, como pagamento por seus serviços no extremo norte. Apenas parcialmente recompensado, Cochrane partiria no dia 25 de julho em nova missão, a de submeter Pernambuco, transportando 1700 homens do Exército para o Norte. "Noticiada a viagem da esquadra", observou Cabral de Mello, os títulos da dívida brasileira que haviam se desvalorizado com a proclamação da Confederação do Equador "começaram a recuperar-se".[34] Enquanto a frota comandada pelo mercenário escocês retomava o bloqueio ao porto do Recife, tropas imperiais que haviam desembarcado em Alagoas invadiam por terra o sul da província. Contavam, de resto, com o apoio de milícias locais.[35] Desta vez, a vitória do Rio de Janeiro seria rápida, como resultado de uma operação militar bem mais forte e decisiva. Pernambuco, a ovelha desgarrada, era enfim reconduzida ao "aprisco imperial", na feliz expressão de Evaldo Cabral de Mello.[36]

* * *

Nos meses seguintes, d. Pedro acumularia novas vitórias. A mais importante delas viria em agosto de 1825, com o reconhecimento da Independência brasileira por Portugal, após negociações mediadas pela Inglaterra. Mas um preço não desprezível foi cobrado por essa espécie de certidão de nascimento nacional: a transferência para o Brasil, a título de compensação ao governo de Lisboa, da recente dívida de 2 milhões de libras feita por Portugal em Londres, em 1823.[37] Livre da Assembleia, que pela Constituição já deveria ter sido convocada, d. Pedro I havia governado em 1824 e 1825 sem freios, conquistando territórios, negociando tratados e fazendo dívidas. Em dezembro, pouco tempo depois de o Brasil ser reconhecido como Estado independente, d. Leopoldina deu à luz um filho varão, o futuro d. Pedro II, garantindo não apenas a continuidade da dinastia dos Bragança, mas o porvir do Império (o filho nascido em 1821, João Carlos, morrera antes de completar um ano, no início de 1822).

"Os últimos quatro meses de 1825 marcaram o apogeu do reinado de d. Pedro I, um breve interlúdio de segurança e prestígio antes que se renovassem os problemas dentro e fora do país", observou Barman. Alguns dos primeiros sinais dessa crise por vir surgiram já em 1825, ainda que dificilmente pudessem ser percebidos como verdadeiramente ameaçadores àquela altura. Desde o início do ano, forças contrárias ao governo de d. Pedro lutavam pela independência da Cisplatina, incorporada por seu pai. Embora o controle luso-brasileiro sobre o território da Banda Oriental do rio da Prata tivesse sido tolerado, às vezes apoiado, por parte importante dos grandes comerciantes locais, a artificialidade da união com a América portuguesa se mostrou gritante quando o Brasil, enfim, se emancipou de Portugal — e de d. João VI, que havia conquistado o território. Simultaneamente, movimentos emancipatórios varriam a América do Sul de alto a baixo. Em dezembro de 1824, Simon Bolívar venceu a Batalha de Ayacucho, no Peru, derrotando as últimas tropas leais a Madri que ainda se opunham às forças autônomas locais. Toda a América do Sul estava livre — menos a Banda Oriental, fato que foi lembrado pela população de Buenos Aires, ao comemorar nas ruas a vitória de Bolívar. De resto, "os orientais e os portugueses ou os brasileiros eram como os espanhóis e os portugueses na Europa, ou como óleo e água: não se misturavam".[38]

Não demorou para que os orientais que se insurgiram em 1825 contra o governo de d. Pedro I controlassem boa parte do interior da província, angariando apoio entre os estancieiros locais. Os rebeldes então pediram ajuda militar às Províncias Unidas do Rio da Prata, futura Argentina, contra o Brasil. Em troca de apoio armado, prometiam a adesão ao governo de Buenos Aires, incorporando-se, se assim quisessem os argentinos, às Províncias Unidas. No fim de outubro, os portenhos admitiram a entrada da Cisplatina, naquele momento uma província brasileira, em sua Federação.[39] Em resposta, d. Pedro declarou guerra a Buenos Aires em dezembro.

Ele ainda não sabia, mas era o início do fim. Na verdade, deveria saber. Poucos anos antes, os gastos com a guerra de incorporação da Cisplatina ao Reino do Brasil haviam contribuído para a derrocada do governo de d. João VI e a crise do absolutismo em Portugal e no Brasil. Agora, a história ameaçava se repetir. D. Pedro, monarca que se fortalecera por via militar, também cairia, alguns anos mais tarde, por causa de uma guerra — mas uma guerra, à primeira vista, secundária, desimportante. Como observou Hoffman sobre os monarcas do Antigo Regime, "sua sede por glória e o impulso para aumentar o próprio status podiam levá-los a gastar vultosas somas mesmo para a conquista de pequeninos pedaços de terra".[40] A frase descreve, em certa medida, a experiência bélica de d. Pedro no território que viria a ser o Uruguai. Hoje se sabe que as somas ali despendidas — que não haviam sido antes consignadas nem à conquista do extremo norte, nem ao controle de Pernambuco — representariam a ruína de d. Pedro I, pondo-o em rota de choque com o Legislativo, ou seja, com as elites brasileiras.

A razão pela qual teriam se passado dois anos entre a outorga da Carta de 1824 e o cumprimento de uma de suas mais importantes determinações — a convocação do poder Legislativo, da Assembleia Geral, feita apenas em 1826 — foi motivo de disputa e de confronto de interpretações ainda no Primeiro Reinado. Por que tamanha demora para chamar a Assembleia, por parte de d. Pedro? A versão do governo, divulgada pelo *Diario Fluminense*, órgão oficioso do Império, era a de que a revolta em Pernambuco e em outras províncias do Norte, em 1824, havia dificultado a eleição de representantes na região, e que apenas em outubro de 1825 teria o imperador todas as listas de votação em mãos, vindas das diversas regiões do país, para poder fazer a escolha dos senadores. "E quando, senão em maio de 1826, poderia instalar-se o Corpo Legislativo?", questionava o *Diario*, de maneira retórica, ao elencar as circunstâncias que tinham inviabilizado até então a instalação do Parlamento.[41] É uma versão que traz como pressuposto a ideia de que d. Pedro I não se desviou de seus princípios liberais, constitucionais, depois de outorgada a Carta de 1824, e de que, na verdade, foram as próprias províncias rebeldes — aquelas que protestavam contra o fechamento da Constituinte — as responsáveis, ironicamente, pelo entrave ao bom funcionamento do Legislativo.

Outra versão para a demora na instalação da Assembleia partia do princípio oposto: de que d. Pedro, se pudesse, continuaria indefinidamente a dirigir o país sob o modelo do cesarismo bonapartista, que ele admirava. Dito de outro modo, o imperador apenas teria se curvado e aceitado convocar a Assembleia quando esse gesto afinal se tornou inevitável, quando o monarca já não dispunha de nenhuma alternativa que não fosse dividir o poder com dezenas de deputados e senadores. D. Pedro I se vira impelido a convocar a Câmara e o Senado, segundo essa versão, por causa da escassez de recursos nos cofres públicos — ou seja, porque o dinheiro estava prestes a acabar. Talvez o primeiro a expressar com clareza a ideia tenha sido o jornalista e deputado Evaristo da Veiga, eleito em 1830 para representar Minas Gerais na segunda legislatura do Império. Desde 1827, Veiga dirigia o mais influente dos jornais liberais do Primeiro Reinado, *A Aurora Fluminense*. Em suas páginas, em 1829, travou o debate público com o *Diario Fluminense* sobre as razões da demora na convocação da Assembleia. Segundo o jornalista liberal, enquanto as somas do empréstimo feito em Londres "tinham visitado os cofres públicos", ou seja, enquanto houve recursos para o governo, "a nossa liberdade constitucional era em extremo precária", a imprensa deixou de funcionar e "a convocação da Assembleia parecia adiada indefinidamente".[42]

Para além da falta de Legislativo e de imprensa livre que fiscalizassem o Executivo, um dos casos emblemáticos de precariedade da "liberdade constitucional" no Brasil também dava razão a Evaristo da Veiga. Em meados de 1824, sete meses e meio depois de ter sido detido e transferido ao Rio, Cipriano Barata conseguiu encaminhar uma petição aos escrivães criminais da Corte, na qual solicitava que atestassem se havia alguma "culpa, condenação ou mesmo acusação formal" contra ele. Até aquele momento, o liberal baiano não havia recebido nenhum tipo de acusação formal, embora continuasse detido em uma das fortalezas da baía da Guanabara. Entre fins de junho e meados de julho, os catorze escrivães da Corte responderam formalmente ao pedido de Barata: cada um deles assinou a petição registrando que nada constava, em sua repartição, contra o jornalista.

Em agosto de 1824, Cipriano Barata encaminhou nova petição, desta vez ao imperador, invocando os artigos da Constituição outorgada por d. Pedro que aboliam as penas cruéis e que determinavam que ninguém podia ser mantido preso por mais de 24 horas sem culpa formada — no caso de Barata, a detenção sem culpa ou simples acusação já durava nove meses. Iam junto, anexados, os nada-consta dos escrivães fluminenses. A reação do imperador foi a pior possível para o jornalista baiano. D. Pedro mandou abrir uma devassa para apurar as causas da detenção de Cipriano Barata. Agora, sim, haveria acusação formal. Antes que o inquérito chegasse ao fim, o próprio d. Pedro deu parecer afirmando que o jornalista, "por meio de suas perniciosas doutrinas e escritos incendiários", tentara "anarquizar os povos, chamá-los à rebelião, dividindo-os e afastando-os da devida obediência à minha imperial pessoa". Feita a acusação, rapidamente saiu a sentença. Em 22 de novembro de 1825, Cipriano José Barata de Almeida foi condenado à pena de prisão perpétua, a ser cumprida em uma das fortalezas da Corte. Sujeito aos caprichos do monarca, sem jornal que divulgasse o caso, sem ainda haver Assembleia na qual algum deputado pudesse se ocupar da defesa do antigo parlamentar, Barata não ficou apenas preso: parecia ter sido, em alguma medida, esquecido.[43]

Foi só quando afinal acabaram as libras esterlinas tomadas emprestadas em Londres e faltaram recursos ao governo — uma realidade que ficou evidente para d. Pedro em fins de 1825, quase simultaneamente à sentença contra Barata — que o imperador teve de pagar o preço indesejado de limitar o próprio poder, chamando ao Rio os representantes das províncias que, a rigor, detinham as chaves dos cofres locais. Foi essa a explicação oferecida por Evaristo da Veiga em seu jornal, alguns anos depois, para o período despótico de dois anos, 1824 e 1825, e o seu fim, com a convocação da Assembleia. O que dá substância à hipótese de Evaristo da Veiga é o fato de que, no fim de 1825, embora d. Pedro tivesse conseguido unir o Brasil do ponto de vista político e militar, o país ainda era, na prática, uma Federação fiscal — e, pior, uma Federação rebelada. Dito de outra forma: não havia, àquela altura, um sistema administrativo central de recolhimento de impostos, com funcionários representando o governo do Rio de Janeiro em cada alfândega do país. Ainda prevalecia o sistema colonial montado em meados do século xviii por Pombal: cada província se encarregava do recolhimento de impostos em suas próprias alfândegas, contando para isso com burocracia própria, contratada e paga localmente; depois de realizadas as despesas da província com a máquina pública local, as "sobras" eram enviadas para o Rio de Janeiro, assim como no passado haviam sido remetidas para Lisboa.

Enquanto vigorou o absolutismo, essas remessas foram feitas. Em 1820, mais de 1500 contos de réis entraram nos cofres públicos tendo como origem as "sobras das províncias" — montante que equivalia a cerca de um quarto do total arrecadado naquele ano, aí incluído o vultoso empréstimo feito junto ao Banco do Brasil para que fosse possível fechar as contas. Mas, desde 1821, essas remessas das províncias para o governo central — fosse ele em Lisboa, fosse no Rio de Janeiro — tinham sido reduzidas drasticamente ou, no caso de muitas províncias, simplesmente interrompidas. Os orçamentos e balanços do Rio de Janeiro de que dispomos para 1823, 1824 e 1825 — ou seja, as contas sob o controle de d. Pedro durante os seus primeiros anos de reinado, sem o devido funcionamento do Legislativo — indicam que as remessas de sobras das províncias para a Corte caíram drasticamente naqueles anos. Em 1823, os recursos provenientes de todas as demais províncias perfaziam não mais do que 101 contos de réis (contra 1500 contos, vale lembrar, três anos antes, no último balanço do absolutismo). Em 1824, o montante de "sobras" subiu um pouco, para cerca de 191 contos, ainda que a maior parte desse valor — pouco mais de 120 contos — representasse, a rigor, transações de moeda, como o envio de cobre e de ouro para serem cunhados e depois remetidos de volta a Minas Gerais e Mato Grosso. Em 1825, as remessas das Juntas da Fazenda foram de 115 contos, o que representava menos de 2% das receitas totais do Império naquele ano.[44]

O contraste com o período joanino é gritante: embora, naquela época, já vigorasse o modelo "federativo" na gestão das receitas e despesas do Império, o erário do Rio de Janeiro ainda podia ser tratado como o cofre dos recursos de todo o Brasil, dadas as quantias significativas enviadas a cada ano para a Corte pelo conjunto das províncias. Nos primeiros anos do Brasil como nação independente, contudo, isso já não valia mais. Não espanta, assim, que André Villela, em seu trabalho recente sobre as séries de receitas e despesas do Império, tenha tratado os balanços relativos à década de 1820 como dizendo respeito exclusivamente "à província e à cidade do Rio de Janeiro", em função da ínfima quantia transferida das demais regiões para a capital.[45]

O círculo das províncias parecia de fato carecer de centro — pelo menos do ponto de vista financeiro —, e o poderio militar e político de d. Pedro, capaz de unificar tropas e, em alguma medida, governos sob o seu comando, não se traduziu imediatamente em um afluxo de recursos para os cofres do ministro da Fazenda. Com pouco dinheiro, a margem de ação do imperador ficava comprometida, evidentemente — no limite, se a situação perdurasse, d. Pedro arriscava não conseguir sequer manter a força militar que havia construído. Mas alguém poderia replicar que justo nos anos de 1824 e 1825, quando faltaram ao Rio as sobras das províncias, o monarca pôde contar com os empréstimos de Londres, nem de longe desprezíveis. É fato — e aliás o próprio Evaristo da Veiga sempre se lembrava disso. Mas por quanto tempo eles duraram? Os empréstimos de 1824 e 1825, somados, significaram um aporte de 3 milhões de libras ao erário do Rio de Janeiro. O equivalente em mil-réis, pelo câmbio do final de 1825, a cerca de 12 800 contos de réis. Bastante dinheiro, porém mais da metade dessa quantia já havia sido consumida em dezembro de 1825 — cerca de 4500 contos gastos pelo Tesouro para cobrir despesas correntes e fechar as contas, e outros 2645 contos de réis repassados ao Banco do Brasil, com o objetivo de abater parte da dívida que o governo tinha com a instituição.[46] Ao final de 1826, não restariam mais do que 500 mil libras — uma sexta parte do total do empréstimo — à disposição do Brasil.[47] O dinheiro evaporara em menos de dois anos e meio pelas constantes exigências de gastos, e também pelas dificuldades de se levantar receitas na nova nação. De resto, no final de 1825, além de já saber que os gastos com as Forças Armadas dariam um salto por causa da guerra recém-declarada à Argentina, d. Pedro precisava conseguir novos recursos para pagar a parte da dívida de Portugal na praça londrina que ele havia concordado em assumir em agosto: o equivalente a aproximadamente 8500 contos de réis. Sem maiores remessas das províncias, sem aumento da arrecadação, nenhuma dessas contas fecharia.

O próprio d. Pedro registrou as dificuldades financeiras que o país atravessava, ao final de 1825, ao convidar o então responsável pela pasta da Fazenda, Felisberto Caldeira Brant, o marquês de Barbacena, para uma visita à Bahia já no início do ano seguinte. A companhia do ministro se fazia necessária, explicou o imperador, dado "o triste estado da Fazenda".[48] O acesso rápido e constante ao responsável pelo Tesouro, durante a viagem, certamente ajudaria o monarca a não perder o pé do tamanho do problema. Mas não o solucionava. A solução, no fim das contas, dependia de fazer o dinheiro voltar a fluir dos mais distantes portos do país para o Rio de Janeiro. Era hora de chamar a Assembleia.

Do ponto de vista da construção de um sistema fiscal nacional, integrado, a convocação da Assembleia surtiu efeitos, funcionando como previsto. Com a presença de representantes na Corte para votar os orçamentos de d. Pedro i, as remessas das províncias cresceram, subindo de valor ano a ano. Em 1827, somavam 645 contos, já bem superiores aos 115 contos de 1825. À primeira vista, o montante ainda não era comparável ao das "sobras" de 1820, cerca de duas vezes e meia maiores. É preciso lembrar, contudo, que os empréstimos feitos em 1824 e 1825 obrigavam as mais ricas províncias do Norte a enviar diretamente à Inglaterra 60 mil libras anuais como pagamento dos juros da dívida.[49] Há indícios de que essa regra não tenha sido cumprida em sua plenitude nos primeiros anos, transformando-se em remessas regulares a partir de 1826. Em 1825, a Bahia enviou apenas 62 contos de réis para Londres, subindo a remessa para 300 contos em 1826.[50] O que se quer ressaltar é que a dívida externa criava uma situação contábil um pouco mais complexa, que impede a comparação direta das "sobras" posteriores a 1824 com aquelas de 1820, no auge do absolutismo. De um lado, o montante que saía das províncias era maior do que o total de sobras que chegava ao Rio, porque uma parte era remetida de maneira obrigatória à Inglaterra. De outro, não era dinheiro que se convertesse em maior folga de recursos para d. Pedro.

Seja como for, a Assembleia parece ter conseguido garantir, assim que se reuniu, um funcionamento mais adequado para o antigo sistema colonial "federal" de Juntas da Fazenda. Mas não foi só isso. O Parlamento fez mais, tratando de reformar profundamente o recolhimento de impostos e a distribuição de gastos. Assim, nas previsões orçamentárias anunciadas em 1828 para as despesas e receitas do ano seguinte, pela primeira vez um ministro da Fazenda se referia a receitas arrecadadas diretamente pelo Tesouro central nas alfândegas de todo o país. Ou seja, pela primeira vez se esboçava, no Império, um orçamento nacional.[51] O resultado líquido não deixava de ser claramente favorável para o Rio de Janeiro, província para a qual eram previstos gastos da ordem de 10 590 contos, contra uma receita recolhida localmente de 6685 contos.[52] As maiores transferências de recursos da periferia para o centro voltaram a sair dos cofres de Pernambuco e da Bahia, acompanhadas agora por Minas Gerais — os "saldos" apenas dessas três províncias, ou seja, o montante que arrecadavam a mais do que despendiam, ultrapassavam os seiscentos contos, ajudando a financiar o déficit fluminense. A unificação fiscal começaria, enfim, a funcionar tão positivamente para o recolhimento de recursos no Império quanto havia sido a regra no tempo do rei d. João VI. Mas, desta vez, com legitimidade política maior e risco menor de rebelião local. Note-se, porém, que *começaria* a funcionar — e isso apenas em 1829, 1830. O lento trabalho de construção de capacidade fiscal — ou seja, da capacidade de cobrar impostos e extrair receita da sociedade para bancar o funcionamento do Estado — certamente não atendia às demandas urgentes de d. Pedro I, em particular a necessidade de recursos para a Guerra Cisplatina.

O que funcionou de imediato, desde a primeira sessão em maio de 1826, foi o esforço contínuo dos deputados para tentar impor limites aos poderes do imperador, assegurando que o Brasil se tornasse o que a Constituição encomendada pelo próprio d. Pedro anunciava: uma monarquia constitucional representativa, com separação e limitação de poderes. Além de encarnação do poder Moderador, d. Pedro encabeçava o poder Executivo — mas, neste caso, o governo era exercido por meio dos ministros escolhidos pelo monarca, em cada uma das pastas. Desde logo os deputados buscaram votar a legislação específica capaz de tornar esses ministros, representantes do poder Executivo, responsáveis perante a Assembleia — passíveis, no limite, de serem removidos de seus cargos e julgados por seus atos, mesmo que tivessem obedecido aos desígnios do imperador.[53] Como tratou de deixar claro o deputado Bernardo Pereira de Vasconcelos ainda na primeira semana de trabalhos: "Sem Lei de Responsabilidade não há Constituição". Ele queria dizer: sem que seja possível punir ministros e funcionários que não seguirem a lei, não há como fazer a Constituição ser cumprida. "Não há leis para fazer marchar a Constituição: e a primeira que se deve fazer é aquela que há de marcar a natureza dos delitos dos funcionários públicos, e a ordem do respectivo processo."[54] Isso foi feito, e a Câmara passou a dispor de instrumentos para controlar o funcionamento do governo, que não podia tudo — e que, a rigor, a cada ano que passava, podia cada vez menos sem a anuência dos parlamentares.

Os deputados também procuraram rearranjar a distribuição de poderes no interior do país, aprovando uma lei que ia no sentido oposto ao dos princípios centralizadores da Carta de 1824. Tratava-se da criação de "juízes de paz", que seriam eleitos localmente por todo o Brasil, mesmo nas vilas mais distantes e pequeninas, e que assumiriam responsabilidade por uma ampla gama de funções policiais e judiciais nos municípios de norte a sul do país.[55] Sua importância residia no fato de que os juízes de paz acabavam substituindo os funcionários judiciais e autoridades policiais até então nomeados pela Corte: ou seja, ao permitir a eleição local desses agentes do direito e da ordem pelo voto direto dos cidadãos, a Câmara tentava cortar o controle capilar que o governo central originalmente dispunha sobre o conjunto do território — e que, na década de 1840, voltaria a ter. "O objetivo constante dos deputados era o de tentar limitar a possibilidade de o Executivo, ou seja, o imperador e seus ministros, desrespeitar os direitos dos cidadãos e de responsabilizar o Executivo perante a legislatura", observou Barman.[56]

Para além da defesa dos princípios de liberdade individual, de forma abstrata, e da criação de mecanismos para fazer valer os direitos dos cidadãos, a Assembleia também procurou se imiscuir nos casos particulares em que julgou detectar abusos de autoridade e cerceamento de direitos. Foi assim que mais uma vez veio a público, trazido à atenção da Câmara dos Deputados, o caso de Cipriano Barata. Preso na fortaleza da Lage desde que recebera a sentença de prisão perpétua no fim de 1825, Barata escreveu aos deputados em meados de 1827. No documento, não questionava sua condenação, mas alegava estar "encerrado em uma masmorra, quando a sentença só manda que esteja preso em uma fortaleza". Dizia ainda que a masmorra — "úmida e não arejada" — deixava de atender às literais disposições da Constituição sobre as condições de salubridade das prisões. Reclamava, por fim, de se encontrar incomunicável, o que não havia sido determinado pela Justiça. Sua causa encontrou eco entre os parlamentares, com forte apoio do antigo colega baiano nas Cortes de Lisboa, Lino Coutinho. Em discurso em plenário, o deputado observou que o jornalista vivia em um "calabouço que goteja água continuamente de suas abóbadas e paredes". Pedia a remoção de "opressões arbitrárias" contra o prisioneiro e lembrava que era preciso guardar as cartas e documentos sobre o caso para, oportunamente, fazer o ministro da Justiça responder pelos maus-tratos impostos ilegalmente a Barata. A Câmara enviou então um parecer ao governo, pedindo providências imediatas. Graças às gestões da Assembleia, amplamente divulgadas na imprensa, Barata acabou sendo transferido de cela, para uma fortaleza com instalações mais dignas. Sua incomunicabilidade também foi suspensa: logo o jornalista passou a receber visitas frequentes de amigos e simpatizantes. Dadas as condições carcerárias do país naquele momento, Barata era sem dúvida um privilegiado, alguém que podia se valer de antigos contatos políticos acumulados ao longo da vida. Mas isso não tornava menos imprópria a sua condição. Cipriano Barata ainda era um preso político, trancafiado, antes de tudo, em atenção aos caprichos do imperador.

A tentativa de conter o Executivo e de fazê-lo responsável diante do Legislativo exigiu bastante tempo — e duras batalhas —, sobretudo no campo central de conflito entre os dois poderes em qualquer parte do mundo, desde que passaram a coexistir: o dos orçamentos e das finanças públicas. Essa foi, no fim das contas, a disputa decisiva do Primeiro Reinado. A guerra contra as Províncias Unidas, declarada meses antes da abertura da Assembleia, pressionaria os gastos ao longo de toda a primeira legislatura. Em 1826, as despesas com os ministérios da Guerra e da Marinha, somadas, foram 55% maiores do que no ano anterior. E voltaram a subir de 1826 para 1827, dessa vez 20%. Entre o final de 1825 e o final de 1829 — período coincidente com o da primeira legislatura — os gastos militares no Brasil subiram pouco mais de 100%, dobrando de tamanho. Como o período foi marcado por forte inflação e por aumento das despesas financeiras do país — para pagamento dos serviços das dívidas externa e interna —, vale tentar dar uma ideia da evolução do gasto militar no Primeiro Reinado comparando-o com o crescimento, no mesmo período, das receitas ordinárias do governo — ou seja, com a capacidade arrecadatória do Estado recém-independente. Também aí fica claro o peso crescente, por causa da Guerra Cisplatina, das despesas com a Marinha e o Exército. Em 1825, antes do conflito com Buenos Aires, as duas pastas militares consumiam o equivalente a 63% das receitas ordinárias do Império. Ao final de 1826 o gasto bélico já correspondia a 92% do total arrecadado ordinariamente naquele ano. No ano seguinte, o governo já gastava mais com as suas tropas e armamentos do que o total arrecadado por impostos (o equivalente a 103% da receita). Apenas depois de encerrada a guerra os gastos militares voltariam a patamares mais baixos em relação às receitas ordinárias — recuando para 76% delas no ano de 1829.[57]

Idealmente, caberia à Câmara encontrar e ampliar as fontes de receitas capazes de bancar o esforço das fragatas que bloqueavam os portos na saída do rio da Prata, e do contingente crescente de soldados transportados para o Sul do país. Mas, tanto em 1826 quanto em 1827, as sessões anuais chegaram ao fim sem que os deputados votassem um orçamento para o país. Isso significava, de um lado, que o montante de impostos recolhidos continuava a ser, grosso modo, o mesmo, sem nenhum esforço ou autorização parlamentar para que fosse extraído maior volume de recursos nas províncias, a fim de financiar a guerra. Como bem lembrou Barman, "aquilo que Mirabeau havia observado para a França em 1789 era verdadeiro também para o Brasil" da década de 1820: "O déficit é o maior ativo da nação". Ou seja, como continua a explicar o historiador: "Enquanto a crise financeira continuasse, o regime imperial se manteria dependente da Assembleia Geral. Tornar o governo solvente era abrir mão da vantagem decisiva dos deputados na briga política".[58]

Mas como o governo, por sua vez, não iria pôr fim unilateralmente ao conflito com a Argentina, nem se retirar dos mares e dos campos de batalha, a alternativa que restava ao Império era, mais uma vez, se valer do socorro e dos empréstimos do Banco do Brasil — o que, no fim das contas, significava aumentar novamente a emissão de papel-moeda —, além de mandar a Casa da Moeda imprimir diretamente quantidades cada vez maiores de moedas de cobre. Sem recursos provenientes dos impostos legítimos, que deviam ser aprovados pela Assembleia, o Executivo recorria ao imposto inflacionário: ao financiamento dos gastos do governo pela criação de moeda, pela inflação e pelo empobrecimento do conjunto da população.

Em 1826, o Banco do Brasil "supriu" o governo com 1150 contos de réis, o equivalente a 15% de toda a receita, ordinária e extraordinária, registrada oficialmente nos balanços do governo naquele ano. Em 1827, foram impressionantes 5128 contos tomados de empréstimo ao banco — ou seja, notas transferidas ao governo e que entraram em circulação. Nesse mesmo ano, registrou-se a cunhagem do equivalente a 1390 contos de réis em moedas de cobre. Somadas, as emissões de papel-moeda e de numerário em cobre (ambas sem valor intrínseco) representaram o equivalente a 54% do total das receitas (ordinárias e extraordinárias) do governo em 1827. Vale dizer: o Império estava, mais do que nunca, imprimindo dinheiro para pagar as contas.

308

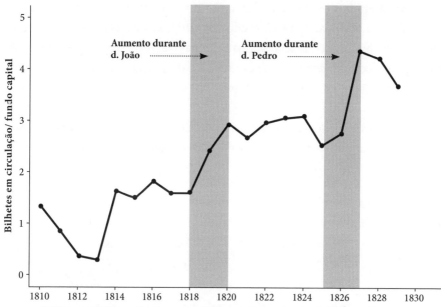

FONTE: Biblioteca da Câmara dos Deputados: "Relatorio da Commissão de Inquerito" (1859, anexo B).

O incremento constante na quantidade de notas e de moedas alimentava, assim, uma inflação elevada e crescente. Embora não pudesse ser medida diretamente — não havia índice de preços na época, nem dispomos de algum índice para aquele período construído em momento posterior —, a inflação pode ser inferida pela desvalorização do mil-réis: contra a libra, entre a abertura da Assembleia e o final de 1827 (menos de dois anos), a moeda nacional perdeu aproximadamente 35% do seu valor. As notas em circulação, emitidas pelo banco, sofreram desvalorização semelhante. Enquanto em maio de 1826, na abertura da Assembleia, quem quisesse receber cem réis em moeda de prata precisava desembolsar 106 réis de notas do banco (ou seja, a prata, mais confiável, tinha um prêmio de 6%), ao final de 1827 era preciso entregar 140 réis em dinheiro do banco, em notas, em troca dos mesmos cem réis em moeda de prata — uma desvalorização de pouco mais de 30%.

Não surpreendia que as queixas na imprensa se multiplicassem. Ainda em março de 1827, a *Aurora Fluminense* registrava a chegada de cartas da Bahia dando notícia da "sublevação de muitos negros atribuída à carestia e ao alto preço dos gêneros de primeira necessidade".[59] Assim como ocorrera às vésperas da Independência, a crise fiscal e a inflação ameaçavam até mesmo a manutenção da ordem, provocando revoltas entre os estratos urbanos pobres — causando também, por consequência, inquietação nas classes mais altas, que temiam qualquer espécie de "sublevação". Em meados de 1828, o jornal de Evaristo da Veiga avaliava, em primeira página, que

> a carestia de todos os gêneros necessários para a vida, a rareza dos metais preciosos, e ainda mesmo do cobre, são os flagelos que mais pesam sobre a população do Rio de Janeiro; que abrangem o rico e o pobre e excitam portanto as queixas dos habitantes de todas as classes.[60]

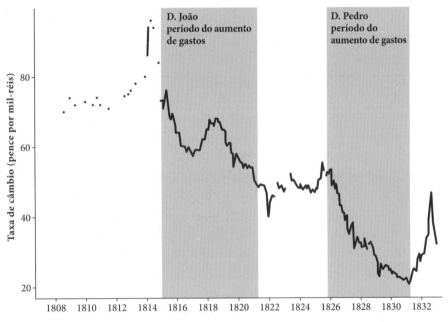

TAXA DE CÂMBIO NO RIO DE JANEIRO

FONTES: *Diario do Rio de Janeiro* e *Jornal do Commercio* (Hemeroteca Digital, Biblioteca Nacional), Cavalcanti (1893, 1:315), British National Archives (BNA FO 97-302).

Alguns anos mais tarde, apareceria no jornal a carta de alguém que assinava apenas como "o verdadeiro amigo do povo" e que relacionava o "ágio da moeda" e o aumento do "preço relativo da carne, da farinha, da fruta, alugueres de casas" à "enorme quantidade de papel [...] [emitida] pelo extinto banco, para satisfazer as requisições do governo". Perguntava, então, o missivista: "E para quê? A fim de sustentar uma guerra de capricho feita em Montevidéu".[61]

A guerra já não parecia sustentável havia muito tempo — e nunca fora popular. O ano de 1826 foi consumido sobretudo entre manobras e batalhas navais. O Império tentara bloquear Buenos Aires, mas encontrara a resistência das embarcações comandadas pelo irlandês William Brown, almirante da frota argentina. Enquanto isso, o governo brasileiro concentrava tropas ao sul do Rio Grande do Sul, em Santana do Livramento — mas hesitava em utilizá-las em ataques ao interior da província Cisplatina. Despreparados, os soldados do Império sofriam com as baixas temperaturas gaúchas, sem dispor de vestimentas adequadas ou de simples cobertores. Havia até mesmo quem andasse descalço. Os gaúchos argentinos e uruguaios faziam investidas recorrentes, roubando gado e queimando o pasto em volta do acampamento das tropas brasileiras. Mas eram grupos esparsos, de boiadeiros que não se atreviam a um enfrentamento direto, tradicional, com o inimigo.[62]

No início de 1827, o cenário mudou, e o confronto em terra parecia iminente. Desde o final de 1826, os argentinos deslocavam forças terrestres para as proximidades da fronteira do Rio Grande do Sul. Os soldados comandados pelo general Carlos Maria de Alvear penetraram então o território brasileiro. A princípio, as forças do Império recuaram, mas, finalmente, os dois exércitos entraram em confronto na Batalha de Ituzaingó — também conhecida como a Batalha do Passo do Rosário. Após um primeiro embate, as tropas argentinas fingiram bater em retirada. Com o falso recuo, atraíam os brasileiros para uma posição vulnerável. Quando finalmente se deu conta de que estava cercado pelo inimigo, um setor do Exército imperial simplesmente fugiu. Cerca de seiscentos brasileiros foram mortos, capturados ou feridos — contra pouco mais de quatrocentos do lado argentino — no confuso combate de Ituzaingó.[63] Havia despreparo e desorientação nas tropas imperiais, inegavelmente o lado derrotado na batalha, mas também confusão do lado hispano-americano — com conflitos e disputas entre oficiais argentinos e uruguaios. "As perdas não foram extremas em nenhum dos lados, mas os argentinos não se mostraram capazes de aproveitar a vantagem que conquistaram para além de uma perseguição pouco eficaz do exército em retirada por algumas poucas horas", escreveu John Street.[64]

No fim das contas, a Batalha de Ituzaingó serviria como metonímia do conflito, que ainda se estenderia por quase dois anos: nenhuma das partes envolvidas na guerra tinha clara vantagem sobre a outra. Ainda que os governos argentino e brasileiro parecessem dispostos a arrebentar os cofres, a ferir de morte suas próprias economias, em crises fiscais monstruosas e inflação galopante, em nome da conquista da Cisplatina, nenhum deles se mostrara capaz de obter uma vitória inconteste nos campos de batalha.[65] A guerra provavelmente continuaria indefinidamente não fosse a intervenção inglesa, que forçou os dois lados a um acordo, recebido com alívio em Buenos Aires e no Rio de Janeiro, ao final de 1828. Antes que secasse a tinta das assinaturas, estava criado o Estado uruguaio independente.

"Com a publicação do tratado de paz em 27 de outubro de 1828, a ideia que o imperador fazia do seu papel na nação brasileira ficou profundamente desacreditada", escreveu Roderick Barman sobre o desenlace da guerra. D. Pedro I "não possuía mais prestígio, fosse como soldado, fosse como chefe de um corpo militar forte e confiável, prestígio esse que era indispensável para um líder de tipo napoleônico".[66]

Também o Exército, associado a d. Pedro, saíra profundamente maculado pela experiência da Guerra Cisplatina — ainda que alguns de seus mais altos oficiais procurassem manter, reativamente, certo ar de empáfia, em lugar da dignidade contrita que talvez se adequasse melhor às recentes humilhações brasileiras nos campos de batalha. O exemplo mais notável desse tipo de comportamento pôde ser constatado no embate entre o ministro da Guerra, Joaquim de Oliveira Álvares, e deputados liberais que o interpelaram nos meses de agosto e setembro de 1828. Álvares, além de militar, era português — e, portanto, inevitavelmente malvisto por boa parte dos liberais brasileiros, que desde a Guerra da Bahia se ressentiam da incorporação de oficiais da antiga metrópole ao Exército brasileiro, e mesmo da simples manutenção de comandantes lusos nas Forças Armadas, passado o processo de independência. Cabia ao general, de toda forma, como titular da pasta da Guerra, comparecer à Assembleia durante as discussões travadas naqueles meses sobre a concessão ou não de créditos suplementares, de recursos extras, para o governo — recursos que já haviam inclusive sido despendidos em muitos casos. Após ouvir um bom número de discursos criticando o excesso de gastos do governo, de forma geral, e da pasta da Guerra, em particular, Oliveira Álvares achou que fazia sentido partir para a simples e franca ameaça — de uso da força bruta —, a fim de conseguir a verba que ambicionava.

"Se faltarem ao governo os meios, não sei o que será", disse o general aos deputados no dia 4 de setembro. "Eu como militar velho tenho perdido todo o fogo, mas não sei se a mesma prudência terão os meus constituintes, que são bastantemente fogosos... Portanto é preciso que passe a despesa", anunciou. O deputado Paula e Sousa não perdeu o sangue-frio. "Ouvi o senhor ministro falar em constituintes. Quem são eles?", quis saber. "Os soldados", esclareceu o general. Paula e Sousa então criticou o "atrevimento" do ministro, que claramente atacava a Assembleia. Outros deputados fizeram coro à indignação de Paula e Sousa, e Oliveira Álvares teve de se sair com a desculpa esfarrapada de que, na verdade, não pretendia atacar a Assembleia. "A Câmara nem teme ameaças desta natureza", respondeu o deputado Gonçalves Ledo, intervindo, "nem reconhece no senhor ministro autoridade para se eximir da responsabilidade com frívolos pretextos."

Fato é que todo o embate dali em diante se daria em torno de recursos — e, pouco a pouco, o governo de d. Pedro i, depois de conduzir o país à beira da bancarrota, acabaria sendo contido financeiramente pela Assembleia. Não à toa, no ano seguinte, 1829, os deputados trataram de pôr fim a uma das últimas fontes, junto com o Exército — agora enfraquecido e desacreditado —, de poder extraparlamentar de d. Pedro: o Banco do Brasil. Era na boca de seu caixa, com a emissão de papel-moeda, que o governo lograva contornar a resistência da Assembleia a votar aumentos de receita. A solução que os deputados encontraram para suprimir esse recurso foi a mais radical possível: dar fim à instituição, passar uma lei fechando o banco, fazendo com que ele simplesmente deixasse de existir. Desde o final de 1827, já estavam proibidas novas emissões de notas, é verdade. Mas havia o temor de contornos a essa regra, aprovada pelo Legislativo. Na *Aurora Fluminense*, Evaristo da Veiga se referia ao Banco do Brasil como "o exagerador de todos os preços". E defendia:

"O banco deve acabar e acabar por todo este ano, sem tergiversações, sem restrição, sem prorrogações com que se quer talvez ganhar tempo para fundar sobre os restos do atual um outro banco mais temível ainda, que ameaça não [só] o Rio de Janeiro, mas o Brasil todo".[67] Foi o que aconteceu. Depois dos debates na Câmara no início do ano, venceu a proposta do governo, que apenas empurrava para o fim de 1829 a extinção que alguns deputados oposicionistas desejavam imediata.

A inflação, porém, continuou a subir. Contou para isso com a ajuda da cunhagem de moedas de cobre, cuspidas da Casa da Moeda em um ritmo que mais do que compensava o fim da emissão de papel-moeda. Os anos de 1829 e 1830 assistiram à emissão de moedas de cobre à ordem de 3 mil contos *por ano*. Mas também as notas, cuja quantidade em circulação não crescia mais, continuaram a sofrer depreciação em relação à prata — e mesmo ao cobre. Em apenas um ano, ao longo de 1829, o câmbio depreciara 15% em relação à libra. E o prêmio da prata em relação às notas do banco foi de 70%, um nível já alto, em janeiro, para 92%, em dezembro. A correspondência de d. Pedro ao longo daquele ano é reveladora. De um interlocutor anônimo, o imperador recebia notícias de que "o povo miúdo está atrevido". A um religioso, em outra carta, questionava — e se perguntava — "em que estado de fermentação revolucionária" se encontraria o Brasil.[68] O pano de fundo das inquietações e insatisfações que surgiam um pouco por toda parte, dos temores de golpe absolutista por parte dos liberais aos temores de insatisfação popular que assombravam d. Pedro, era a crise econômica — em particular a onipresente e sempre falada "carestia", ou seja, o aumento de preços. "Piorava continuamente a situação financeira, de modo a transformar-se numa das razões imediatas do malogro do reinado de d. Pedro I."[69]

No ápice da crise, o imperador chegou a considerar dar um golpe e fechar a Assembleia — mas todas as pessoas que consultou a esse respeito procuraram dissuadi-lo da empreitada temerária.[70] Dando ouvidos à razão, d. Pedro decidiu então ceder: montou um ministério que passaria a ser conhecido, não à toa, pelo nome do novo titular da pasta da Fazenda, o marquês de Barbacena. Bem-visto pelos liberais, disposto a lançar pontes ao Legislativo e tentar resolver os problemas financeiros do país, o sucesso inicial de Barbacena foi inegá-

OFERTA DE MOEDA NO BRASIL (MIL-RÉIS)

	Ouro	Prata	Cobre	Cobre RJ	Cobre BA	Papel-moeda (circulação)
1809-1821	9161585	13215001	1004589			8070920
1822	154834	429999	270994			9170920
1823	89538	380678	237210		16000	9994320
1824	153196	576000	534225		40000	11390920
1825	84764	632853	534166		55840	11940920
1826	35670	705683	547692		31292	13390920
1827	35160	23342	1390917		60000	21574920
1828	4160		2640514		50000	21355920
1829			3091109	2800000		20507430
1830	5872	1341	2878835	1500000		20349940
1831			977208	438000		
1832	203820	2758	478667		346040	
1833	82941	504				
1834	76360	6029				
1835	42540	9771				30702559

FONTES: Amaro Cavalcanti, *O meio circulante nacional: Resenha e compilação chronologica de legislação e de factos*, v. 1, Rio de Janeiro: Imprensa Nacional, 1893, p. 321; *Jornal do Commercio*, 15 fev. 1833.

vel. Os jornais liberais apoiaram a escolha e lhe deram crédito desde o início. Na *Astrea*, em abril de 1830, registrava-se que "o ministro da Fazenda administra as finanças com honra e probidade", enquanto "trabalha por salvar o Estado da bancarrota".[71] Por alguns meses, o imperador se conteve e passou a seguir as recomendações de seu principal ministro. "Nesse começo de 1830, dir-se-ia que se ajustara afinal ao papel de monarca constitucional e buscara caminhos mais seguros", observou Otávio Tarquínio de Sousa. "Talvez o tivesse deveras impressionado a situação financeira do país, que só fizera piorar desde o tempo do rei velho e que tão fielmente se refletira no descalabro do Banco do Brasil." Em carta dessa mesma época, d. Pedro, ao mencionar o valor do câmbio, o ágio do cobre, do ouro e da prata — indicadores de uma situação financeira calamitosa —, comentou com um amigo: "Vamos indo com os pés para a cova". Em seguida, contudo, observava: "Mas Barbacena, que está ao leme e dirige tudo — abaixo de mim —, está esperançado de alcançar vitória".[72]

Com Barbacena à frente do ministério ao longo da maior parte de 1830, o derretimento da moeda não foi estancado, mas o ritmo de depreciação diminuiu. O prestígio de Caldeira Brant foi, por alguns meses, de fato extraordinário, chegando mesmo a ser comparado ao poder de que desfrutara José Bonifácio, oito anos antes. Mas, assim como Bonifácio, o ministro da Fazenda de 1830 também sofreu com a intriga de auxiliares próximos ao imperador. Não ajudou, certamente, o fato de que entre as medidas tomadas para buscar apoio na Câmara estivesse a de tentar conter e limitar a ação de alguns dos integrantes do círculo palaciano mais estrito — auxiliares de d. Pedro que atraíam as mais profundas desconfianças da imprensa e dos deputados liberais, pelo que encarnavam de espírito monárquico antigo, português, aristocrático. O mais famoso desses assessores, Francisco Gomes da Silva, o Chalaça — amigo e confidente do imperador —, foi afinal enviado para uma temporada na Europa, com o incentivo de uma polpuda mesada, para que por lá permanecesse. Sua "deportação" chegou a ser comemorada pela *Aurora Fluminense*.[73] Talvez suscetível à intriga desse tipo de cortesão, talvez enciumado pelo poder que ele próprio concedera ao ministro — mas que havia sido alargado com o apoio conquistado por Barbacena entre as hostes liberais —, d. Pedro passou a agir com desconfiança em relação ao titular da pasta da Fazenda na segunda metade do ano, adotando um comportamento paranoico e desafiador. O auge do desgaste se deu quando o imperador passou a questionar minúcias de gastos antigos feitos na Europa por Caldeira Brant, que por diversas vezes desempenhara missões diplomáticas sensíveis para o Brasil. Com má vontade e grosserias, d. Pedro pressionava para que Barbacena pedisse demissão — o que aconteceu, finalmente, em setembro de 1830, embora o ministro ponderasse que seria proveitoso só sair dali a um mês, depois de botar a casa em ordem. O imperador disse que não, que a demissão tinha de ser imediata. Algum tempo depois de limpar as gavetas, Barbacena enviou uma mensagem ao monarca em que previa que "sua [do imperador] desgraça será inevitável [...] em poucos meses". Talvez "não chegue a seis", concluía, em carta de 15 de dezembro de 1830.[74]

O vaticínio, certeiro, talvez não fosse tão difícil de ser feito àquela altura, pelo menos para quem tinha conhecimento do que se passava na Assembleia. Ao mesmo tempo que Barbacena saía do ministério — e a crise financeira, que era também uma crise de confiança, voltava a se agravar —, a Câmara dos Deputados tratava de desferir golpes importantes ao que restava de poder discricionário ao imperador, impondo-lhe cortes de recursos e de tropas. Após receber da pasta da Fazenda uma previsão de gastos de pouco mais de 16 mil contos de réis para o ano fiscal de 1831-2, a Câmara decidiu aplicar um corte expressivo — de cerca de 20% — no montante a ser gasto pelo governo, reduzindo o total para não mais do que 12 800 contos. As maiores reduções foram aplicadas aos gastos militares, que já vinham de toda forma sendo cortados.

Entre o ano fiscal de 1830-1 e o de 1831-2, o dispêndio com o Exército e a Marinha baixou de 6674 contos de réis para 4934 contos — uma redução de 35%. Mais de um terço do orçamento militar foi simplesmente eliminado, de um ano para o outro, por decisão parlamentar. A contenção continuaria, ao longo da década, fazendo com que todo o gasto militar caísse para menos de 35% do dispêndio total do Estado brasileiro já em 1836. Essa experiência única — simultaneamente de contenção de gastos e de desmonte da ameaça golpista — foi realizada por meio da demissão, em número impressionante, dos "constituintes" de Oliveira Álvares. Enquanto no início de 1830 o país ainda dispunha de cerca de 20 mil militares no Exército — entre oficiais e soldados —, uma lei aprovada no fim do ano pela Assembleia previa cortar esse contingente, já no ano seguinte, para 12 mil soldados.[75] D. Pedro perdia, assim, recursos financeiros e militares. Tigre sem dentes, perdia também capacidade de reagir à Assembleia. Ameaças como a de Oliveira Álvares, que já pareciam pouco realistas ao final de 1828, se mostravam cada vez mais inexequíveis. O Legislativo tomava providências para, em um ambiente de profunda crise financeira e política, tentar impedir um golpe absolutista. O Brasil nasceu domando os seus generais. Parecia claro, à geração fundadora de nossa política representativa, que não haveria país minimamente organizado se os generais não fossem postos em seu devido lugar.

Sinal dos tempos, em breve o próprio Cipriano Barata, que se insurgira contra o poder militar de d. Pedro em 1823, também veria a sorte mudar. Em 1828, entrou em atividade a máxima instância revisora do Judiciário brasileiro, o Supremo Tribunal de Justiça. Imediatamente a defesa de Barata acionou a Corte, pedindo a anulação da sentença contra o jornalista. Acompanhado pela imprensa, o julgamento de Cipriano Barata — a mais importante decisão dos juízes do Supremo Tribunal em seus primeiros anos de existência, segundo

Evaristo da Veiga — teve resultado final favorável ao líder liberal, em abril de 1830. Não apenas a pena perpétua foi revogada, mas a própria condenação acabou anulada por sete votos a três. Quase sete anos depois de ser detido arbitrariamente, Cipriano Barata deveria deixar a cela e ganhar a liberdade. Ao noticiar a decisão, a *Aurora Fluminense* escreveu que "um grande número de cidadãos" aguardava às portas do tribunal, ansiosos, pela votação, que se encerrou às cinco e meia da tarde. "Era vergonha, opróbrio para nós, existirem dispersos, deportados para longe do solo natal ou reclusos em masmorras os homens que deram o primeiro impulso para obtermos a nossa emancipação política", dizia o jornal.[76] Mas a decisão tomada no Rio de Janeiro ainda não resolvia o caso em definitivo. Era preciso aguardar um derradeiro parecer do Tribunal da Relação da Bahia — que só seria expedido seis meses mais tarde. Mesmo de posse da decisão definitiva, remetida ao Rio, as autoridades imperiais ainda mantiveram Barata preso. Foram necessários repetidos apelos na Câmara dos Deputados e larga divulgação do caso na imprensa para que o jornalista fosse afinal libertado.[77]

Na tarde do dia 25 de setembro de 1830, uma pequena multidão aguardava, em um cais no centro do Rio, o retorno de Barata à vida pública, em liberdade. É possível imaginar os pescoços esticados e os olhares curiosos que buscavam identificar o líder liberal, à medida que se aproximava o barco em que ele vinha sendo conduzido desde a fortaleza de Santa Cruz, na baía da Guanabara. O jornal *Nova Luz Brazileira* afirmou no dia seguinte, ao narrar o episódio, que os próprios soldados da fortaleza haviam iluminado o quartel, em pleno dia, e feito disparos de canhão em celebração ao jornalista, após serem informados que ele seria solto. Dizem que também houve manifestações de júbilo quando Barata foi afinal recebido em terra firme, por seus admiradores, e depois conduzido como herói pelas ruas do centro da cidade: "No cais, chapéus e vivas para o 'campeão da liberdade' que parecia ressuscitar do cárcere".[78] O líder radical baiano, que ao longo dos anos se transformara em uma espécie de símbolo, de encarnação da luta contra o despotismo no Brasil, estava livre, afinal.

No início de 1831, d. Pedro I fez uma longa viagem, com duração de pouco mais de dois meses, à província de Minas Gerais. Constantemente acompanhado pela imprensa fluminense, o imperador lançou de Ouro Preto, no final de fevereiro, uma proclamação aos brasileiros. No texto que leu diante da tropa perfilada na praça principal da cidade, cercado pelo casario elegante erguido no auge da extração aurífera, o monarca alertou contra as maquinações de um "partido desorganizador" que pretendia revolucionar o país com "doutrinas que tanto tinham de sedutoras quanto de perniciosas".[79] Ocorre que verdadeiramente desorganizadores, e d. Pedro sabia disso, eram os efeitos da crise econômica — que já lhe haviam roubado prestígio e derrubado a popularidade, depois de empobrecer a maior parte da população urbana e rural. Era uma crise a cada dia mais profunda, capaz de impulsionar a oposição liberal e a Assembleia, com quem em breve — assim que descesse a serra — o imperador teria de se haver.

A volta ao Rio, programada para o dia 17 de março, acabou sendo antecipada. No dia 11, imperador e comitiva entraram na cidade. Apesar do descontentamento geral com o governo, houve um grupo que festejou a chegada do monarca: o dos portugueses ligados ao comércio de retalho, em geral gente•simples, de poucos recursos, mas que sabia ler e escrever, e que, por isso, desempenhava para os seus patrões as funções de caixeiros, contadores, balconistas — quase sempre nas ruas estreitas do centro, repletas de sobrados, em que se concentrava o comércio, não muito distante da igreja da Candelária. A crise política e econômica se expressava agora, mais ainda do que em 1822, em um idioma nacionalista, que opunha brasileiros a portugueses, e fazia da "caixeirada" do centro um alvo óbvio para os ataques xenófobos, cada vez mais comuns.

Para muita gente, os antigos colonizadores encarnavam, simbolicamente, o temor da volta do absolutismo — em particular por serem portugueses muitos dos integrantes do círculo palaciano do imperador — e a possibilidade até mesmo de reversão da Independência, com a união das Coroas dos dois países em d. Pedro. Pouco importava que o monarca brasileiro tivesse abdicado da Coroa portuguesa em favor da filha após a morte de d. João VI em 1826. Pouco importava que tivesse outorgado ao país europeu uma Carta em tudo semelhante à brasileira — e que, em defesa dessa Constituição, ele se opusesse publicamente ao seu irmão, d. Miguel, que usurpara o trono e descartara o regime constitucional. O fato de se ocupar dos problemas portugueses e de ser português tornava d. Pedro sempre suspeito. Mas o maior motivo de desconfiança das massas urbanas em relação aos portugueses — de ódio, mesmo — era econômico. Dizia respeito ao fato de serem os portugueses proprietários da maior parte do comércio de varejo da Corte, naqueles anos de altas recorrentes dos preços. Para a população urbana mais pobre, desprovida de escolaridade, se os preços dos alimentos aumentavam, se o ágio do cobre e da prata crescia, a culpa era do taverneiro, do açougueiro, do pequeno vendedor ganancioso — e não dos desequilíbrios orçamentários do governo e seu recurso à moeda fiduciária para fechar as contas. Tratava-se de um fenômeno identificado tempos depois por Celso Furtado e que representaria uma das impressionantes regularidades da vida social brasileira no século xix:[80] a cada episódio de crise econômica e aumento da inflação, os comerciantes portugueses pagavam o pato e eram vítimas de ataques xenófobos. A uma conclusão semelhante à de Furtado chegou Lenira Menezes Martinho, ao analisar especificamente o contexto fluminense às vésperas da abdicação de d. Pedro. Segundo ela:

> Nesses conflitos e neste ódio ao comerciante português influía também o fato de lhe ser atribuída a alta de gêneros alimentícios de primeira necessidade e ainda o alto custo de vida (sem falar nas atividades de agiotagem exercidas por muitos comerciantes portugueses).[81]

Ocorre que ninguém é vítima constante de ofensas e de segregação sem tentar responder, de alguma forma, ao grupo agressor. Daí o apoio desse contingente de pequenos comerciantes e seus funcionários de origem portuguesa a d. Pedro, em seu regresso à cidade, em um momento em que talvez estivessem no auge as rivalidades com a massa pobre brasileira. Se seus algozes eram contra o imperador, seriam os caixeiros então os defensores do monarca — que, de resto, era português como eles. Para saudá-lo, os comerciantes acenderam luminárias, fizeram festa, fogueiras, desde a primeira noite, em 11 de março. Repetiam palavras de ordem: "Viva o imperador! Vivam os portugueses!". Logo surgiram, na mesma região do centro da cidade, grupos de "brasileiros", muitos pretos e pardos, desafiando os "marinheiros" e gritando slogans contrários: "Viva o imperador enquanto constitucional! Viva a imprensa livre! Viva a Assembleia Geral!". Segundo a descrição da *Aurora Fluminense*, "uma pequena quantidade de moços do país, [que estavam] ou indignados de tanta audácia [dos caixeiros portugueses], ou desejosos de mostrar que o espírito de liberdade não fora sufocado, atravessou as ruas, em que se solenizavam os festejos" dos comerciantes. Em seguida explodiram os confrontos, com agressões mútuas, uso de armas de fogo, paus, pedras e fundos de garrafa.

Era a "Noite das Garrafadas", distúrbios de rua que, a rigor, duraram vários dias, de 11 até 15 de março. Os relatos falam em bandos de duzentos, às vezes até mil pessoas,[82] que trocavam ofensas e se atacavam mutuamente. A crise econômica gerava, afinal, a tão temida desordem urbana, e até mesmo oficiais de baixa patente se envolveram nos confrontos. Lojas e tabernas foram invadidas e saqueadas. A Assembleia estava ainda em recesso, mas deputados que haviam permanecido na Corte se reuniram e divulgaram um manifesto, uma carta aberta ao imperador, em que pediam providências para o restabelecimento da ordem e do sossego público. Esse mesmo grupo de deputados, em vez de tentar acalmar os ânimos, adotou o discurso nacionalista e xenófobo — instrumental, naquele momento, para o confronto com o imperador —, solicitando, na mesma carta, que o governo encontrasse meios para punir os portugueses que haviam espancado, ofendido e ferido os brasileiros. Os signatários subscreviam, no documento, a impressão divulgada pelos jornais de que as autoridades policiais da Corte tinham sido parciais, facilitando a ação dos portugueses e perseguindo os brasileiros, incluindo aí os militares nacionais, já que muitos deles haviam sido presos. A carta, assinada por duas dúzias de deputados — um número bastante expressivo —, terminava dizendo que "a ordem pública, o repouso do Estado, o trono mesmo, tudo está ameaçado se a representação que os abaixo-assinados respeitosamente dirigem a V. M. I. e C. [vossa majestade imperial e constitucional] não for atendida e os seus votos completamente satisfeitos".[83] Conflitos de rua, certamente preocupantes, se transformavam, assim, em uma crise entre os poderes.

A reação imediata de d. Pedro foi de ceder, nomeando, no dia 19 de março, um ministério "só de brasileiros".[84] Mandou soltar, de resto, os oficiais presos pela polícia na Noite das Garrafadas. Mas tudo parecia pouco e insatisfatório. A solução que talvez houvesse para a crise — a nomeação de um ministério composto dos líderes liberais da Câmara — era um passo que, na prática, significaria já abdicar do poder, permanecendo d. Pedro apenas simbolicamente à testa do Império — e esse passo o imperador não estava disposto a dar. No dia 25 de março, aniversário da Carta de 1824 outorgada pelo imperador, os liberais mandaram celebrar uma missa de Ação de Graças — para a qual o próprio d. Pedro não foi convidado, comparecendo mesmo assim à igreja. No dia 3 de abril, o imperador voltou a ceder, admitindo convocar antecipadamente a Assembleia.[85] Quase ao mesmo tempo, recomeçaram os distúrbios de rua. Mas agora tanto os militares quanto o próprio ministério se recusaram a agir. Os principais líderes liberais já vinham negociando, havia algum tempo, com os militares de mais alta patente. D. Pedro se transformara obviamente em um problema, em um motivo de instabilidade para o país. O imperador, que desde a nomeação dos novos ministros brasileiros desconfiava do grupo, ameaçou demiti-los, exigindo que contivessem a desordem que tomava conta da Corte. Imediatamente, passou da ameaça ao ato, demitindo os ministros que se vira obrigado a nomear depois da Noite das Garrafadas e que, de fato, não se mostravam capazes de manter um mínimo de ordem na Corte. Sem alternativa, d. Pedro constituiu novo governo, desta vez com nomes de sua confiança — mas inaceitáveis para os deputados na Câmara e a população em revolta nas ruas.

"A notícia da nomeação do novo ministério espalhou-se logo pela manhã do dia 6 de abril, circulando o boato de que um de seus primeiros atos seria a ordem de prisão contra os chefes liberais", escreveu Otávio Tarquínio de Sousa. "De vários pontos da cidade grupos numerosos de populares dirigiram-se para o Campo de Santana."[86] À tarde, começaram a chegar integrantes das tropas. Do local de aglomeração, os líderes liberais mandavam emissários ao palácio, pedindo a recondução do antigo ministério e a demissão do atual. D. Pedro se mostrava irredutível. Segundo Tarquínio de Sousa, todos os deputados presentes na Corte se juntaram à multidão no Campo de Santana, bem como o i Batalhão de Granadeiros e dois batalhões de Caçadores. No meio da noite, a própria tropa que fazia a guarda do Palácio de São Cristóvão votou com os pés, abandonando o imperador. Sua função no paço, talvez a mais nobre entre todos os corpos fardados, era garantir a segurança do chefe dos poderes Moderador e Executivo. Mas mesmo os soldados mais próximos lhe davam as costas, marchando para se juntar ao povo e à tropa no Campo de Santana. D. Pedro i não mandava em mais ninguém no país. Na madrugada de 7 de abril, compôs uma nota de próprio punho, abdicando da Coroa. Deixava o filho, de cinco anos, para ser educado por José Bonifácio e reinar entre os brasileiros quando alcançasse a idade devida. Até lá, o país cuidaria de si, governado exclusivamente pela Assembleia.

PRÊMIO DOS METAIS SOBRE O PAPEL-MOEDA DO BANCO DO BRASIL

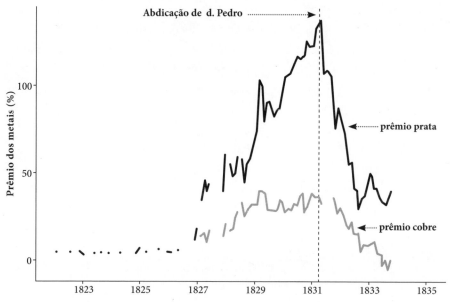

FONTES: *Diario do Rio de Janeiro* e *Jornal do Commercio* (Hemeroteca Digital, Biblioteca Nacional).

Nos dias e semanas seguintes, o ágio da prata e do cobre despencaria, e o câmbio contra a libra voltaria a subir, em uma reviravolta notável — sinal de que a confiança voltava aos "mercados", já que o principal motivo do excesso de gastos, de desequilíbrio das contas públicas, havia sido removido. D. Pedro voltaria à Europa transportado em um navio inglês, que deixou o porto do Rio no dia 13 de abril. Pouco antes de partir, no auge da crise, o mil-réis encontrara o seu piso em décadas, valendo apenas 20,5 pence. Quando a embarcação que levava o ex-imperador alcançou o porto de Falmouth, na Inglaterra, a cotação já subira para 24,5 pence por mil-réis — uma alta de quase 20% em pouco mais de dois meses. Também as moedas de prata, que no auge da crise pagavam um prêmio de 137,5% contra as notas do banco, agora pediam 107% em troca do papel-moeda. Um verdadeiro choque de confiança, à medida que d. Pedro se afastava das praias brasileiras e retornava à Europa. Apenas meses depois ele estaria de volta a Portugal, onde ainda travaria, por um bom tempo, batalhas reais contra o seu arqui-inimigo dos tempos da fazenda de Santa Cruz, o irmão d. Miguel.

Epílogo
O que celebrar

As semanas de relativa calmaria política que se seguiram à abdicação de d. Pedro I foram interrompidas, em meados de 1831, por uma esdrúxula e inesperada proposta feita pelo ministro da Fazenda à Assembleia. Era uma ideia capaz de deixar boa parte dos deputados sobressaltada. Na Câmara, houve discursos apaixonados das tribunas — discursos que, entre os mais exaltados, podiam ser facilmente confundidos com ataques de pânico.

Pressionado, como todos os seus antecessores, pela crônica falta de recursos, o pernambucano José Inácio Borges havia contemplado, após alguma reflexão, uma saída aparentemente óbvia para os problemas nacionais, um ovo de colombo que voltaria a seduzir muitos de seus futuros colegas pelos séculos seguintes. E se o país suspendesse — temporariamente, é claro — o pagamento dos juros de sua dívida externa? Com o dinheiro economizado — devido, mas não remetido aos credores em Londres —, o Império poderia arcar com algumas de suas muitas demandas mais urgentes, incluindo a reorganização do sistema monetário do país, em caótico descrédito após seguidos anos de descontrole na emissão de papel-moeda e na cunhagem de moedas de cobre.

Formalmente, a proposta consistia na suspensão, por cinco anos, do pagamento dos juros e da amortização da dívida externa em Londres. Apreciada rapidamente por uma comissão especial da Câmara, a iniciativa do ministro foi posta em discussão no dia 6 de junho, sob a recomendação enfática de que fosse rejeitada. "Não só por ser incompatível com a dignidade de um povo justo e livre", dizia a comissão, mas também por ser "desnecessária" e "eminentemente impolítica nas atuais circunstâncias".[1]

O primeiro deputado a tratar do tema se referiu à proposta simplesmente como um "delírio". Outro, um pouco mais tarde, sugeriu que se imprimisse o debate em curso na Assembleia, com as manifestações contrárias ao calote, para que o mesmo navio que levasse a notícia da proposta do ministro José Inácio Borges à Inglaterra transportasse também "este testemunho da boa-fé da Câmara dos Deputados, e de que o corpo legislativo está firme no princípio de cumprir os contratos celebrados".[2] Um após outro, os oradores davam mostras de temer as funestas e imediatas consequências que provavelmente adviriam da simples exposição da ideia aventada pelo titular da pasta da Fazenda: a elevação dos juros cobrados ao Brasil na praça londrina, com o aumento da percepção de risco nos empréstimos feitos ao país. Daí o tom de urgência e gravidade dos discursos dos parlamentares, preocupados sobretudo em desfazer esse efeito. Preocupados, aliás, não só em derrubar a proposta do ministro, mas em derrotá-la de maneira assertiva, na tentativa de conter o preço a ser cobrado de futuras dívidas — por empréstimos que inevitavelmente o país teria de fazer.

Ao tomar a palavra, o deputado Raimundo José da Cunha Matos, representante da província de Goiás na Câmara, fez um apelo digno de ópera aos colegas. "Senhor presidente, nós devemos mais do que nunca sustentar o nosso crédito", disse. "Venda-se esta prata que está sobre a mesa, vendam-se as nossas casacas, os nossos adornos, as nossas propriedades, fiquemos o mais reduzidos que for possível, vendam-se as baixelas e as terras públicas; mas não deixemos de pagar aos nossos credores."[3]

As manifestações contrárias ao calote, embora claramente majoritárias, não eram unânimes, contudo. Bernardo Pereira de Vasconcelos, um dos mais respeitados líderes políticos da Casa, deputado por Minas Gerais, sugeriu que talvez fosse proveitoso adiar a discussão sobre a proposta do ministro da Fazenda para o momento dos debates sobre o orçamento público. Afinal, observou Vasconcelos, não estava claro se de fato haveria recursos entre as receitas públicas para todas as despesas desejadas — e talvez fosse mesmo necessário, inevitável até, suspender o pagamento das parcelas do empréstimo em Londres. Não obstante toda a sua influência entre os colegas, Vasconcelos foi voto vencido na matéria. O parecer da comissão — que propunha a rejeição total e imediata da proposta de suspensão de pagamentos feita pelo ministro — foi aprovado por uma maioria de 59 votos, contra 23 dos que apoiaram o calote.[4]

Ficava claro, ao fim da votação, que uma mudança radical havia se processado no Brasil desde os graves problemas financeiros vividos durante o reinado de d. João VI. O voto contrário à suspensão do pagamento da dívida confirmava a instauração da modernidade política no país. Afinal, o absolutismo havia entrado em crise — uma crise tanto econômica quanto política — por ser incapaz de resolver, dentro de seus próprios mecanismos de poder, o descasamento de incentivos inerente ao seu desenho institucional: quem decidia o quanto e onde gastar — o rei e um restrito círculo de ministros — não precisava arcar com os custos de curto prazo de suas próprias decisões de gastos, ou seja, era pouco ou nada afetado pela elevação dos impostos, e só muito indiretamente percebia os efeitos sociais e políticos de uma eventual instabilidade econômica. Por que haveria então o monarca de se conter, de se preocupar com o montante dos gastos que fazia, salvo em caso de crise radical? Para que deixar de gastar, e de gastar segundo os seus próprios interesses de poder — com um séquito de puxa-sacos e com as Forças Armadas, sobretudo —, se a conta sempre podia ser repassada a algum grupo subalterno, fosse na forma de aumento de tributos, fosse pela imposição do imposto inflacionário?

Tudo parecia montado, no absolutismo, para que se gastasse cada vez mais — em guerras, mas também em dispêndios palacianos — até que o tamanho do estrago e o conjunto de pessoas prejudicadas por esses gastos exorbitantes se tornassem tão momentosos que fizesse sentido, para as massas urbanas e as elites econômicas recorrentemente prejudicadas, buscar algum novo arranjo institucional. Essa foi uma história que se repetiu nos dois lados do Atlântico desde o primeiro episódio de revolução moderna, no fim do século XVII, na Inglaterra. Os novos arranjos institucionais postos no lugar do absolutismo em crise podiam simplesmente remover o rei — à maneira do que foi feito nos Estados Unidos ou, a princípio, na França — ou, pelo menos, limitar os poderes discricionários do monarca com relação às receitas e às despesas nacionais, reforçando o papel do Parlamento nesse tipo de decisão.

No Brasil, os efeitos do desequilíbrio fiscal do absolutismo foram sentidos sobretudo pelo impacto da inflação no poder aquisitivo de amplas camadas da população durante os anos finais de reinado despótico de d. João VI sobre a América portuguesa. À convocação de uma Constituinte em Lisboa, seguiram-se conflitos de tipo federativo entre as diversas partes do Império português, tendo como consequência mais importante a separação do Brasil. Emancipado politicamente de Portugal, o país se viu dividido por uma disputa interna entre projetos institucionais distintos. De seu lado, embora fizesse concessões aos anseios representativos da elite brasileira, o imperador d. Pedro I continuou a gastar — em guerras — como se fosse um monarca do Antigo Regime. A Assembleia, por sua vez, resistia a financiá-lo. Do choque entre o monarca e o Parlamento, saiu vitoriosa, em 1831, a Câmara dos Deputados.

Como logo ficaria claro no episódio da proposta de suspensão do pagamento da dívida, a vantagem dos desenhos institucionais representativos sobre o absolutismo estava no fato de que a conta dos gastos públicos recaía, no modelo parlamentar, direta ou indiretamente sobre os mesmos indivíduos responsáveis por fazer as contas fecharem — os responsáveis por decidir, em última instância, o quanto cabia gastar, arrecadar e tomar emprestado. Os parlamentares, bem mais que o rei, sofriam os efeitos dos impostos cobrados nas alfândegas e da instabilidade econômica e política que resultava de desequilíbrios fiscais. Não bastasse o fato de os próprios deputados e senadores serem, muitas vezes, proprietários rurais e comerciantes — interessados, portanto, em estabilidade, baixa inflação e baixos impostos —, eles eram também representantes eleitos que podiam, em caso de insatisfação em suas províncias, ser pacificamente removidos dos cargos, pelo voto — de resto, eram representantes não só dos grupos proprietários, como também de parcelas importantes das populações urbanas, um eleitorado que, no século XIX, comungava em grande medida dos valores de estabilidade, baixos impostos e controle inflacionário defendidos por fazendeiros e grandes comerciantes.

Pelos anos e décadas seguintes, o Império, controlado por um grupo oligárquico que se fazia representar no Parlamento, seguiria um padrão de governo em tudo oposto ao do absolutismo — um padrão novo, de relativa responsabilidade fiscal e razoável estabilidade econômica. Embora déficits tenham sido frequentes ao longo de suas quase sete décadas de existência, eles nunca fugiram ao controle, tendo sido sempre financiáveis. Não à toa, juros e prêmios pagos sobre as dívidas interna e externa tenderam a cair ao longo do século — em particular depois da abdicação de d. Pedro I em 1831. Como nota Wil-

328

liam Summerhill, "o custo anual de capital para o Brasil em Londres caiu de um máximo de 13,9%, em 1829, para apenas 5,12%, em 1889". O mesmo movimento foi observado para os títulos da dívida pública negociados dentro do Brasil. "A queda nos custos dos empréstimos [públicos] não foi menos impressionante no Rio de Janeiro, onde eles caíram de 12% [ao ano] em 1831 para apenas 5,12% em 1889."[5] Os próprios brasileiros, portanto, ao emprestarem recursos ao governo, comprando títulos públicos, confiavam receber de volta o montante adiantado — numa demonstração inequívoca de que ninguém via os ocasionais déficits do Império como problemas relevantes para o equilíbrio das contas públicas.

Ao celebrarmos duzentos anos da Independência do país, importam menos os detalhes do relativo equilíbrio orçamentário alcançado pelo Estado brasileiro no século XIX do que aquilo que eles revelam sobre a mudança institucional radical por que passou o país ao longo de seu processo de emancipação política. Entre 1820 e 1831, não só o poder mudou de lugar — primeiro do Rio para Lisboa, e depois de volta para o território brasileiro — e de mãos — de uma minoria de cortesãos para um conjunto de deputados que falavam em nome das províncias —, como também a forma de fazer política era agora radicalmente nova, com a introdução do voto e da representação parlamentar. O desespero do deputado de Goiás, que pedia que fossem vendidas a prataria da casa e as casacas dos parlamentares antes que se deixasse de pagar o que era devido, indica que o país havia se transformado profundamente desde os tempos perdulários do rei. O fato de a proposta de Cunha Matos — contrária ao calote — ter sido debatida em plenário e adotada após votação parlamentar, sem depender dos caprichos de uma camarilha, confirma a mudança de maneira ainda mais eloquente.

Mesmo nos piores momentos de incomunicabilidade, quando se viu "enterrado debaixo de uma abóbada cravada na muralha" de uma fortaleza, "onde o ar não circula, onde a umidade é constante com calor abrasador", Cipriano Barata não deixou de contar com a ajuda de um serviçal. Mesmo preso, Barata continuou a ser servido por um escravizado — um indivíduo que constava entre os seus bens, cujo nome permanece desconhecido, mas que cumpriu papel essencial na manutenção de algum tipo de elo entre o jornalista e o mundo externo durante o longo período de detenção política.[6] O Estado brasileiro, recém-fundado, foi capaz de retirar quase tudo de Cipriano Barata, mas não esse bem, aparentemente intocável, esteio da ordem na nação que surgia.

Eis o Brasil. Até o simpático Barata, o nobre Barata, capaz de defender valores avançados para a sua época, de lutar contra o despotismo, de resistir corajosamente a repetidos abusos de poder, capaz de não desistir, de escrever petições, de exigir seus direitos ano após ano, trancafiado na cadeia, capaz de acreditar na força da opinião pública, da imprensa livre, da representação parlamentar, da lei, quando tudo indicava serem absurdas essas apostas — até mesmo esse gigante da liberdade e dos direitos individuais era proprietário de um escravizado, no início do século XIX. Nada, nem as mais nobres intenções, nem os mais corajosos gestos, parece escapar em nossa história a essa mancha vergonhosa que adere à própria ideia de país.

O tema da Independência apresenta esse problema e essa armadilha para quem se ocupa dele. Associada à metáfora biológica do nascimento da nação, a Independência acaba se relacionando com uma certa ideia de identidade brasileira. Ocorre que a nossa identidade — individual, cultural, política — tem esse problema de origem, radical. Mais do que qualquer outro país, o Brasil foi construído por meio do sequestro e do transporte, à força, de seres humanos escravizados — indígenas e africanos —, e também pela coação dessas pessoas a trabalharem longe de seus povos, sem liberdade ou remuneração, pelo restante de suas vidas. Um problema constitutivo que, de resto, nunca chegou a ser completamente superado, mesmo após a abolição, uma vez que a escravidão já havia fundado ou reforçado padrões viciados de interação humana que se reproduziriam no tempo: na desigualdade social e econômica, no racismo, na desumanização dos corpos e na desvalorização da vida, na banalização da violência contra grupos minoritários, na banalização do sofrimento e da morte de quem é diferente dos padrões de riqueza, inclusão e poder. Será que vale a pena, nós nos perguntávamos, escrever um livro sobre a constituição política *dessa* sociedade? Há algo a ser celebrado em um processo de emancipação nacional liderado por proprietários de escravizados? Faz sentido dizer que algo de positivo, de valioso, surgiu como resultado da ação desses homens?

Se a Independência for vista apenas como uma espécie de símbolo nacional, de momento inaugural da nacionalidade e da pátria, então fica difícil, de fato, escapar ao jogo de tudo ou nada do patriotismo. Ou se celebram a pátria, o país e a sociedade que essa ruptura política com a metrópole teria fundado, ou se escolhe o caminho contrário, reativo, do cinismo e da derrisão. É dentro dessa dicotomia, e da compreensível suspeita em relação aos discursos nacionalistas, que podemos compreender a cena popularizada por Laurentino Gomes na abertura de seu livro *1822*: um d. Pedro com dor de barriga às margens do Ipiranga, momentos antes de proferir o brado de "independência ou morte". A imagem é o avesso caricatural do gesto fundador imortalizado no quadro de Pedro Américo. A "mula sem nenhum charme" que o futuro imperador montava nessa ocasião, para a qual o jornalista chama a nossa atenção, em contraste com o "fogoso alazão" em que apareceria retratado décadas mais tarde, cumpre a mesma função.[7] Muita coisa tinha obviamente mudado, quando se publicou *1822*, desde que Francisco Adolfo de Varnhagen, em sua obra sobre a Independência, saudara "*com veneração e reverência* a memória do príncipe fundador do Império".[8] De um lado, a subserviência. De outro, a esculhambação. Entre uma coisa e outra, entre os extremos de Varnhagen e de Laurentino Gomes, não sobra muito, no fim das contas, para um país que oscila entre a grandiloquência despropositada e o cinismo, entre o Napoleão de hospício e a diarreia do rei. E o país importa, já que o destino de quase todos nós está inextrincavelmente ligado a essa comunidade política, a única na qual a maioria de nós tem poder de voto.

Tudo estaria perdido se o interesse da Independência não estivesse, o tempo todo, alhures, uma alternativa que este livro procurou explorar: não em alguma imagem sintética da nacionalidade ou na celebração da sociedade brasileira, mas, justamente, na política — e em sua incontornável relação com a economia. O interesse estava menos em d. Pedro empunhando uma espada às margens do Ipiranga — uma cena militar, conservadora, autoritária — do que na enorme novidade de Lino Coutinho, nas Cortes em Lisboa, erguendo sobre a própria cabeça as páginas de um abaixo-assinado enviado por eleitores baianos. O interesse está no fato de que Lino Coutinho agia então como um representante político moderno, defendendo no Parlamento ideias e providências em nome das pessoas cujas assinaturas constavam dos papéis em suas mãos.

Não à toa, um certo cinismo que impera no Brasil, à direita e à esquerda, sempre se interessou mais em contrapor as duas imagens caricaturais de d. Pedro I — montado em um imponente cavalo alazão, ou com dor de barriga e calças arriadas à beira de um córrego — do que em conhecer a atividade parlamentar de Lino Coutinho. A desconfiança generalizada que impera entre nós confunde ceticismo com cinismo. Desesperançada, ela se impacienta com as transformações pequenas e incrementais, e desvaloriza a política, defendendo que "nada muda", que a sociedade nunca se transforma, que as leis e os valores são quase sempre meros adornos sem consequência, que tudo é simples privilégio, poder e violência, que o país, antes e depois da escravidão, permaneceu o mesmo, já que profundamente injusto e racista, ou que tanto faz ditadura e democracia — porque a democracia não seria "real", devendo ser qualificada por algum tipo de adjetivo, como "liberal" ou "burguesa". Foi nesse ambiente de tudo ou nada que a extrema direita conseguiu convencer boa parte do eleitorado de que os políticos eram mesmo "todos iguais" e, por isso, fazia sentido apostar na antipolítica. Apesar dos fumos de rebeldia que parecem envolver muitos de seus fiéis seguidores, esse tipo de ideologia, de descrédito radical dos indivíduos, dos processos políticos, das ideias e das instituições, é profundamente conservador. É de questionar se, já nas décadas finais do século XIX, os líderes abolicionistas teriam lutado, com a coragem que lutaram pelo fim da escravidão, caso acreditassem que nada iria mudar com a Lei do Ventre Livre, com a Lei dos Sexagenários e, afinal, com a Lei Áurea. Era sempre possível dizer que cada um desses passos era tímido e já vinha tarde quando foram efetivados. De fato, cada um deles mudava a sociedade menos do que devia ser mudado — e certamente, em cada um dos casos, já vinha tarde. Mas nem por isso deixavam de ser passos necessários e urgentes. Medidas que foram conquistadas, aliás, em ambiente parlamentar.

A Independência importa porque, a exemplo de outros processos de emancipação nas Américas, ela não representou simplesmente a constituição de um novo Estado-nação, mas foi acompanhada de uma verdadeira revolução política. É isso que deve ser celebrado, duzentos anos depois. Fruto da crise do absolutismo, o Brasil se constituiu como Estado independente não apenas dando as costas a Lisboa, mas adotando uma Constituição, separando os poderes, instaurando um Parlamento, inaugurando a representação política por meio do voto. Por pior que fosse a sociedade brasileira do século XIX, passos importantes foram dados a partir da década de 1820. Houve avanços. O modelo representativo adotado naquele momento era melhor — muito melhor — do que o tipo de sociedade implicitamente defendida por um líder militar como Joaquim de Oliveira Álvares, que teve a audácia de ameaçar a

Assembleia com o uso de tropas. Vale sempre lembrar que Oliveira Álvares foi repreendido, silenciado e derrotado pela Assembleia. A política sob os moldes parlamentares era melhor — muito melhor — do que as futricas e intrigas palacianas do tempo do rei, do que os caprichos de d. João VI ou de d. Pedro I. Melhor — muito melhor — do que toda e qualquer alternativa despótica que tenhamos adotado mais tarde, aí incluídas as ditaduras de Getúlio Vargas e dos militares. Por pior que seja a sociedade brasileira hoje, será apenas por meio dos valores políticos adotados pela primeira vez entre nós dois séculos atrás que seremos capazes de avançar. E só em nome desses valores será possível, ainda que de forma lenta e tardia, nos tornarmos um outro país, suficientemente livre das piores heranças da escravidão.

Agradecimentos

Como se já não bastasse sermos pais de crianças pequenas durante a pandemia, decidimos escrever um livro nas horas vagas, nos intervalos de outras tarefas domésticas e profissionais. Horas vagas que, naturalmente, não existiam. Parte da elaboração do texto e da troca de informações entre nós foi feita por videoconferência, em alguns dos piores momentos da crise epidemiológica — trancados em casa, as ruas vazias lá fora, enquanto os bebês aprendiam a falar ou a engatinhar na sala. Assim, é preciso reconhecer que não teríamos escrito nem meia dúzia de páginas sem o apoio heroico de nossas esposas. Quando, afinal, Bianca e Maíra puderam ler os contornos iniciais do trabalho e reagiram com satisfação, soubemos que estávamos no caminho certo. Este livro é delas e dos nossos filhos.

À medida que o número de páginas crescia, dois Andrés nos ajudaram a dar forma ao texto. André Boucinhas e André Villela, amigos de impressionante generosidade, foram os primeiros leitores, críticos e editores informais de cada um dos capítulos. Também Renato Perim Colistete, Leonardo Weller, Pedro Ferreira de Souza, Thiago Krause e Thomas Kang permitiram, com as suas observações e críticas, que o argumento contido aqui se tornasse mais claro e, ao mesmo tempo, mais rigoroso. Nem sempre estivemos à altura dos seus conselhos. Também por isso, nossos primeiros leitores não têm nenhuma responsabilidade pelos erros que eventualmente tenhamos cometido. Em Portugal, Tomás Pinto de Albuquerque, da Universidade de Lisboa, nos ajudou a localizar documentos e a encontrar uma tese nunca publicada, além de dar orientações preciosas durante um período confuso, em que as instituições abriam e fechavam ao sabor das ondas de contágio da doença. No Reino Unido, um financiamento concedido pela British Academy, o Newton Mobility Grant (NMG2R2\100176), tornou possíveis a consulta a arquivos locais e o acesso a dados — séries de preços e de câmbios mundo afora — que depois se revelariam centrais para a história que aos poucos se descortinava no trabalho de pesquisa. Por fim, um agradecimento ao nosso editor, Otávio Marques da Costa, não só pelo seu talento para intervir de maneira ao mesmo tempo respeitosa e decisiva no texto, como, antes de tudo, por ter confiado em nós. Para todos, fica o registro de uma grande dívida e de uma afetuosa gratidão.

Notas

PRÓLOGO — SENTIMENTOS DE ÓDIO E DE CEGA PREVENÇÃO
CONTRA O GOVERNO DE SUA MAJESTADE [pp. 11-22]

1. Angelo Pereira, *D. João VI príncipe e rei*. Lisboa: Empresa Nacional de Publicidade, 1956, v. 3: A Independência do Brasil, pp. 304-7.

2. Jurandir Malerba, *A Corte no exílio: Civilização e poder no Brasil às vésperas da Independência (1808 a 1821)*. São Paulo: Companhia das Letras, 2000, p. 264; Maria de Fátima Silva Gouvêa, "As bases institucionais da construção da unidade dos poderes do Rio de Janeiro joanino: Administração e governabilidade no Império Luso-Brasileiro". In: István Jancsó (Org.), *Independência: História e historiografia*. São Paulo: Hucitec, 2005, pp. 723-5.

3. Angelo Pereira, op. cit., pp. 307-8; Marcos Carneiro de Mendonça, *D. João VI e o Império no Brasil: A Independência e a missão Rio Maior*. Rio de Janeiro: Biblioteca Reprográfica Xerox, 1984, pp. 437-45; José Murilo de Carvalho, Lúcia Bastos, e Marcello Basile (Orgs.), *Às armas, cidadãos! Panfletos manuscritos da Independência do Brasil (1820-1823)*. São Paulo: Companhia das Letras, 2012, p. 135.

4. Angelo Pereira, op. cit., pp. 304-5.

5. Kirsten Schultz, *Tropical Versailles: Empire, Monarchy, and the Portuguese Royal Court in Rio de Janeiro, 1808-1821*. Nova York: Routledge, 2013, pp. 283-92.

6. Marcos Carneiro de Mendonça, op. cit., p. 442.

7. Andréa Slemian, *Vida política em tempo de crise: Rio de Janeiro, 1808-1824*. São Paulo: Hucitec, 2006, p. 116; Iara Lis Carvalho Souza, *Pátria coroada: O Brasil como corpo político autônomo, 1780-1831*. São Paulo: Editora Unesp, 1999, pp. 94-6.

8. Manuel de Oliveira Lima, *O movimento da Independência (1821-1822)*. Rio de Janeiro: Topbooks, 1997, p. 30.

9. Francisco Adolfo de Varnhagen, *História da Independência do Brasil*. Brasília: Senado Federal, 2010.

10. Caio Prado Júnior, *Evolução política do Brasil e outros estudos*. São Paulo: Brasiliense, 1975.

11. Fernando A. Novais, *Portugal e Brasil na crise do antigo sistema colonial, 1777-1808*. 5. ed. São Paulo: Hucitec, 1989; Fernando A. Novais e Carlos Guilherme Mota, *A Independência política do Brasil*. São Paulo: Hucitec, 1996.

12. István Jancsó (Org.), *Independência: História e historiografia*. São Paulo: Hucitec, 2005; id., *Brasil: Formação do Estado e da nação*. São Paulo: Hucitec, 2003.

13. Lúcia Maria Bastos Pereira das Neves, *Corcundas e constitucionais: A cultura política da Independência (1820-1822)*. Rio de Janeiro: Revan, 2003.

14. Angelo Pereira, op. cit., , pp. 310-5.

15. Ibid., p. 305.

16. Ibid., p. 307.

1. A CRISE INAUGURAL [pp. 25-52]

1. Leonor Freire Costa, Pedro Lains, e Susana Münch Miranda, *An Economic History of Portugal, 1143-2010*. Cambridge: Cambridge University Press, 2016, pp. 218-24; Luís Espinha da Silveira, "Aspectos da evolução das finanças públicas portuguesas nas primeiras décadas do século XIX (1800-1827)". *Análise Social*, Lisboa, v. XXIII, n. 97, pp. 505-29, 1987.

2. Leonor Freire Costa, Pedro Lains e Susana Münch Miranda, op. cit., p. 272.

3. Alberto da Costa e Silva, "População e sociedade". In: *Crise colonial e Independência, 1808-1830*. Rio de Janeiro: Objetiva, 2011, p. 48 (Coleção História do Brasil Nação, v. 1).

4. Ibid., p. 44.

5. Katia M. de Queirós Mattoso, *Ser escravo no Brasil: Séculos XVI-XIX*. Petrópolis: Vozes, 2017, p. 188.

6. Thales Augusto Zamberlan Pereira, *The Cotton Trade and Brazilian Foreign Commerce During the Industrial Revolution*. São Paulo: USP, 2017. Tese (Doutorado em Economia do Desenvolvimento), pp. 104-23; Wilma Peres Costa, *Cidadãos e contribuintes: No Brasil do século XIX*. São Paulo: Alameda, 2020, pp. 174-5; Denis Antônio de Mendonça Bernardes, "Pernambuco e o Império (1822-1824): Sem Constituição soberana não há união". In: István Jancsó (Org.), *Brasil: Formação do Estado e da nação*. São Paulo: Hucitec, 2011, p. 229.

7. Afonso Arinos de Melo Franco, *História do Banco do Brasil*. Rio de Janeiro: AGGS, 1973. v. 1.

8. Harold B. Johnson Jr., "A Preliminary Inquiry into Money, Prices, and Wages in Rio de Janeiro, 1763-1823". In: Dauril Alden (Ed.), *Colonial Roots of Modern Brazil*. Berkeley: University of California Press, 1973, p. 244.

9. Ibid., p. 272-7; Arquivo Nacional, Junta do Comércio, caixa 448, pacote 1.

10. Larissa Virginia Brown, *Internal Commerce in a Colonial Economy: Rio de Janeiro and Its Hinterland, 1790-1822*. Charlottesville: Universidade da Virgínia, 1986. Tese (Doutorado), pp. 16-7; Louis-François de Tollenare, "Notas dominicaes: Tomadas durante uma residencia em Portugal e no Brasil nos annos de 1816, 1817 e 1818". Recife: *Jornal do Recife*, 1906, p. 75.

11. Jurandir Malerba, *A Corte no exílio: Civilização e poder no Brasil às vésperas da Independência (1808 a 1821)*. São Paulo: Companhia das Letras, 2000, p. 242.

12. Biblioteca Nacional, [Representação dos professores de primeiras letras da província da Bahia a S.M. pedindo aumento de vencimentos] [Manuscrito, ii – 34, 8, 13]. 1819. Acervo Digital.

13. Mark Dincecco, "Fiscal Centralization, Limited Government, and Public Revenues in Europe, 1650-1913". *The Journal of Economic History*, Cambridge, v. 69, n. 1, pp. 48-103, 2009.

14. John Brewer, *The Sinews of Power: War, Money and the English State 1688-1783*. Nova York: Routledge, 2002, p. 32.

15. Tassia Toffoli Nunes, *Liberdade de imprensa no Império brasileiro: Os debates parlamentares (1820-1840)*. São Paulo: usp, 2010. Dissertação (Mestrado em História), p. 24.

16. Lúcia Maria Bastos Pereira das Neves, op. cit., p. 37.

17. Ibid., p. 148.

18. John Armitage, *História do Brasil, desde o período da chegada da família de Bragança, em 1808, até a abdicação de d. Pedro I, em 1831: Compilada à vista dos documentos públicos e outras fontes originais formando uma continuação da história do Brasil, de Southey*. Belo Horizonte: Itatiaia, 1981, p. 34.

19. Denis Antônio de Mendonça Bernardes, *O patriotismo constitucional: Pernambuco, 1820-1822*. Recife: Editora ufpe, 2006, p. 41.

20. Reinhart Koselleck, *Futuro passado: Contribuição à semântica dos tempos históricos*. São Paulo: Contraponto, 2006, p. 57.

21. Gertrude Himmelfarb, *The Roads to Modernity: The British, French, and American Enlightenments*. Nova York: Knopf Doubleday, 2007, p. 5.

22. Kenneth Maxwell, *Conflicts and Conspiracies: Brazil and Portugal, 1750-1808*. Nova York: Routledge, 2004, pp. 97, 125-7.

23. Ibid., pp. 132-3.

24. Ibid., pp. 65-7.

25. Ibid., pp. 139-40.

26. Denis Antônio de Mendonça Bernardes, *O patriotismo constitucional: Pernambuco, 1820-1822*. Recife: Editora ufpe, 2006, pp. 161-70.

27. Manuel de Oliveira Lima, *Dom João VI no Brasil*. Rio de Janeiro: Topbooks, 1996, pp. 495-6.

28. Johann Jakob Sturz, *A Review, Financial, Statistical, and Commercial, of the Empire of Brazil and Its Resources: Together with a Suggestion of the Expediency and Mode of Admitting Brazilian and Other Foreign Sugars into Great Britain for Refining and Exportation*. Londres: Effingham Wilson, 1837, p. 6.

29. Francisco Adolfo de Varnhagen, *História geral do Brazil antes da sua separação e independência de Portugal*. 2. ed. Rio de Janeiro: E. & H. Laemmert, 1877, p. 1119.

30. E. P. Thompson, *Customs in Common: Studies in Traditional Popular Culture*. Nova York: The New Press, 2015, pp. 185-8.

31. Jan de Vries, *The Price of Bread: Regulating the Market in the Dutch Republic*. Cambridge: Cambridge University Press, 2019.

32. E. P. Thompson, op. cit., pp. 261-2.

33. Kenneth Maxwell, op. cit., p. 198.

34. Denis Antônio de Mendonça Bernardes, *O patriotismo constitucional: Pernambuco, 1820-1822*. Recife: Editora ufpe, 2006, pp. 222-5.

35. Manoel Fernandes Tomás, *Relatorio feito às Cortes Geraes e Extraordinarias de Portugal.* Lisboa: Imprensa Nacional, 1821, p. 20.

36. Ibid., p. 21.

37. Ibid., p. 26.

38. Ibid., p. 27.

39. Documentos para a história das Cortes Gerais da nação portuguesa. Lisboa: Imprensa Nacional, [s.d.], pp. 243-4.

40. Documentos para a história da Independência Rio de Janeiro: Biblioteca Nacional, 1923, v. 1, pp. 241-3.

41. Documentos para a história das Cortes Gerais da nação portuguesa p. 244.

42. Ibid.

43. Roderick J. Barman, *Brazil: The Forging of a Nation, 1798-1852.* Palo Alto: Stanford University Press, 1988, pp. 74-5.

44. Diario das Cortes Geraes, Extraordinarias, e Constituintes da Nação Portugueza, 1821, p. 3484.

45. Ibid.

46. Diario das Cortes Geraes, Extraordinarias, e Constituintes da Nação Portugueza, 1822, pp. 507-8.

47. Antonio Penalves Rocha, *A recolonização do Brasil pelas Cortes: Histórias de uma invenção historiográfica.* São Paulo: Editora Unesp, 2009, p. 79.

48. Roderick J. Barman, op. cit., pp. 93-5.

49. Hendrik Kraay, "A invenção do Sete de Setembro, 1822-1831". *Almanack Braziliense*, São Paulo, n. 11, pp. 52-61, maio 2010.

50. Carlos Manuel Peláez e Wilson Suzigan, *História monetária do Brasil.* Brasília: Editora UnB, 1981, pp. 44-52.

51. William Roderick Summerhill, *Inglorious Revolution: Political Institutions, Sovereign Debt, and Financial Underdevelopment in Imperial Brazil.* New Haven: Yale University Press, 2015, p. 8.

52. Grifos nossos.

53. Oração de Acção de Graças, que na solemnidade do anniversario do dia 24 de agosto, mandada fazer na Real Capella desta Corte por Sua Alteza Real o Príncipe Regente do Brasil, recitou, e offerece ao mesmo senhor, Francisco da Mãi dos Homens Carvalho. Rio de Janeiro: Impressão Nacional, 1821.

54. Kirsten Schultz, op. cit., pp. 283-6.

55. Manuel de Oliveira Lima, *O movimento da Independência: 1821-1822.* Rio de Janeiro: Topbooks, 1997, p. 86.

56. Cecília Helena de Salles Oliveira, *A astúcia liberal: Relações de mercado e projetos políticos no Rio de Janeiro, 1820-1824.* São Paulo: Ícone, 1999, p. 156.

57. Brasil, Assembleia Geral, Constituinte e Legislativa, *Diário da Assembleia Geral Constituinte e Legislativa do Império do Brasil, 1823.* Brasília: Senado Federal, Conselho Editorial, 2003, p. 16.

58. Joaquim Campelo Marques, Cristiano Ferreira e Segraf, *Falas do trono de dom Pedro I, dom Pedro II e Princesa Isabel.* Brasília: Senado Federal, 2019, p. 124. Disponível em: <https://www2.senado.leg.br/bdsf/bitstream/handle/id/562127/Falas_do_Trono_1823-1889.pdf>. Acesso em: 28 abr. 2022.

59. Ibid., p. 139.

60. Ibid., p. 141.

2. INTÉRPRETES DA INDEPENDÊNCIA [pp. 53-81]

1. Francisco Adolfo de Varnhagen, *Os indios bravos e o sr. Lisboa, Timon 3º*. Lima: Imprensa Liberal, 1867, p. 37.

2. Francisco Adolfo de Varnhagen, *História geral do Brazil antes da sua separação e Independência de Portugal*. 2. ed. Rio de Janeiro: E. & H. Laemmert, 1877, p. 1115.

3. Arno Wehling, "Integridade e integração nacional: Duas ideias-força de Varnhagen". In: Sérgio Eduardo Moreira Lima (Org.), *Varnhagen (1816-1878): Diplomacia e pensamento estratégico*. Brasília: Fundação Alexandre de Gusmão, 2016, pp. 35-7.

4. Francisco Adolfo de Varnhagen, *História geral do Brazil antes da sua separação e Independência de Portugal*. 2. ed. Rio de Janeiro: E. & H. Laemmert, 1877, p. 15.

5. Francisco Adolfo de Varnhagen, *Examen de quelques points de l'histoire géographique du Brésil comprenant des éclaircissements nouveaux.... Ou Analyse critique du rapport de M. d'Avezac sur la récente histoire générale du Brésil*. Paris: Martinet, 1858, p. 53.

6. Id., *História da Independência do Brasil*. Brasília: Senado Federal, 2010.

7. Márcia Regina Berbel, *A nação como artefato: Deputados do Brasil nas Cortes portuguesas, 1821-1822*. São Paulo: Hucitec, 1999, p. 20.

8. Michael Bentley, *Modernizing England's Past: English Historiography in the Age of Modernism, 1870-1970*. Cambridge: Cambridge University Press, 2006, p. 19.

9. Ibid., p. 24.

10. Manuel de Oliveira Lima, *O movimento da Independência: 1821-1822*. Rio de Janeiro: Topbooks, 1997.

11. Júlio César de Oliveira Vellozo, *Um Dom Quixote gordo no deserto do esquecimento: Oliveira Lima e a construção de uma narrativa da nacionalidade*. São Paulo: USP, 2012. Dissertação (Mestrado em Estudos Brasileiros), p. 61.

12. Ibid., p. 89.

13. Manuel de Oliveira Lima, *Dom João VI no Brasil*. Rio de Janeiro: Topbooks, 1996.

14. Júlio César de Oliveira Vellozo, op. cit., pp. 127-8.

15. Manuel de Oliveira Lima, *O movimento da Independência: 1821-1822*. Rio de Janeiro: Topbooks, p. 19.

16. Helio Franchini Neto, *Independência e morte: Política e guerra na emancipação do Brasil (1821-1823)*. Rio de Janeiro: Topbooks, 2019, pp. 17-28.

17. Júlio César de Oliveira Vellozo, op. cit., p. 78.

18. Ibid., p. 130.

19. Francisco Adolfo de Varnhagen, *História da Independência do Brasil*. Brasília: Senado Federal, 2010, p. 317.

20. Manuel Oliveira de Lima, *O movimento da Independência: 1821-1822*. Rio de Janeiro: Topbooks, 1997, pp. 30-1.

21. Francisco Adolfo de Varnhagen, *História da Independência do Brasil*. Brasília: Senado Federal, 2010, p. 72.

22. Ibid., p. 74.

23. Evaldo Cabral de Mello, *A outra Independência: O federalismo pernambucano de 1817 a 1824*. São Paulo: Editora 34, 2004, p. 11.

24. Francisco Adolfo de Varnhagen, *História da Independência do Brasil*, Brasília: Senado Federal, 2010, pp. 92-3.

25. Manuel de Oliveira Lima, *O movimento da Independência: 1821-1822*. Rio de Janeiro: Topbooks, 1997, p. 31.

26. Caio Prado Júnior, op. cit., p. 32.

27. Ibid., p. 31.

28. Ibid., p. 33.

29. Ibid., p. 37.

30. Ibid., p. 40.

31. Ibid., p. 41.

32. Emília Viotti da Costa, "Introdução ao estudo da emancipação política do Brasil". In: Carlos Guilherme Mota (Org.), *Brasil em perspectiva*. São Paulo: Difel, 1976, p. 67.

33. Caio Prado Júnior, op. cit., p. 39.

34. João Luís Ribeiro Fragoso, *Homens de grossa aventura: Acumulação e hierarquia na praça mercantil do Rio de Janeiro, 1790-1830*. Rio de Janeiro: Civilização Brasileira, 1998, pp. 21-2; João Luís Ribeiro Fragoso e Thiago Krause, "Colonial Elites: Planters and Land Nobility in 17th- and 18th-Century Brazil". *Oxford Research Encyclopedia of Latin American History*, set. 2019.

35. João Luís Ribeiro Fragoso e Manolo Florentino, *O arcaísmo como projeto: Mercado atlântico, sociedade agrária e elite mercantil em uma economia colonial tardia, Rio de Janeiro, c. 1790-c. 1840*. Rio de Janeiro: Sette Letras, 1996.

36. João Luís Ribeiro Fragoso, op. cit., p. 26.

37. Emília Viotti da Costa, "Introdução ao estudo da emancipação política do Brasil". In: Carlos Guilherme Mota (Org.), *Brasil em perspectiva*. São Paulo: Difel, 1976, p. 76.

38. Ibid., p. 77.

39. Ibid., p. 78.

40. Jorge Miguel Viana Pedreira e Fernando Dores Costa, *D. João VI: Um príncipe entre dois continentes*. São Paulo: Companhia das Letras, 2008, p. 208.

41. Thales Augusto Zamberlan Pereira, "Tariffs and the Textile Trade between Brazil and Britain (1808-1860)". *Estudos Econômicos*, São Paulo v. 51, n. 2, p. 316, jun. 2021.

42. Fernando A. Novais, op. cit., p. 103.

43. Fernando A. Novais e Carlos Guilherme Mota, op. cit., p. 24.

44. Ibid., p. 22.

45. Ibid., p. 23.

46. Ibid.

47. Jorge Miguel Viana Pedreira, "Economia e política na explicação da Independência do Brasil". In: Jurandir Malerba (Org.), *A Independência brasileira: Novas dimensões*. Rio de Janeiro: Editora FGV, 2006, p. 67.

48. Fernando A. Novais, op. cit., p. 178.

49. Jorge Miguel Viana Pedreira, op. cit., p. 71.

50. Jeremy Adelman, *Sovereignty and Revolution in the Iberian Atlantic*. Princeton: Princeton University Press, 2021, p. 125.

51. Jorge Miguel Viana Pedreira, op. cit., p. 75.

52. Ibid., p. 63.

53. Jurandir Malerba, "Esboço crítico da recente historiografia sobre a Independência do Brasil (c. 1980-2002)". In: *A Independência brasileira: Novas dimensões*. Rio de Janeiro: Editora FGV, 2006, p. 39.

54. Christian Edward Cyril Lynch, "A democracia como problema: Pierre Rosanvallon e a escola francesa do político". In: Pierre Rosanvallon, *Por uma história do político*. São Paulo: Alameda, 2010.

55. In: Carlos Guilherme Mota, *1822: Dimensões*. São Paulo: Perspectiva, 1986, p. 160-84.

56. Sérgio Buarque de Holanda (Org.), *História geral da civilização brasileira: O Brasil monárquico*. São Paulo: Difel, 1976, v. 1: O processo de emancipação; v. 2: Dispersão e unidade; v. 3: Reações e transações; v. 4: Declínio e queda do Império.

57. Maria Odila Leite da Silva Dias, "A interiorização da metrópole (1808-1853)". In: Carlos Guilherme Mota, *1822: Dimensões*. São Paulo: Perspectiva, 1986, p. 161.

58. Ibid., p. 164.

59. Ibid., p. 171.

60. Ibid., p. 173.

61. Ibid.

62. Roderick J. Barman, op. cit.

63. Márcia Regina Berbel, op. cit.

64. Evaldo Cabral de Mello, *A outra Independência: O federalismo pernambucano de 1817 a 1824*. São Paulo: Editora 34, 2004.

65. Ibid., pp. 30-1.

66. István Jancsó (Org.), *Independência: História e historiografia*. São Paulo: Hucitec, 2005.

67. François-Xavier Guerra, "A nação moderna: Nova legitimidade e velhas identidades". In: István Jancsó (Org.), *Brasil: Formação do Estado e da nação*. São Paulo: Hucitec, 2003 pp. 33-60.

68. Lúcia Maria Bastos Pereira das Neves, op. cit., pp. 48-53.

69. Evaldo Cabral de Mello, "Iluminismo envergonhado". *Folha de S.Paulo*, Jornal de Resenhas, 14 jun. 2003. Disponível em: <https://www1.folha.uol.com.br/fsp/resenha/rs1406200303.htm>. Acesso em: 28 abr. 2022.

70. Lawrence Stone, *The Causes of the English Revolution, 1529-1642*. Londres: Routledge, 2017, pp. 28-9.

71. Hendrik Kraay, "Identidade racial na política, Bahia, 1790-1840: O caso dos Henriques". In: István Jancsó (Org.), *Brasil: Formação do Estado e da nação*. São Paulo: Hucitec, 2011, p. 530.

72. João José Reise Eduardo Silva, *Negociação e conflito: A resistência negra no Brasil escravista*. São Paulo: Companhia das Letras, 1999, p. 85.

73. Marcus J. M. de Carvalho, "O outro lado da Independência: Quilombolas, negros e pardos em Pernambuco (Brazil), 1817-23". *Luso-Brazilian Review*, v. 43, n. 1, pp. 1-30, 6 jan. 2006.

74. Celso Furtado, *Formação econômica do Brasil*. São Paulo: Companhia das Letras, 2009, p. 162.

75. Luiz Geraldo Silva, "Negros patriotas: Raça e identidade social na formação do Estado nação (Pernambuco, 1770-1830)". In: István Jancsó (Org.), *Brasil: Formação do Estado e da nação*. São Paulo: Hucitec, 2011, p. 498.

76. Hendrik Kraay, *Política racial, Estado e Forças Armadas na época da Independência: Bahia, 1790-1850*. São Paulo: Hucitec, 2011, p. 211.

77. Wilma Peres Costa, "Do domínio à nação: Os impasses da fiscalidade no processo de independência". In: István Jancsó (Org.), *Brasil: Formação do Estado e da nação*. São Paulo: Hucitec, 2011, p. 161.

78. Ibid., p. 171.

79. Ibid., p. 177.

80. Ibid.

81. Ibid. Grifos nossos.

3. DOMINÓ FISCAL [pp. 82-111]

1. Evaldo Cabral de Mello, "Depois do 'D. João VI'". In: Manuel de Oliveira Lima, *O movimento da Independência*. Rio de Janeiro: Topbooks, 1997, p. 14.

2. Philip T. Hoffman, "Why Was It Europeans Who Conquered the World?". *The Journal of Economic History*, Cambridge, v. 72, n. 3, p. 603, 2012.

3. Ibid., p. 604.

4. Paul Kennedy, *The Rise and Fall of the Great Powers: Economic Change and Military Conflict from 1500 to 2000*. Nova York: Vintage Books, 1989, p. 17; Philip T. Hoffman, "Why Was It Europeans Who Conquered the World?". *The Journal of Economic History*, Cambridge, v. 72, n. 3, p. 614, 2012.

5. Ibid., p. 603.

6. Linda Colley, *The Gun, the Ship, and the Pen: Warfare, Constitutions and the Making of the Modern World*. Londres: Profile Books, 2021, p. 5.

7. Paul Kennedy, op. cit., p. 23.

8. Ibid., p. 77.

9. Rui Ramos (Coord.), Bernardo Vasconcelos e Sousa e Nuno Gonçalo Monteiro, *História de Portugal*. Lisboa: A Esfera dos Livros, 2009, p. 464.

10. Paul Kennedy, op. cit., p. 76.

11. Philip T. Hoffman, "Why Was It Europeans Who Conquered the World?". *The Journal of Economic History*, Cambridge, v. 72, n. 3, p. 603, 2012.

12. Rui Ramos, Bernardo Vasconcelos e Sousa e Nuno Gonçalo Monteiro, op. cit., p. 321; Leonor Freire Costa, Pedro Lains e Susana Münch Miranda, op. cit., p. 160.

13. Brian Downing, *The Military Revolution and Political Change: Origins of Democracy and Autocracy in Early Modern Europe*. Princeton: Princeton University Press, 1992, p. 129.

14. Philip T. Hoffman e Kathryn Norberg, *Fiscal Crises, Liberty, and Representative Government, 1450-1789*. Palo Alto: Stanford University Press, 1994, p. 306.

15. François R. Velde e David R. Weir, "The Financial Market and Government Debt Policy in France, 1746-1793". *The Journal of Economic History*, Cambridge, v. 52, n. 1, p. 7, mar. 1992.

16. David R. Weir, "Tontines, Public Finance, and Revolution in France and England, 1688-1789". *The Journal of Economic History*, Cambridge, v. 49, n. 1, p. 123, mar. 1989.

344

17. Douglass C. North e Barry R. Weingast, "Constitutions and Commitment: The Evolution of Institutions Governing Public Choice in Seventeenth-Century England". *The Journal of Economic History*, Cambridge, v. 49, n. 4, pp. 803-32, 1989; Gary W. Cox, "Was the Glorious Revolution a Constitutional Watershed?". *The Journal of Economic History*, Cambridge, v. 72, n. 3, pp. 567-600, set. 2012; Gregory Clark, "The Political Foundations of Modern Economic Growth: England, 1540-1800". *The Journal of Interdisciplinary History*, Cambridge, v. 26, n. 4, pp. 563-88, 1996.

18. David Stasavage, *Public Debt and the Birth of the Democratic State: France and Great Britain 1688-1789*. Cambridge: Cambridge University Press, 2003, p. 52.

19. Ibid., p. 39.

20. Lawrence Stone, op. cit., pp. 137-8.

21. Philip T. Hoffman e Kathryn Norberg, op. cit., pp. 38-9.

22. Ibid., p. 68.

23. Gregory Clark, op. cit., p. 137.

24. Steven C. A. Pincus, *1688: The First Modern Revolution*. New Haven: Yale University Press, 2009.

25. Douglass C. North e Barry R. Weingast, op. cit., p. 13.

26. Gary W. Cox, op. cit., p. 52.

27. Ibid., pp. 581-4.

28. François Crouzet, "The Second Hundred Years War: Some Reflections". *French History*, Oxford, v. 10, n. 4, pp. 432-50, 1996.

29. Robert Middlekauff, *The Glorious Cause: The American Revolution, 1763-1789*. Oxford: Oxford University Press, 2007, p. 60.

30. Gordon S. Wood, *The American Revolution: A History*. Nova York: Random House, 2002, p. 33.

31. Ibid.; Robert Middlekauff, op. cit., p. 61.

32. Gordon S. Wood, op. cit., p. 34.

33. Robert Middlekauff, op. cit., p. 43.

34. Gordon S. Wood, op. cit., p. 39; Robin L. Einhorn, *American Taxation, American Slavery*. Chicago: University of Chicago Press, 2008, p. 18.

35. Gordon S. Wood, op. cit., p. 43.

36. Ibid., p. 44.

37. Ibid., p. 46.

38. Ibid., p. 47.

39. Ibid., p. 65.

40. Robin L. Einhorn, op. cit., p. 20.

41. Thomas J. Sargent e François R. Velde, "Macroeconomic Features of the French Revolution". *The Journal of Political Economy*, Cambridge, v. 103, n. 3, p. 477, 1995.

42. Philip T. Hoffman e Kathryn Norberg, op. cit., p. 269.

43. William Doyle, *The Oxford History of the French Revolution*. Oxford: Oxford University Press, 1990, p. 37; Thomas J. Sargent e François R. Velde, op. cit., pp. 482-3.

44. William Doyle, op. cit., p. 59.

45. Thomas J. Sargent e François R. Velde, op. cit., p. 477.

46. Simon Schama, *Citizens: A Chronicle of the French Revolution*. Londres: Penguin, 2004, p. 82.

47. Thomas J. Sargent e François R. Velde, op. cit., p. 480.

48. Ibid., p. 475; François R. Velde e David R. Weir, op. cit., p. 9.

49. William Doyle, op. cit., p. 66.

50. Ibid., pp. 66-85; François R. Velde e David R. Weir, op. cit.; Thomas J. Sargent e François R. Velde, op. cit.

51. William Doyle, op. cit., p. 69; François R. Velde e David R. Weir, op. cit., p. 10.

52. Thomas J. Sargent e François R. Velde, op. cit., pp. 487-8; William Doyle, op. cit., p. 76.

53. William Doyle, op. cit., p. 83.

54. Ibid., p. 84.

55. Ibid.

56. Ibid., p. 85.

57. François R. Velde e David R. Weir, op. cit., p. 36.

58. Thomas J. Sargent e François R. Velde, op. cit., p. 488.

59. William Doyle, op. cit., pp. 174-96.

60. Leonor Freire Costa, Pedro Lains e Susana Münch Miranda, op. cit., pp. 218-9.

61. Ibid., pp. 222-4.

62. Dauril Alden, "Late Colonial Brazil, 1750-1808". In: Leslie Bethell (Ed.), *Colonial Brazil*. Cambridge/Nova York: Cambridge University Press, 1987. pp. 601-60; Thales A. Zamberlan Pereira, "The Rise of the Brazilian Cotton Trade in Britain During the Industrial Revolution". *Journal of Latin American Studies*, Cambridge, v. 50, n. 4, pp. 919-49, nov. 2018.

63. Leonor Freire Costa, Pedro Lains e Susana Münch Miranda, op. cit., p. 222.

64. Ibid., p. 272.

65. Ibid. pp. 224-6; Nuno Palma e Jaime Reis, "From Convergence to Divergence: Portuguese Economic Growth, 1527-1850". *The Journal of Economic History*, Cambridge, v. 79, n. 2, pp. 477-506, jun 2019.

66. Rui Ramos, Bernardo Vasconcelos e Sousa e Nuno Gonçalo Monteiro, op. cit., p. 476.

67. Luís Espinha da Silveira, op. cit., p. 506.

68. Ibid., p. 515.

69. Collecção da legislação portugueza: 1811 a 1820. Lisboa: Typografia Maigrense, 1825, p. 207.

70. José Tengarrinha, "Venda dos bens da Coroa em 1810-1820: Os reflexos de uma crise nacional". *Análise Social*, Lisboa, v. xxviii, n. 122, p. 610, 1993.

71. Luís Espinha da Silveira, op. cit., p. 518.

72. Ibid., p. 519.

73. Ibid., p. 524.

74. Ibid.

75. Ibid., p. 526.

76. Wilma Peres Costa, "Do domínio à nação: Os impasses da fiscalidade no processo de independência". In: István Jancsó (Org.), *Brasil: Formação do Estado e da nação*. São Paulo: Hucitec, 2011, pp. 171-2.

77. Denis Antônio de Mendonça Bernardes, "Pernambuco e o Império (1822-1824): Sem Constituição soberana não há união". In: István Jancsó (Org.), *Brasil: Formação do Estado e da nação*. São Paulo: Hucitec, 2011, p. 229.

78. Thales A. Zamberlan Pereira, "Taxation and the Stagnation of Cotton Exports in Brazil, 1800-60 †". *The Economic History Review*, Londres, v. 74, n. 2, pp. 522-45, maio 2021; id., The Cotton Trade and Brazilian Foreign Commerce During the Industrial Revolution. São Paulo: USP, 2017. Tese (Doutorado em Economia do Desenvolvimento), p. 109.

79. Jeremy Adelman, op. cit., p. 249.

80. Louis-Claude Desaulses de Freycinet et al., *Voyage autour du monde, entrepris par ordre du roi... Exécuté sur les corvettes de S. M. l'Uranie et la Physicienne, pendant les années 1817, 1818, 1819 et 1820...*, Paris: Chez Pillet Aîné, 1824, 8 v. in 9, pl, tables, p. 307.

81. Harold B. Johnson Jr., "A Preliminary Inquiry into Money, Prices, and Wages in Rio de Janeiro, 1763-1823". In: Dauril Alden (Ed.), *Colonial Roots of Modern Brazil*. Berkeley: University of California Press, 1973, p. 244.

82. Johann Jakob Sturz, op. cit., p. 7.

83. Manuel de Oliveira Lima, *Dom João VI no Brasil*. Rio de Janeiro: Topbooks, 1996, p. 483.

84. Ibid., p. 484.

85. Valentim Alexandre, *Os sentidos do Império: Questão nacional e questão colonial na crise do antigo regime português*. Porto: Edições Afrontamento, 1993, p. 454.

86. Ibid., p. 340.

87. Jeremy Adelman, op. cit., pp. 330-2.

88. Philip T. Hoffman e Kathryn Norberg, op. cit., p. 2.

89. Richard Graham, *Independence in Latin America: Contrasts and Comparisons*. Austin: University of Texas Press, 2013, pp. 68-9.

90. Ibid., pp. 105-8.

91. *Correio Braziliense*, vol. XXV, 1820, p. 200.

92. *Correio Braziliense*, vol. XXIV, 1820, p. 392.

93. *Correio Braziliense*, vol. XXIV, 1820, p. 556.

94. *Correio Braziliense*, vol. XXIV, 1820, p. 557.

95. *Correio Braziliense*, vol. XXIV, 1820, p. 627.

96. Jeremy Adelman, op. cit., p. 334.

97. *Correio Braziliense*, vol. XXIV, 1820, p. 516.

98. Simão José da Luz Soriano, *História da guerra civil e do estabelecimento do governo parlamentar em Portugal: Terceira epocha*. Lisboa: Imprensa Nacional, 1881, t. 1, p. 325.

99. Ibid., p. 327.

100. Ibid.

101. Ibid.

102. Ibid., p. 328.

103. Ibid., p. 330.

104. Ibid., p. 329.

105. Ibid., pp. 331-2.

106. Ibid., p. 333.

107. Jurandir Malerba, *A Corte no exílio: Civilização e poder no Brasil às vésperas da Independência (1808 a 1821)*. São Paulo: Companhia das Letras, 2000, p. 214.

108. Simão José da Luz Soriano, op. cit., pp. 333-4.

109. Ibid., p. 335.

110. Ibid. p. 336.

111. Roderick J. Barman, op. cit., p. 64.

112. *Correio Braziliense*, vol. xxv, 1820, p. 226.

113. Francisco Adolfo de Varnhagen, *História da Independência do Brasil*. Brasília: Senado Federal, 2010, p. 25.

114. Ibid., p. 27.

115. José Murilo de Carvalho, Lúcia Bastos e Marcello Basile, op. cit., p. 62.

4. AS CORTES CONSTITUINTES [pp. 112-46]

1. Claudia Valladão de Mattos, "Independência ou morte! O quadro, a academia e o projeto nacionalista do Império". In: Cecília Helena de Salles Oliveira e Claudia Valladão de Mattos (Orgs.), *O brado do Ipiranga*. São Paulo: Edusp; Imprensa Oficial, 1999, p. 97.

2. Otávio Tarquínio de Sousa, *História dos fundadores do Império do Brasil*. Rio de Janeiro: José Olympio, 1957, v. 9: Fatos e personagens em torno de um regime, p. 294.

3. Claudia Valladão de Mattos, op. cit., p. 94.

4. Hendrik Kraay, "A invenção do Sete de Setembro, 1822-1831". *Almanack Braziliense*, São Paulo, n. 11, pp. 52-61, maio 2010; Cecília Helena de Salles Oliveira, *7 de Setembro de 1822: A Independência do Brasil*. São Paulo: Companhia Editora Nacional, 2005.

5. Otávio Tarquínio de Sousa, *História dos fundadores do Império do Brasil*. Brasília: Senado Federal, 2015, v. 2: A vida de d. Pedro I, p. 397.

6. Valentim Alexandre, op. cit., p. 468.

7. Roderick J. Barman, op. cit., pp. 42-3.

8. Pablo Iglesias Magalhães e Lucas de Faria Junqueira, "A biblioteca de um estadista do Império: O inventário dos livros de José Lino Coutinho (1836)". *Almanack*, Guarulhos, v. 16, pp. 206-57, ago. 2017.

9. João José Reis, *A morte é uma festa: Ritos fúnebres e revolta popular no Brasil do século XIX*. São Paulo: Companhia das Letras, 1991, p. 252.

10. Thomas Wisiak, "Itinerário da Bahia na Independência do Brasil (1821-1823)". In: István Jancsó (Org.), *Independência: História e historiografia*. São Paulo: Hucitec, 2005, p. 451.

11. J. J. dos Reis e Vasconcellos, *Despachos e correspondência do duque de Palmela*. Lisboa: Imprensa Nacional, 1851, pp. 165-6.

12. Ibid., p. 171.

13. Valentim Alexandre, op. cit., pp. 522-3.

14. Ibid., p. 527.

15. Manuel de Oliveira Lima, *O movimento da Independência: 1821-1822*. Rio de Janeiro: Topbooks, 1997, p. 86.

16. Id., *Dom João VI no Brasil*. Rio de Janeiro: Topbooks, 1996, p. 667.

17. Valentim Alexandre, op. cit., p. 530.

18. Iara Lis Carvalho Souza, op. cit., p. 96.

19. Manuel de Oliveira Lima, *O movimento da Independência: 1821-1822*. Rio de Janeiro: Topbooks, 1997, p. 86.

20. Andréa Slemian, *Vida política em tempo de crise: Rio de Janeiro, 1808-1824*. São Paulo: Hucitec, 2006, p. 117.

21. Manuel Emílio Gomes de Carvalho, *Os deputados brasileiros nas Cortes Gerais de 1821*. Brasília: Senado Federal, 2003, p. 51.

22. Evaldo Cabral de Mello, *A outra Independência: O federalismo pernambucano de 1817 a 1824*. São Paulo: Editora 34, 2004, pp. 65-7.

23. Ibid., p. 69.

24. Documentos para a história da Independência, op. cit., p. 278.

25. Valentim Alexandre, op. cit., p. 537.

26. Iara Lis Carvalho Souza, op. cit., p. 71.

27. Kirsten Schultz, op. cit., p. 246.

28. Valentim Alexandre, op. cit., p. 572.

29. Andréa Slemian, *Vida política em tempo de crise: Rio de Janeiro, 1808-1824*. São Paulo: Hucitec, 2006, p. 125.

30. Valentim Alexandre, op. cit., pp. 575-9.

31. Ibid., p. 579.

32. Márcia Regina Berbel, op. cit., pp. 88-9.

33. Valentim Alexandre, op. cit., p. 587.

34. Márcia Regina Berbel, op. cit., p. 97.

35. João Luís Ribeiro Fragoso, op. cit., pp. 321-3.

36. Márcia Regina Berbel, op. cit., p. 97.

37. Diario das Cortes Geraes, Extraordinarias, e Constituintes da Nação Portugueza, 1821, p. 3484.

38. Ibid., p. 3543.

39. Valentim Alexandre, op. cit., p. 599.

40. Ibid., p. 590.

41. Ibid., p. 603.

42. Ibid., p. 600.

43. Helio Franchini Neto, op. cit., p. 132.

44. Ibid., p. 133.

45. John Armitage, op. cit., p. 52.

46. Ibid., p. 51.

47. Helio Franchini Neto, op. cit., p. 144.

48. Ibid., p. 145.

49. Ibid., p. 148.

50. José Honório Rodrigues, *Independência, revolução e contra-revolução: As Forças Armadas*. Rio de Janeiro: Biblioteca do Exército, 2002, p. 188.

51. Ibid.

52. Documentos para a história das Cortes Gerais da nação portuguesa [s.d.], p. 244.

53. Evaldo Cabral de Mello, *A outra Independência: O federalismo pernambucano de 1817 a 1824*. São Paulo: Editora 34, 2004, p. 79.

54. Ibid., p. 75.

55. Ibid.

56. Helio Franchini Neto, op. cit., p. 287.

57. Ibid., p. 288.

58. Luís Henrique Dias Tavares, *A Independência do Brasil na Bahia*. Rio de Janeiro: Civilização Brasileira, 1977, p. 31.

59. Helio Franchini Neto, op. cit., p. 297.

60. Ibid.

61. José Honório Rodrigues, *Independência, revolução e contra-revolução: As Forças Armadas*. Rio de Janeiro: Biblioteca do Exército, 2002, p. 230.

62. Luís Henrique Dias Tavares, op. cit., p. 50.

63. Márcia Regina Berbel, op. cit., pp. 133-4.

64. "Diário das Cortes Gerais e Extraordinárias da Nação Portuguesa 1822", [s.d.], p. 61.

65. Ibid., pp. 507-8.

66. Antonio Penalves Rocha, op. cit., pp. 74-5.

67. Ibid., p. 79.

68. Diario das Cortes Geraes, Extraordinarias, e Constituintes da Nação Portugueza, 1822, pp. 531-3.

69. Valentim Alexandre, op. cit., p. 628.

70. Antonio Penalves Rocha, op. cit., p. 83.

71. Evaldo Cabral de Mello, *A outra independência: O federalismo pernambucano de 1817 a 1824*. São Paulo: Editora 34,2004, p. 81.

72. Diario das Cortes Geraes, Extraordinarias, e Constituintes da Nação Portugueza, 1822, p. 596.

73. Ibid., p. 582.

74. Valentim Alexandre, op. cit., p. 623.

75. Diario das Cortes Geraes, Extraordinarias, e Constituintes da Nação Portugueza, 1822, p. 803.

76. Valentim Alexandre, op. cit., p. 641.

77. Ibid., pp. 641-2.

78. Márcia Regina Berbel, op. cit., p. 28; Valentim Alexandre, op. cit., p. 477.

79. Rui Ramos, Bernardo Vasconcelos e Sousa e Nuno Gonçalo Monteiro, op. cit., p. 484.

80. Valentim Alexandre, op. cit., p. 473.

81. Diario das Cortes Geraes, Extraordinarias, e Constituintes da Nação Portugueza, 1822, p. 1012; Valentim Alexandre, op. cit., p. 643.

82. Valentim Alexandre, op. cit., p. 661.

83. Diario das Cortes Geraes, Extraordinarias, e Constituintes da Nação Portugueza, 1822, p. 226.

84. Valentim Alexandre, op. cit., pp. 662-3.

85. Luís Henrique Dias Tavares, op. cit., pp. 74-6.

86. Ibid., p. 80.

87. Ibid., p. 82.

88. Otávio Tarquínio de Sousa, *História dos fundadores do Império do Brasil*, p. 395.

89. Márcia Regina Berbel, op. cit., p. 131.

90. Diario das Cortes Geraes, Extraordinarias, e Constituintes da Nação Portugueza, 1822, p. 654.

91. Ibid., pp. 558-9.

92. Valentim Alexandre, op. cit., p. 686.

93. Ibid., p. 697.

94. Iara Lis Carvalho Souza, op. cit., pp. 129-30.

95. Diario das Cortes Geraes, Extraordinarias, e Constituintes da Nação Portuguesa, 1822, p. 390.

96. Ibid., p. 391.

97. Ibid.

98. Ibid., p. 411.

99. Ibid., p. 523.

100. Ibid., p. 532.

101. Ibid., p. 537.

102. Valentim Alexandre, op. cit., p. 706.

103. Miriam Dolhnikoff, *O pacto imperial: Origens do federalismo no Brasil*. São Paulo: Globo Livros, 2005, pp. 55-6.

104. Pablo Iglesias Magalhães e Lucas de Faria Junqueira, op. cit., p. 209.

5. A FUGA [pp. 149-80]

1. Lilia Moritz Schwarcz, *A longa viagem da biblioteca dos reis: Do terremoto de Lisboa à Independência do Brasil*. São Paulo: Companhia das Letras, 2017, p. 283.

2. Jorge Miguel Viana Pedreira e Fernando Dores Costa, op. cit., pp. 173-6.

3. Ibid., p. 161.

4. Ibid., p. 157.

5. Charles Esdaile, *Napoleon's Wars: An International History*. Londres: Penguin, 2009, pp. 311-2.

6. Jorge Miguel Viana Pedreira e Fernando Dores Costa, op. cit., p. 59.

7. Valentim Alexandre, op. cit., pp. 101-27.

8. Jorge Miguel Viana Pedreira e Fernando Dores Costa, op. cit., p. 170.

9. Lilia Moritz Schwarcz, op. cit., p. 301.

10. Tobias Monteiro, *História do Império: A elaboração da independência*. Brasília: Senado Federal, 2018, p. 21.

11. Valentim Alexandre, op. cit., p. 132.

12. Jorge Miguel Viana Pedreira e Fernando Dores Costa, op. cit., p. 155.

13. Valentim Alexandre, op. cit., p. 161.

14. Ibid., p. 163.

15. Lilia Moritz Schwarcz, op. cit., p. 284.

16. Ibid., p. 287.

17. Ibid., p. 288.

18. Ibid., p. 292.

19. Ibid., p. 294.

20. Jorge Miguel Viana Pedreira e Fernando Dores Costa, op. cit., p. 188.

21. Tobias Monteiro, op. cit., p. 63.

22. Robert Harvey, *Liberators: Latin America's Struggle for Independence*. Woodstock: Overlook Press, 2002, p. 469.

23. Virgílio Noya Pinto, *O ouro brasileiro e o comércio anglo-português*. São Paulo: Companhia Editora Nacional, 1979, p. 114.

24. Leonor Freire Costa, Pedro Lains e Susana Münch Miranda, op. cit., pp. 218-9.

25. Jan de Vries, *The Industrious Revolution: Consumer Behavior and the Household Economy, 1650 to the Present*. Cambridge: Cambridge University Press, 2008, pp. 155-6.

26. arroba = 15 quilos.

27. Valentim Alexandre, op. cit., p. 26.

28. Nicholas F. R. Crafts, *British Economic Growth During the Industrial Revolution*. Oxford: Clarendon Press, 1985, p. 23.

29. Thales Augusto Zamberlan Pereira, The Cotton Trade and Brazilian Foreign Commerce During the Industrial Revolution São Paulo: USP, 2017. Tese (Doutorado em Economia do Desenvolvimento), p. 24.

30. Valentim Alexandre, op. cit., pp. 26-33.

31. Ibid., p. 34.

32. Jean-Baptiste Nardi, *O fumo brasileiro no período colonial: Lavoura, comércio e administração*. São Paulo: Brasiliense, 1996, pp. 335-43; Dauril Alden, "The Significance of Cacao Production in the Amazon Region During the Late Colonial Period: An Essay in Comparative Economic History". *Proceedings of the American Philosophical Society*, Filadélfia, v. 120, n. 2, pp. 103-35, 1976.

33. Fontes: cacau: Dauril Alden, "The Significance of Cacao Production in the Amazon Region During the Late Colonial Period: An Essay in Comparative Economic History" (*Proceedings of the American Philosophical Society*, Filadélfia, v. 120, n. 2, pp. 103-35, 1976); tabaco: Jean-Baptiste Nardi, op. cit.; açúcar: Dauril Alden, "Late Colonial Brazil, 1750-1808". In: Leslie Bethell (Ed.), *Colonial Brazil* (Cambridge; Nova York: Cambridge University Press, 1987. pp. 601-60).

34. Felipe Souza Melo, *O negócio de Pernambuco: Financiamento, comércio e transporte na segunda metade do século XVIII*. São Paulo: USP, 2017. Dissertação (Mestrado em História Econômica), p. 475.

35. João Rodrigues de Brito, *Cartas economico-politicas sobre a agricultura, e commercio da Bahia*. Lisboa: Imprensa Nacional, 1821, pp. 67-8.

36. Stuart B. Schwartz, *Segredos internos: Engenhos e escravos na sociedade colonial*. São Paulo: Companhia das Letras, 2011, p. 341-2.

37. Kenneth Maxwell, op. cit., p. 41.

38. Leslie Bethell (Ed.), *Colonial Brazil*. Cambridge: Cambridge University Press, 1987, p. 307.

39. Jacome Ratton, *Recordações de Jacome Ratton sobre ocorrências do seu tempo, de maio de 1747 a setembro de 1810*. 2. ed. Coimbra: Imprensa da Universidade, 1920.

40. João Rodrigues de Brito, op. cit., p. 68.

41. John Fisher, "Imperial 'Free Trade' and the Hispanic Economy, 1778-1796". *Journal of Latin American Studies*, Cambridge, v. 13, n. 1, p. 21, maio 1981.

42. João Rodrigues de Brito, op. cit.

43. Walter Hawthorne, *From Africa to Brazil: Culture, Identity, and an Atlantic Slave Trade, 1600-1830*. Cambridge: Cambridge University Press, 2010.

44. Walter Hawthorne, *From Africa to Brazil: Culture, Identity, and an Atlantic Slave Trade, 1600-1830*. Cambridge; Nova York: Cambridge University Press, 2010. Laird W. Bergad, *Slavery*

and the Demographic and Economic History of Minas Gerais, Brazil, 1720-1888. Nova York: Cambridge University Press, 1999. Thales Z. Pereira, *"Poor Man's Crop? Slavery in Brazilian Cotton Regions (1800-1850)"*. *Estudos Econômicos*, São Paulo, v. 48, n.4, 2018, pp. 623-55.

45. Larissa Virginia Brown, op. cit.

46. Ibid., p. 3.

47. Ibid., p. 4.

48. Ibid., p. 16.

49. Ibid., p. 17.

50. Louis-François de Tollenare, op. cit., p. 75.

51. Larissa Virginia Brown, op. cit., p. 301.

52. George F. Cabral de Souza, "Saciar para manter a ordem e o bem público: a Câmara Municipal do Recife e o problema do abastecimento da Vila (séculos xviii e xix)". *Locus: Revista de História*, v. 20, n. 1, pp. 111-27, 2014.

53. Larissa Virginia Brown, op. cit., p. 354.

54. Ibid., p. 425.

55. Ibid., p. 427.

56. Ibid., p. 432.

57. Arquivo Nacional, Junta do Comércio, caixa 448, pacote 1.

58. Ibid.

59. Roderick J. Barman, op. cit., pp. 12-3.

60. José Murilo de Carvalho, *A construção da ordem/Teatro de sombras*. Rio de Janeiro: Record, 2003, p. 15.

61. Arquivo Nacional, Junta do Comércio, caixa 448, pacote 1.

62. Celso Furtado, op. cit., p. 110.

63. Ibid., p. 109.

64. Ibid., p. 104.

65. Fernando A. Novais, op. cit., p. 107.

66. Ibid., pp. 109-10.

67. João Luís Ribeiro Fragoso e Manolo Florentino, op. cit.

68. João Luís Ribeiro Fragoso, op. cit., p. 105.

69. Ibid., p. 159.

70. Ibid., p. 243.

71. Ibid., pp. 60-1.

72. Ibid., p. 291.

73. Ibid., pp. 360-8.

74. João Luís Ribeiro Fragoso e Manolo Florentino, op. cit., p. 41.

75. Rafael Marquese e Dale Tomich, "O Vale do Paraíba escravista e a formação do mercado mundial do café no século xix". In: Keila Grinberg e Ricardo Salles (Orgs.), *Brasil imperial*. Rio de Janeiro: Civilização Brasileira, 2009, v. 2: 1831-1870, p. 343.

76. Eduardo Barros Mariutti, Luiz Paulo Ferreira Nogueról, Mário Danieli Neto. "Mercado interno colonial e grau de autonomia: Críticas às propostas de João Luís Fragoso e Manolo Florentino", *Estudos Econômicos*, São Paulo, v. 31, n. 2, abr.-jun. 2001, pp. 369-93.

77. Ibid., p. 359.

78. Joseph A. Francis, "Globalisation, the Terms of Trade, and Argentina's Expansion in the Long Nineteenth Century", *Journal of Latin American Studies*, Cambridge, v. 49, n.4, nov. 2017, pp. 709-38.

79. Stuart B. Schwartz, "Somebodies and Nobodies in the Body Politic: Mentalities and Social Structures in Colonial Brazil". *Latin American Research Review*, Austin, v. 31, n. 1, p. 117, 1996.

80. Jorge Miguel Viana Pedreira e Fernando Dores Costa, op. cit., pp. 193-7.

81. Patrick Wilcken, *Império à deriva: A Corte portuguesa no Rio de Janeiro, 1808-1821*. Rio de Janeiro: Objetiva, 2005, p. 56.

82. Evaldo Cabral de Mello, *A fronda dos mazombos: Nobres contra mascates, Pernambuco, 1666-1715*. São Paulo: Editora 34, 2003, p. 23.

83. Ibid., p. 21.

84. Maria Fernanda Bicalho, *A cidade e o Império: O Rio de Janeiro no século XVIII*. Rio de Janeiro: Record, 2003, pp. 312-3.

85. Ibid., p. 350.

86. Ibid., p. 351-2.

87. Luciano Figueiredo, "Pombal cordial: Reformas, fiscalidade e distensão política no Brasil, 1750-1777", in: FALCON, Francisco; RODRIGUES, Claudia (Orgs.), *A "época pombalina"no mundo luso-brasileiro*. Rio de Janeiro: Editora FGV, 2015. pp. 125-74.

88. Kenneth Maxwell, op. cit., p. 45.

89. Wilma Peres Costa, *Cidadãos e contribuintes: No Brasil do século XIX*. São Paulo: Alameda, 2020, p. 76.

90. Daniele Ferreira da Silva, *Colonialismo e fiscalidade na capitania de Pernambuco, 1770--1793*. Recife: UFPE, 2011. Dissertação (Mestrado em História), p. 86.

91. Kenneth Maxwell, op. cit., p. 67.

92. Ibid., p. 69.

93. Ibid., p. 144.

94. Patrick Wilcken, op. cit., p. 51.

95. Ibid., p. 52.

96. Otávio Tarquínio de Sousa, *História dos fundadores do Império do Brasil*. Brasília: Senado Federal, 2015, v. 2: A vida de d. Pedro I, pp. 52-3.

6. CUSTOS DO ABSOLUTISMO NA AMÉRICA [pp. 181-221]

1. Luiz Gonçalves dos Santos, *Memórias para servir à história do Reino do Brasil: Divididas em três épocas da felicidade, honra e glória: Escritas na Corte do Rio de Janeiro no ano de 1821*. Brasília: Senado Federal, 2013, pp. 344-5.

2. Ibid., pp. 345-50.

3. Ibid., pp. 414-7.

4. Ibid., pp. 434-40.

5. Kirsten Schultz, op. cit., p. 83.

6. Jurandir Malerba, *A Corte no exílio: Civilização e poder no Brasil às vésperas da Independência (1808 a 1821)*. São Paulo: Companhia das Letras, 2000, pp. 216-7.

7. Kirsten Schultz, op. cit., p. 151.

8. Jurandir Malerba, *A Corte no exílio: Civilização e poder no Brasil às vésperas da Independência (1808 a 1821)*. São Paulo: Companhia das Letras, 2000, p. 269.

9. Maria Fernanda de Olival, *Honra, mercê e venalidade: As ordens militares e o Estado moderno em Portugal (1641-1789)*. Évora: Universidade de Évora, 1999. Tese (Doutorado), pp. 25-7.

10. Simão José da Luz Soriano, op. cit., p. 335.

11. Louis-Claude Desaulses de Freycinet et al., op. cit., pp. 297-313.

12. William Doyle, op. cit., p. 41.

13. James Henderson, *A History of the Brazil: Comprising Its Geography, Commerce, Colonization Aboriginal Inhabitants*. Londres: Longman, 1821, p. 82.

14. Jurandir Malerba, *A Corte no exílio: Civilização e poder no Brasil às vésperas da Independência (1808 a 1821)*. São Paulo: Companhia das Letras, 2000, pp. 236-44.

15. Ben Hughes, *The British Invasion of the River Plate 1806-1807: How the Redcoats Were Humbled and a Nation Was Born*. Barnsley: Pen & Sword Books, 2013, p. 60.

16. Ibid., p. 67.

17. John Street, *Artigas and the Emancipation of Uruguay*. Cambridge: Cambridge University Press, 2008, pp. 80-1.

18. Ibid., p. 79.

19. Ben Hughes, op. cit., p. 55.

20. Candido Baptista de Oliveira, *Systema financial do Brasil*. São Petersburgo: Typographia Privilegiada de Fischer, 1842, p. 53.

21. John Street, op. cit., p. 18.

22. Ibid., p. 20.

23. Ibid., p. 34.

24. Fabrício Prado, *Edge of Empire: Atlantic Networks and Revolution in Bourbon Río de La Plata*. Berkeley: University of California Press, 2015, p. 156; John Street, op. cit., p. 86.

25. Ibid., p. 87.

26. Ibid., p. 157.

27. John Street, op. cit., p. 114-5.

28. Fabrício Prado, op. cit., p. 153.

29. Richard Graham, *Independence in Latin America: Contrasts and Comparisons*. Austin: University of Texas Press, 2013, p. 76.

30. John Street, op. cit., pp. 117-8.

31. Alan K. Manchester, *British Preeminence in Brazil: Its Rise and Decline*. Nova York: Octagon Books, 1972, pp. 112-3.

32. John Street, op. cit., p. 142.

33. Ibid., p. 148.

34. Ibid., pp. 149-51.

35. Alan K. Manchester, op. cit., p. 133; João Paulo Garrido Pimenta, *Estado e nação no fim dos impérios ibéricos no Prata (1808-1828)*. São Paulo: Hucitec, 2006, pp. 103-4.

36. Fabrício Prado, op. cit., p. 159.

37. Richard Graham, *Feeding the City: From Street Market to Liberal Reform in Salvador, Brazil, 1780-1860*. Austin: University of Texas Press, 2010; Harold B. Johnson Jr., "Money and Prices in Rio de Janeiro (1720-1860)". In: *L'Histoire quantitative de Brésil de 1800 a 1930*. Paris: Centre National de la Recherche Scientifique, 1973, p. 43.

38. João Pandiá Calógeras, *A política monetária do Brasil*. São Paulo: Companhia Editora Nacional, 1960, pp. 12-22.

39. Alejandra Irigoin, "The End of a Silver Era: The Consequences of the Breakdown of the Spanish Peso Standard in China and the United States, 1780s-1850s". *Journal of World History*, Honolulu, v. 20, n. 2, p. 212, 2009; Candido Baptista de Oliveira, op. cit.

40. Horace Say, *Histoire des relations commerciales entre la France et le Brésil: Et Considérations genérales sur les monnaies, les changes, les banques et le commerce extérieur*. Paris: Guillaumin, 1839.

41. Brasil, Ministério da Fazenda, "Relatorio da Commissão de Inquerito", 10 out. 1859, p. 383.

42. *Correio Braziliense*, vol. xxii, 1819, p. 90.

43. Candido Baptista de Oliveira, op. cit., p. 54.

44. John Luccock, *Notes on Rio de Janeiro, and the Southern Parts of Brazil; Taken During a Residence of Ten Years in That Country, from 1808-1818*, [s.d.], p. 584.

45. Candido de Azeredo Coutinho, *Estudos sobre a circulação mettalica no Brazil e a creação da Casa da Moeda até o ano de 1809*. Rio de Janeiro: Casa da Moeda, 1904, p. 103.

46. John Street, op. cit., pp. 114-6.

47. Richard Graham, *Independence in Latin America: Contrasts and Comparisons*. Austin: University of Texas Press, 2013, p. 77.

48. John Street, op. cit., p. 77.

49. Ibid., p. 284.

50. Alan K. Manchester, op. cit., p. 138.

51. Ibid., p. 139.

52. John Street, op. cit., pp. 295-9.

53. Alan K. Manchester, op. cit., p. 141.

54. Freycinet et al., op. cit., pp. 297-313.

55. Wilma Peres Costa, "Do domínio à nação: Os impasses da fiscalidade no processo de independência". In: István Jancsó (Org.), *Brasil: Formação do Estado e da nação*. São Paulo: Hucitec, 2011, pp. 171-2.

56. Adrien Balbi, *Essai statistique sur le royaume de Portugal et d'Algarve comparé aux autres états de l'Europe*. Paris: Rey et Gravier, 1822, v. 1, p. 302.

57. Liberato de Castro Carreira, *Historia financeira e orçamentaria do Imperio do Brazil desde a sua fundação, precedida de alguns apontamentos acerca da sua Independencia*. Rio de Janeiro: Imprensa Nacional, 1889, p. 82.

58. Manuel de Oliveira Lima, *Dom João VI no Brasil*. Rio de Janeiro: Topbooks, 1996.

59. Roberto C. Simonsen, *História econômica do Brasil, 1500-1820*. São Paulo: Companhia Editora Nacional, 1957.

60. Tomás António de Vilanova Portugal, "Quadros financeiros, balanços e minutas sobre a administração do ministro Tomás António de Vilanova Portugal". Biblioteca Nacional, 1830.

61. Brasil, Ministério da Fazenda, "Relatorio da Commissão de Inquerito", 10 out. 1859, p. 383; Tomás António de Vilanova Portugal, op. cit.

62. Roberto C. Simonsen, op. cit., p. 426.

63. José Tengarrinha, op. cit., p. 610.

64. Afonso Arinos de Melo Franco, op. cit., p. 29.

65. Ibid., p. 50.

66. Ibid.

67. Harold B. Johnson Jr., "A Preliminary Inquiry into Money, Prices, and Wages in Rio de Janeiro, 1763-1823". In: Dauril Alden (Ed.), *Colonial Roots of Modern Brazil*. Berkeley: University of California Press, 1973, p. 244.

68. Afonso Arinos de Melo Franco, op. cit., p. 52.

69. Harold B. Johnson Jr., "A Preliminary Inquiry into Money, Prices, and Wages in Rio de Janeiro, 1763-1823". In: Dauril Alden (Ed.), *Colonial Roots of Modern Brazil*. Berkeley: University of California Press, 1973, p. 244.

70. *Correio Braziliense*, vol. xv, 1815, p. 85.

71. Ibid., p. 372.

72. Horace Say, op. cit., p. 93.

73. Harold B. Johnson Jr., "A Preliminary Inquiry into Money, Prices, and Wages in Rio de Janeiro, 1763-1823". In: Dauril Alden (Ed.), *Colonial Roots of Modern Brazil*. Berkeley: University of California Press, 1973, p. 244; Afonso Arinos de Melo Franco, op. cit.

74. Horace Say, op. cit., p. 93.

75. Jeremy Adelman, op. cit., p. 331.

76. John Maynard Keynes, *A Tract on Monetary Reform*. (The Collected Writings of John Maynard Keynes, vol. 4) Cambridge: Cambridge University Press, 1978, pp. 52-3.

77. Larissa Virginia Brown, op. cit., p. 69.

78. Harold B. Johnson Jr., "A Preliminary Inquiry into Money, Prices, and Wages in Rio de Janeiro, 1763-1823". In: Dauril Alden (Ed.), *Colonial Roots of Modern Brazil*. Berkeley: University of California Press, 1973, pp. 268-83.

79. Arquivo Nacional, Junta do Comércio, caixa 448, pacote 1

80. Harold B. Johnson Jr., "A Preliminary Inquiry into Money, Prices, and Wages in Rio de Janeiro, 1763-1823". In: Dauril Alden (Ed.), *Colonial Roots of Modern Brazil*. Berkeley: University of California Press, 1973, p. 277.

81. Ibid., p. 272.

82. Para facilitar a visualização, calculamos médias locais para suavizar a tendência do gráfico. Os pontos e quadrados em cinza claro são as estimativas do custo da cesta de alimentos para o Rio de Janeiro e Salvador, respectivamente. Sobre a metodologia para a construção do índice, ver Molinder, Pereira, Prado (2022).

83. Robert C. Allen, "The Great Divergence in European Wages and Prices from the Middle Ages to the First World War". *Explorations in Economic History*, Cambridge, v. 38, n. 4, pp. 411-47, out. 2001.

84. Julio Djenderedjian e Juan Luis Martirén, "Consumption Baskets and Cost of Living in Southern Late Colonial Brazil: Rio Grande, 1772-1823". *Revista de Historia Económica/Journal of Iberian and Latin American Economic History*, Cambridge v. 38, n. 2, set. 2020, pp. 279-309.

85. Salário real é o salário nominal de 250 dias de trabalho por ano dividido pela cesta de consumo anual de uma família com quatro pessoas. Para facilitar a visualização, omitimos os

dados para os capelães após 1822 e calculamos médias locais para suavizar a tendência do gráfico. Os pontos e quadrados em cinza claro são os cálculos dos salários nominais divididos pela cesta de alimentos.

86. Biblioteca Nacional, [Documentos oficiais do governo da Bahia] [Manuscrito, ii – 34, 2, 43]. 1818/1820. Acervo Digital.

87. Biblioteca Nacional, [Representação dos cônegos de ambas as hierarquias e beneficiários capelães da Real Capela a S.M. suplicando fossem aumentadas as côngruas] [Manuscrito, ii – 34, 26, 017]. 1818. Acervo Digital.

88. Angelo Pereira, op. cit., pp. 304-8.

89. Afonso Arinos de Melo Franco, op. cit., p. 83.

90. Armando Seixas Ferreira, *1821: O regresso do rei*. São Paulo: Planeta, 2021.

91. Afonso Arinos de Melo Franco, op. cit., pp. 83-5.

92. Ibid., pp. 88-91.

93. Brasil, Assembleia Geral, Constituinte e Legislativa, *Diário da Assembleia Geral, Constituinte e Legislativa do Império do Brasil, 1823*. Brasília: Senado Federal, Conselho Editorial, 2003, p. 16.

94. Diario das Cortes Geraes, Extraordinarias, e Constituintes da Nação Portugueza, 1821, p. 1210.

95. Ibid., pp. 1210-1.

96. Ibid., p. 1215.

97. Afonso Arinos de Melo Franco, op. cit., p. 94.

98. Jeremy Adelman, op. cit., p. 341.

99. Collecção das leis do Imperio do Brazil, Typographia Nacional, 1887, p. 128.

100. Ibid., p. 136.

101. Luiz Gonçalves dos Santos, op. cit., pp. 269-73.

102. Marcos Carneiro de Mendonça, op. cit., pp. 445-8.

103. Kirsten Schultz, op. cit., p. 238.

104. Ibid., p. 246.

105. Ibid., p. 247.

106. Patrick Wilcken, op. cit., p. 286.

107. Neill Macaulay, *Dom Pedro I: A luta pela liberdade no Brasil e em Portugal, 1798-1834*. Rio de Janeiro: Record, 1993, p. 107.

7. ALERTA! [pp. 225-55]

1. Otávio Tarquínio de Sousa, *História dos fundadores do Império do Brasil*. Brasília: Senado Federal, 2018, v. 5: Diogo Antônio Feijó, pp. 68-70; Márcia Regina Berbel, op. cit., p. 193; Valentim Alexandre, op. cit., p. 706.

2. Diario das Cortes Geraes, Extraordinarias, e Constituintes da Nação Portugueza, 1822, pp. 390-411.

3. Ibid., p. 480.

4. Ibid., pp. 487-8.

5. Marco Morel, *Cipriano Barata na sentinela da liberdade*. Salvador: Academia de Letras da Bahia, 2001, p. 55.

6. Paulo Garcia, *Cipriano Barata ou A liberdade acima de tudo*. Rio de Janeiro: Topbooks, 1997, pp. 54-5.

7. Ibid., p. 45.

8. Isaiah Berlin, *The Roots of Romanticism*. 2. ed. Princeton: Princeton University Press, 2013.

9. Isabel Lustosa, *Insultos impressos: A guerra dos jornalistas na Independência, 1821-1823*. São Paulo: Companhia das Letras, 2000, pp. 139-40.

10. Diario das Cortes Geraes, Extraordinarias, e Constituintes da Nação Portugueza, 1822, p. 583.

11. Ibid., p. 491.

12. *Correio Braziliense*, vol. xxix, 1822, p. 458.

13. Diario das Cortes Geraes, Extraordinarias, e Constituintes da Nação Portugueza, 1822, pp. 493-4. Grifos nossos.

14. Ibid., pp. 523-37.

15. Otávio Tarquínio de Sousa, *História dos fundadores do Império do Brasil*. Brasília: Senado Federal, 2018, v. 5: Diogo Antônio Feijó, pp. 64-5.

16. Valentim Alexandre, op. cit., p. 706.

17. Otávio Tarquínio de Sousa, *História dos fundadores do Império do Brasil*. Brasília: Senado Federal, 2018, v. 5: Diogo Antônio Feijó, pp. 68-70.

18. Paulo Garcia, op. cit., p. 81.

19. Roderick J. Barman, op. cit., pp. 97-100.

20. Miriam Dolhnikoff, *José Bonifácio*. São Paulo: Companhia das Letras, 2012, p. 139 (Coleção Perfis Brasileiros).

21. Ibid. pp. 15-36.

22. Isabel Lustosa, *D. Pedro I*. São Paulo: Companhia das Letras, 2006, pp. 142-4 (Coleção Perfis Brasileiros).

23. Ibid., p. 145.

24. Miriam Dolhnikoff, *José Bonifácio*. São Paulo: Companhia das Letras, 2012, pp. 171-6 (Coleção Perfis Brasileiros).

25. Isabel Lustosa, *Insultos impressos: A guerra dos jornalistas na Independência, 1821--1823*. São Paulo: Companhia das Letras, 2000, pp. 257-62; Miriam Dolhnikoff, *José Bonifácio*. São Paulo: Companhia das Letras, 2012, pp. 180-8 (Coleção Perfis Brasileiros); Isabel Lustosa, *D. Pedro I*. São Paulo: Companhia das Letras, 2006, pp. 150-5 (Coleção Perfis Brasileiros).

26. Id., *Insultos impressos: A guerra dos jornalistas na Independência, 1821-1823*. São Paulo: Companhia das Letras, 2000, p. 254.

27. Miriam Dolhnikoff, *José Bonifácio*. São Paulo: Companhia das Letras, 2012, p. 220 (Coleção Perfis Brasileiros).

28. Paulo Garcia, op. cit., p. 81.

29. Marco Morel, op. cit., 164-82.

30. *Sentinella da Liberdade na Guarita de Pernambuco*, n. 5, 23 abr. 1823.

31. Ibid.

32. José Honório Rodrigues, *A Assembleia Constituinte de 1823*. Petrópolis: Vozes, 1974, p. 29.

33. Roderick J. Barman, op. cit., p. 110.

34. Isabel Lustosa, *Insultos impressos: A guerra dos jornalistas na Independência, 1821--1823*. São Paulo: Companhia das Letras, 2000, p. 281; Andréa Slemian, *Sob o império das leis: Constituição e unidade nacional na formação do Brasil (1822-1834)*. São Paulo: USP, 2006. Tese (Doutorado em História Social), pp. 80-1.

35. Ibid., pp. 95-7.

36. Roderick J. Barman, op. cit., pp. 114-5.

37. *Sentinella da Liberdade na Guarita de Pernambuco*, n. 9, 3 maio 1823.

38. Richard Graham, "'Ao mesmo tempo sitiantes e sitiados': A luta pela subsistência em Salvador (1822-1823)". In: István Jancsó (Org.), *Independência: História e historiografia*. São Paulo: Hucitec, 2005, p. 411.

39. Ibid.

40. *Sentinella da Liberdade na Guarita de Pernambuco*, n. 9, 3 maio 1823.

41. Helio Franchini Neto, op. cit., pp. 332-5.

42. Richard Graham, "'Ao mesmo tempo sitiantes e sitiados': A luta pela subsistência em Salvador (1822-1823)". In: István Jancsó (Org.), *Independência: História e historiografia*. São Paulo: Hucitec, 2005, p. 415.

43. Ibid., p. 433; José Honório Rodrigues, *Independência, revolução e contra-revolução: As Forças Armadas*. Rio de Janeiro: Biblioteca do Exército, 2002, pp. 239-40.

44. Richard Graham, "'Ao mesmo tempo sitiantes e sitiados': A luta pela subsistência em Salvador (1822-1823)". In: István Jancsó (Org.), *Independência: História e historiografia*. São Paulo: Hucitec, 2005, p. 412; Helio Franchini Neto, op. cit., p. 330.

45. Ibid., p. 366.

46. José Honório Rodrigues, *Independência, revolução e contra-revolução: As Forças Armadas*. Rio de Janeiro: Biblioteca do Exército, 2002, p. 253.

47. *Sentinella da Liberdade na Guarita de Pernambuco*, n. 9, 3 maio 1823.

48. *Sentinella da Liberdade na Guarita de Pernambuco*, n. 19, 7 jun. 1823.

49. *Sentinella da Liberdade na Guarita de Pernambuco*, n. 27, 5 jul. 1823.

50. Valentim Alexandre, op. cit., pp. 753-5.

51. Miriam Dolhnikoff, *José Bonifácio*. São Paulo: Companhia das Letras, 2012, pp. 230-2 (Coleção Perfis Brasileiros).

52. Roderick J. Barman, op. cit., p. 115; Isabel Lustosa, *D. Pedro I*. São Paulo: Companhia das Letras, 2006, p. 166 (Coleção Perfis Brasileiros); Miriam Dolhnikoff, *José Bonifácio*. São Paulo: Companhia das Letras, 2012, pp. 230-4 (Coleção Perfis Brasileiros).

53. Liberato de Castro Carreira, op. cit., p. 97.

54. Roderick J. Barman, op. cit., p. 107.

55. Miriam Dolhnikoff, *José Bonifácio*. São Paulo: Companhia das Letras, 2012, p. 233 (Coleção Perfis Brasileiros).

56. Roderick J. Barman, op. cit., p. 110.

57. Isabel Lustosa, *Insultos impressos: A guerra dos jornalistas na Independência, 1821--1823*. São Paulo: Companhia das Letras, 2000, p. 335.

58. Id., *D. Pedro I*. São Paulo: Companhia das Letras, 2006, pp. 177-8 (Coleção Perfis Brasileiros).

59. Roderick J. Barman, op. cit., p. 117; Andréa Slemian, *Sob o império das leis: Constituição e unidade nacional na formação do Brasil (1822-1834)*. São Paulo: USP, 2006. Tese (Doutorado em História Social), pp. 132-3.

60. Roderick J. Barman, op. cit., p. 117.

61. *Sentinella da Liberdade na Guarita de Pernambuco*, n. 54, 8 out. 1823.

62. Ibid.

63. Marco Morel, op. cit., p. 182.

64. *Diário da Assembleia Geral, Constituinte e Legislativa do Império do Brasil*, p. 432, 19 jul. 1823.

65. Marco Morel, op. cit., p. 173.

66. Ibid., p. 175.

67. *Sentinella da Liberdade na Guarita de Pernambuco*, n. 66, 19 nov. 1823.

68. Ibid.

69. Ibid.

70. Roderick J. Barman, op. cit., p. 117.

71. Agenor de Roure, *Formação constitucional do Brasil*. Brasília: Senado Federal, 2016, pp. 222-3; Isabel Lustosa, *Insultos impressos: A guerra dos jornalistas na Independência, 1821--1823*. São Paulo: Companhia das Letras, 2000, p. 398.

72. Ibid., pp. 370-2.

73. Ibid., p. 378.

74. Id., *D. Pedro I*. São Paulo: Companhia das Letras, 2006, p. 168 (Coleção Perfis Brasileiros).

75. Roderick J. Barman, op. cit., p. 117.

76. Isabel Lustosa, *Insultos impressos: A guerra dos jornalistas na Independência, 1821-1823*. São Paulo: Companhia das Letras, 2000, p. 400.

77. Ibid.

78. José Honório Rodrigues, *A Assembleia Constituinte de 1823*. Petrópolis: Vozes, 1974, p. 203.

79. Francisco Adolfo de Varnhagen, *História da Independência do Brasil*. Brasília: Senado Federal, 2010, p. 264.

80. Isabel Lustosa, *Insultos impressos: A guerra dos jornalistas na Independência, 1821-1823*. São Paulo: Companhia das Letras, 2000, pp. 400-3; Miriam Dolhnikoff, *José Bonifácio*. São Paulo: Companhia das Letras, 2012, pp. 247-53 (Coleção Perfis Brasileiros).

81. Marco Morel, op. cit., p. 199.

8. NAVIOS-FANTASMAS [pp. 256-85]

1. *Sentinella da Liberdade na Guarita de Pernambuco*, n. 7, 26 abr. 1823.

2. *Sentinella da Liberdade na Guarita de Pernambuco*, n. 27, 5 jul. 1823.

3. *O Espelho*, n. 136, 7 mar. 1823.

4. *O Espelho*, n. 156, 16 maio 1823.

5. Thales A. Zamberlan Pereira, "The Rise of the Brazilian Cotton Trade in Britain During the Industrial Revolution". *Journal of Latin American Studies*, Cambridge, v. 50, n. 4, pp. 919-49, nov. 2018.

6. Ângelo Carrara, *Fiscalidade e formação do Estado brasileiro (1808-1889)*. Juiz de Fora: Editora UFJF, 2014. Tese (Livre Docência), p. 239.

7. Henry Smithers, *Liverpool, Its Commerce, Statistics, and Institutions: With a History of the Cotton Trade*. Liverpool: T. Kaye, 1825; Alexey Krichtal, *Liverpool and the Raw Cotton Trade: A Study of the Port and Its Merchant Community, 1770-1815*. Wellington: Victoria University of Wellington, 2013. Dissertação (Mestrado em Artes).

8. Luiz Felipe de Alencastro, *O trato dos viventes: Formação do Brasil no Atlântico Sul*. São Paulo: Companhia das Letras, 2000, pp. 57-9.

9. Arquivo Nacional, Junta do Comércio, caixa 448, pacote 1.

10. Valentim Alexandre, op. cit., p. 729.

11. Diario das Cortes da Nação Portugueza: Segunda Legislatura, 1822, pp. 312-3.

12. André Roberto de A. Machado, "As esquadras imaginárias: No extremo norte, episódios do longo processo de independência do Brasil". In: István Jancsó (Org.), *Independência: História e historiografia*. São Paulo: Hucitec, 2005, p. 335.

13. Roderick J. Barman, op. cit., p. 66.

14. Evaldo Cabral de Mello, *A outra Independência: O federalismo pernambucano de 1817 a 1824*. São Paulo: Editora 34, 2004, p. 142.

15. Ibid., p. 186; Charles K. Webster (Ed.), *Britain and the Independence of Latin America, 1812-1830: Select Documents from the Foreign Office Archives*. Londres: Oxford University Press, 1938, v. 1, pp. 240-1.

16. Evaldo Cabral de Mello, *A outra Independência: O federalismo pernambucano de 1817 a 1824*. São Paulo: Editora 34, 2004, p. 115.

17. Stanley L. Engerman, Kenneth L. Sokoloff e Elisa V. Mariscal, "The Evolution of Schooling: 1800-1925". In: Stanley L. Engerman e Kenneth L. Sokoloff. *Economic Development in the Americas since 1500: Endowments and Institutions*. Cambridge: Cambridge University Press, 2011, pp. 121-67.

18. José Murilo de Carvalho, op. cit., pp. 65-70.

19. Ibid., p. 84.

20. Ibid., pp. 229-30.

21. Hermes Lima, "Prefácio". In: *Obras completas de Rui Barbosa: Vol. XVI, 1889*. Rio de Janeiro: Ministério da Educação e Saúde, 1947, t. 1: Queda do Império.

22. José Murilo de Carvalho, op. cit., pp. 18-9.

23. João José Reis e Eduardo Silva, *Negociação e conflito: A resistência negra no Brasil escravista*. São Paulo: Companhia das Letras, 1999, p. 90.

24. Ibid., pp. 92-3.

25. Rafael de Bivar Marquese, "Escravismo e Independência: A ideologia da escravidão no Brasil, em Cuba e nos Estados Unidos nas décadas de 1810 e 1820". In: István Jancsó (Org.), *Independência: História e historiografia*. São Paulo: Hucitec, 2005, pp. 826-7.

26. Evaldo Cabral de Mello, *A outra independência: O federalismo pernambucano de 1817 a 1824*. São Paulo: Editora 34, 2004, p. 122.

27. Ibid., p. 114.

28. Id., *Rubro veio: O imaginário da restauração pernambucana*. São Paulo: Alameda, 2008, p. 18.

29. André Roberto de A. Machado, op. cit., p. 324.

30. Marcelo Cheche Galves, "Demandas provinciais nas Cortes constitucionais portuguesas: Izidoro Rodrigues Pereira, Maranhão, 1822". *Anais do XXVI Simpósio Nacional de História*, Anpuh, 2011, p. 4.

31. André Roberto de A. Machado, op. cit., 315-6.

32. *Correio Braziliense*, vol. xxix, 1822, p. 622.

33. Helio Franchini Neto, op. cit., pp. 403-4.

34. Ibid., p. 410.

35. Ibid., p. 411.

36. Ibid., pp. 434-7.

37. Ibid., p. 462.

38. Roderick J. Barman, op. cit., p. 105.

39. Helio Franchini Neto, op. cit., p. 430.

40. Ibid., pp. 437-43.

41. Ibid., p. 446.

42. André Roberto de A. Machado, op. cit., pp. 336-9.

43. Charles Wentz Fehrenbach, "Moderados and Exaltados: The Liberal Opposition to Ferdinand vii, 1814-1823". *Hispanic American Historical Review*, v. 50, n. 1, pp. 63-4, 1 fev. 1970.

44. Rui Ramos, Bernardo Vasconcelos e Sousa e Nuno Gonçalo Monteiro, op. cit., p. 500.

45. Valentim Alexandre, op. cit., p. 715.

46. Ibid., pp. 718-21.

47. *Diario do Governo*, 3 fev. 1823, p. 211.

48. Luís Espinha da Silveira, op. cit.

49. Valentim Alexandre, op. cit., p. 731.

50. Ibid., pp. 731-4.

51. Ibid., p. 734.

52. Rui Ramos, Bernardo Vasconcelos e Sousa Nuno Gonçalo e Monteiro, op. cit., p. 500.

53. Ibid., p. 501.

54. Valentim Alexandre, op. cit., p. 751.

55. Helio Franchini Neto, op. cit., pp. 468-9.

56. Ibid., pp. 476-80.

57. José Honório Rodrigues, *Independência, revolução e contra-revolução: As Forças Armadas*. Rio de Janeiro: Biblioteca do Exército, 2002, pp. 291-2.

58. Mattias Röhrig Assunção, "Miguel Bruce e os 'horrores da anarquia' no Maranhão, 1822-1827". In: István Jancsó (Org.), *Independência: História e historiografia*. São Paulo: Hucitec, 2005, p. 351.

59. Ibid., p. 350.

60. Thomas Cochrane (conde de Dundonald), *Narrative of Services in the Liberation of Chili, Peru and Brazil, from Spanish and Portuguese Domination*. Project Gutenberg, 2004, v. 2, p. 118.

61. José Honório Rodrigues, *Independência, revolução e contra-revolução: As Forças Armadas*. Rio de Janeiro: Biblioteca do Exército, 2002, p. 295.

62. André Roberto de A. Machado, op. cit., p. 342.

63. Ibid.

64. Roderick J. Barman, op. cit., p. 105.

9. ASCENSÃO E QUEDA DE D. PEDRO [pp. 286-323]

1. Isabel Lustosa, *D. Pedro I*. São Paulo: Companhia das Letras, 2006, p. 59 (Coleção Perfis Brasileiros).

2. Philip T. Hoffman, *Why Did Europe Conquer the World?* Princeton: Princeton University Press, 2015, p. 19.

3. Otávio Tarquínio de Sousa, *História dos fundadores do Império do Brasil*. Brasília: Senado Federal, 2015, v. 2: A vida de d. Pedro I, p. 516.

4. Evaldo Cabral de Mello, *A outra Independência: O federalismo pernambucano de 1817 a 1824*. São Paulo: Editora 34, 2004, p. 152.

5. Otávio Tarquínio de Sousa, *História dos fundadores do Império do Brasil*. Brasília: Senado Federal, 2015, v. 2: A vida de d. Pedro I, p. 539.

6. Evaldo Cabral de Mello, *A outra Independência: O federalismo pernambucano de 1817 a 1824*. São Paulo: Editora 34, 2004, p. 170.

7. Francisco Adolfo de Varnhagen, *História da Independência do Brasil*. Brasília: Senado Federal, 2010, pp. 277-9.

8. Christian Edward Cyril Lynch, *O momento monarquiano: O poder Moderador e o pensamento político imperial*. Rio de Janeiro: Iuperj, 2007. Tese (Doutorado em Ciência Política) pp., 121-5.

9. Ibid., p. 137.

10. Mark Dincecco, *State Capacity and Economic Development: Present and Past*. Cambridge: Cambridge University Press, 2017, p. 16. Douglass C. North e Barry R. Weingast, op. cit.

11. Roderick J. Barman, op. cit., pp. 132-3.

12. Evaldo Cabral de Mello, *A outra Independência: O federalismo de 1817 a 1824*. São Paulo: Editora 34, 2004, p. 170.

13. Miriam Dolhnikoff, *José Bonifácio*. São Paulo: Companhia das Letras, 2012, p. 254 (Coleção Perfis Brasileiros).

14. Roderick J. Barman, op. cit., p. 121; Evaldo Cabral de Mello, *A outra Independência: O federalismo pernambucano de 1817 a 1824*. São Paulo: Editora 34, 2004, p. 160.

15. Ibid., p. 159.

16. Ibid., pp. 161-4.

17. Ibid., pp. 180-5.

18. Ibid., p. 123.

19. Ibid., pp. 201-2.

20. Ibid., p. 203.

21. Valentim Alexandre, op. cit., p. 758.

22. Roderick J. Barman, op. cit., p. 116.

23. Jorge Miguel Viana Pedreira e Fernando Dores Costa, op. cit., p. 418.

24. Valentim Alexandre, op. cit., pp. 758-61.

25. Evaldo Cabral de Mello, *A outra Independência: O federalismo pernambucano de 1817 a 1824*. São Paulo: Editora 34, 2004, p. 204.

26. Barry R. Weingast, "The Economic Role of Political Institutions: Market-Preserving Federalism and Economic Development". *Journal of Law, Economics, & Organization*, Oxford, v. 11, n. 1, 1995, p. 1.

27. Mark Dincecco, *State Capacity and Economic Development: Present and Past*. Cambridge: Cambridge University Press, 2017.

28. Roderick J. Barman, op. cit., p. 122.

29. Ulysses de Carvalho Soares Brandão, *Pernambuco de outrora: A Confederação do Equador*. Recife: Instituto Archeologico e Geographico Pernambucano, 1924, pp. 206-8.

30. Evaldo Cabral de Mello, *A outra Independência: O federalismo pernambucano de 1817 a 1824*. São Paulo: Editora 34, 2004, pp. 203-8.

31. Johann Jakob Sturz, op. cit., p. 10.

32. William Roderick Summerhill, op. cit., p. 56.

33. Evaldo Cabral de Mello, *A outra Independência: O federalismo pernambucano de 1817 a 1824*. São Paulo: Editora 34, 2004, p. 222.

34. Ibid.

35. Ibid., p. 225.

36. Id., *Rubro veio: O imaginário da restauração pernambucana*. São Paulo: Alameda, 2008, p. 18.

37. Valentim Alexandre, op. cit., p. 129.

38. John Street, op. cit., p. 333.

39. Ibid., pp. 341-5.

40. Philip T. Hoffman, *Why Did Europe Conquer the World?* Princeton: Princeton University Press, 2015, p. 26.

41. *Diario Fluminense*, n. 97, 2 maio 1829.

42. *A Aurora Fluminense*, n. 179, 18 abr. 1829.

43. Marco Morel, op. cit., pp. 201-4; Paulo Garcia, op. cit., pp. 88-9.

44. Brasil, Ministério da Fazenda, "Demonstração da receita e despesa do Thesouro Público em todo o ano de 1824", 1825; Brasil, Ministério da Fazenda, "Demonstração da receita e despesa do Thesouro Público do Rio de Janeiro em todo o ano de 1825", 1826.

45. André Arruda Villela, "As estatísticas de receitas e despesas do governo do Império do Brasil: Uma proposta de revisão", 2022.

46. Ministério da Fazenda, "Parecer da Commissão de Fazenda da Camara dos Deputados da Assembléa Geral Legislativa do Imperio do Brasil sobre o relatorio do ministro e secretario de Estado dos Negocios da Fazenda enviado à mesma Camara; em que se expoem o estado da administração, arrecadação e destribuição das rendas nacionaes, e orçamento das despezas para o ano de 1827. Lido na sessão de 18 de agosto de 1826, e publicado a 28 do mesmo mez. Relatorio ou exposição do ministro da Fazenda sobre o estado da administração respectiva: Exposição do estado da fazenda nacional do Imperio do Brasil em fim do anno de 1825, com o orçamento da renda, e despeza, que poderá ter lugar no corrente anno de 1826", 1826.

47. Brasil, Ministério da Fazenda, "Demonstração da receita e despeza do Thesouro nacional. Divida activa e passiva. Orçamento para o anno futuro. Balanço do emprestimo em Londres", 1827.

48. Otávio Tarquínio de Sousa. *História dos fundadores do Império do Brasil*. Brasília: Senado Federal, 2015, v. 2: A vida de d. Pedro I. p. 585.

49. William Roderick Summerhill, op. cit., p. 56.

50. Brasil, Ministério da Fazenda, "Demonstração da receita e despeza do Thesouro nacional. Divida activa e passiva. Orçamento para o anno futuro. Balanço do emprestimo em Londres", 1827.

51. André Arruda Villela, op. cit., p. 13.

52. Brasil, Ministério da Fazenda, "Documentos com que instruio o seu relatorio a Assemblea Geral Legislativa do Imperio do Brasil o ministro secretario d'Estado dos Negocios da Fazenda, e presidente do Thesouro Nacional, Miguel Du Pin e Almeida, na sessão de 1828; dividido em três partes. Primeira parte: conta da receita e despeza do anno de 1827. 2a. dita: estado da dívida pública do Imperio. 3a. dita: orçamento da receita e despeza para o anno de 1829", 1828.

53. Luís Henrique Junqueira de Almeida Rechdan, *Constituição e responsabilidade: A articulação de mecanismos para controlar os atos ministeriais pela Assembleia Geral Legislativa do Império do Brasil (1826-1829)*. São Paulo: USP, 2016. Tese (Doutorado em História Social).

54. Ibid., p. 110.

55. Thomas Flory, *Judge and Jury in Imperial Brazil, 1808-1871: Social Control and Political Stability in the New State*. Austin: University of Texas Press, 2014.

56. Roderick J. Barman, op. cit., p. 145.

57. Liberato de Castro Carreira, op. cit.; André Arruda Villela, op. cit.

58. Roderick J. Barman, op. cit., p. 155.

59. *A Aurora Fluminense*, n. 29, 28 mar. 1827.

60. *A Aurora Fluminense*, n. 51, 4 jun. 1828.

61. *A Aurora Fluminense*, n. 378, 23 ago. 1830.

62. Michael Charles McBeth, *The Politicians vs. the Generals: The Decline of the Brazilian Army During the First Empire, 1822-1831*. Seattle: University of Washington, 1972, pp. 118-9.

63. Ibid., pp. 118-23.

64. John Street, op. cit., p. 351.

65. Jeremy Adelman, op. cit., p. 388.

66. Roderick J. Barman, op. cit., p. 151.

67. *Aurora Fluminense*, n. 185, 4 maio 1829.

68. Otávio Tarquínio de Sousa. *História dos fundadores do Império do Brasil*. Brasília: Senado Federal, 2015, v. 2: A vida de d. Pedro I. pp. 682-4.

69. Ibid., p. 693.

70. Roderick J. Barman, *Brazil*, 1988, 154; Otávio Tarquínio de Souza, *História dos fundadores do Império do Brasil*. Brasília: Senado Federal, 2015, v. 2: A vida de d. Pedro I, p. 684.

71. *Astreia*, 6 abr. 1830.

72. Otávio Tarquínio de Sousa, *História dos fundadores do Império do Brasil*. Brasília: Senado Federal, 2015, v. 2: A vida de d. Pedro I, p. 769.

73. Ibid., p. 768.

74. Ibid., p. 784.

75. Michel Charles McBeth, op. cit., pp. 170-6.

76. *A Aurora Fluminense*, n. 328, 23 abr. 1830.

77. Marco Morel, op. cit., pp. 222-3.

78. Ibid., p. 224.

79. Otávio Tarquínio de Sousa, *História dos fundadores do Império do Brasil*, Brasília: Senado Federal, 2015, v. 2: A vida de d. Pedro I, p. 805.

80. Celso Furtado, op. cit., p. 162.

81. Lenira Menezes Martinho e Riva Gorenstein, *Negociantes e caixeiros na sociedade da Independência*. Rio de Janeiro: Prefeitura da Cidade do Rio de Janeiro, 1993, p. 117.

82. Fernanda Cláudia Pandolfi, *A abdicação de d. Pedro I: Espaço público da política e opinião pública no final do Primeiro Reinado*. Assis: Unesp, 2007. Tese (Doutorado em História), p. 55.

83. *A Aurora Fluminense*, n. 463, 18 mar. 1831.

84. Otávio Tarquínio de Sousa, *História dos fundadores do Império do Brasil*, Brasília: Senado Federal, 2015, v. 2: A vida de d. Pedro I, p. 814.

85. Ibid., p. 822.

86. Ibid., p. 827.

EPÍLOGO — O QUE CELEBRAR [pp. 325-33]

1. Brasil, Câmara dos Deputados, *Annaes do Parlamento brazileiro: Sessão de 1831*. Rio de Janeiro: Typographia de H. J. Pinto, 1878, t. 1, p. 128.

2. Ibid., p. 129.

3. Ibid., p. 130.

4. Ibid., pp. 151-7.

5. William Roderick Summerhill, op. cit., p. 3.

6. Marco Morel, op. cit., p. 211.

7. Laurentino Gomes, *1822: Como um homem sábio, uma princesa triste e um escocês louco por dinheiro ajudaram d. Pedro a criar o Brasil — Um país que tinha tudo para dar errado*. Rio de Janeiro: Nova Fronteira, 2010.

8. Francisco Adolfo de Varnhagen, *História da Independência do Brasil*. Brasília: Senado Federal, 2010, p. 317.

Créditos das imagens

p. 1 (acima): *Engenho de açúcar* (*c.* 1808-15), de Koster. Acervo Iconographia

p. 1 (ao centro): *Preparação da farinha de mandioca* (1838), de F. Denis. Acervo Iconographia

p. 1 (abaixo): *Engenho de carne seca brasileiro* (1829), de Jean Baptiste Debret. Aquarela, 11,2 × 34,2 cm. Museus Castro Maya — IBRAM

p. 2: *Embarque do Príncipe Regente D. João VI para o Brasil* (*c.* 1830), de Giuseppe Gianni. Fundação Biblioteca Nacional — Brasil

p. 3 (acima): *Vista exterior da Galeria da Aclamação do rei D. João VI* (*c.* 1834-9), de Jean-Baptiste Debret. Biblioteca Pública de Nova York

p. 3 (abaixo): *Aclamação de D. João VI no Rio de Janeiro* (1816), de Jean-Baptiste Debret. Biblioteca Pública de Nova York

p. 4 (acima): *Embarque na Praia Grande das tropas para a expedição contra Montevidéu* (1816), de Jean-Baptiste Debret. Biblioteca Pública de Nova York

p. 4 (abaixo): *Soldados da Banda Oriental do Prata* (1820), de Vidal. Acervo Iconographia

p. 5: *Combate entre portugueses e espanhóis em Montevidéu* (1817), autoria desconhecida. Fundação Biblioteca Nacional — Brasil

p. 6 (acima): *Recife, cais do Trapiche* (s.d.), de Schlappriz. Acervo Iconographia

p. 6 (abaixo): *Os mártires* (1927), de Antônio Parreiras. Óleo sobre tela, 70,5 × 141 cm. Museu Antônio Parreiras

p. 7 (acima): *Vendedoras de angú* (1835), de Jean-Baptiste Debret. Biblioteca Pública de Nova York

p. 7 (abaixo): *O colar de ferro, castigo dos negros fugitivos* (1835), de Jean-Baptiste Debret. Biblioteca Pública de Nova York

p. 8 (acima): *A faustíssima e memorável reunião dos ilustríssimos e excelentíssimos membros da Junta Provisional do Governo Supremo do Reino & Regência Interina de Lisboa no Palácio da Regência na Praça do Rossio de Lisboa, em o dia 1º de outubro de 1820* (1820), de Antônio Cândido Cordeiro Pinheiro Furtado. Museu de Lisboa/ Acervo Iconographia

p. 8 (abaixo): *Aceitação provisória da Constituição de Lisboa* (c. 1821), de Félix-Émile Taunay. Museu Histórico Nacional

p. 9 (acima): *Desembarque de D. João VI, regressando do Brasil, acompanhado por uma deputação das Cortes na Praça do Terreiro do Paço em 4 de julho de 1821* (1826), de Constantino de Fontes. Gravura, 13,6 × 16,4 cm. Acervo Fundação Biblioteca Nacional — Brasil

p. 9 (abaixo): *A sessão das Cortes de Lisboa — 9 de maio de 1822* (1922), de Oscar Pereira da Silva. Óleo sobre tela, 310 × 250 cm. Museu Paulista da USP

p. 10-1 (acima): *Partida do navio Pedro I, sob comando de Lord Cochrane, para sufocar rebelião na Bahia* (1823), de Jean-Baptiste Debret. Museu Castro Maya — IBRAM

p. 10 (abaixo): *Primeiro passo para a independência da Bahia ocorrido em Cachoeira* (1931), de Antônio Parreiras. Óleo sobre tela, 280 × 430 cm. Coleção Governo do Estado da Bahia

p. 11 (abaixo): *Entrada do Exército Pacificador na Bahia* (1930), de Presciliano Silva. Óleo sobre tela, 150 × 300 cm. Câmara Municipal de Salvador

p. 12: *Combatentes das tropas irregulares nas revoltas da Independência e internas no Nordeste* (1824), de José Wasth Rodrigues. Acervo Iconographia

p. 13 (acima): *Grito do Ipiranga* (1866), autoria desconhecida. Acervo Iconographia

p. 13 (abaixo): *Independência ou morte! ou O Brado do Ipiranga* (1888), de Pedro Américo de Figueiredo e Melo. Óleo sobre tela, 415 × 760 cm. Museu Paulista da USP

p. 14: *Junta em Pernambuco* (1835), de Johann Moritz Rugendas. Acervo Iconographia

p. 15 (acima): Estudo para *Julgamento de Frei Caneca* (c. 1918), de Antônio Parreiras. Óleo sobre tela, 77 × 96,2 cm. Museu Antônio Parreiras

p. 15 (abaixo): *A execução de Frei Caneca* (1924), de Murillo La Greca. Óleo sobre tela, 65 × 45,5 cm. Museu Murillo La Greca

p. 16: *Batalha de Ituzaingó* (1939), de José Wasth Rodrigues. Óleo sobre tela, 131 × 206 cm. Museu Paulista da USP

Referências bibliográficas

ADELMAN, Jeremy. *Sovereignty and Revolution in the Iberian Atlantic*. Princeton: Princeton University Press, 2021.

ALDEN, Dauril. "Late Colonial Brazil, 1750-1808". In: BETHELL, Leslie (Ed.). *Colonial Brazil*. Cambridge/Nova York: Cambridge University Press, 1987. pp. 601-60.

_____. "The Significance of Cacao Production in the Amazon Region During the Late Colonial Period: An Essay in Comparative Economic History". *Proceedings of the American Philosophical Society*, Filadélfia, v. 120, n. 2, pp. 103-35, 1976.

ALENCASTRO, Luiz Felipe de. *O trato dos viventes: Formação do Brasil no Atlântico Sul*. São Paulo: Companhia das Letras, 2000.

ALEXANDRE, Valentim. *Os sentidos do Império: Questão nacional e questão colonial na crise do antigo regime português*. Porto: Edições Afrontamento, 1993.

ALLEN, Robert C. "The Great Divergence in European Wages and Prices from the Middle Ages to the First World War". *Explorations in Economic History*, Cambridge, v. 38, n. 4, pp. 411-47, out. 2001.

ARMITAGE, John. *História do Brasil, desde o período da chegada da família de Bragança, em 1808, até a abdicação de d. Pedro I, em 1831: Compilada à vista dos documentos públicos e outras fontes originais formando uma continuação da História do Brasil, de Southey*. Belo Horizonte: Itatiaia, 1981.

ASSUNÇÃO, Mattias Röhrig. "Miguel Bruce e os 'horrores da anarquia' no Maranhão, 1822-1827". In: JANCSÓ, István (Org.) *Independência: História e historiografia*. São Paulo: Hucitec, 2005.

BALBI, Adrien. *Essai statistique sur le royaume de Portugal et d'Algarve comparé aux autres états de l'Europe*. Paris: Rey et Gravier, 1822. v. 1.

BARMAN, Roderick J. *Brazil: The Forging of a Nation, 1798-1852*. Palo Alto: Stanford University Press, 1988.

BENTLEY, Michael. *Modernizing England's Past: English Historiography in the Age of Modernism, 1870-1970*. Cambridge: Cambridge University Press, 2006.

BERBEL, Márcia Regina. *A nação como artefato: Deputados do Brasil nas Cortes portuguesas, 1821-1822*. São Paulo: Hucitec, 1999.

BERGAD, Laird W. *Slavery and the Demographic and Economic History of Minas Gerais, Brazil, 1720-1888*. Nova York: Cambridge University Press, 1999.

BERLIN, Isaiah. *The Roots of Romanticism*. 2. ed. Princeton: Princeton University Press, 2013. [Ed. bras.: *As raízes do romantismo*. São Paulo: Fósforo, 2022.]

BERNARDES, Denis Antônio de Mendonça. *O patriotismo constitucional: Pernambuco, 1820--1822*. Recife: Editora UFPE, 2006.

_____. "Pernambuco e o Império (1822-1824): Sem Constituição soberana não há união". In: JANCSÓ, István (Org.). *Brasil: Formação do Estado e da nação*. São Paulo: Hucitec, 2011.

BETHELL, Leslie. *Colonial Brazil* (Ed.). Cambridge: Cambridge University Press, 1987.

BICALHO, Maria Fernanda. *A cidade e o Império: O Rio de Janeiro no século XVIII*. Rio de Janeiro: Record, 2003.

BRANDÃO, Ulysses de Carvalho Soares. *Pernambuco de outrora: A Confederação do Equador*. Recife: Instituto Archeologico e Geographico Pernambucano, 1924.

BRASIL. Ministério da Fazenda. "Demonstração da receita e despesa do Thesouro Público em todo o ano de 1824", 1825.

_____. Ministério da Fazenda. "Demonstração da receita e despesa do Thesouro Público do Rio de Janeiro em todo o ano de 1825", 1826.

_____. Ministério da Fazenda. "Parecer da Commissão de Fazenda da Camara dos Deputados da Assembléa Geral Legislativa do Imperio do Brasil sobre o relatorio do ministro e secretario de Estado dos Negocios da Fazenda enviado à mesma Camara; em que se expoem o estado da administração, arrecadação e destribuição das rendas nacionaes, e orçamento das despezas para o ano de 1827. Lido na sessão de 18 de agosto de 1826, e publicado a 28 do mesmo mez. Relatório ou exposição do ministro da Fazenda sobre o estado da administração respectiva: Exposição do estado da fazenda nacional do Imperio do Brasil em fim do anno de 1825, com o orçamento da renda, e despeza, que poderá ter lugar no corrente anno de 1826", 1826. Disponível em: <https://archive.org/details/rmfazenda18251826/page/n185/mode/2up>. Acesso em: 28 abr. 2022.

_____. Ministério da Fazenda. "Demonstração da receita e despeza do Thesouro Nacional. Divida activa e passiva. Orçamento para o anno futuro. Balanço do emprestimo em Londres", 1827.

_____. Ministério da Fazenda. "Documentos com que instruio o seu relatorio a Assemblea Geral Legislativa do Imperio do Brasil o ministro secretario d'Estado dos Negocios da Fazenda e presidente do Thesouro Nacional, Miguel Du Pin e Almeida, na sessão de 1828 dividido em três partes. Primeira parte: conta da receita e despeza do anno de 1827. 2a. dita: estado da dívida pública do Imperio. 3a. dita: Orçamento da receita e despeza para o anno de 1829", 1828.

_____. Ministério da Fazenda. "Relatorio da Commissão de Inquerito", 10 out. 1859.

_____. Câmara dos Deputados. *Annaes do Parlamento brazileiro: Sessão de 1831*. Rio de Janeiro: Typographia de H. J. Pinto, 1878. t. 1.

_____. Assembleia Geral, Constituinte e Legislativa. *Diário da Assembleia Geral Constituinte e Legislativa do Império do Brasil, 1823*. Brasília, Senado Federal, Conselho Editorial, 2003.

BREWER, John. *The Sinews of Power: War, Money and the English State 1688-1783*. Nova York: Routledge, 2002.

BRITO, João Rodrigues de. *Cartas economico-politicas sobre a agricultura, e commercio da Bahia*. Lisboa: Imprensa Nacional, 1821.

BROWN, Larissa Virginia. *Internal Commerce in a Colonial Economy: Rio de Janeiro and Its Hinterland, 1790-1822*. Charlottesville: Universidade da Virgínia, 1986. Tese (Doutorado).

CALÓGERAS, João Pandiá. *A política monetária do Brasil*. São Paulo: Companhia Editora Nacional, 1960.

CARRARA, Ângelo. *Fiscalidade e formação do Estado brasileiro (1808-1889)*. Juiz de Fora: Editora UFJF, 2014. Tese (de Titular).

CARREIRA, Liberato de Castro. *Historia financeira e orçamentaria do Imperio do Brazil desde a sua fundação, precedida de alguns apontamentos acerca da sua Independencia*. Rio de Janeiro: Imprensa Nacional, 1889.

CARVALHO, José Murilo de. *A construção da ordem/Teatro de sombras*. Rio de Janeiro: Civilização Brasileira, 2003.

CARVALHO, José Murilo de; BASTOS, Lúcia; BASILE, Marcello (Orgs.). *Às armas, cidadãos! Panfletos manuscritos da Independência do Brasil (1820-1823)*. São Paulo: Companhia das Letras, 2012.

CARVALHO, Manuel Emílio Gomes de. *Os deputados brasileiros nas Cortes Gerais de 1821*. Brasília: Senado Federal, 2003.

CARVALHO, Marcus J. M. de. "O outro lado da Independência: Quilombolas, negros e pardos em Pernambuco (Brazil), 1817-23". *Luso-Brazilian Review*, v. 43, n. 1, 6 jan. 2006.

CLARK, Gregory. "The Political Foundations of Modern Economic Growth: England, 1540--1800". *The Journal of Interdisciplinary History*, Cambridge v. 26, n. 4, pp. 563-88, 1996.

COCHRANE, Thomas (conde de Dundonald). *Narrative of Services in the Liberation of Chili, Peru and Brazil, from Spanish and Portuguese Domination*. Project Gutenberg, 2004. v. 2.

COLLECÇÃO da Legislação Portugueza: 1811 a 1820 Lisboa: Typografia Maigrense, 1825.

COLLECÇÃO das Leis do Imperio do Brazil Rio de Janeiro: Typographia Nacional, 1887.

COLLEY, Linda. *The Gun, the Ship, and the Pen: Warfare, Constitutions and the Making of the Modern World*. Londres: Profile Books, 2021.

COSTA, Emília Viotti da. "Introdução ao estudo da emancipação política do Brasil". In: COSTA, Carlos Guilherme (Org.). *Brasil em perspectiva*. São Paulo: Difel, 1976. pp. 64-123.

COSTA, Leonor Freire; LAINS, Pedro; MIRANDA, Susana Münch. *An Economic History of Portugal, 1143-2010*. Cambridge: Cambridge University Press, 2016. [Ed. port.: *História económica de Portugal, 1143-2010*. Lisboa: A Esfera dos Livros, 2011.]

COSTA, Wilma Peres. "Do domínio à nação: Os impasses da fiscalidade no processo de independência". In: JANCSÓ, István (Org.). *Brasil: Formação do Estado e da nação*. São Paulo: Hucitec, 2011.

_____. *Cidadãos e contribuintes: No Brasil do século XIX*. São Paulo: Alameda, 2020.

COSTA E SILVA, Alberto da. "População e sociedade". In: *Crise colonial e Independência, 1808--1830*. Rio de Janeiro: Objetiva, 2011. (Coleção História do Brasil Nação, v. 1).

COUTINHO, Candido de Azeredo. *Estudos sobre a circulação mettalica no Brazil e a creação da Casa da Moeda até o ano de 1809*. Rio de Janeiro: Casa da Moeda, 1904.

COX, Gary W. "Was the Glorious Revolution a Constitutional Watershed?". *The Journal of Economic History*, Cambridge, v. 72, n. 3, pp. 567-600, set. 2012.

CRAFTS, Nicholas F. R. *British Economic Growth During the Industrial Revolution*. Oxford: Clarendon Press, 1985.

CROUZET, François. "The Second Hundred Years War: Some Reflections". *French History*, Oxford, v. 10, n. 4, pp. 432-50, 1996.

DIARIO das Cortes da Nação Portugueza: Segunda Legislatura. Lisboa:Imprensa Nacional, 1822.

DIARIO das Cortes Geraes, Extraordinarias, e Constituintes da Nação Portugueza 1821.

DIARIO das Cortes Geraes, Extraordinarias, e Constituintes da Nação Portugueza 1822.

DIAS, Maria Odila Leite da Silva. "A interiorização da metrópole (1808-1853)". In: MOTA, Carlos Guilherme. 1822: *Dimensões*. São Paulo: Perspectiva, 1986. pp.160-84.

DINCECCO, Mark. "Fiscal Centralization, Limited Government, and Public Revenues in Europe, 1650-1913". *The Journal of Economic History*, Cambridgev. 69, n. 1, pp. 48-103, 2009.

_____. *State Capacity and Economic Development: Present and Past*. Cambridge: Cambridge University Press, 2017.

DJENDEREDJIAN, Julio; MARTIRÉN, Juan Luis. "Consumption Baskets and Cost of Living in Southern Late Colonial Brazil: Rio Grande, 1772-1823". *Revista de Historia Económica/Journal of Iberian and Latin American Economic History*, Cambridge, v. 38, n. 2, pp. 279-309, set. 2020.

DOCUMENTOS para a história da Independência. Rio de Janeiro: Biblioteca Nacional, 1923. v. 1.

DOCUMENTOS para a história das Cortes Gerais da nação portuguesa Lisboa: Imprensa Nacional, [s.d.].

DOLHNIKOFF, Miriam. *O pacto imperial: Origens do federalismo no Brasil*. São Paulo: Globo, 2005.

_____. *José Bonifácio*. São Paulo: Companhia das Letras, 2012. (Coleção Perfis Brasileiros).

DOWNING, Brian. *The Military Revolution and Political Change: Origins of Democracy and Autocracy in Early Modern Europe*. Princeton: Princeton University Press, 1992.

DOYLE, William. *The Oxford History of the French Revolution*. Oxford: Oxford University Press, 1990.

EINHORN, Robin L. *American Taxation, American Slavery*. Chicago: University of Chicago Press, 2008.

ENGERMAN, Stanley L.; SOKOLOFF, Kenneth L.; MARISCAL, Elisa V. "The Evolution of Schooling: 1800-1925". In: ENGERMAN, Stanley L.; SOKOLOFF, Kenneth L. *Economic Development in the Americas since 1500: Endowments and Institutions*. Cambridge: Cambridge University Press, 2011. pp. 121-67.

ESDAILE, Charles. *Napoleon's Wars: An International History*. Londres: Penguin, 2009.

FEHRENBACH, Charles Wentz. "Moderados and Exaltados: The Liberal Opposition to Ferdinand VII, 1814-1823". *Hispanic American Historical Review*, v. 50, n. 1, pp. 52-69, 1 fev. 1970.

FERREIRA, Armando Seixas. *1821: O regresso do rei*. São Paulo: Planeta, 2021.

FIGUEIREDO, Luciano. "Pombal cordial: Reformas, fiscalidade e distensão política no Brasil, 1750-1777". In: FALCON, Francisco; RODRIGUES, Claudia (Orgs.), *A `época pombalina' no mundo luso-brasileiro*. Rio de Janeiro: Editora FGV, 2015. pp. 125-74.

FISHER, John. "Imperial 'Free Trade' and the Hispanic Economy, 1778-1796". *Journal of Latin American Studies*, Cambridge, v. 13, n. 1, pp. 21-56, maio 1981.

FLORY, Thomas. *Judge and Jury in Imperial Brazil, 1808-1871: Social Control and Political Stability in the New State*. Austin: University of Texas Press, 2014.

FRAGOSO, João Luís Ribeiro. *Homens de grossa aventura: Acumulação e hierarquia na praça mercantil do Rio de Janeiro, 1790-1830*. Rio de Janeiro: Civilização Brasileira, 1998.

FRAGOSO, João Luís Ribeiro; FLORENTINO, Manolo. *O arcaísmo como projeto: Mercado atlântico, sociedade agrária e elite mercantil em uma economia colonial tardia, Rio de Janeiro, c. 1790-c. 1840*. Rio de Janeiro: Sette Letras, 1996.

FRAGOSO, João Luís Ribeiro; KRAUSE, Thiago. "Colonial Elites: Planters and Land Nobility in 17th- and 18th-Century Brazil". *Oxford Research Encyclopedia of Latin American History*, set. 2019.

FRANCHINI NETO, Helio. *Independência e morte: Política e guerra na emancipação do Brasil (1821-1823)*. Rio de Janeiro: Topbooks, 2019.

FRANCIS, Joseph A. "Globalisation, the Terms of Trade, and Argentina's Expansion in the Long Nineteenth Century". *Journal of Latin American Studies*, Cambridge, v. 49, n. 4, , pp. 709-38, nov. 2017.

FRANCO, Afonso Arinos de Melo. *História do Banco do Brasil*. Rio de Janeiro: AGGS, 1973. v. 1.

FREYCINET, Louis-Claude Desaulses de et al. *Voyage autour du monde, entrepris par ordre du roi.... Exécuté sur les corvettes de S. M. l'Uranie et la Physicienne, pendant les années 1817, 1818, 1819 et 1820...* Paris: Chez Pillet Aîné, 1824. 8 v. in 9, pl, tables.

FURTADO, Celso. *Formação econômica do Brasil*. São Paulo: Companhia das Letras, 2009.

GALVES, Marcelo Cheche. "Demandas provinciais nas Cortes constitucionais portuguesas: Izidoro Rodrigues Pereira, Maranhão, 1822". *Anais do XXVI Simpósio Nacional de História*, Anpuh, São Paulo, 2011.

GARCIA, Paulo. *Cipriano Barata ou A liberdade acima de tudo*. Rio de Janeiro: Topbooks, 1997.

GOMES, Laurentino. *1822: Como um homem sábio, uma princesa triste e um escocês louco por dinheiro ajudaram d. Pedro a criar o Brasil — Um país que tinha tudo para dar errado*. Rio de Janeiro: Nova Fronteira, 2010.

GOUVÊA, Maria de Fátima Silva. "As bases institucionais da construção da unidade dos poderes do Rio de Janeiro joanino: Administração e governabilidade no Império Luso-Brasileiro". In: JANCSÓ, István (Org.). *Independência: História e historiografia*. São Paulo: Hucitec, 2005.

GRAHAM, Richard. "'Ao mesmo tempo sitiantes e sitiados': A luta pela subsistência em Salvador (1822-1823)". In: JANCSÓ, István (Org.). *Independência: História e historiografia*. São Paulo: Hucitec, 2005.

_____. *Feeding the City: From Street Market to Liberal Reform in Salvador, Brazil, 1780-1860*. Austin: University of Texas Press, 2010. [Ed. bras.: *Alimentando a cidade: Das vendedoras de rua à reforma liberal (Salvador, 1780-1860)*. Trad. de Berilo Vargas. São Paulo: Companhia das Letras, 2013.]

_____. *Independence in Latin America: Contrasts and Comparisons*. Austin: University of Texas Press, 2013.

GUERRA, François-Xavier. "A nação moderna: Nova legitimidade e velhas identidades". In: JANCSÓ, István (Org.). *Brasil: Formação do Estado e da nação*. São Paulo: Hucitec, 2003. pp. 33-60.

HARVEY, Robert. *Liberators: Latin America's Struggle for Independence*. Woodstock: Overlook Press, 2002.

HAWTHORNE, Walter. *From Africa to Brazil: Culture, Identity, and an Atlantic Slave Trade, 1600--1830*. Cambridge: Cambridge University Press, 2010.

HENDERSON, James. *A History of the Brazil: Comprising Its Geography, Commerce, Colonization Aboriginal Inhabitants*. Londres: Longman, 1821.

HIMMELFARB, Gertrude. *The Roads to Modernity: The British, French, and American Enlightenments*. Nova York: Knopf Doubleday, 2007.

HOFFMAN, Philip T. *Why Did Europe Conquer the World?* Princeton: Princeton University Press, 2015.

_____. "Why Was It Europeans Who Conquered the World?". *The Journal of Economic History*, Cambridge, v. 72, n. 3, pp. 601-33, 2012.

HOFFMAN, Philip T.; NORBERG, Kathryn. *Fiscal Crises, Liberty, and Representative Government, 1450-1789*. Palo Alto: Stanford University Press, 1994.

HOLANDA, Sergio Buarque de (Org.). *História geral da civilização brasileira: O Brasil monárquico*. São Paulo: Difel, 1976. v. 1: O processo de emancipação; v. 2: Dispersão e unidade; v. 3: Reações e transações; v. 4: Declínio e queda do Império.

HUGHES, Ben. *The British Invasion of the River Plate 1806-1807: How the Redcoats Were Humbled and a Nation Was Born*. Barnsley: Pen & Sword Books, 2013.

IRIGOIN, Alejandra. "The End of a Silver Era: The Consequences of the Breakdown of the Spanish Peso Standard in China and the United States, 1780s-1850s". *Journal of World History*, Honolulu, v. 20, n .2, pp. 207-43, 2009.

JANCSÓ, István (Org.). *Brasil: Formação do Estado e da nação*. São Paulo: Hucitec, 2003.

_____. *Independência: História e historiografia*. São Paulo: Hucitec, 2005.

JOHNSON JR., Harold B. "A Preliminary Inquiry into Money, Prices, and Wages in Rio de Janeiro, 1763-1823". In: ALDEN, Dauril (Ed.). *Colonial Roots of Modern Brazil*. Berkeley: University of California Press, 1973.

_____. "Money and Prices in Rio de Janeiro(1720-1860)". In: *L'Histoire quantitative du Brésil de 1800 a 1930*. Paris: Centre National de la Recherche Scientifique, 1973.

KENNEDY, Paul. *The Rise and Fall of the Great Powers: Economic Change and Military Conflict from 1500 to 2000*. Nova York: Vintage Books, 1989.

KEYNES, John Maynard. *A Tract on Monetary Reform*. Auckland: Pickle Partners Publishing, 2018.

KOSELLECK, Reinhart. *Futuro passado: Contribuição à semântica dos tempos históricos*. São Paulo: Contraponto, 2006.

KRAAY, Hendrik. "A invenção do Sete de Setembro, 1822-1831". *Almanack Braziliense*, São Paulo, n. 11, pp. 52-61, maio 2010.

_____. "Identidade racial na política, Bahia, 1790-1840: O caso dos Henriques". In: JANCSÓ, István (Org.). *Brasil: Formação do Estado e da nação*. São Paulo: Hucitec, 2011.

_____. *Política racial, Estado e Forças Armadas na época da Independência: Bahia, 1790-1850*. São Paulo: Hucitec, 2011.

KRICHTAL, Alexey. *Liverpool and the Raw Cotton Trade: A Study of the Port and Its Merchant Community, 1770-1815*. Wellington: Victoria University of Wellington, 2013. Dissertação (Mestrado em Artes).

LIMA, Hermes. "Prefácio". In: *Obras completas de Rui Barbosa: Vol. XVI, 1889*. Rio de Janeiro: Ministério da Educação e Saúde, 1947. t. 1: Queda do Império.

LIMA, Manuel de Oliveira. *Dom João VI no Brasil*. Rio de Janeiro: Topbooks, 1996.

_____. *O movimento da Independência: 1821-1822*. Rio de Janeiro: Topbooks, 1997.

LUCCOCK, John. *Notes on Rio de Janeiro, and the Southern Parts of Brazil; Taken During a Residence of Ten Years in That Country, from 1808-1818*, [s.d.].

LUSTOSA, Isabel. *Insultos impressos: A guerra dos jornalistas na Independência, 1821-1823*. São Paulo: Companhia das Letras, 2000.

_____. *D. Pedro I*. São Paulo: Companhia das Letras, 2006. (Coleção Perfis Brasileiros).

LYNCH, Christian Edward Cyril. *O momento monarquiano: O poder Moderador e o pensamento político imperial*. Rio de Janeiro: Iuperj, 2007. Tese (Doutorado em Ciência Política).

_____. "A democracia como problema: Pierre Rosanvallon e a escola francesa do político". In: ROSANVALLON, Pierre. *Por uma história do político*. São Paulo: Alameda, 2010.

MACAULAY, Neill. *Dom Pedro I: A luta pela liberdade no Brasil e em Portugal, 1798-1834*. Rio de Janeiro: Record, 1993.

MACHADO, André Roberto de A. "As esquadras imaginárias: No extremo norte, episódios do longo processo de independência do Brasil". In: JANCSÓ, István (Org.). *Independência: História e historiografia*. São Paulo: Hucitec, 2005.

MAGALHÃES, Pablo Iglesias; JUNQUEIRA, Lucas de Faria. "A biblioteca de um estadista do Império: O inventário dos livros de José Lino Coutinho (1836)". *Almanack*, Guarulhos, v. 16, pp. 206-57, ago. 2017.

MALERBA, Jurandir. *A Corte no exílio: Civilização e poder no Brasil às vésperas da Independência (1808 a 1821)*. São Paulo: Companhia das Letras, 2000.

_____. "Esboço crítico da recente historiografia sobre a Independência do Brasil (c. 1980-2002)". In: *A Independência brasileira: Novas dimensões*. Rio de Janeiro: Editora FGV, 2006.

MANCHESTER, Alan K. *British Preeminence in Brazil: Its Rise and Decline*. Nova York: Octagon Books, 1972.

MARQUES, Joaquim Campelo; FERREIRA, Cristiano; SEGRAF (Orgs.). *Falas do trono de dom Pedro I, dom Pedro II e princesa Isabel*. Brasília: Senado Federal, 2019.

MARQUESE, Rafael de Bivar. "Escravismo e Independência: A ideologia da escravidão no Brasil, em Cuba e nos Estados Unidos nas décadas de 1810 e 1820". In: JANCSÓ, István (Org.). *Independência: História e historiografia*. São Paulo: Hucitec, 2005.

MARQUESE, Rafael; TOMICH, Dale. "O Vale do Paraíba escravista e a formação do mercado mundial do café no século XIX". In: GRINBERG, Keila; SALLES, Ricardo (Orgs.). *O Brasil imperial*. Rio de Janeiro: Civilização Brasileira, 2009. v. 2: 1831-1870.

MARTINHO, Lenira Menezes; GORENSTEIN, Riva. *Negociantes e caixeiros na sociedade da Independência*. Rio de Janeiro: Prefeitura da Cidade do Rio de Janeiro, 1993.

MATTOS, Claudia Valladão de. "Independência ou morte! O quadro, a academia e o projeto nacionalista do Império". In: OLIVEIRA, Cecília Helena de Salles; MATTOS, Claudia Valladão de (Orgs.). *O brado do Ipiranga*. São Paulo: Edusp; Imprensa Oficial, 1999.

MATTOSO, Katia M. de Queirós. *Ser escravo no Brasil: Séculos XVI-XIX*. Petrópolis: Vozes, 2017.

MAXWELL, Kenneth. *Conflicts and Conspiracies: Brazil and Portugal, 1750-1808*. Nova York: Routledge, 2004.

MCBETH, Michael Charles. *The Politicians vs. the Generals: The Decline of the Brazilian Army During the First Empire, 1822-1831*. Seattle: University of Washington, 1972.

MELLO, Evaldo Cabral de. "Depois do 'D. João VI'". In: LIMA, Manuel de Oliveira. *O movimento da Independência*. Rio de Janeiro: Topbooks, 1997.

_____. "Iluminismo envergonhado". *Folha de S.Paulo*, Jornal de Resenhas, 14 jun. 2003. Disponível em: <https://www1.folha.uol.com.br/fsp/resenha/rs1406200303.htm>. Acesso em: 28 abr. 2022.

MELLO, Evaldo Cabral de. *A fronda dos mazombos: Nobres contra mascates, Pernambuco, 1666--1715*. São Paulo: Editora 34, 2003.

_____. *A outra Independência: O federalismo pernambucano de 1817 a 1824*. São Paulo: Editora 34, 2004.

_____. *Rubro veio: O imaginário da restauração pernambucana*. São Paulo: Alameda, 2008.

MELO, Felipe Souza. *O negócio de Pernambuco: Financiamento, comércio e transporte na segunda metade do século XVIII*. São Paulo: USP, 2017. Dissertação (Mestrado em História Econômica).

MENDONÇA, Marcos Carneiro de. *D. João VI e o Império no Brasil: A Independência e a missão Rio Maior*. Rio de Janeiro: Biblioteca Reprográfica Xerox, 1984.

MIDDLEKAUFF, Robert. *The Glorious Cause: The American Revolution, 1763-1789*. Oxford: Oxford University Press, 2007.

MONTEIRO, Tobias. *História do Império: A elaboração da Independência*. Brasília: Senado Federal, 2018.

MOREL, Marco. *Cipriano Barata na sentinela da liberdade*. Salvador: Academia de Letras da Bahia, 2001.

MOTA, Carlos Guilherme (Org.). *Brasil em perspectiva*. São Paulo: Difel, 1976.

_____. *1822: Dimensões*. São Paulo: Perspectiva, 1986.

NARDI, Jean-Baptiste. *O fumo brasileiro no período colonial: Lavoura, comércio e administração*. São Paulo: Brasiliense, 1996.

NEVES, Lúcia Maria Bastos Pereira das. *Corcundas e constitucionais: A cultura política da Independência (1820-1822)*. Rio de Janeiro: Revan, 2003.

NORTH, Douglass C.; WEINGAST, Barry R. "Constitutions and Commitment: The Evolution of Institutions Governing Public Choice in Seventeenth-Century England". *The Journal of Economic History*, Cambridge, v. 49, n. 4, pp. 803-32, 1989.

NOVAIS, Fernando A. *Portugal e Brasil na crise do antigo sistema colonial, 1777-1808*. 5. ed. São Paulo: Hucitec, 1989.

NOVAIS, Fernando A.; MOTA, Carlos Guilherme Mota. *A Independência política do Brasil*. São Paulo: Hucitec, 1996.

NUNES, Tassia Toffoli. *Liberdade de imprensa no Império brasileiro: Os debates parlamentares (1820-1840)*. São Paulo: USP, 2010. Dissertação (Mestrado em História).

OLIVAL, Maria Fernanda de. *Honra, mercê e venalidade: As ordens militares e o Estado moderno em Portugal (1641-1789)*. Évora: Universidade de Évora, 1999. Tese (Doutorado).

OLIVEIRA, Candido Baptista de. *Systema financial do Brasil*. São Petersburgo: Typographia Privilegiada de Fischer, 1842.

OLIVEIRA, Cecília Helena de Salles. *A astúcia liberal: Relações de mercado e projetos políticos no Rio de Janeiro, 1820-1824*. São Paulo: Ícone, 1999.

_____. *7 de Setembro de 1822: A Independência do Brasil*. São Paulo: Companhia Editora Nacional, 2005.

PALMA, Nuno; REIS, Jaime. "From Convergence to Divergence: Portuguese Economic Growth, 1527-1850". *The Journal of Economic History*, Cambridge, v. 79, n. 2, pp. 477-506, jun. 2019.

PANDOLFI, Fernanda Cláudia. *A abdicação de d. Pedro I: Espaço público da política e opinião pública no final do Primeiro Reinado*. Assis: Unesp, 2007. Tese (Doutorado em História).

PEDREIRA, Jorge Miguel Viana. "Economia e política na explicação da Independência do Brasil". In: MALERBA, Jurandir (Org.). *A Independência brasileira: Novas dimensões*. Rio de Janeiro: Editora FGV, 2006.

PEDREIRA, Jorge Miguel Viana; COSTA, Fernando Dores. *D. João VI: Um príncipe entre dois continentes*. São Paulo: Companhia das Letras, 2008.

PELÁEZ, Carlos Manuel; SUZIGAN, Wilson. *História monetária do Brasil*. Brasília: Editora UnB, 1981.

PEREIRA, Angelo. *D. João VI príncipe e rei*. Lisboa: Empresa Nacional de Publicidade, 1956. v. 3: A Independência do Brasil.

PEREIRA, Thales A. Zamberlan. *The Cotton Trade and Brazilian Foreign Commerce During the Industrial Revolution*. São Paulo: USP, 2017. Tese (Doutorado em Economia do Desenvolvimento).

_____. "Poor Man's Crop? Slavery in Brazilian Cotton Regions (1800-1850)". *Estudos Econômicos*, São Paulo, v. 48, n. 4, 2018, pp. 623-55.

_____. "The Rise of the Brazilian Cotton Trade in Britain During the Industrial Revolution". *Journal of Latin American Studies*, Cambridge, v. 50, n. 4, pp. 919-49, nov. 2018.

_____. "Tariffs and the Textile Trade between Brazil and Britain (1808-1860)". *Estudos Econômicos*, São Paulo, v. 51, n. 2, pp. 311-42, jun. 2021.

_____. "Taxation and the Stagnation of Cotton Exports in Brazil, 1800-60†". *The Economic History Review*, Londres, v. 74, n. 2, pp. 522-45, maio 2021.

PIMENTA, João Paulo Garrido. *Estado e nação no fim dos impérios ibéricos no Prata (1808-1828)*. São Paulo: Hucitec, 2006.

PINCUS, Steven C. A. *1688: The First Modern Revolution*. New Haven: Yale University Press, 2009.

PINTO, Virgílio Noya. *O ouro brasileiro e o comércio anglo-português*. São Paulo: Companhia Editora Nacional, 1979.

PORTUGAL, Tomás António de Vilanova. "Quadros financeiros, balanços e minutas sobre a administração do ministro Tomás António de Vilanova Portugal". Biblioteca Nacional, 1830.

PRADO, Fabrício. *Edge of Empire: Atlantic Networks and Revolution in Bourbon Río de La Plata*. Berkeley: University of California Press, 2015.

PRADO JÚNIOR, Caio. *Evolução política do Brasil e outros estudos*. São Paulo: Brasiliense, 1975.

RAMOS, Rui (Coord.); VASCONCELOS E SOUSA, Bernardo; MONTEIRO, Nuno Gonçalo. *História de Portugal*. Lisboa: A Esfera dos Livros, 2009.

RATTON, Jacome. *Recordações de Jacome Ratton sobre ocorrências do seu tempo, de maio de 1747 a setembro de 1810*. 2. ed. Coimbra: Imprensa da Universidade, 1920.

RECHDAN, Luís Henrique Junqueira de Almeida. *Constituição e responsabilidade: A articulação de mecanismos para controlar os atos ministeriais pela Assembleia Geral Legislativa do Império do Brasil (1826-1829)*. São Paulo: USP, 2016. Tese (Doutorado em História Social).

REIS, João José. *A morte é uma festa: Ritos fúnebres e revolta popular no Brasil do século XIX*. São Paulo: Companhia das Letras, 1991.

REIS, João José; SILVA, Eduardo. *Negociação e conflito: A resistência negra no Brasil escravista*. São Paulo: Companhia das Letras, 1999.

REIS E VASCONCELLOS, J. J. dos. *Despachos e correspondência do duque de Palmela*. Lisboa: Imprensa Nacional, 1851.

ROCHA, Antonio Penalves. *A recolonização do Brasil pelas Cortes: Histórias de uma invenção historiográfica*. São Paulo: Editora Unesp, 2009.

RODRIGUES, José Honório. *A Assembleia Constituinte de 1823*. Petrópolis: Vozes, 1974.

_____. *Independência, revolução e contra-revolução: As Forças Armadas*. Rio de Janeiro: Biblioteca do Exército, 2002.

ROURE, Agenor de. *Formação constitucional do Brasil*. Brasília: Senado Federal, 2016.

SANTOS, Luiz Gonçalves dos. *Memórias para servir à história do Reino do Brasil: Divididas em três épocas da felicidade, honra, e glória: Escritas na Corte do Rio de Janeiro no ano de 1821*. Brasília: Senado Federal, 2013.

SARGENT, Thomas J.; VELDE, François R. "Macroeconomic Features of the French Revolution". *The Journal of Political Economy*, Oxford, v. 103, n. 3, pp. 474-518, 1995.

SAY, Horace. *Histoire des relations commerciales entre la France et le Brésil: Et Considérations générales sur les monnaies, les changes, les banques et le commerce extérieur*. Paris: Guillaumin, 1839.

SCHAMA, Simon. *Citizens: A Chronicle of the French Revolution*. Londres: Penguin, 2004.

SCHULTZ, Kirsten. *Tropical Versailles: Empire, Monarchy, and the Portuguese Royal Court in Rio de Janeiro, 1808-1821*. Nova York: Routledge, 2013.

SCHWARCZ, Lilia Moritz. *A longa viagem da biblioteca dos reis: Do terremoto de Lisboa à Independência do Brasil*. São Paulo: Companhia das Letras, 2017.

SCHWARTZ, Stuart B. "Somebodies and Nobodies in the Body Politic: Mentalities and Social Structures in Colonial Brazil". *Latin American Research Review*, Austin, v. 31, n. 1, pp. 113--34, 1996.

SILVA, Daniele Ferreira da. *Colonialismo e fiscalidade na capitania de Pernambuco, 1770-1793*. Recife: UFPE, 2011. Dissertação (Mestrado em História).

SILVA, Luiz Geraldo. "Negros patriotas: Raça e identidade social na formação do Estado nação (Pernambuco, 1770-1830)". In: JANCSÓ, István (Org.). *Brasil: Formação do Estado e da nação*. São Paulo: Hucitec, 2011.

SILVEIRA, Luís Espinha da. "Aspectos da evolução das finanças públicas portuguesas nas primeiras décadas do século XIX (1800-1827)". *Análise Social*, Lisboa, v. XXIII, n. 97, pp. 505-29, 1987.

SIMONSEN, Roberto C. *História econômica do Brasil, 1500-1820*. São Paulo: Companhia Editora Nacional, 1957.

SLEMIAN, Andréa. *Sob o império das leis: Constituição e unidade nacional na formação do Brasil (1822-1834)*. São Paulo: USP, 2006. Tese (Doutorado em História Social).

_____. *Vida política em tempo de crise: Rio de Janeiro, 1808-1824*. São Paulo: Hucitec, 2006.

SMITHERS, Henry. *Liverpool, Its Commerce, Statistics, and Institutions: With a History of the Cotton Trade*. Liverpool: T. Kaye, 1825.

SORIANO, Simão José da Luz. *História da guerra civil e do estabelecimento do governo parlamentar em Portugal: Terceira epocha*. Lisboa: Imprensa Nacional, 1881. t. 1.

SOUSA, Otávio Tarquínio de. *História dos fundadores do Império do Brasil*. Rio de Janeiro: José Olympio, 1957. v. 9: Fatos e personagens em torno de um regime.

_____. *História dos fundadores do Império do Brasil*. Brasília: Senado Federal, 2015. v. 2: A vida de d. Pedro I.

_____. *História dos fundadores do Império do Brasil*. Brasília: Senado Federal, 2018. v. 5: Diogo Antônio Feijó.

SOUZA, George F. Cabral de. "Saciar para manter a ordem e o bem público: A Câmara Municipal do Recife e o problema do abastecimento da Vila (séculos XVIII e XIX)". *Locus: Revista de História*, v. 20, n. 1, pp. 111-27, 2014.

SOUZA, Iara Lis Carvalho. *Pátria coroada: O Brasil como corpo político autônomo, 1780-1831*. São Paulo: Editora Unesp, 1999.

STASAVAGE, David. *Public Debt and the Birth of the Democratic State: France and Great Britain 1688-1789*. Cambridge: Cambridge University Press, 2003.

STONE, Lawrence. *The Causes of the English Revolution, 1529-1642*. Londres: Routledge, 2017.

STREET, John. *Artigas and the Emancipation of Uruguay*. Cambridge: Cambridge University Press, 2008.

STURZ, Johann Jakob. *A Review, Financial, Statistical, and Commercial, of the Empire of Brazil and Its Resources; Together with a Suggestion of the Expediency and Mode of Admitting Brazilian and Other Foreign Sugars into Great Britain for Refining and Exportation*. Londres: Effingham Wilson, 1837.

SUMMERHILL, William Roderick. *Inglorious Revolution: Political Institutions, Sovereign Debt, and Financial Underdevelopment in Imperial Brazil*. New Haven: Yale University Press, 2015.

TAVARES, Luís Henrique Dias. *A Independência do Brasil na Bahia*. Rio de Janeiro: Civilização Brasileira, 1977.

TENGARRINHA, José. "Venda dos bens da Coroa em 1810-1820: Os reflexos de uma crise nacional". *Análise Social*, Lisboa, v. XXVIII, n. 122, 1993, pp. 607-19.

THOMPSON, E. P. *Customs in Common: Studies in Traditional Popular Culture*. Nova York: The New Press, 2015.

TOLLENARE, Louis-François de. *Notas dominicaes: Tomadas durante uma residencia em Portugal e no Brasil nos annos de 1816, 1817 e 1818*. Recife: Jornal do Recife, 1906.

TOMÁS, Manoel Fernandes. *Relatorio feito às Cortes Geraes e extraordinarias de Portugal*. Lisboa: Imprensa Nacional, 1821.

VARNHAGEN, Francisco Adolfo de. *Examen de quelques points de l'histoire géographique du Brésil comprenant des éclaircissements nouveaux... Ou Analyse critique du rapport de M. D'Avezac sur la récente histoire générale du Brésil*. Paris: Martinet, 1858.

_____. *Os indios bravos e o sr. Lisboa, Timon 3º*. Lima: Imprensa Liberal, 1867.

_____. *História geral do Brazil antes da sua separação e independência de Portugal*. 2. ed. Rio de Janeiro: E. & H. Laemmert, 1877.

_____. *História da Independência do Brasil*. Brasília: Senado Federal, 2010.

VELDE, François R.; WEIR, David R. "The Financial Market and Government Debt Policy in France, 1746-1793". *The Journal of Economic History*, Cambridge, v. 52, n. 1, pp. 1-39, mar. 1992.

VELLOZO, Júlio César de Oliveira. *Um Dom Quixote gordo no deserto do esquecimento: Oliveira Lima e a construção de uma narrativa da nacionalidade*. São Paulo: USP, 2012. Dissertação (Mestrado em Estudos Brasileiros).

VILLELA, André Arruda. "As estatísticas de receitas e despesas do governo do Império do Brasil: Uma proposta de revisão", 2022 (no prelo).

VRIES, Jan de. *The Industrious Revolution: Consumer Behavior and the Household Economy, 1650 to the Present*. Cambridge: Cambridge University Press, 2008.

VRIES, Jan de. *The Price of Bread: Regulating the Market in the Dutch Republic*. Cambridge: Cambridge University Press, 2019.

WEBSTER, Charles K. (Ed.). *Britain and the Independence of Latin America, 1812-1830: Select Documents from the Foreign Office Archives*. Londres: Oxford University Press, 1938. v. 1.

WEHLING, Arno. "Integridade e integração nacional: Duas ideias-força de Varnhagen". In: LIMA, Sérgio Eduardo Moreira (Org.). *Varnhagen (1816-1878): Diplomacia e pensamento estratégico*. Brasília: Fundação Alexandre de Gusmão, 2016.

WEINGAST, Barry R. "The Economic Role of Political Institutions: Market-Preserving Federalism and Economic Development". *Journal of Law, Economics, & Organization*, Oxford, v. 11, n. 1, pp. 1-31, 1995.

WEIR, David R. "Tontines, Public Finance, and Revolution in France and England, 1688-1789". *The Journal of Economic History*, Cambridge, v. 49, n. 1, pp. 95-124, mar. 1989.

WILCKEN, Patrick. *Império à deriva: A Corte portuguesa no Rio de Janeiro, 1808-1821*. Rio de Janeiro: Objetiva, 2005.

WISIAK, Thomas. "Itinerário da Bahia na Independência do Brasil (1821-1823)". In: JANCSÓ, István (Org.). *Independência: História e historiografia*. São Paulo: Hucitec, 2005.

WOOD, Gordon S. *The American Revolution: A History*. Nova York: Random House, 2002.

JORNAIS E PERIÓDICOS CONSULTADOS

Astrea: 6 abr. 1830

A Aurora Fluminense: n. 29 (28 mar. 1827); n. 51 (4 jun. 1828); n. 179 (18 abr. 1829); n. 185 (4 maio 1829); n. 328 (23 abr. 1830); n. 378 (23 ago. 1830); n. 463 (18 mar. 1831)

Correio Braziliense: v. XV (1815); v. XXII (1819); v. XXIV (1820); v. XXIX (1822); v. XXV (1820)

Diario da Assembleia Geral, Constituinte e Legislativa do Império do Brasil: 19 jul. 1823

Diario do Governo: 3 fev. 1823

Diario Fluminense: n. 97 (2 maio 1829)

Jornal do Commercio: 15 fev. 1833

O Espelho: n. 136 (7 mar. 1823); n. 156 (16 maio 1823)

Sentinella da Liberdade na Guarita de Pernambuco: n. 5 (23 abr. 1823); n. 7 (26 abr. 1823); n. 9 (3 maio 1823); n. 19 (7 jun. 1823); n. 27 (5 jul. 1823); n. 54 (8 out. 1823); n. 66 (19 nov. 1823)

OUTRAS FONTES

Arquivo Nacional
Biblioteca Nacional
Arquivo Nacional Britânico (The National Archives)

Índice remissivo

1822: Como um homem sábio, uma princesa triste e um escocês louco por dinheiro ajudaram d. Pedro a criar o Brasil — Um país que tinha tudo para dar errado (Gomes), 331

abdicação de d. Pedro I (1831), 22, 47, 146, 325, 328
abertura dos portos brasileiros (1808), 31, 44, 64-6, 69-70, 98, 192
abolição da escravidão (1888), 330
Abrantes (Portugal), 152
absolutismo, 13, 17, 22, 26, 29, 31, 33, 38-39, 42-3, 47-8, 72, 74, 76, 81, 87, 91, 95-6, 116, 121, 124, 134-5, 146, 181, 197, 201, 212-3, 216-7, 219, 248, 271, 278, 281, 290, 295, 299, 302, 304, 319, 327-8, 332
Academia das Ciências de Lisboa, 233
açúcar/economia açucareira, 28, 44, 62, 96, 101, 146, 155-7, 159-60, 162-3, 166-7, 174
acumulação de capitais, 68; *ver também* capitalismo
Adelman, Jeremy, 70, 103, 218
"Adeus, senhor Portugal" (expressão de Cipriano Barata), 7, 230
África, 38, 140, 163, 179, 187-8, 215
agricultura brasileira, 157, 162, 169, 211

Alagoas, 60, 251, 297
Alencar, José de (filho), 144
Alencar, José Martiniano de (pai), 144, 235, 288
Alencastro, Luiz Felipe de, 259
Alexandre, Valentim, 115, 121-2, 125, 133, 135, 137-8, 140, 152, 244, 280, 294
alfândegas, rendas das *ver* taxas alfandegárias
Alfonso de Albuquerque (navio), 180
Algarve, batalhão do, 77, 128-30
algodão, produção de, 28, 44, 96, 101, 155-7, 160, 163, 229, 258, 283
alimentação no Brasil, 208-11
Álvares, Joaquim de Oliveira, 312-3, 317, 332-3
Alvear, Carlos Maria de, 311
Amapá, 259
Amazonas, rio, 140, 259
América do Norte, 89-90, 93
América do Sul, 26-8, 103, 124, 132, 138, 145, 152, 158, 173, 180, 258-9, 261, 298
América espanhola, 29, 262, 265
América inglesa *ver* Treze Colônias
América Latina, 66, 265
América portuguesa, 12, 15, 31, 42, 45, 50, 54, 56, 61-2, 72-3, 78-9, 116, 123-4, 126, 128, 132, 137, 139, 145, 155, 157-9, 163, 165-7,

169, 178, 186, 188, 192-6, 199, 201, 203-4, 211-2, 216-7, 225, 227, 229, 236, 241, 243-4, 249, 256, 258, 260-3, 265, 271, 273-4 280, 285, 298, 328

Américo, Pedro, 112-4, 331

ameríndios *ver* indígenas

Andrada e Silva, Antônio Carlos de, 136-7, 140, 142, 225, 232, 236, 239, 247-8, 253-4

Andrada e Silva, José Bonifácio de, 126-7, 131, 134, 136, 139, 225, 227, 233-7, 241-2, 245-8, 253-5, 260, 291, 316, 322

Andrada e Silva, Martim Francisco de, 225, 245-6, 248, 252-4

Andrade, Manuel de Carvalho Pais de, 292-3, 295-6

Antigo Regime, 22, 26, 30, 41-2, 48-9, 56, 61, 80, 82, 93, 95, 98, 100, 102-5, 108, 120, 123, 125, 145, 168-9, 182, 185, 197, 205, 212, 217-20, 235, 245-6, 268, 272, 278, 287, 289-90, 299, 328

Arcos, conde dos, 215

Areias, José da Silva, 41

Argentina, 46, 299, 303, 308

"aristocracia fundiária nacional", 63

Armitage, John, 31, 126

Artigas, José Gervasio, 190-1, 194-5

Ásia, 84, 89, 140, 180, 188

Assembleia Constituinte (1823), 138, 140, 234-5, 238, 248, 263, 273, 287, 292

Assunção, Matthias Röhrig, 283

Astro da Lusitania (jornal), 125, 279

Aurora Fluminense, A (jornal), 300, 309, 313, 316, 318, 320

Áustria, 125, 235, 288

Avilez, Jorge de, 127, 130, 135

Azevedo, Joaquim José de, 152-3

Bahia, 28, 30, 38, 41, 43, 45-6, 60, 64, 73-4, 77-8, 101, 110-1, 115-7, 120, 122, 124-5, 128-9, 134, 137-9, 141-4, 156-7, 159, 162-4, 166, 174-5, 186, 208, 210-2, 228, 231-2, 239, 241-4, 249-52, 256-8, 263, 268, 272, 279-80, 282-3, 287-8, 297, 303-5, 309, 312, 318

Balbi, Adrien, 197

Banco do Brasil, 18, 20-1, 28, 41, 47, 50, 74, 100-1, 204-7, 213-8, 303, 308-9, 313, 315, 323

Banda Oriental, 188, 190-2, 194-5, 298

Barata, Cipriano, 7, 144, 226, 228-32, 236-44, 246-53, 255-7, 270, 279, 291-2, 300-1, 306-7, 317-8, 329-30

Barbacena, marquês de *ver* Brant, Felisberto Caldeira

Barbosa, Francisco Vilela, 136, 140-1

Barbosa, Januário da Cunha, 233, 235

Barman, Roderick, 73, 165, 240, 245-6, 248, 262, 275, 285, 290-1, 294, 298, 306, 308, 312

Barreto, Francisco Pais, 293

Barreto, Luís do Rego, 120, 122-3, 125, 128, 272

Barroso, Antônio Gomes, 215

Basto, Martins, 124, 144

Batalha de Ayacucho (Peru, 1824), 298

Batalha de Ituzaingó (ou Batalha do Passo do Rosário, 1827), 311-2

Batalha de Waterloo (1815), 278

Batalha do Jenipapo (Campo Maior, PI, 1823), 276

Belém (PA), 14, 258-60, 270-1, 284

Belém, cais de (Lisboa), 152, 154

Bentley, Michael, 57

Berbel, Márcia Regina, 73

Beresford, William Carr, 97, 99, 105, 109, 187

Biblioteca Nacional (Rio de Janeiro), 198

bloqueio continental (1806-13), 150-2

Bolívar, Simon, 298

Bonaparte, Jerônimo, 151

Bonaparte, José, 103, 151, 189

Bonaparte, Luís, 151

Bonaparte, Napoleão, 12, 26-7, 65, 84, 88, 95-6, 99, 103-4, 112, 149-52, 154, 187, 190, 196, 238, 278, 331

Bonifácio, José *ver* Andrada e Silva, José Bonifácio de

Borges, José Inácio, 325-6

Boston (Massachusetts), 90

Bragança, dinastia de, 28, 54, 74, 105, 115, 151, 173, 179, 183-4, 219, 244, 298

Brant, Felisberto Caldeira (marquês de Barbacena), 33-4, 178, 303, 314, 316

Brasil colonial *ver* América portuguesa

Brasil: Formação do Estado e da nação (org. Jancsó), 74

Brasileiro Resoluto (missivista anônimo da *Sentinela da Praia Grande*), 253

Brazil: The Forging of a Nation, 1798-1852 (Barman), 73

384

Brienne, Loménie de, 94
Brito, João Rodrigues de, 157-9, 162
Brown, Larissa, 161, 163-4, 172, 208
Brown, William, 311
Buenos Aires, 187-92, 194-5, 235, 298-9, 307, 311-2
burguesia, 62-3, 125, 167, 226, 229, 265

Cabral, Pedro Álvares, 180
"cabras", 77; *ver também* pardos
cadeias de dívidas (na economia brasileira), 124
café/economia cafeeira, 168-71
"caiados" (comerciantes portugueses), 77, 269
Cailhé de Geine, François-Étienne-Raymond, 12-3, 18-22, 213, 220
Câmara dos Deputados, 207, 290-1, 300, 306, 317-8, 326, 328
Campeão Português, O (jornal), 279
Campo de Santana (Rio de Janeiro), 127, 184, 322
Campo Maior, vila de (PI), 276
Campos dos Goytacazes (RJ), 162
Canadá, 89
capitalismo, 17, 66, 68-9, 71, 265
Caravelas (BA), 163
Carlos I, rei da Inglaterra, 86-7
Carlos IV, rei da Espanha, 103
Carlota Joaquina, d., 180
carne-seca, 28, 160, 162-4, 166, 168, 188, 208-10, 215, 259
Carneiro, Manuel Borges, 7, 43-4, 124, 131, 135, 216, 279
Carta constitucional de 1824 (Brasil), 289-91, 293, 299-301, 306, 321
Carvalho, Francisco da Mãe dos Homens, 48
Carvalho, José Murilo de, 165, 263-4, 266-7, 270
Carvalho, Manuel Emílio Gomes de, 119
Casa da Moeda, 102, 193, 202, 308, 314
Casa Real, dispêndios com a (1808-20), 50, 185-7, 198-203
Castelo, morro do (Rio de Janeiro), 127
Caxias (MA), 276, 281-3
Ceará, 144, 235, 259, 261, 272, 274-6, 282-3
Centro-Sul do Brasil, 46, 73, 115, 123, 126, 128, 131, 133-5, 139, 161, 164, 166, 168, 177, 241, 256, 263, 269, 273, 288, 292, 294-6
Chalaça (Francisco Gomes da Silva), 316

charque *ver* carne-seca
chegadas e preços de escravizados no Brasil (1770-1820), 161
Chile, 241
Cidade do Cabo (África), 187-8
Cisplatina, província, 195, 231, 238, 287, 298-9, 311-2
Cochrane, Thomas, 241-3, 247, 283-4, 297
Coelho, Romualdo de Sousa, 284
Coimbra, Universidade de, 143, 265, 270
Colbert, Jean-Baptiste, 85
Colley, Linda, 84
Colônia do Sacramento, 188-90
comércio de escravizados *ver* tráfico de escravizados
Confederação do Equador (Nordeste brasileiro, 1824), 295, 297
Conjuração Mineira *ver* Inconfidência Mineira (1789)
Conselho Ultramarino, 175-6
Constant, Benjamin, 289-90
Constituição de Cádiz (1812), 104, 121
consumo de açúcar na Europa (1700-1800), 155
Copenhague, 149-50
cor da pele, segregação pela, 77
Corcundas e constitucionais: A cultura política da Independência (1820-1822) (Neves), 30
Correio Braziliense (jornal), 105, 137, 206, 230, 272
corrente das Guianas, 259
Corte fluminense, 35, 41-2, 58, 60, 73, 77, 79, 101, 103, 116, 127-8, 184, 203, 233, 237, 250, 257, 261-4, 271-2, 274, 276, 285, 292, 294-5
Corte portuguesa, transferência da (1808), 15, 26-7, 44, 56, 58, 64-5, 70, 72-3, 79, 100, 115, 136, 146, 149, 152-4, 162, 171, 173, 179, 192, 212, 225
Cortes de Lisboa, 15, 30, 34, 39-40, 42-3, 45, 55-6, 59-60, 63, 73, 75, 79, 112-3, 117, 122, 134, 180, 214-5, 218, 225-6, 238, 244, 262, 273, 306, 331
Costa, Emília Viotti da, 63, 65-6
Costa, Fernando Dores, 66, 153, 294
Costa, Hipólito José da, 137, 206, 272
Costa, Leonor Freire, 97
Costa, Wilma Peres, 78, 80-1, 176

Costa e Silva, Alberto da, 27
Coutinho, d. Rodrigo de Sousa (conde de Linhares), 101, 151, 154
Coutinho, José Lino, 115-6, 124, 136-7, 139-44, 146, 226, 228, 232, 236, 306, 331-2
"crescimento smithiano", 160
crise fiscal, 25, 33, 42, 48, 80, 91, 100, 103, 145, 196, 213, 217, 271, 285, 296, 310
crises políticas, lógica das (Idade Moderna), 29, 82
Cromwell, Oliver, 231
Cruz, Antônio Gonçalves da (Cruz Cabugá), 35
"cultura política", 17, 30, 74, 76, 185

D'Alembert, Jean le Rond, 33
"derrama" do ouro, 177-9
despesas e receitas da monarquia portuguesa (1800-27), 98-108
despesas militares portuguesas (1802-12), 97
despotismo, 14, 31, 48-9, 92, 116, 118, 143, 145, 235, 255, 318, 330
Diario Fluminense (jornal), 299-300
Dias, Maria Odila Leite da Silva, 72-3
Diderot, Denis, 33, 92
Dinamarca, 149-50
dinheiro *ver* moedas de prata; papel-moeda
ditadura militar (1964-85), 333
dívida externa, 304, 325
dívidas, cadeias de (na economia brasileira), 124
dízimos, 177-8
Do contrato social (Rousseau), 30-1
Dolhnikoff, Miriam, 233-4, 291
Dom João VI no Brasil (Oliveira Lima), 57-8
Dundas, Robert, 116

economia brasileira, 124, 159-60, 167, 192
Elío, Francisco, 190-1
Elizabeth I, rainha da Inglaterra, 86-7
Enciclopédia (Diderot e D'Alembert), 33
Eneida (Virgílio), 180
escravidão, 67-8, 160, 264, 266-8, 270, 286, 330, 332-3
Espanha, 12, 19, 29, 85-6, 96-7, 103-5, 115, 123, 150-2, 187-90, 195, 236, 261, 278-81
Espelho, O (periódico), 257-8
Espírito das leis, O (Montesquieu), 34
Estado moderno, dilemas do, 295
Estado-nação brasileiro, 17, 72, 330, 332

Estados Gerais (França), 94-5
Estados Unidos, 29, 33, 75, 82, 93, 261, 327
Europa, 13, 17, 26-7, 29, 31, 33-4, 42-3, 56, 62, 64, 66, 77, 81, 83, 89, 96-7, 99, 101, 105, 109, 112, 114-5, 117, 120, 123, 125, 127, 132-3, 150-1, 155-6, 158-9, 167-9, 171-3, 175, 181, 188-9, 192-3, 195-6, 208, 214-6, 226, 233, 244, 257-8, 260, 263, 265, 275, 277, 279-80, 283, 293, 298, 316, 323
Evolução política do Brasil (Prado Júnior), 61, 67
Executivo, Poder, 121, 131, 133, 138, 140, 233, 248, 266, 289, 300, 305-8, 322
Exército Pacificador, 243, 274
Exército português, 12, 105, 244, 280, 287
exportações brasileiras, 132, 163

Falmouth, porto de (Inglaterra), 145, 232, 323
família real, transferência da *ver* Corte portuguesa, transferência da (1808)
farinha de mandioca, 28, 102, 163, 208-9, 242, 274
federalismo, 74, 116, 131, 177, 263, 291-2, 295
Feijó, Diogo Antônio, 226, 232, 236
Fernando VII, rei da Espanha, 103-4, 278
Ferreira, Gervásio Pires, 128
Ferreira, Silvestre Pinheiro, 215
Fidié, João José da Cunha, 273-7, 281-3
Fiscal Crises, Liberty, and Representative Government, 1450-1789 (Hoffman e Norberg), 103
Florentino, Manolo, 168-9, 171-2
Forças Armadas, 133, 201, 248, 252-5, 279-80, 303, 312, 327
Fortaleza (CE), 274
fortaleza da Lage (Rio de Janeiro), 306
fortaleza de Santa Cruz (Rio de Janeiro), 255, 318
forte de São Pedro (Salvador, BA), 130
Fragoso, João, 168-72
Fragoso, José Albano, 19-20
França, 29, 35, 75, 84-5, 88, 91-7, 102, 105, 115, 123, 150, 152, 186, 188, 233, 235, 254, 278-9, 289, 308, 327
Franchini Neto, Helio, 273, 276
Francis, Joseph A., 171
Franco, Afonso Arinos de Melo, 204-5, 214-5, 217
Freycinet, Louis de, 197-9, 201-3

Freyre, Gilberto, 61
Furtado, Celso, 78, 166-7, 172, 320
Furtado, Jerônimo de Mendonça, 174

gastos militares no Primeiro Reinado, 307, 317
Goiás, 154, 326, 329
Gomes, Agostinho, 144, 232
Gomes, Laurentino, 331
Goulart, João, 267
Grã-Bretanha *ver* Inglaterra
Graham, Maria, 127
Graham, Richard, 190, 241
Grenfell, John Pascoe, 284
Grondona, Giuseppe, 253
Guanabara, baía da, 125, 221, 291, 294-5, 301, 318
Guerra, François Xavier, 74
Guerra Cisplatina (1825-8), 305, 307, 312
guerra da Bahia (1822-3), 249, 257, 283, 312
Guerra de Independência dos Estados Unidos (1776-83), 91, 93
Guerra dos Cem Anos (1337-453), 89
Guerra dos Sete Anos (1756-63), 89, 93-4
Guerra dos Trinta Anos (1618-48), 84
guerras, custo de (Idade Moderna), 84-6, 97
Guerras Napoleônicas (1803-15), 26, 84, 127, 149, 170, 187, 189, 241, 273
Guianas, corrente das, 259
Guimarães, Manuel Pedro de Freitas, 129-30

Haiti, 266, 269
Henderson, James, 186-7
Henriques, os (milícias negras), 77
Himmelfarb, Gertrude, 32
História da guerra civil e do estabelecimento do governo parlamentar em Portugal (Soriano), 106
História da Independência do Brasil (Varnhagen), 55
História econômica do Brasil, 1500-1820 (Simonsen), 204
História geral do Brasil (Varnhagen), 36, 53-4
Hoffman, Philip, 83, 85, 103, 287, 299
Holanda, 151
Holanda, Sérgio Buarque de, 61, 72
holandeses no Brasil (séc. XVII), 173
Holstein, Pedro de Sousa (conde de Palmela), 117, 294

Homens de grossa aventura: Acumulação e hierarquia na praça mercantil do Rio de Janeiro, 1790-1830 (Fragoso), 168

Idade Média, 82, 86
idealismo, materialismo *versus*, 36
Iluminismo, 17, 31-3, 37, 74-5, 229, 233
Império britânico, 93
Império português, 13, 67, 70, 73, 97, 119, 258, 262-3, 271, 277, 285, 328
Império Romano, 180
impostos, 19, 26, 29-30, 34, 43-6, 85, 90, 94, 98, 100-1, 116, 132-4, 174-6, 178, 189, 203, 205, 327
Impressão Régia (Rio de Janeiro), 182
Inconfidência Mineira (1789), 33, 38, 177
Independência: História e historiografia (org. Jancsó), 74
indígenas, 53-5, 89, 184, 194, 247, 330
Infante D. Sebastião (brigue de guerra), 125
inflação, 18, 22, 25, 28-9, 35, 78, 81, 97, 102-3, 193, 207, 211-3, 221, 307-10, 312, 314, 320, 327-8
Inglaterra, 27, 29, 36-7, 56, 65-71, 82, 86-9, 91-4, 96, 105, 115, 123, 145, 149-52, 155-6, 166, 170, 179, 188, 195, 225, 231-3, 236, 296, 298, 304, 323, 326-7
Inglorious Revolution (Summerhill), 47
"Interiorização da metrópole, A" (Silva Dias), 72-3
Ipiranga, grito do (1822), 46, 113, 140, 143, 234, 331

Jaime I, rei da Inglaterra, 86
Jaime II, rei da Inglaterra, 87
Jancsó, István, 74
João VI, d., 11-6, 19-21, 25-9, 31-2, 34, 36, 38-44, 47-8, 50, 54, 56-7, 59-60, 65-6, 72, 74, 80-1, 98, 100-3, 105-8, 110, 114-5, 117-21, 123, 128-30, 134, 143, 145, 149-54, 159, 179-87, 190-93, 195-200, 203-21, 238, 244, 247, 271, 274, 281-2, 294, 296, 298-9, 305, 309, 319, 327-8, 333
João Carlos, príncipe, 219-20, 298
José I, d., 157
Judiciário, Poder, 253, 317
"juízes de paz", criação de, 306
Junot, Jean-Andoche, 151-3

Juntas da Real Fazenda, 79, 122, 133, 175-6, 178, 202, 297, 302, 304

Kennedy, Paul, 84
Keynes, John Maynard, 207
Koselleck, Reinhart, 32
Kraay, Hendrik, 78

Lains, Pedro, 97
latifundiários, 61, 63-4, 68, 81
Ledo, Joaquim Gonçalves, 234, 235, 313
Legislativo, Poder, 87, 121, 144, 255, 289-90, 299-300, 302, 307, 313-4, 317
Lei Áurea (1888), 332
Lei do Ventre Livre (1871), 332
Lei dos Sexagenários (1885), 332
Leopoldina, d., 41, 219, 298
liberalismo, 31-4, 120, 246, 278, 291, 300
liberalização comercial nas Américas, 158-9
Lima, Hermes, 267
Lima, Manuel de Oliveira, 16, 49, 57-9, 61, 78, 197
linguagem política, surgimento da (séc. xviii), 74-5
Linhares, conde de ver Coutinho, d. Rodrigo de Sousa
Lisboa, João Soares, 235
litoral brasileiro, 259
Liverpool, porto de (Inglaterra), 155, 258
Locke, John, 32, 34
Londres, 36, 89-90, 105, 206, 283, 297-8, 300-1, 303-4, 325, 329
Luís xiv, rei da França, 84-5
Luís xv, rei da França, 93
Luís xvi, rei da França, 93, 96
Luís xviii, rei da França, 254
Lustosa, Isabel, 235, 247, 253-4, 286
"Luzes portuguesas", 75; ver também Iluminismo
Lynch, Christian, 71

Macedo, João Rodrigues de, 178
Macedo, José Inácio de, padre, 116
Machado, André Roberto, 277, 284
Madeira, ilha da, 173, 233
Madeira de Melo, Inácio Luís, 129-30, 137-8, 242-3
Madri, 277-9, 281, 298

Maler, Jean-Baptiste, 35, 102
Malerba, Jurandir, 70, 76, 185, 187
Manchester, Alan, 195
Manchester (Inglaterra), 17
Maranhão, 60, 101, 128, 155, 157-8, 161, 186, 208, 228, 238-9, 241, 256-61, 272, 274-7, 280-4, 297
Mareschal, barão de, 125, 235, 239, 288
Maria i, d., 48, 150, 153-4, 182
Maria Teresa, d., 183
Marlborough (paquete inglês), 225-6, 232-3, 236
Marquese, Rafael de Bivar, 169-70, 268
marxismo/marxistas, 16, 55, 61, 63-4, 66-7, 71-3, 76
Massachusetts, assembleia de, 90
materialismo, idealismo versus, 36
Matos, Raimundo José da Cunha, 326, 329
Mattoso, Katia, 27
Maxwell, Kenneth, 34, 157, 176, 178
Meissonier, Ernest, 112
Mello, Evaldo Cabral de, 60, 73-5, 82, 128-9, 134, 174, 269, 296-7
Meneses, António José de Sousa Manuel de (conde de Vila-Flor), 110-1
mercado interno, 159-63, 166-8, 172-3, 215
mercadorias brasileiras, 155-8
metais preciosos, remessas de, 104, 188, 310
"metrópole", uso do termo, 72
México, 89
Miguel, d., 182, 244, 281, 286, 296, 319, 323
milícias, 28, 77-8, 81, 90, 118, 297
Minas Gerais, 33-4, 60, 74, 126, 139, 154, 161, 165, 176-7, 300, 302, 305, 318, 326
Miranda, Susana Münch, 97
Mississippi, rio, 89
Moderador, Poder, 289-90, 305, 322
moedas de prata, 188, 193, 200, 203, 309, 323
monarquia constitucional, 26, 80, 134, 145, 252, 271, 305
monarquia portuguesa, 11, 19, 26, 39, 98, 101, 154, 218
monarquias absolutistas ver absolutismo
Monteiro, Nuno Gonçalo, 97, 278
Montesquieu, barão de, 32, 34
Montevidéu, 102, 107, 110, 188-92, 194-5, 311
Mota, Carlos Guilherme, 68
Moura, José Maria de, 129, 271, 277

388

Freyre, Gilberto, 61
Furtado, Celso, 78, 166-7, 172, 320
Furtado, Jerônimo de Mendonça, 174

gastos militares no Primeiro Reinado, 307, 317
Goiás, 154, 326, 329
Gomes, Agostinho, 144, 232
Gomes, Laurentino, 331
Goulart, João, 267
Grã-Bretanha *ver* Inglaterra
Graham, Maria, 127
Graham, Richard, 190, 241
Grenfell, John Pascoe, 284
Grondona, Giuseppe, 253
Guanabara, baía da, 125, 221, 291, 294-5, 301, 318
Guerra, François Xavier, 74
Guerra Cisplatina (1825-8), 305, 307, 312
guerra da Bahia (1822-3), 249, 257, 283, 312
Guerra de Independência dos Estados Unidos (1776-83), 91, 93
Guerra dos Cem Anos (1337-453), 89
Guerra dos Sete Anos (1756-63), 89, 93-4
Guerra dos Trinta Anos (1618-48), 84
guerras, custo de (Idade Moderna), 84-6, 97
Guerras Napoleônicas (1803-15), 26, 84, 127, 149, 170, 187, 189, 241, 273
Guianas, corrente das, 259
Guimarães, Manuel Pedro de Freitas, 129-30

Haiti, 266, 269
Henderson, James, 186-7
Henriques, os (milícias negras), 77
Himmelfarb, Gertrude, 32
História da guerra civil e do estabelecimento do governo parlamentar em Portugal (Soriano), 106
História da Independência do Brasil (Varnhagen), 55
História econômica do Brasil, 1500-1820 (Simonsen), 204
História geral do Brasil (Varnhagen), 36, 53-4
Hoffman, Philip, 83, 85, 103, 287, 299
Holanda, 151
Holanda, Sérgio Buarque de, 61, 72
holandeses no Brasil (séc. XVII), 173
Holstein, Pedro de Sousa (conde de Palmela), 117, 294

Homens de grossa aventura: Acumulação e hierarquia na praça mercantil do Rio de Janeiro, 1790-1830 (Fragoso), 168

Idade Média, 82, 86
idealismo, materialismo *versus*, 36
Iluminismo, 17, 31-3, 37, 74-5, 229, 233
Império britânico, 93
Império português, 13, 67, 70, 73, 97, 119, 258, 262-3, 271, 277, 285, 328
Império Romano, 180
impostos, 19, 26, 29-30, 34, 43-6, 85, 90, 94, 98, 100-1, 116, 132-4, 174-6, 178, 189, 203, 205, 327
Impressão Régia (Rio de Janeiro), 182
Inconfidência Mineira (1789), 33, 38, 177
Independência: História e historiografia (org. Jancsó), 74
indígenas, 53-5, 89, 184, 194, 247, 330
Infante D. Sebastião (brigue de guerra), 125
inflação, 18, 22, 25, 28-9, 35, 78, 81, 97, 102-3, 193, 207, 211-3, 221, 307-10, 312, 314, 320, 327-8
Inglaterra, 27, 29, 36-7, 56, 65-71, 82, 86-9, 91-4, 96, 105, 115, 123, 145, 149-52, 155-6, 166, 170, 179, 188, 195, 225, 231-3, 236, 296, 298, 304, 323, 326-7
Inglorious Revolution (Summerhill), 47
"Interiorização da metrópole, A" (Silva Dias), 72-3
Ipiranga, grito do (1822), 46, 113, 140, 143, 234, 331

Jaime I, rei da Inglaterra, 86
Jaime II, rei da Inglaterra, 87
Jancsó, István, 74
João VI, d., 11-6, 19-21, 25-9, 31-2, 34, 36, 38-44, 47-8, 50, 54, 56-7, 59-60, 65-6, 72, 74, 80-1, 98, 100-3, 105-8, 110, 114-5, 117-21, 123, 128-30, 134, 143, 145, 149-54, 159, 179-87, 190-93, 195-200, 203-21, 238, 244, 247, 271, 274, 281-2, 294, 296, 298-9, 305, 309, 319, 327-8, 333
João Carlos, príncipe, 219-20, 298
José I, d., 157
Judiciário, Poder, 253, 317
"juízes de paz", criação de, 306
Junot, Jean-Andoche, 151-3

Juntas da Real Fazenda, 79, 122, 133, 175-6, 178, 202, 297, 302, 304

Kennedy, Paul, 84
Keynes, John Maynard, 207
Koselleck, Reinhart, 32
Kraay, Hendrik, 78

Lains, Pedro, 97
latifundiários, 61, 63-4, 68, 81
Ledo, Joaquim Gonçalves, 234, 235, 313
Legislativo, Poder, 87, 121, 144, 255, 289-90, 299-300, 302, 307, 313-4, 317
Lei Áurea (1888), 332
Lei do Ventre Livre (1871), 332
Lei dos Sexagenários (1885), 332
Leopoldina, d., 41, 219, 298
liberalismo, 31-4, 120, 246, 278, 291, 300
liberalização comercial nas Américas, 158-9
Lima, Hermes, 267
Lima, Manuel de Oliveira, 16, 49, 57-9, 61, 78, 197
linguagem política, surgimento da (séc. XVIII), 74-5
Linhares, conde de ver Coutinho, d. Rodrigo de Sousa
Lisboa, João Soares, 235
litoral brasileiro, 259
Liverpool, porto de (Inglaterra), 155, 258
Locke, John, 32, 34
Londres, 36, 89-90, 105, 206, 283, 297-8, 300-1, 303-4, 325, 329
Luís XIV, rei da França, 84-5
Luís XV, rei da França, 93
Luís XVI, rei da França, 93, 96
Luís XVIII, rei da França, 254
Lustosa, Isabel, 235, 247, 253-4, 286
"Luzes portuguesas", 75; ver também Iluminismo
Lynch, Christian, 71

Macedo, João Rodrigues de, 178
Macedo, José Inácio de, padre, 116
Machado, André Roberto, 277, 284
Madeira, ilha da, 173, 233
Madeira de Melo, Inácio Luís, 129-30, 137-8, 242-3
Madri, 277-9, 281, 298

Maler, Jean-Baptiste, 35, 102
Malerba, Jurandir, 70, 76, 185, 187
Manchester, Alan, 195
Manchester (Inglaterra), 17
Maranhão, 60, 101, 128, 155, 157-8, 161, 186, 208, 228, 238-9, 241, 256-61, 272, 274-7, 280-4, 297
Mareschal, barão de, 125, 235, 239, 288
Maria I, d., 48, 150, 153-4, 182
Maria Teresa, d., 183
Marlborough (paquete inglês), 225-6, 232-3, 236
Marquese, Rafael de Bivar, 169-70, 268
marxismo/marxistas, 16, 55, 61, 63-4, 66-7, 71-3, 76
Massachusetts, assembleia de, 90
materialismo, idealismo versus, 36
Matos, Raimundo José da Cunha, 326, 329
Mattoso, Katia, 27
Maxwell, Kenneth, 34, 157, 176, 178
Meissonier, Ernest, 112
Mello, Evaldo Cabral de, 60, 73-5, 82, 128-9, 134, 174, 269, 296-7
Meneses, António José de Sousa Manuel de (conde de Vila-Flor), 110-1
mercado interno, 159-63, 166-8, 172-3, 215
mercadorias brasileiras, 155-8
metais preciosos, remessas de, 104, 188, 310
"metrópole", uso do termo, 72
México, 89
Miguel, d., 182, 244, 281, 286, 296, 319, 323
milícias, 28, 77-8, 81, 90, 118, 297
Minas Gerais, 33-4, 60, 74, 126, 139, 154, 161, 165, 176-7, 300, 302, 305, 318, 326
Miranda, Susana Münch, 97
Mississippi, rio, 89
Moderador, Poder, 289-90, 305, 322
moedas de prata, 188, 193, 200, 203, 309, 323
monarquia constitucional, 26, 80, 134, 145, 252, 271, 305
monarquia portuguesa, 11, 19, 26, 39, 98, 101, 154, 218
monarquias absolutistas ver absolutismo
Monteiro, Nuno Gonçalo, 97, 278
Montesquieu, barão de, 32, 34
Montevidéu, 102, 107, 110, 188-92, 194-5, 311
Mota, Carlos Guilherme, 68
Moura, José Maria de, 129, 271, 277

Movimento da Independência (1821-1822), O (Oliveira Lima), 16, 57

Nação como artefato, A (Berbel), 73
nacionalismo, 55-7, 61, 65, 71-3, 76, 136-7, 140, 229, 247, 319, 321
Nápoles, 151
Neves, Lúcia Maria Bastos Pereira das, 30, 32, 75
Newcastle (Inglaterra), 17
Niterói (rj), 127, 135, 253
"nobreza da terra", 64, 174
Noite das Garrafadas (Rio de Janeiro, 1831), 321-2
Norberg, Kathryn, 85, 103
Nordeste do Brasil, 73, 125, 128, 165-6, 259
Norte do Brasil, 45, 73, 75, 101, 124, 128, 131, 133-5, 138, 241, 247, 251, 262-3, 269, 288, 294-6, 299, 304
Nova Luz Brazileira (jornal), 318
Nova York, 169
Novais, Fernando, 17, 67-8, 70-1, 166-7, 172

O'Neil, Thomas, 153
Oeiras (pi), 273-6
oferta de moeda no Brasil (1809-35), 315
oligarquias, 118, 175
Olinda (pe), 35, 120, 174, 269
Olival, Maria Fernanda de, 185
Orange, cabo de (ap), 259
Orange, Guilherme de, 88
ouro, quinto do, 34, 176

Paço Real (Rio de Janeiro), 47-8
Palácio da Ajuda (Lisboa), 152
Palácio de Queluz (Portugal), 153-4
Palácio de São Cristóvão (Rio de Janeiro), 322
Palma, conde de, 110-1
Palmela, conde de *ver* Holstein, Pedro de Sousa
Pamplona, Davi, 253
papel-moeda, 18, 28, 74, 95, 97, 101-2, 108, 193, 205-7, 209, 214, 217, 308, 313-5, 323, 325
Pará, 30, 60, 120, 156-7, 180, 231, 239, 241, 256-8, 260-1, 265, 271-2, 274-5, 277, 280-1, 284
Paraíba, 157, 251
pardos, 76-8, 81, 129, 137, 269, 292, 320
Paris, 12, 54, 91, 94, 102, 110, 210-1, 277

Parnaíba, vila de (pi), 272-6, 282
pau-brasil, 96, 218
Paula e Sousa (deputado), 313
Pedreira, Jorge Miguel, 66, 69-70, 153, 294
Pedro i, d., 15, 21-2, 30, 40-2, 44-6, 48-51, 55, 57, 59-61, 72, 80, 102-3, 112-4, 116-23, 125-7, 129-31, 133-4, 136-41, 143, 145-6, 179-80, 182, 184, 197, 215, 217, 219-20, 225-8, 230, 233-6, 238-40, 243-8, 250, 252, 254, 256, 260-3, 269, 272-7, 281-90, 292-6, 298-305, 309, 312-23, 325, 328, 331, 333
Pedro ii, d., 53, 298, 322
Pedrosada (revolta racial em Pernambuco, 1823), 269, 293
Pedroso, Pedro da Silva, 78, 269
Península Ibérica, 12, 31, 114, 151, 187, 195, 258, 273, 278, 280
Pereira, José Clemente, 233, 235
Perereca, padre *ver* Santos, Luís Gonçalves dos
Pernambuco, 31, 33, 35-6, 38, 41, 43, 45-6, 54, 60, 74, 77-8, 101, 103, 110, 117, 120, 122-3, 125, 128-30, 134, 144, 155, 157-8, 162-6, 173-4, 177, 186, 208-9, 237, 241, 250-1, 253, 255-8, 263, 265, 268-9, 272, 288, 291-5, 297, 299, 305
Peru, 188, 298
piastras (moedas de prata espanholas), 193-4, 199-200, 203-4
Piauí, 231, 239, 241, 256-7, 260-1, 272-7, 280-3
Pincus, Steve, 87
piolhos, surto de (na transferência da Corte), 180
plantation, 162
pólvora, fábrica de (Rio de Janeiro), 182
Pombal, marquês de, 157-8, 175, 177-8, 197, 302
Porto Alegre (rs), 240, 259
Porto Seguro, visconde de *ver* Varnhagen, Francisco Adolfo de
Portugal, Tomás António de Vilanova, 49, 110, 185, 198-9, 202-4, 214
Portugal e Brasil na crise do antigo sistema colonial, 1777-1808 (Novais), 67, 167
Portuguez, O (jornal), 36
Potosí (Bolívia), 187-8
Prado Júnior, Caio, 16, 61-4, 66-7, 78, 166
Praia Grande (atual Niterói, rj), 127, 253, 255
prata, 187-8, 309, 323

Prata, rio da, 7, 117, 140, 187-8, 190-2, 194, 228, 230, 298, 308
Prata, vice-reino do, 187, 189, 194
preços de escravizados no Brasil (1770-1820), 161
pretos, 76-8, 80-1, 137, 292, 320
Primeiro Reinado, 255, 300, 307
Príncipe Real (navio), 179
Províncias Unidas do Rio da Prata, 46, 299, 307

Queluz (Portugal), 153-4

Ramos, Rui, 97, 278
Ratton, Jácome, 158
Real Capela (Rio de Janeiro), 47-8, 51, 183
Real Erário (Rio de Janeiro), 204-5
Real Fazenda, 79, 206, 215
Real Junta do Comércio, 124
receitas e despesas da monarquia portuguesa (1800-27), 98-108
Recife (pe), 18, 34-6, 42, 45, 77-8, 102, 113, 117, 120, 125, 129, 132, 157-8, 163-4, 166, 236-7, 241, 243, 248-52, 255, 259, 269, 291-5, 297
Reino Unido de Portugal, Brasil e Algarves, 14, 29-30, 42, 48, 59, 80, 97, 103, 114, 116, 132, 136, 226-7, 271, 294
Reverbero Constitucional Fluminense (jornal), 50
Revolta dos Alfaiates (Salvador, 1798), 229
revoltas de escravizados, 266, 268
Revolução Americana (1776), 80
Revolução do Porto (1820), 13-5, 19, 39-40, 48, 61, 80, 100, 104, 108-9, 114, 116, 131, 197, 229, 262
Revolução Francesa (1789), 32, 76, 80, 82, 91, 115, 233, 289
Revolução Gloriosa (Inglaterra, 1688-9), 56, 82, 88, 95, 295
Revolução Industrial (Inglaterra, séc. xviii), 68-9, 155, 258
revolução na Bahia (1821), 115-6
Revolução Pernambucana (1817), 34-6, 78, 102, 117, 128
Rio de Janeiro, 7, 11-2, 14-6, 20-1, 27-8, 30-1, 34-5, 40-5, 48, 54, 56, 58, 60, 64, 66, 70, 72-6, 78-1, 97, 101, 103, 105-6, 111, 114-8, 121-5, 128, 131, 137, 139, 141, 143-4, 153-6, 158-9, 161, 164-5, 168, 170, 173-4, 181-2, 184, 187-8, 192-9, 202-4, 208, 210-3, 215, 218-9, 225-7, 231, 233, 235, 237-9, 241-2, 244, 247, 249-53, 256-63, 266, 269-71, 273-4, 276, 281-2, 284-8, 291-5, 297, 302-4, 310, 312, 314, 318, 323, 329
Rio Grande do Norte, 259
Rio Grande do Sul, 161, 163-6, 172, 190, 195, 208, 211, 240, 259, 311
Rio Seco, visconde do, 41
Riqueza das nações, A (Smith), 159
Rocha, Antonio Penalves, 132-3
Rodrigues, José Honório, 130, 239
Roma Antiga, 180
Rousseau, Jean-Jacques, 30-1, 73

salário real, 211
Salvador (ba), 14, 18, 26, 28, 38, 42, 45, 77, 102, 110-1, 113, 116-7, 129-30, 132, 137-8, 158, 164, 166, 173, 180, 187, 211-2, 227, 229, 237, 241-5, 250-2, 259, 274, 280, 283, 288
Santa Catarina, 163-4, 172
Santa Cruz, fazenda de (rj), 286, 323
Santa Helena, ilha de, 154
Santana do Livramento (rs), 311
Santo Amaro da Purificação (ba), 138, 146
Santos (sp), 233, 259
Santos, Luís Gonçalves dos (padre Perereca), 182-4, 218-9, 221
São Domingos (atual Haiti), 266-7
São João de Ipanema (fábrica de ferro em sp), 53
São João del-Rei (mg), 33
São José dos Matões (ma), 282
São Lourenço, visconde de *ver* Targini, Francisco Bento Maria
São Luís (ma), 43, 157, 257-60, 270-1, 274, 276-7, 283-4
São Mateus (ba), 163
São Paulo, 42, 46, 53, 64, 79, 113, 126, 131, 133-4, 136, 139, 142, 144, 163, 168, 232, 265
São Roque, cabo de (rn), 230, 259
Sargent, Thomas, 91
Schultz, Kirsten, 185, 220-1
Schwarcz, Lilia Moritz, 152
Schwartz, Stuart, 171
Senado, 300
Sentinela da Praia Grande (jornal), 253, 255

Sentinella da Liberdade (jornal), 237-8, 246, 248, 251, 256-7
Sergipe, 60
Ship Money (imposto britânico em tempos de guerra), 86
Silva, Amaro Velho da, 215
Silva, Francisco Gomes da (Chalaça), 316
Silva, José Carlos Mayrink da, 293
Silva, Simplício Dias da, 273
Silveira, Luís Espinha da, 98-100, 279
Simonsen, Roberto, 197, 204
sistema colonial, 17, 61, 67-72, 167-8, 302, 304
Slemian, Andréa, 119
Smith, Adam, 159-60
Smith, Sir Sidney, 179
Soberano Congresso, 134-6, 139, 141, 143, 215-6, 260
Soriano, Simão José da Luz, 106
Sousa, Otávio Tarquínio de, 232, 315, 322
Stamp Act (América inglesa, 1765), 90
Stone, Lawrence, 76
Street, John, 188, 191, 312
Stubbs, William, 57
Sudeste do Brasil, 80
Sul do Brasil, 80, 108, 162, 164, 263
Summerhill, William, 47, 329
Supremo Tribunal de Justiça (Brasil império), 317

tabaco, produção de, 28, 96, 156, 188
Tamoyo, O (jornal), 246-7, 252, 255
Targini, Francisco Bento Maria (visconde de São Lourenço), 49, 119, 213-4
Tavares, Francisco Muniz, 137, 144
Tavares, Luís Henrique Dias, 138
taxas alfandegárias, 132, 203, 215-6
Taylor, John, 293-5
Teatro São João (Rio de Janeiro), 119
tecidos de algodão, fabricação de (séc. xviii--xix), 155
Tejo, rio, 115, 149, 153, 280
Tengarrinha, José, 99
"teorias da dependência", 66
Tesouro Público, 19-20, 27, 39-40, 50-1, 80, 94-5, 102, 131, 152, 176, 197, 214, 218, 245, 279, 303-4
Thompson, E. P., 36-7

Tiradentes (Joaquim José da Silva Xavier), 14, 38, 179
Tocqueville, Alexis de, 32
Tollenare, Louis-François de, 31, 34, 162, 208
Tomás, Manuel Fernandes, 39-40, 108-9, 131, 135, 140, 229
Tomich, Dale, 169-70
trabalhadores qualificados no Brasil, 211-2
tráfico de escravizados, 64, 160, 168, 172, 215, 266
travessia entre a Península Ibérica e o Brasil, tempo da, 114
Treze Colônias (América inglesa), 89-90, 93
tributos *ver* impostos

Ucharia ("despensa" da Casa Real), 185
Uruguai, 28, 46, 188-9, 191, 299

Vale do Paraíba, 169
Vargas, Getúlio, 333
Varnhagen, Francisco Adolfo de (visconde de Porto Seguro), 16, 36, 53-61, 71, 74, 78, 110, 254, 331
Vasconcelos, Bernardo Pereira de, 305, 326-7
Vasconcelos e Sousa, Bernardo, 97, 278
Veiga, Evaristo da, 300-1, 303, 310, 313, 318
Velde, François, 85, 91, 95
Vellozo, Júlio César de Oliveira, 57
Vestfália, reino de, 151
Viana, Paulo Fernandes, 11-5
Vieira, Antônio, padre, 259
Vila Rica (mg), 33, 178-9
Vila-Flor, conde de *ver* Meneses, António José de Sousa Manuel de
Vilafrancada (Portugal, 1823), 244, 281, 283
Villela, André, 302
Virgílio, 180
Virgínia, assembleia da, 90-1
Von Hoonholtz (ex-capitão), 286

Washington, George, 90-1
Weingast, Barry, 295
Weir, David, 85, 95
Wellington, duque de, 273
whig, historiografia (Inglaterra), 56-7, 76

Young & Fannie (firma inglesa), 41

ESTA OBRA FOI COMPOSTA POR OSMANE GARCIA FILHO EM MINION
E IMPRESSA PELA LIS GRÁFICA EM OFSETE SOBRE PAPEL PÓLEN SOFT
DA SUZANO S.A. PARA A EDITORA SCHWARCZ EM AGOSTO DE 2022

A marca FSC® é a garantia de que a madeira utilizada na fabricação do papel deste livro provém de florestas que foram gerenciadas de maneira ambientalmente correta, socialmente justa e economicamente viável, além de outras fontes de origem controlada.